华章经管
HZBOOKS | Economics Finance Business & Management
HZ BOOKS

·PPP 与 项 目 融 资 系 列·

PPP与
工程项目融资

[美] 弗雷德里克·比勒陀利乌斯（Frederik Pretorius）保罗·勒若（Pual Lejot）
亚瑟·麦金尼斯（Arthur McInnis） 道格拉斯·阿纳（Douglas W. Arner） 著 宋光辉 李俊 叶震 译
[中] 许方中（Berry F.C.Hsu）

宋光辉 李俊 叶震 译

PROJECT FINANCE FOR CONSTRUCTION AND INFRASTRUCTURE

Principles and Case Studies

机 械 工 业 出 版 社
China Machine Press

图书在版编目（CIP）数据

PPP 与工程项目融资 /（美）弗雷德里克·比勒陀利乌斯（Frederik Pretorius）等著；宋光辉，李俊，叶震译．—北京：机械工业出版社，2017.6
（PPP 与项目融资系列）
书名原文：Project Finance for Construction and Infrastructure: Principles and Case Studies

ISBN 978-7-111-56970-1

I. P… II. ①弗… ②宋… ③李… ④叶… III. 政府投资 - 合作 - 社会资本 - 应用 - 基础设施建设 - 融资 - 研究 IV. ① F299.24 ② F830.55

中国版本图书馆 CIP 数据核字（2017）第 101890 号

本书版权登记号：图字 01-2017-0746

Frederik Pretorius, Paul Lejot, Arthur Mcinnis, Douglas W. Arner and Berry Fong-Chung Hsu. Project Finance for Construction and Infrastructure: Principles and Case Studies.

ISBN 978-1-405-15127-6

PPP 与工程项目融资

出版发行：机械工业出版社（北京市西城区百万庄大街 22 号 邮政编码：100037）

责任编辑：孟宪勐	责任校对：李秋荣
印　刷：三河市宏图印务有限公司	版　次：2018 年 5 月第 1 版第 1 次印刷
开　本：170mm × 242mm 1/16	印　张：25
书　号：ISBN 978-7-111-56970-1	定　价：70.00 元

凡购本书，如有缺页、倒页、脱页，由本社发行部调换

客服热线：（010）68995261 88361066　　投稿热线：（010）88379007

购书热线：（010）68326294 88379649 68995259　　读者信箱：hzjg@hzbook.com

目 录

⊖ 请参见华章网站 www.hzbook.com。

译者序

这套“PPP与项目融资系列”丛书是我组织金融行业的专业人士与机械工业出版社在翻译引进国外先进金融理念与技术方面的第二次合作。之前合作翻译的“结构化金融与证券化系列丛书”自2014年第一本书出版以来，已经陆续出版近十本。该套丛书得到国内众多读者的认可，尤其是其中的《资产证券化导论》《REITs：房地产投资信托基金》《结构化产品和相关信用衍生品》等书更是常居各类电商网站畅销榜。PPP与项目融资，本身可以视为广义的结构化金融的特定形式，原本计划是将本书纳入“结构化金融与证券化系列”，然而，由于PPP在中国的特殊意义，笔者觉得有必要区别出版，并且在此与读者分享自己的一些不成熟的观点。

PPP，英文全称为“public private partnership”，在中国的官方名称为“政府与社会资本合作”，本书将其翻译为“公私合作伙伴关系”。自从2014年，财政部与国家发改委相继颁布《关于推广运用政府和社会资本合作模式有关问题的通知》《关于切实做好传统基础设施领域政府和社会资本合作有关工作的通知》等法规对PPP进行规范与推广以来，在各级政府的推动之下，PPP开始成为金融市场的热点，并且有望从2017年起成为中国经济金融体系中一个非常重要的现象。

对于中国的金融界人士而言，PPP其实并不陌生。有过实际金融实务操作的人或许早已了解到，中国政府之前已经在高速公路、电厂等基础设施或公共事业领域里通过 BT（建设—移交）或 BOT（建设—运营—移交）等方式与社会资本进行过很多成功的合作。沪深交易所市场还发行过多单以 BT 应收款为基础资产的资产证券化产品。BT 和 BOT 是项目融资技术的应用，本身就是政府与社会资本合作的具体形式。然而，2012 年以来，国家政策对地方政府通过 BT 方式与社会资本合作进行了限制。既然有限制在先，那么随后大力推广 PPP 的背景与目的何在？这需要从中国的宏观经济与金融形势的角度来理解。

中国宏观经济中的一个重要现象就是固定资产投资与房地产投资占国内生产总值的比例很高，对应的金融形势就是地方政府及其融资平台的债务规模较大。经济形势与金融形势是一个事物的两面，即中国地方政府通过大规模举债进行基础设施建设与土地开发，以此拉动经济增长。

从 2001 年中国入世以来，中国的工业化与城市化加速，催生了对于基础设施与土地要素的需求。地方政府对基础设施与土地的有效供给，正好满足这些需求，为中国经济的高速发展做出了巨大的贡献。时至今日，中国已经发展成为世界第二大经济体。中国的基础设施领域更是超常发展，很多领域如高铁、高速公路、机场等的发展令许多发达国家都相形见绌。基础设施大规模建设的代价就是地方政府及其融资平台形成了较大规模的负债。这些负债最终需要地方政府以未来的税收与土地出让金进行偿还。在中国已经完成了工业化且城市化进程开始放缓的情况下，未来税收与土地出让金的增长预计也将放缓。这种形势使得社会对于地方政府及其融资平台的债务可持续性产生了怀疑，从而对地方政府及其融资平台进行进一步的大规模债务融资形成了制约。

通过 PPP，形成政府与社会资本的合作，使得原来由政府举债进行基础设施建设转变为由政府资本与社会资本共同出资成立项目公司，通过项目融资获得资金进行基础设施建设。通过 PPP，地方政府将基础设施从自身的资产负债表上剥离出去，可以实现去债务杠杆的目标。在某种意义上，这也是结构化金融技术的一种应用。

更进一步而言，PPP 的推广，有望从根本上解决中国社会如何高效率地提供有效的基础设施的问题。

当前，中国的基础设施建设远远超过印度、东南亚等发展中国家和地区，甚至超过整体经济水平高于中国的发达国家。这种现象不免让人产生一些疑问，中国的基础设施是否存在建设过度的现象？从经济学的角度考虑，在资源稀缺的情况下，基础设施的超常发展是否有可能挤压社会原本可用于其他方面发展的资源。比如，地方政府通过融资平台大规模举债是否会通过提升利率或是占用信贷额度等方式对社会投资产生挤出效应？

如何提高基础设施供给的有效性（effectiveness）？通过引入更加强调成本效益原则的社会资本，形成财务回报对项目投资决策的硬性约束，这是 PPP 试图解决的第一个问题。提供基础设施的另一个问题是效率（efficiency）问题，即如何低价高质地提供基础设施。通过引入社会资本，让各类资本充分竞争，发挥市场优胜劣汰的机制，能够倒逼效率的提升。

然而，理想很美好，现实却不是那么乐观。PPP 自大力推广以来，至今已有两年多时间，市场上真正意义上的 PPP 项目并不多。与同时期地方融资平台通过债务融资进行的基础设施建设规模相比，PPP 项目落地的规模偏小。而且，一些名义上的 PPP 项目，通过“明股实债”“隐性兜底”等方式，实质上又变成了地方政府或其融资平台的负债。为什么 PPP 项目这么难以推进？

从项目融资的角度看，如果仅仅依靠项目建成后产生的现金流来覆盖项目的成本并且为投资提供回报，那么需要确定 PPP 项目所提供的产品或服务的价格与需求。由于 PPP 项目具备回款周期长的特点，在签订合同时对 PPP 项目提供的产品或服务进行定价非常困难。一方面，人们很难具备足够的信息对如此长时间的未来进行预测，从而在当期为未来确定一个具体的固定价格，因而需要依据未来的形势变化对价格相继进行调整。另一方面，很多 PPP 项目提供的产品或服务具备区域垄断特征，从而使得 PPP 项目运营主体掌握了超出正常的定价能力，这就需要政府对价格或是资本回报率进行管制。

因此单从金融的角度来看，债务融资这种刚性还款形式的相对完备合同，相比 PPP 项目相继调价的不完备合同，交易成本更低，从而更容易被市场接受。这说明在中国，将 PPP 理解为不只是一个金融方式，而是中国社会治理问题的综合体现，可能更符合现实且有利于 PPP 的运用与发展。

在政府资本与社会资本合作的层面，PPP 是一个政府治理与市场治理的问题。在 PPP 项目发起与实施的时候，一方面，政府需要考虑如何形成充分竞争以防止垄断，或是进行适当价格管制，有效引导并且监督社会资本提供适当服务，以避免损害社会福利。这是一个市场治理的问题。另一方面，社会也要防范政府机构利用法律赋予它的自由裁量权来侵害社会资本利益的情况，或是与社会资本合谋共同侵害公众利益的腐败现象。这是一个政府治理的问题。

PPP 项目在融资的层面，则是一个金融治理的问题。在去除政府信用的支持下，金融机构需要运用现金流贴现等结构化金融技术，识别并选择能够提供预期财务回报要求的项目，并且通过订立合同在股东、夹层债务融资提供方、优先级债务融资提供方、项目建设方等各类主体之间合理分配风险与收益，从而为项目提供融资以完成项目建设并保障项目的持续运营。

PPP 项目在持续运营的层面，还是一个公司治理的问题。PPP 项目在其长达数十年回报周期的过程中，需要高效率的运营，这涉及战略、人力资源、管理、财务等各方面的决策与操作。不同的股东之间以及股东与管理层之间，需要形成有效的决策制度与管理制度，以防范大股东侵害小股东利益、管理层职务不当得利等问题。

对于 PPP 的发展而言，这些问题都有待解决。上述很多问题的解决过程，也正是中国特色社会主义市场经济体系逐步建立与完善的过程。

有趣的是，PPP从无效率到有效率的发展过程，也正是市场参与主体获利最大的过程。会计平衡式告诉我们，成本等于收益。更具体地说是，一个主体的成本，往往体现为另一个主体的收益。由于金融市场的不成熟，PPP项目在实施过程中，摩擦成本较高。这些摩擦成本，很多时候正是金融机构的收益。随着越来越多的金融机构和各类社会资本被高额的“摩擦成本”吸引进入到PPP领域，它们之间的竞争将会逐渐提高效率，进而降低摩擦成本。

因此，无论是金融机构还是有志于在基础设施或公用事业领域发展的各类主体，通过学习本套系列丛书，迅速了解PPP项目的运作模式、项目融资的技术以及各类基础设施子行业的市场特征，可以帮助他们抓住在这个既极具挑战又收益可观的高速成长领域中的各类机会。

本书主要是从项目融资的角度来讨论PPP项目的运作。如前所述，从金融的角度来理解，PPP是一个项目融资的问题。本书分别从项目融资的本质、项目融资的复杂交易、财务评估、风险管理以及PFI与PPP的发展等方面，对项目融资进行了详细论述。在后面的章节中，本书提供了悉尼、香港、伦敦等地的项目融资案例，并且结合案例讨论了项目融资中影响需求的相关因素、财务结构、机构风险与PPP的高度复杂性。掌握本书的分析框架，结合书中的案例，能够为我们分析与把握中国的PPP项目提供有益的帮助。

项目融资中使用的经典DCF（预期现金流贴现）方法，将项目作为一个独立的实体，将项目未来的现金流（包括流入与流出）以一定的贴现率贴现到当期，从而测算出项目的净现值，如果净现值为正，则该项目满足了预设的收益率要求，值得投资。金融体系依照这一原则，对资源进行有效配置。

中国的金融体系正处于市场化进程之中。受制于传统的“重政府信用轻企业信用”及“重抵押品轻现金流”的金融理念与技术，金融体系已经无法为中国的创新型经济提供有效服务。在中国有大量的融资行为都是商业银行等金融机构以房地产作为抵押品，基于房地产的当期市场价格，进行一定的折扣，提供相应金额的融资。融资资金的运用是否能够获得足够的回报，这类考虑退居其次。换言之，与发达国家的实践或理论模型的理想情况恰恰相反，在中国的经济体系内，金融市场依赖于房地产市场来为金融治理提供协助，而不是房地产市场依赖于金融体系（通过现金流贴现定价）。这种现象被笔者称为房地产的货币化。房地产的货币化在强化房地产的系统重要性的时候，也在逐渐压低中国社会的整体投资回报率。如果持续下去，中国或将陷入房地产形成的流动性陷阱中！要打破这种格局，项目融资等结构化金融技术的普及应用势在必行，刻不容缓！

本书由宋光辉、李俊与叶震共同翻译。由于水平所限，书中有翻译错误或者不当之处，还请读者批评指正。

宋光辉

2016 年 11 月于北京

作者简介

弗雷德里克·比勒陀利乌斯（Frederik Pretorius） 香港大学房地产与建筑系副教授、国际金融法亚洲研究院的员工。比勒陀利乌斯博士拥有香港大学的博士学位、南非金山大学（University of the Witwatersrand）的学士学位和MBA学位。比勒陀利乌斯博士的研究重点是项目融资、房地产投资与融资、实物期权分析和城市经济与发展。他有在中国香港、澳大利亚、新西兰和南非等地从事学术与专业业务的经历，在公司部门以及为包括区域经济发展、房地产开发、建设和采掘工程等在内的多种业务和行业做过咨询。

保罗·勒若（Paul Lejot） 香港大学国际金融法亚洲研究院的访问学者，雷丁大学（University of Reading）ICMA中心的访问学者。他之前是一个投资银行家，在结构化债务、固定收益、监管资本和财务重组等领域有过业务经历，地区包括欧洲、东亚和南亚。如今他致力于金融市场发展和政策改革方面的研究，兴趣包括金融市场行为的法律和制度方面的特征、监管和发展、交易法律和经济学以及亚洲区域金融政策。自从2003年展开学术生涯以来，尤其是在考察亚洲制约资本市场发展和有效性的法律与实践操作的障碍方面，他已经发表了大量的文章，并为政府组织提供咨询。他最近的工作成果包括在法律和金融方面的研究以及研究生课程的开发。这些方面包括法律对于发展的影响、金融工具、制度和市场以及结构化金融、监管套利和金融衍生品。

亚瑟·麦金尼斯（Arthur McInnis）博士 是一个裁判员、独立法律顾问、英国特许仲裁协会会员和*Emden's Construction Law Hong Kong*第2卷（活页版，新加坡律商联讯出版社）的总编辑。他是香港科技大学的兼职教授、墨尔本大学的高级研究员和香港大学亚洲国际金融法学院的客座研究员。亚瑟博士在建筑法和工程领域享有国际声誉。他在香港大学和香港中文大学教学，在贝克·麦肯思国际律师事务所、德同律师事务所及高伟绅律师事务所有多年实践。他有 100 多部出版物，其中包括 *Construction Law Hong Kong* 第 3 卷（活页版，新加坡律商联讯出版社）、*Construction Law and Practice in Hong Kong*（与盖瑞·苏（Gary Soo）等编著，2011 年，第 2 版，香港斯威特麦斯威尔出版社）、*The Butterworths Hong Kong Building Law Handbook*（2007 年，第 2 版，活页版，新加坡律商联讯出版社）、*The New Engineering Contract: A Legal Commentary*（2001 年，英国伦敦托马斯·特尔福德出版社，该书附有超过 50 页的参考文献）。亚瑟博士还是联合合同委员会的名誉法律顾问，该委员会在 2005 年为香港制定并且颁布了私人建筑合同的标准形式。此外，他在香港建筑物上诉审裁处担任主席长达 10 年，还是香港社会法治建设委员会的创始成员。

道格拉斯·阿纳（Douglas W. Arner）是香港大学法律教授、法学院主任，研究法律合规和监管，担任一项由香港研究局资助的五年期项目的协调员，该项目的主题是“提高香港未来作为领先的国际金融中心的地位”。他还是香港金融服务发展委员会、亚太结构金融协会执行委员会的成员；墨尔本大学墨尔本法学院高级客座研究员。道格拉斯·阿纳于 2011 ～ 2014 年担任香港大学法律系主任。2005 ～ 2016 年，他担任香港大学和杜克大学合办的亚洲及美国跨国法学院联合董事。2006 ～ 2011 年，他担任香港大学亚洲国际金融法学院院长。他在 1999 年联合创办了香港大学亚洲国际金融法学院，担任院长，培养公司法和金融法法学硕士。他出版了 15 本书和 120 多篇关于国际金融法律和法规的文章和报告，其中包括 *Reconceptualising Global Finance and its Regulation*（Cambridge 2016）（与罗斯·巴克利（Ross Buckley）及埃米利奥斯·阿福格里（Emilios Avgouleas）共同编著）。他最近的发表文章和报告在：https://papers.ssrn.com/sol3/cf_dev/AbsByAuth.cfm?per_id=524849。他的电子邮箱是 douglas.arner@hku.hk。

道格拉斯·阿纳曾担任世界银行、亚洲开发银行、亚太经合组织和欧洲复兴开发银行等机构的顾问，并举办讲座、合办会议和研讨会，参与世界各地的金融改革项目。他还是杜克大学、香港金融研究院、以色列赫兹利亚大学、麦吉尔大学、墨尔本大学、新加坡国立大学、新南威尔士大学、上海财经大学、苏黎世大学的客座教授和研究员。

许方中教授

Professor Berry F.C.Hsu

电子邮箱：bhsu@hku.hk

学历

英国，伦敦大学（University of London）法律学哲学博士（1989）

加拿大，阿尔伯塔大学（University of Alberta）法律学硕士

美国，俄勒冈大学（University of Oregon）数学研究所硕士（1972）

加拿大，阿尔伯塔大学（University of Alberta）理学士（1971）

专业资格

澳洲维多利亚州最高法院（Supreme Court of Victoria）律师（1997）

纽西兰最高法院（High Court of New Zealand）律师（1999）

英国工程师协会（British Engineering Council）特许执业工程师（1990）

香港律师会执业试文凭（1983）

学术及专业经验

日期（月 / 年）	职位
2016.02 至今	香港大学法律学院亚洲国际金融法研究所，荣誉院士
2016.09 ～ 2016.12	上海政法学院，客座教授（校内海外名师）
2016.05 ～ 2016.08	香港大学工商管理及经济学院，客席教授
1995.05 ～ 2016.01	香港大学法律学院、亚洲国际金融法研究所，副所长、院士，及香港大学房地产及建设系法律学教授（2006 ～ 2016 年）
1992.07 ～ 1995.06	香港科技大学工商管理学院法律学助理教授
1974.02 ～ 1992.06	加拿大阿尔伯塔大学，分析员、高级分析员；亚伯达省政府，高级系统分析员

前言

项目融资并不是一个新近现象，也没有给学术界对于金融意义的思考带来真正或持久的争议。作为一个研究课题，它也不是特别的复杂。事实上，这个课题非常实际，更多的只是描述金融是如何应对特定企业而构建的，以及为什么融资通常需要以一种特定的方式进行。

我们相信本书将为那些发现自己正处于和我们相似处境的研究人员提供有价值的资源。这些特定的处境我们将在下面进行解释。在许多学科里，存在于本科与研究生阶段教授的许多课程中的一个根本性问题是：很多学生缺乏像主修该专业的人员那样在特定专题实际应用方面的研究。这有很多原因，其中包括当前对特定专题提供越来越多的跨学科解释的趋势。这些专题在以往被认为是特定的专家领域。不妙的是，经常会出现这样的情形，即该专题是由那些并没有跨学科理念的教师教授的。比如，在研究建设环境的所有方面，经常出现课程由那些学术专家或有工程技术背景的人来讲授的情形。这些人并不一定具备大型项目的融资或管理知识。这种情形在基础设施的发展、电力生产、采矿、油气开采或不动产等一些领域都会出现。这些教师会发现自己对于那些主导项目经济特性的制度环境，推动项目发起人目标实现的企业实体的构建以及分配财务资源到项目的国内或国际金融系统等方面，都相对不熟悉。有人认为，当前的这些课程能使学生全面熟悉大型项目的技术方面及经济财务方面的内容，但是这些学生对这些金融与财务方面的分析所需要的商业与制度方面的内容仍然非常缺乏。根据我们的观点，这种情形在项目融资中同样存在。

总而言之，这种情形被当前的众多通用性的金融书籍进一步恶化了。这些金融书籍通常提供公司金融、投资金融以及金融经济学的内容。最好的情况是，这些书将项目融资作为一个单列的章节或是将其整合到辛迪加贷款的描述之中。金融课本在其他方面都是精工细作的，经常基于特定的国家（通常是美国），而且采用一种公司金融的视角，内容过多地倾斜在美国的公司金融实践、公司治理结构和问题以及特定的经济制度上，如复杂的税收法律的影响，这些因素就使得相应的原理变得扭曲和模糊。这种情形在大量的公司金融研究中也明显地反映出来。英国的应用金融书籍问题更多，因为很多书是由工程建设与移交领域的专业人士（建筑师、工程师、调查师或律师）撰写的。这些人除了有工程建设和移交的专家观点之外，对于商业与金融方面并不熟悉。这种问题似乎不可避免，因为众多国际项目融资的技术都根源于美国人的商业实务，但是这并非必然会影响该课题的全面处理。这在通过 BOT 作为项目建设与移交机制或是通过协议安排来管理运作而不是基于公司金融或是项目融资的原理进行的融资模式的基础设施中得到体现。在这种方式下，在教学的实践中，金融与建设合同安排已经融合或混淆了。

考虑到以上这些方面，本书有一个简单的目标。本书主要是帮助那些非金融专业的学生来理解项目融资交易中的经济与商业方面的知识。我们认为，领域里的很多学者、专业人士和专业媒体等主体为了表现自己的观点和产品与众不同，对于通常相似的概念或是现象创设了很多行话和缩略语，使得项目融资被神秘化了。我们的应对方法是，提供可被理解的语言，使项目融资变得更加透明。无论这些交易和内容的本质如何，语言要“越简单越好”！我们把项目融资作为公司金融的一个方面来论述，对于公司金融研究的重心在过去 30 年已经确立了。那个时代接受了金融部门业务多样性的转型，为了能够跟上这个主题，我们的论述形式是实用的，并更多基于主要原则。作为学者，我们相信讲述与该主题相关的理论性的内容同样也是非常重要的，但是我们的目的仍然是使项目融资更加清晰，少一些神秘色彩。这也就意味着，我们检查本书对项目融资的观点，项目融资就是基础设施融资机制的一种超越公司或公共部门资产负债表限制的途径，还是公司金融的一种特定类别。

当然，虽然项目融资基于一些特定的基本原理，但是它的形式和实践通过新的形式和应用而不断演化。比如，20 世纪 80 年代后期广泛流行的政府服务私营化的驱动力量为项目融资原理的更广的应用提供了更为广阔的前景。许多工程、建设环境和法律领域的专业人士开始涉及私人融资发起（PFI）安排、公私合作伙伴关系（PPP）或是相似的实体中资本资产的移交。这些发起的计划反映了在核心的项目融资模型中要解决的问题，如管理激励冲突和其他风险。我们的观点是：一个重要的观察是拙劣设计的 PFI 或是 PPP 安排或许代表了合理模型的缺陷演化，这种演化发生在公共部门将越来越多的风险转移到私人部门的政治压力之下。尽管 PFI 或是 PPP 方面的交易属于项目融资领域，但是在实施时，它可能没有考虑项目融资较高的与资产特定相关的属性，而这种属性对于交易的完整性而言非常关键。出于教学的目的，解释典型的 PFI 和 PPP，让大家清楚私人发起者或许达到了与项目融资模型一致的目标，但经常没有达到成功的项目融资风险的目标，这一点非常重要。

尽管本书也希望能够清楚地揭示在该领域中学术研究和实务的相关性，但是，本书是为了作为教材和师生的参考资料而写作的，并不是一个研究人员的指引。本书是为那些高于入门级水平却没有在公司金融或会计方面进行过专门课程学习的人而写的。随着本书内容的推进，我们会逐步介绍有助于理解领域内相关知识与问题的词汇。本书是为那些非金融专业的学生写作的非国内、非本地的通用项目融资著作，试图填补金融教学课程中的空白。使用这些交易相关的制度和经济的系统性分析，本书能够提供可以应用于分辨和理解任何项目融资安排的技能。

对于计划使用本书的学术人员的最后信息是：在第 6 章～第 9 章中的

案例是使用案例研究方法来提供指导的。因此我们在网站上为书中的四个案例准备了教学笔记。可以登录 http://www.acrc.org.hkl 查看。

弗雷德里克·比勒陀利乌斯（Frederik Pretorius）
保罗·勒若（Paul Lejot）
阿瑟·麦金尼斯（Arthur McInnis）
道格拉斯·阿纳（Douglas Arner）
许方中（Berry Fong-Chung Hsu）
2007 年 8 月于香港

致谢

我们要感谢众多帮助我们完成本项目的人。我们不可能公平提及每个人的贡献并且不可避免地会忘记提及一些人的名字，因此，我们决定指出那些没有他们本项目都不会启动的人员和机构。首先，我们要感谢香港大学商学院亚洲案例研究中心的成员。他们在本书的写作过程中提供了很多智力上的支持，使我们获益良多。尤其是阿里·法乎曼德（Ali Farhoomand）教授、黄宝丽（Pauline Ng）主管、胡玛丽（Mary Ho）副主管、格蕾斯·卢（Grace Loo）和艾丽森·贝特（Alison Bate）。我们要感谢香港大学国际金融法亚洲研究院，为我们提供了良好的学术环境以及出色的访问学者帮助进行讨论，使得我们精力更加集中。我们还要感谢香港研究资助委员会，为一个在银行主导的金融体系中的项目融资安排中的实证调查提供了资金，这个调查中的很多观点，在本书中体现了出来。

我们的同事与家人承担了本项目的很大压力，值得我们感谢。特别要感谢阿德里安娜（Adrienne）。

弗雷德里克·比勒陀利乌斯（Frederik Pretorius）

保罗·勒若（Paul Lejot）

阿瑟·麦金尼斯 (Arthur McInnis)

道格拉斯·阿纳（Douglas Arner）

许方中（Berry Fong-Chung Hsu）

2007 年 8 月于香港

译者导论

PPP 背景及基本概念

PPP 的背景及发展现状

PPP，英文全称为 Public-Private-Partnership，直接翻译过来是公私合作伙伴关系，在中国被称为政府与社会资本合作模式。PPP 模式是 20 世纪 90 年代初在英国公共服务领域开始应用的一种方式。在国外，PPP 是指政府通过与社会资本建立伙伴关系提供公共产品或服务的一种合作模式。在中国，政府和社会资本合作模式是指政府采用竞争性方式择优选择具有投资、运营管理能力的社会资本，双方按照平等协商原则订立合同，明确责权利关系，由社会资本提供公共服务，政府依据公共服务绩效评价结果向社会资本支付相应对价，保证社会资本获得合理收益。这是公共服务供给机制的重大创新。

英国是 PPP 的首倡者和推动者，在 PPP 的实践方面走在世界前列。同属海洋法系的美国和澳大利亚，PPP 模式发展也相对领先。美国的 PPP 项目主要是交通项目，大多采取 DB（design-build）项目模式，近些年来 DBFOM（design-build-finance-operate-maintain）模式发展较为迅速。澳大利亚政府在 1995 年采取国家竞争政策（national competition policy，NCP）。这一政策改变了基础设施行业的格局，并且促进了 PPP 模式在澳大利亚的应用与推广。

在我国，PPP 模式是一种比较新型的合作模式，在以往基础设施建设方面应用不多。20 世纪 90 年代，我国的资本相对稀缺，曾经在发电厂、水务设施、公路等的建设运营中采用 BT，BOT，TOT 等模式，引入外资和吸引民间资本。北京市基础设施投资有限公司、北京首创集团和香港地铁公司三方合作的北京市地铁 4 号线特许经营项目，是我国采用 PPP 模式投资比较典型的基础设施项目之一，在国内外产生了较大的正面影响。

随着中国经济的发展，进入 2000 年以来，中国资本供给不足的现象逐渐得到缓解。城投公司、交投公司等从事基础设施投融资的平台公司发展壮大。基础设施的投资、建设和运营主要通过平台公司来进行。这些平台公司通过开发性金融、银行贷款、企业债券（由发改委监管）、中期票据（由人民银行监管）、信托贷款等方式获得融资。PPP 模式在基础设施中的应用比较少见。其中，也有一些融资平台与地方政府（或其下属部门如财政局）签订 BT 协议（工程委托代建协议），进行基础设施的投融资运作。这种 BT 形式，委托方和代建方都属于同一控制人，即地方政府。这种形式的 PPP“有其名，无其实”。因为影响到财政预算的规范性等问题，后来这种模式受到法规的限制。

PPP 得到国内的普遍关注始于 2014 年，这是在国家政策的大力提倡与支持下产生的。2014 年，国务院出台《国务院关于创新重点领域投融资机制鼓励社会投资的指导意见》（国发〔2014〕60 号）文件，明确提出“建立健全政府和社会资本合作（PPP）机制”，并且提出了“推广政府和社会资本合作（PPP）模式、规范合作关系保障各方利益、健全风险防范和监督机制”等具体要求。接着财政部和发改委出台《关于推广运用政府和社会资本合作模式有关问题的通知》（财金〔2014〕76 号）和《关于开展政府和社会资本合作的指导意见》（发改投资〔2014〕2724 号）等相应的具体执行政策。

2015 ～ 2016 年，财政部和发改委制定众多与 PPP 相关的政策与操作细则，进行完善，并且通过财政补贴、人员培训、案例示范等多种方式，极为有力地推动了 PPP 在中国的应用与发展。以下简单罗列了与 PPP 相关的法律法规名称，供读者参考。

近年来出台的与 PPP 相关的法律法规

《国务院办公厅关于政府向社会力量购买服务的指导意见》(国办发〔2013〕96 号)

《国务院关于创新重点领域投融资机制鼓励社会投资的指导意见》(国发〔2014〕60 号)

《关于推广运用政府和社会资本合作模式有关问题的通知》(财金〔2014〕76 号)

《关于规范政府和社会资本合作合同管理工作的通知》(财金〔2014〕156 号) 及附件《PPP 项目合同指南 (试行)》

《关于开展政府和社会资本合作的指导意见》(发改投资〔2014〕2724 号)

关于印发《政府和社会资本合作模式操作指南 (试行)》的通知(财金〔2014〕113 号)

财政部关于《政府和社会资本合作项目政府采购管理办法》的通知 (财库〔2014〕215 号)

《国务院办公厅转发财政部发展改革委人民银行关于在公共服务领域推广政府和社会资本合作模式指导意见的通知》(国办发〔2015〕42 号)

关于印发《政府和社会资本合作项目财政承受能力论证指引》的通知 (财金〔2015〕21 号)

关于印发《PPP 物有所值评价指引 (试行)》的通知 (财金〔2015〕167 号)

《关于切实做好传统基础设施领域政府和社会资本合作有关工作的通知》(发改投资〔2016〕1744 号)

关于印发《传统基础设施领域实施政府和社会资本合作项目工作导则》的通知 (发改投资〔2016〕2231 号)

关于《在公共服务领域深入推进政府和社会资本合作工作》的通知 (财金〔2016〕90 号)

关于印发《政府和社会资本合作项目财政管理暂行办法》的通知

（财金〔2016〕92号）

关于印发《财政部政府和社会资本合作（PPP）专家库管理办法》的通知（财金〔2016〕144号）

关于印发《政府和社会资本合作（PPP）综合信息平台信息公开管理暂行办法》的通知（财金〔2017〕1号）

发改委《传统基础设施领域政府和社会资本合作（PPP）项目库管理办法（试行）》

《基础设施和公用事业特许经营管理办法》

《中共中央国务院关于深化投融资体制改革的意见》

《中华人民共和国招标投标法》

《中华人民共和国政府采购法》

根据财政部网站的信息显示，财政部在2014年推出第一批PPP示范项目，共有30个项目。2015年，第二批示范项目推出时，共有206个项目。到2016年推出第三批的时候，总共项目已达516个，项目总投资金额合计超过11万亿元。

根据第三批示范项目的统计信息，项目类型涵盖市政工程、生态保护、交通运输、城镇综合开发、保障性安居工程、教育、科技、文化、医疗、养老、旅游等多个领域（见表0-1）。

表0-1　第三批财政部PPP示范项目分行业统计

序号	PPP 项目行业	分类PPP项目金额 （亿元）	平均投资额 （亿元）	投资额占比 （%）
1	交通运输	5065.91	81.71	43.27
2	市政工程	3205.96	14.38	27.38
3	城镇综合开发	1120.07	33.94	9.57
4	生态建设和环境保护	810.56	17.62	6.92
5	水利建设	263.58	15.50	2.25
6	旅游	226.41	16.17	1.93
7	科技	206.43	12.90	1.76
8	养老	195.43	7.82	1.67
9	能源	126.44	7.90	1.08
10	文化	98.83	8.98	0.84
11	医疗卫生	98.83	5.78	0.84
12	教育	90.94	5.35	0.78

（续）

序号	PPP 项目行业	分类 PPP 项目金额 （亿元）	平均投资额 （亿元）	投资额占比 （%）
13	体育	76.98	12.83	0.66
14	保障性安居工程	68.69	11.45	0.59
15	其他	25.57	8.52	0.22
16	林业	24.86	12.43	0.21
17	农业	2.19	2.19	0.02
18	社会保障	1.23	1.23	0.01

PPP 自 2014 年以来得到政策的大力支持与高速发展，有着重要的现实原因。

中国传统的以融资平台负债融资进行基础建设的模式，带来了地方财政可持续的问题。融资平台，名义和形式上是只负有限责任的公司，但是在实际上是替地方政府负债进行建设，这就使得融资平台的债务与政府的债务相互通融。由于融资平台属于企业，融资平台的资金运作属于资本运营预算的职责，所受到的约束相比预算内资金要少很多，因此在一定程度上影响财政的纪律性。2014 年，国务院出台《国务院关于加强地方政府性债务管理的意见》(国发〔2014〕43 号)。随后，中央政府对于地方政府债务进行规范，明确融资平台所负债务的属性，将符合要求的债务划归为政府性债务。后续，各类政策出台，对于国有企业举借政府性债务进行了规范与限制。这类政策，极大地影响了地方政府原有的基础设施投融资方式，形成了 PPP 发展的有利环境。

另外，中国原有的公用事业几乎都由地方政府来运营的情况，也使得行业相对比较分散，无法获得规模效应，市场化优胜劣汰的竞争机制无法形成，制约了公用事业运营的效率。政府与社会资本合作，能够使得社会资本进入到公用事业领域，在提升公用事业运营效率的同时，也为社会资本获取较高回报提供了机遇。进入 2016 年，由于全球经济形势下行，中国的出口增速放缓，经济增长放缓。吸引社会资本进行有效率的基础设施投资，能够有助于维持经济稳定增长。

从社会的角度来看，PPP 的推出，有利于加快转变政府职能，实现政企分开、政事分开；有利于打破行业准入限制，激发经济活力和创造力；有利于完善财政投入和管理方式，提高财政资金的使用效益。

换言之，PPP 模式，如果运用恰当，可以转变中国传统的基础设施投融资体制，使得中国既可以保证政府债务有序增长及社会债务杠杆比率的平稳下降，又能够保障基础设施投资的快速增长，这是一个兼顾经济发展短期效应与长期结果、速度与效率的政策。

PPP 的基本概念

PPP 项目分为经营性项目、准经营性项目和非经营性项目。根据不同项目的特性，选择具体的操作模式，包括特许经营、设立合资企业、服务外包、运营维护外包、对社会资本开发的项目提供政府补贴等。对于在能源、交通运输、水利、环境保护、市政工程等特定领域需要实施特许经营的，按照国家关于特许经营的有关规定如《基础设施和公用事业特许经营管理办法》执行。

经营性项目指具有明确收费基础，且经营收费能够完全覆盖投资成本及投资方合理利润的项目。此类项目可通过授予社会资本方特许经营权，采用建设—运营—移交（build-operate-transfer，BOT）、建设—拥有—运营—移交（build-own-operate-transfer, BOOT）、建设—拥有—运营（build-own-operate，BOO）等方式操作。

准经营性项目指经营收费不足以覆盖全部投资成本及投资方合理利润，需要财政以购买服务的方式对完全成本价格和协议产品或服务量不足部分给予补贴的项目。此类项目可通过授予社会资本方特许经营权，附加部分政府补贴或政府方直接投资参股等措施，采用建设—运营—移交、建设—拥有—运营等方式操作。

非经营性项目指一般缺乏“使用者付费”基础，主要依靠“政府付费”回收投资成本及投资方合理利润的项目。此类项目可通过政府购买服务，采用建设—拥有—运营、委托运营（operations and maintenance，O&M）等市场化方式操作。

从中国目前推出的三批示范项目来看，当前的 PPP 项目中，通过纯粹市场化地面向使用者收费，能够覆盖投资成本并且产生合理回报的项目比较少。大部分项目的收益都有一定比例的政府补助、购买服务等来自财政的资金。

项目根据建成后的收费来源不同，可以分为“使用者付费”与“政府付费”两种。通常政府付费的基础设施提供的服务具备正的外部效应，这类基础设施的公共产品属性较强，单纯依靠市场提供将会存在供给不足。

1. 中国的财政收支预算体系

PPP 的推出，与强化财政治理不无关系，尤其是与强化地方政府的预算编制与管理有紧密的联系。我国的财政制度采用以分税制为核心的分权体制。中央与地方政府分别有自己的税收等收入来源以及相应的支出责任。每一级政府的预算体系由公共财政预算、政府性基金预算、国有资本经营预算和社会保障预算四大部分组成。

公共财政预算是指政府凭借国家政治权力，以社会管理者的身份筹集以税收为主体的财政收入，用于保障和改善民生、维持国家行政职能正常行使、保障国家安全等方面的收支预算。其中，收入预算是指政府在法定预算年度内，筹借公共财政资金的计划；支出预算是政府在法定预算年度内，科学合理地分配公共财政资金的计划。

公共财政收入包括税收收入和非税收收入两部分。公共财政收入的 90% 都来自税收收入。地方政府的税收收入，按照规定上缴上级政府，并且收到上级政府的转移支付之后的资金，构成了地方政府公共财政预算支出的主体。除此之外，还有社会保险基金收入、非税收入、债务收入等收入，但比例很小。除少数税收财政发达的地区，通常地方政府的公共财政支出，主要用于行政支出、教育、卫生等，以保障政府运行和社会基本生活，俗称“吃饭财政”，用于基础设施建设的比例相对较小。中央政府的转移性支付，尤其是其中的专项转移支付，通常都用于特定项目的建设，构成了基础设施建设资金的重要部分。

政府性基金是指各级政府及其所属部门根据法律、行政法规和中共中央、国务院文件规定为支持特定公共基础设施建设和公共事业发展，向公民、法人和其他组织无偿征收的具有专项用途的财政资金。其中也包括政府有偿出让国有土地使用权取得的土地出让收入、依托政府信誉募集的彩票公益金、从住房公积金增值收益中提取的政府住房基金等。其中，土地出让收入占比最大。中国的土地出让收入由地方政府支配，形成了中国的

“土地财政”。进入 21 世纪以来，中国地方政府的基础设施建设的资金，很大一部分来自政府性基金收入、主要土地出让收入以及地方融资平台通过举债获取的债务性收入。

按照政策，土地出让收入主要用于征地拆迁补偿、土地开发、城乡基础设施建设、城镇廉租住房保障等支出。这些支出，一部分是财政性的支出，如基础设施建设；一部分是市场化的运作支出，如土地开发。这两部分主要都是通过地方融资平台公司进行的。地方融资平台都有来自公共财政的财政补贴，地方融资平台事实上联通了公共财政预算体系和政府性基金预算体系。

国有资本经营预算是国家以所有者身份依法取得国有资本收益，并对所得收益进行分配而发生的收支预算。除了直辖市及少数发达的城市，大部分省级以下地方政府的产业类国有资产规模较小，涉及的行业多为竞争性的行业，在基础设施的建设运营领域里的影响相对较小。融资平台异军突起之后，很多地方政府为了便于融资，将产业类企业并入融资平台公司，或是利用产业类企业进行基础设施建设或土地开发，并在 2015 年与 2016 年的货币政策相对宽松的情况下，融入了大量资金，在某种程度上推高了中国整体的负债水平。

形势发生了变化，地方融资平台事实上联通了公共财政预算体系、政府性基金预算体系和国有资本经营预算体系。任由这种格局发展，将会使地方政府原有的分明有序的预算体系变得混乱，造成一系列问题。因此 PPP 的推出，在某种程度上可以看成这一问题的解决之道。

社会保险基金是指为了保障保险对象的社会保险待遇，按照国家法律法规，由缴费单位和缴费个人按缴费基数的一定比例缴纳以及通过其他合法方式筹集的专项资金。我国实现社会保险基金预算管理，严格按照法律法规规定的收支内容、标准和范围，专款专用。在政府预算体系里，社会保险基金预算单独编报，与其他预算体系相对独立。社会保险基金预算的独立性在事实上也得到保障。

我国实现“现收现付制”社会保险基金运行模式。在这种模式下，当期缴纳的社保费用被用来支付当期的支出。以养老保险基金为例，当前工作人群缴纳的费用，基本被用于当前已经退休人员的支出。在未来人口红利消失的情况下，社会保险基金存在压力，需要从其他类型的预算体系中获得支持。这在无形中，在未来增加了中国财政的压力，需要 PPP 等予以解决。

2. PPP 的相关参与方及合同体系

PPP 模式的特征是伙伴关系，即政府和社会资本之间的利益共享、风险共担与转移。

第一是伙伴关系。在 PPP 模式中，公共部门之所以和私营部门合作并形成伙伴关系，是因为双方存在一个共同的目标：在具体项目上，以最少的资源，实现最多最好的产品或服务的供给。私营部门以此目标实现自身利益的追求，而政府则以此目标实现公共福利和利益的追求。

第二是利益共享。私营资本追求符合法规的利益最大化，这是商业准则的基本要求。但是在 PPP 模式中，公共部门需要控制私营部门可能的高额利润，即不允许私营部门在项目执行过程中形成超额利润。主要原因是，大多数 PPP 项目都是带有公益性的项目，并且具有区域垄断性的特点。如果任由社会资本追求利益最大化，将会损害这一地区的社会福利。因此，PPP 需要使作为参与者的私人部门、民营企业或机构取得相对平和、长期稳定的合理投资回报。

第三是风险共担。在 PPP 项目中，政府与私营部门合理分担风险，从社会角度实现风险承担的优化分配。最优化的风险承担要求，不同风险由具备相对优势的主体来承担。公共部门尽可能大地承担自己有优势方面的伴生风险，而让对方承担的风险尽可能小。比如，在隧道、桥梁、干道项目的运营中，如果因一般时间内车流量不够而导致私营部门达不到基本的预期收益，公共部门可以对其提供现金补贴，这种做法可以在“分担”框架下，有效控制私营部门因车流量不足而引起的经营风险。与此同时，私营部门会按其相对优势承担较多的，甚至全部的具体管理职责。

PPP 模式涉及的政府部门主要包括项目实施机构、发改部门和财政部门。私营部门包括项目公司的股东、金融机构、建设单位等。这些机构通过一系列的合同联结在一起。这些合同构成了 PPP 的合同体系。

根据财政部的文件，政府与社会资本合作项目合同，是指政府方（政府或政府授权机构）与社会资本方（社会资本或项目公司）依法就 PPP 合作所订立的合同。除了项目合同之外，合同体系主要还包括股东合同、融资合同、工程承包合同、运营服务合同、原料供应合同、产品采购合同和保险合同等。

项目合同是最核心的法律文件，而项目边界条件又是项目合同的核心内容。边界主要包括权利义务边界、交易条件边界、履约保障边界和调整衔接边界，等等。其中，权利义务边界主要明确项目资产权属、社会资本承担的公共责任、政府支付方式和风险分配结果等。交易条件边界主要明确项目合同期限、项目回报机制、收费定价调整机制和产出说明等。履约保障边界主要明确强制保险方案以及由投资竞争保函、建设履约保函、运营维护保函和移交维修保函组成的履约保函体系。调整衔接边界应主要明确应急处置、临时接管和提前终止、合同变更、合同展期、项目新增改扩建需求等应对措施。

PPP 的实务操作

整体流程

一个典型的 PPP 项目包括四个阶段，分别为项目识别论证、项目采购、项目执行与项目移交。

1. 项目识别论证

地方政府在其“十三五”规划及年度工作报告中，有关于未来一段时间内基础设施等项目建设的计划。这些计划被分配给有关单位负责执行，如市政类项目由建设局负责、污水处理类项日由环保局负责、道路类项目由交通局负责，等等。

地方政府的发改部门与财政部门通过征集这些有关单位的年度计划，根据投资项目统筹筛选，制订 PPP 项目推进的年度计划。拟定 PPP 项目实施机构及行业主管部门，经分管发改或财政的地方政府领导审批（有的地区还需要报相关委员会集体决策）后实施。各部门按照年度计划推进相关工作。如果 PPP 项目是由社会资本发起的，那么社会资本应向行业主管部门提交项目建议书。行业主管部门初审后，在发改部门或财政部门征集 PPP 项目年度计划时提出。

目前在中央政府层面，国家发改委与财政部分别出台了相应的 PPP 项目政策，对 PPP 项目进行监管。相应地，在地方政府层面，发改部门和财政部门也都有具体相关的执行政策。根据各个地方的情况，发改部门和财政部门负责的领域与发挥的作用也有所不同。相对而言，发改部门更多地负责基础设施类的项目，而财政部门更多地负责公用事业类的项目。但是，无论项目属于哪种类型，如果 PPP 项目涉及政府付费，那就需要财政部门进行相应的预算安排。有些地方政府在财政部门中专门设置 PPP 项目中心，来负责地区内与 PPP 项目相关的具体事项。

地方政府的 PPP 项目牵头部门对于行业主管部门报送的项目建议书、可行性研究报告进行评估。对于符合条件纳入年度计划的 PPP 项目，项目实施机构根据项目建议书、可行性研究报告及批复等审批文件，开展 PPP 项目实施方案编制。其中，社会资本发起的项目，由社会资本编制项目实施方案并提交项目实施机构。PPP 项目实施方案经行业主管部门审查后，由行业主管部门向 PPP 项目牵头部门申报。PPP 项目牵头部门组织国土规划、环保、行业主管部门按照相关规定对 PPP 项目进行联评联审。

通常，在项目的审批中，即使不采用 PPP 模式，大部分情况也都会涉及三个部门，即国土规划部门、环保部门和发改部门。国土规划部门主要审查项目是否符合土地利用规划和城市规划、是否具备供地条件，以及是否有可配置的资源等，出具规划选址、用地预审的审查意见。环保部门主要审查项目是否有利于环境保护，项目对环境的影响是否可控，是否具有配套的环境保护主要措施等，出具环境影响评价的审查意见。发改部门负责对项目的必要性、合规性、工程建设规模、建设内容、总投资估算、组织实施要求和工期进度等进行评估，并综合各方意见给出批复。

对于拟通过 PPP 模式运作的项目，财政部门会同行业主管部门负责编制项目物有所值评价报告和财政承受能力评估报告，并出具审核意见。财政部对于物有所值评价报告和财政承受能力评估报告的出具有明确规定，以保证 PPP 项目在执行过程中不会出现大的偏差。根据规定，每一年度全部 PPP 项目需要从预算中安排的支出，占一般公共预算支出比例应当不超过 10%。这一比例，有效地限制了地方政府利用税收为基础进行举债的行为。

通过审查的项目由 PPP 项目牵头部门提请分管的政府领导召开专题会议审核，同意后上报政府审定。PPP 项目获得本级政府批准，可以视为成功发起。项目实施机构、发改部门、财政部门分别负责按上级发改部门、财政部门相关规定将信息录入传统基础设施领域 PPP 项目库、PPP 项目综合信息平台等 PPP 项目库，并积极做好上级发改部门、财政部门征集 PPP 示范项目的申报工作。

在实务操作过程中，入库情况作为安排政府投资、确定与调整价格、发行企业债券及享受 PPP 项目专项政策的重要依据。很多省级地方政府规定，未经上级（或省级）部门审核通过并入库的 PPP 项目，原则上不得通过财政预算安排支出。

2. 项目采购

PPP 项目实施方案批准后，指定的项目实施机构应按照《中华人民共和国招标投标法》《中华人民共和国政府采购法》等有关规定，通过公开招标、邀请招标、竞争性谈判、竞争性磋商、单一来源采购等方式，择优选取具有相应管理经验、专业能力、融资实力以及信用状况良好的社会资本方。

国家发改委和财政部分别出台了《关于开展政府和社会资本合作的指导意见》（发改投资〔2014〕2724 号）、《关于规范政府和社会资本合作合同管理工作的通知》（财金〔2014〕156 号）等政策，对于编制 PPP 合同进行具体要求。项目实施机构在编制合同时，需要参照以上政策进行。

采购文件、采购结果以及拟定的项目合同应及时在政府采购信息平台、PPP 综合信息平台及其他公开发行的媒体上予以公示（涉及国家秘密、商业秘密的内容除外）。公示期满无异议的项目合同由项目实施机构与中选社会资本方签署。通常项目合同约定，一旦进行项目运作的项目公司注册完成，项目合同的许多权利与义务由项目公司承继。同时，项目合同还对项目公司的公司章程及政府出资方等在项目公司的决策权力等公司治理方面的内容进行了规定。签订的项目合同和股东合同要上报发改、财政部门进行备案。

3. 项目执行

为了有效地对项目进行管理，项目公司在PPP项目的所在地区注册设立，并且将公司行政管理、财务管理、核心业务管理等主要经营管理部门设在本地区。在很多情况下，地方政府根据需要指定相关机构或国有企业参股项目公司。政府资本方与社会资本方签订股东合同，明确出资比例和方式、收益分配办法、风险责任分担、退出安排以及公司章程重要条款等事项。涉及国计民生等重要领域的项目，为确保居民福利不受不当侵害，地方政府指定机构或国有企业通常要求在项目公司的治理结构中具备足够的影响力。

项目公司设立后，项目执行主要由其负责。具体包括以下事项。

组织工程勘察、设计、投融资、施工、监理、设备材料采购和运营。项目公司的社会资本股东方如果具备自行建设、生产或者提供并具备相应的勘察、设计、施工、运营业绩和资质的，可不进行二次招标，直接由项目与社会资本股东方签订相应合同。当前，很多PPP项目都由中建、中铁、中电建等大型建设集团作为社会资本方。这些机构具备相应的资质与很强的专业能力。由于项目方与社会资本股东方的合同属于关联交易，政府需要在项目合同中对这类合同的内容进行规定，并且参与协商和确定合同的具体条款，以保障项目公司中的政府及其他利益相关方的利益。

项目公司负责项目融资，包括股本金融资、夹层融资以及债权融资。在必要的情况下，社会资本方股东会对项目公司的融资提供担保等增信措施，以保证资金融通顺利进行。

在实际操作过程中，由于PPP项目的回报周期长，需要较为长期的资金；再加上目前很多金融机构对于单纯依靠项目本身的未来现金流的结构化金融技术相对比较陌生，因此大部分项目公司的债权融资，都有社会资本方股东提供担保。这种现状也使得PPP项目的准入门槛相对较高，很多自身信用评级水平较低的社会资本方，虽然在基础设施的建设与运营方面具备优势，并且对政府报出了有吸引力和竞争力的条件，但是却因为无法获得低成本的融资，而使得项目后续推进困难。

根据风险由具备相对优势的主体承担的原则，项目的完工风险通常由社会资本方承担。项目公司与社会资本方股东签订建设合同时，社会资本方股东保证按时履行项目建造合同义务，并且确保工程质量。为保障项目在运营期间的服务质量，项目合同会进行具体安排，通过保证金等方式予以确定。对于运营、维护和移交等关键条款的履行，还会根据实际需要，要求社会资本方股东提供明确担保。

在项目的执行过程中，PPP 项目牵头部门整体统筹，行业主管部门和项目实施机构具体负责，共同开展项目的监督管理工作，确保项目有序运作，按期交付，并防止企业债务向政府转移。财政部门会同行业主管部门与项目实施机构，根据上级部门相关规定做好项目财政预算收支管理。有关合同修订、违约和争议解决等应遵循 PPP 项目合同中的相关约定进行合同调整、赔偿追索及争议解决。

4. 项目移交

在 PPP 项目经营期满或发生合同提前终止的情况时，行业主管部门协助项目实施机构或地方政府指定的其他机构按照合同约定的移交形式（期满移交、提前终止移交）、补偿方式（无偿移交、有偿移交）、移交内容和移交标准，及时组织开展项目性能测试、验收及资产交割等工作，妥善做好项目移交。PPP 项目执行过程中形成的负债，属于项目公司的债务，由项目公司独立承担偿付义务，不得移交给地方政府。

在发生 PPP 项目合作方退出的情况时，项目实施机构应会同行业主管部门制定退出方案，由 PPP 项目牵头部门提请分管的地方政府领导召开专题会议审核后报地方政府审定，并做好临时接管工作，保证项目设施持续运行和公众利益不受侵害，项目违约方应承担合同规定的责任。

PPP 项目的操作模式

PPP 项目的操作模式主要分为外包服务类、特许经营类和私有化类三种，社会资本承担的风险依次递增。

1. 外包服务类

社会资本仅承担项目的建设、维护等过程中的一项或几项，政府为其提供的产品或服务付费。在这类合作中，社会资本对政府提供服务属于纯粹的商业价值交换，不涉及项目收益和运营收益的分享，项目投资和经营的风险完全由公共部门承担。外包服务类主要有两种方式：委托运营（OM）和管理合同（MC）。

OM 是指政府保留存量公共资产的所有权，而将公共资产的运营维护职责委托给社会资本或项目公司，并向社会资本或项目公司支付委托运营费用的项目运作方式。社会资本或项目公司不负责用户服务。OM 方式适用于污水处理、体育场馆、市政管网等类型的存量项目。通常最佳的合同期限为 10 ～ 15 年。采用 OM 方式的优点是能够提升公共资产的运营效率，降低运营风险，同时政府还能保持资产的所有权；但是政府对运营维护的控制力降低，如果社会资本运营效果不理想，政府重新介入运营环节的成本较高。

MC 是指政府保留存量公共资产的所有权，将公共资产的运营、维护及用户服务职责授权给社会资本或项目公司的项目运作方式。政府向社会资本或项目公司支付相应的管理费用。MC 方式适用于水厂、污水处理、垃圾处理、道路维护、公园维护、景观维护、停车场等类型的存量项目。通常最佳的合同期限为 10 ～ 15 年。采用 MC 方式的优点是能够提升服务质量与运营效率，节约成本。同时政府还能保持拥有所有权。但是，公众有可能不赞同服务外包，而且社会资本方对公众需求变化的应对能力较弱。社会资本没有严格按照协议提供服务，将会导致服务成本大幅上升。政府部门对于资产的控制力下降，难以轻易改变这种局面，重新介入对协议进行重组，则需要花费巨大的时间成本和金钱成本。

2. 特许经营类

政府授予社会资本（或项目公司）特许经营权，社会资本（或项目公司）通过实际控制的资产对外提供特许服务。在特许经营期满之后，项目资产移交政府。在这种模式下，社会资本对项目的参与程度高于外包类。社会资本通常要承担项目的投资或运营的职责。在此过程中，政府和社会资本共担风险。同时，政府部门需要平衡社会资本的收益和地区居民的福利之间的关系。特许经营通常有 BLT，BTO，BOT，TOT 与 ROT 等几种模式。

BLT（建设–租赁–转让），是指社会资本或项目公司负责项目的融资和建设管理，在项目建成后租赁给政府，由政府负责项目运行和日常维护，社会资本或项目公司通过向政府收取租金来回收项目投资并获得合理回报的运作模式。租赁期结束后，项目所有权移交政府。BLT适用于地下综合管廊、智慧城市、市政绿化、道路、安置房等类型的新建项目。合同期限通常少于15年。这种模式可以解决项目建设过程中政府的财政压力和建设资金不足的问题。但是，在租赁期间，政府不持有项目公司基础设施资产的所有权，对于基础设施及其服务的控制力减弱，在极端情况下（如项目公司破产或是遭遇司法诉讼），提供的服务受到影响。另外，租赁交易过程中的资产评估难度较大。在租赁期间，如果需要维修或是更新设备以保证服务水平，但是设备租赁合同没有事先约定，那就有可能带来协商的困难或增加政府的成本。

BTO（建设–移交–运营），是指社会资本或项目公司为公共设施融资并负责其建设，完工后再将公共设施所有权移交给政府，随后政府再授予其经营该设施的长期合同。BTO适用于水厂、污水处理厂、垃圾填埋场等类型的新建项目。合同期限通常少于15年。在这种模式下，政府能够利用社会资本的项目建设专业经验，节约成本支出。同时，政府可以设定服务水准和绩效标准，并可以终止契约。从政府改变协议的难度来看，这种模式可以避免法律、管制和民事责任等，降低了难度，但是，如果出现破产或者绩效表现不佳，政府希望终止协议并接管项目时，在移交环节，政府的购买成本可能也比较高。从社会资本方的角度来看，在这种模式下，政府的行为弹性较大，有可能致使社会资本不能获得合理投资回报。

BOT（建设–运营–移交）或BOOT（建设–拥有–运营–移交）是指社会资本或项目公司承担新建项目的设计、融资、建设、运营、维护和用户服务责任，合同期满后项目资产及相关权利移交给政府的运作模式。BOT或BOOT适用于公共设施项目如大坝、水库、仓库、养老院，以及交通设施建设项目如公路、铁路、桥梁、隧道、港口、机场、城镇供热等类型的新建项目。最佳合同期限为20～30年。

在BOT或BOOT模式下，基础设施建设由社会资本投资，建成后，政府通过定期支付污水或垃圾费等费用的方式获得基础设施提供的服务，可以避免项目建设期的巨额支出。这种类型的项目，通常能够面向使用者收取费用，有稳定的来自非财政的现金流作为保障，项目的风险较低。社会资本能够发挥自身在特定领域里的专业能力，项目运营效率有望提高。但是，在期限较长的情况下，政府和社会资本方对于基础设施市场前景和价格趋势的把握难以精确，因此通常需要在协议中确定调价机制或确定一个合理的投资回报率。调价机制为后续履行协议带来了不确定性。如何把握民众福利与社会资本方利益的平衡，是一个难题。合理的投资回报率难以把握，而且如果事先确定投资回报率，那么项目公司能够轻易转嫁成本给使用者或者政府，将会影响其提升运营效率、降低成本的激励。

TOT（移交－经营－移交）是指政府部门将存量资产所有权有偿转让给社会资本或项目公司，并由其负责运营、维护和用户服务，合同期满后资产及其所有权移交给政府的运作模式。TOT 适用于供电、供水、供气、通信等类型的存量项目。最佳的合同期限为 20 ～ 30 年。通过 TOT 方式，政府可以盘活城市基础设施的存量资产，提高基础设施的运营效率。另外，通过吸引社会资本投资已建成的基础设施，政府可以获得资金用于其他基础设施建设。由于项目已经建设完成，因此不存在完工风险，从而大大简化了 PPP 项目运作的复杂程度。

ROT（改建－运营－移交），是指在 TOT 模式的基础上，增加项目改扩建内容的运作模式。社会资本负责对基础设施资产改扩建和运营管理，运营期满后再将全部设施无偿移交给政府。ROT 适用于公立医院改制、水电站改造、水务设施改造升级、体育场馆设施改造等类型的存量项目。最佳合同期限为 20 ～ 30 年。在 ROT 模式下，政府不需要为公共设施的改扩建投入资金，融资风险由社会资本承担，能够充分发挥社会资本的比较优势。但是项目的边界条件相对较为模糊，资产经过改扩建后，权属关系变得复杂，同时资产维护的复杂程度加深。

3. 私有化类

社会资本负责项目的全部投资，也承担项目的全部风险，项目所有权永久归属社会资本，不须交回公共部门。与竞争性领域的公私合作模式有所不同，在 PPP 领域的私有化项目中，社会资本在项目定价和服务质量等方面需要接受政府监管，以防止公共福利受到社会资本的损害。私有化类通常有 BOO，TOO 等模式。

BOO（建设 – 拥有 – 运营），由 BOT 模式演变而来，两者的主要区别在于：在 BOO 模式下，社会资本或项目公司拥有项目所有权而且一般不涉及项目期满移交，但是必须在合同中确定保证项目公益性的约束条款。BOO 模式适用于电力、燃气、污水处理、机场、停车场等类型的新建项目。这类项目，通常运营成本相对基础设施的建设支出较大，未来能够面向市场向使用者收取一定费用。在 BOO 模式下，政府不参与公共设施的建设或运营，也不需要进行投资，并可通过征收税收增加收入；但是，政府需要对服务价格与服务水平设立标准，并对社会资本方的经营活动设立较为明确的法规进行限制，为社会资本提供激励的同时能够保护公众福利。

在 TOO（移交 – 拥有 – 运营）模式下，社会资本收购已建成的项目，并承担项目的运行、维护等职责。TOO 适用于政府核定的经营收费价格不足以弥补项目运营成本的公共设施类项目。政府以购买服务的方式给予项目公司一定的补贴。在这种模式下，政府可以盘活存量资产，缓解资金压力；可以利用社会资本的专业经营，提高运营效率；自身不参与公共设施的运营，不需要承担运营风险。

PPP 的税收、股本金回收等问题

1. 税收等方面的问题

前面的财务模型对于各类资金的收益计算，没有考虑或者淡化了税收的问题。相比基础设施由政府融资平台举债进行建设，在 PPP 的模式下，政府付费和使用者付费，对于项目公司是一种营业收入，因此需要缴纳营业税或者增值税。由于 PPP 项目本身的回报相对较低，税收的影响非常重大。美国的 REIT 推出之后，面临同样的问题，后来是通过国会立法，豁免特殊目的载体（项目公司）的税收予以解决的。美国的 REIT 为避免税收套利，对于特殊目的载体的经营范围等进行了限制。美国的 REIT 值得中国借鉴。

在税收没有得到豁免之前，税收因素需要详细考虑。

首先，政府的付费是否都应该计入纳税收入？在“营改增”之前的原有 BT 模式下，社会资本方代建工程，在社会资本方与工程建设方不是同一主体的情况下，政府出资回购时，只有超出本金的部分被认定为社会资本方的收入，本金部分则被认为是前期垫资的收回。在“营改增”之后，PPP 模式下政府每年支付的费用，全部都需要缴纳增值税。项目公司前期投入资金聘请工程建设方，形成的固定资产，凭借工程建设方开具的发票，可以在运营期内进行进项抵扣。

另外，与平台公司进行融资相比，在 PPP 模式下，项目公司的营业利润缴纳所得税后的净利润，才能够作为股息分配给社会资本方等股东，因此，社会资本方实际的资金回报要考虑所得税率因素。

2. 资本金回收的问题

在 PPP 项目运作中，政府付费作为底层现金流，其期限结构特征决定了项目公司的股本回报及本金回收的期限结构。通常政府付费的期限较长，而且每年付费的规模比较平均，这就决定了股东的本金回收，也相应的是逐步进行的。这就产生了在运营期内，如何回收股本金的问题。

与利润满足较少的要求下可以由股东自由分配不同，对于作为有限责任公司对外部民事主体承担责任的最高金额的股本金有明确规定，股东减少公司的股本金属于公司章程的重大事件，需要较为复杂的程序。

《公司法》第三条规定，公司是企业法人，有独立的法人财产，享有法人财产权。公司以其全部财产对公司的债务承担责任。有限责任公司的股东以其认缴的出资额为限对公司承担责任；股份有限公司的股东以其认购的股份为限对公司承担责任。因此，如果公司的资本金减少，将会明显降低对于公司债权人的保护。如果股东没有经过合格的程序而抽走资本金，将会直接违背《公司法》第三十六条的规定：公司成立后，股东不得抽逃出资。《公司法》第三十八条规定：对于公司增加或者减少注册资本的事项，需要股东会做出决议。第一百七十八条规定：公司需要减少注册资本时，必须编制资产负债表及财产清单。公司应当自做出减少注册资本决议之日起十日内通知债权人，并于三十日内在报纸上公告。债权人自接到通知书之日起三十日内，未接到通知书的自公告之日起四十五日内，有权要求公司清偿债务或者提供相应的担保。公司减资后的注册资本不得低于法定的最低限额。

由于在 PPP 项目运作中，为了解决资金不足的问题以及提高股东回报，项目公司通常都向银行申请项目贷款。根据《公司法》规定，如果在贷款没有还清的情况下，要通过减少注册资本金回收股东本金，则需要经过银行等债权人的同意。注册资本金减少后，项目公司的资产负债率将会提高，对于银行的资金安全的保障将会随之降低。银行将不愿意接受这种安排。因此，在 PPP 项目运作的时候，需要考虑银行是否同意减资这一因素。在申请项目贷款时，需要在合同中事先明确，按照一定规则减少资本金的时候，银行不会要求项目公司提前偿还债务。

在美国的资产证券化操作中，CDO 产品的不同分级，优先级、劣后级及权益级的收益分配和本金回收面临着相同的问题。一方面，对于优先级而言，劣后级和权益级不分配收益和回收本金，将资金留存于特殊目的载体，更能够保障优先级的本金安全和收益回报。另一方面，对于劣后级而言，大量资金无效率的沉淀载体，将会制约后续业务的开展。CDO 的解决方案是测试，即要求 CDO 的资产质量及收益在满足一定标准的条件下，才允许更劣后级别的产品分配收益与回收本金。主要的标准有两个，一个是超额担保，一个是息差覆盖。

由于政府付费的 PPP 项目，现金流更加稳定，因此，可以在事先就设计出明确的减资安排，并在向银行贷款时，在贷款合同中考虑。在通常情况下，项目公司的现金流在支付运营费用与缴纳税收后，先用于偿还银行的本金，剩余部分则用来支付利息和进行减资。

3. PPP 项目的风险分担机制

按照风险收益对等原则，在政府和社会资本间合理分配项目风险，实现整体风险最小化。原则上，项目设计、建设、运营等商业风险由社会资本承担；法律法规政策调整和最低需求风险由政府承担；自然灾害等不可抗力风险由双方共同承担。社会资本如果自己不是建筑企业，通常将基础设施建设的完工风险转移给施工企业或者通过购买相应的财产保险将风险转移给专业机构。

PPP中的结构化金融技术应用

从金融的角度看，PPP可视作结构化金融技术在基础设施投融资中的一种应用形式。

首先，从政府的角度看，政府在财政压力之下，将能够产生现金流的项目的投融资及运营与财政的公共预算体系进行分离，财政资金只以明确进入预算的额度为限，对项目提供支持。这种操作实际上就是将部分从整体中剥离的结构化手段。

其次，在PPP实务中，通常社会资本方与其他股东联合成立项目公司进行项目运作。项目公司以自身的业务及未来的现金流为基础，对外进行融资，这种方式属于项目融资，是结构化金融的一种具体方式。在满足一定条件的情况下，项目公司的资产负债不会进入股东方的资产负债表。项目公司是一个相对独立的实体，其实质就是一个特殊目的载体。不同的是，资产证券化中的资产，通常都是债权类资产，而PPP项目的资产通常都是经营性资产。因此PPP的载体除了要发挥切割资产、破产隔离的作用，还要发挥经营资产的作用。正是因为资产具备需要“强经营”的特征，公司而不是信托才会被选择作为载体。

最后，项目公司的现金流根据偿付的时间顺序和优先度不同，被依次用于进行债权融资、夹层融资和股权融资，从而，形成了项目公司的资本结构，产生了不同的金融产品。这种将同一整体的现金流分成不同类型的金融产品的金融手段，也是结构化金融的技术。

PPP起因于金融与财政治理，在现实中受到金融市场环境的重要影响。下面从结构化金融的角度来分析PPP项目，构建简单的财务模型。

项目建设的股权融资、夹层融资与债权融资

结构化金融理论认为，股权融资、夹层融资与债权融资，其实本质都是未来的现金流与当前的现金流的一种交换。资产证券化的本质就是对未

来稳定现金流的贴现。

我们以政府付费的PPP项目为例，构建现金流模型来分析项目融资。项目公司的现金流情况如表0-2所示。

表0-2 项目公司的现金流情况

	建设期	运营期	移交期
现金流流入	股本金 银行贷款等债务融资资金	政府付费 使用者付费	政府付费 使用者付费
现金流流出	税费 项目建设支出 债务利息	运营费用、税费 债务本金与利息 股东红利与收回资本	运营费用、税费 债务本金与利息 股东红利与收回资本

下面根据财务模型，对PPP项目进行分析。

对于PPP项目，通常项目可行性报告中会确定项目的建设内容及相应的质量要求，并且确定相应的成本支出。政府根据可行性报告的数据及相应的资金成本确定未来的付费金额。在竞标的情况下，社会资本方将会提出报价，政府选择具备竞争力的社会资本方。在确定项目合同的时候，财务上最为关键的是确定后续政府付费的安排。这一安排，决定了项目在运营期的现金流流入情况。

如果政府付费的资金来自公共财政预算，根据现行规定，一级政府的PPP项目支出不得超过公共财政预算支出的10%。政府需要将PPP项目的支出列入预算并通过人大决议。

PPP项目能够合法合规地得到财政资金支持的特征，使得PPP项目相比其他金融资产，风险非常低，几乎接近于“国债”。单纯从金融工程的角度看，PPP项目的资金回报，可以参考同久期的国债利率，加上适当利差进行确定。在实际过程中，还需要考虑流动性因素，以及项目完工风险、操作风险等因素。中国的金融市场有效性相对较弱，PPP项目的资金回报，根据地区不同、项目不同及融资时点不同，而出现较大的差异。这种差异为金融机构通过结构化金融技术及证券化技术进行套利提供了机遇。

考虑到大多数的PPP项目来自银行的资金占据最大比例，因此资金回报率可以以商业银行中长期贷款利率水平为基准。在此基准上考虑可用性付费、使用量付费、绩效付费的不同情景，结合风险等因素确定。在

PPP 项目运作过程中，部分地方政府出现了不规范的运作，如提供各种非理性担保或承诺、过高补贴或定价，通过固定回报承诺、明股实债等方式进行变相融资等。

从财政的角度看，在资金压力较大的时候，为了支持更多的项目建设，政府希望 PPP 项目的期限越长越好，这样可以缩小每一年度的支出金额规模。对于很多“轻运营”的资产，利息等资金成本占整个成本的比例很大。期限越长，社会资本与金融机构承担的利率风险越大。因此，在 PPP 项目确定合适的期限时，需要协调这两方面的利益。目前的 PPP 项目期限通常都在 10 年左右。

下面以一个具体的例子来确定政府的现金流测算及财政资金支付安排。假设一个公路项目的总投资为 10 亿元，预计一年可以完成建设。建设完成后，由项目公司负责运营，并为地区提供服务，每年的维护成本 1000 万元。运营期满 10 年之后，项目公司及相关公路资产移交地方政府。

表 0-3　财政年度支付表　　（单位：亿元）

第 1 年	第 2 年	第 3 年	第 4 年	第 5 年	第 6 年	第 7 年	第 8 年	第 9 年	第 10 年	第 11 年
0	0.1	0.1	0.1	0.1	0.1	0.1	0.1	0.1	0.1	0.1
0	n	n	n	n	n	n	n	n	n	n
合计	n+0.1	n+0.1	n+0.1	n+0.1	n+0.1	n+0.1	n+0.1	n+0.1	n+0.1	n+0.1

在公路建设的质量和成本确定的情况下，社会资本方竞标的重要要素就是关于资金成本的报价。这其中，社会资本方作为建设方赚取工程建设的利润体现在社会资本方的利润表中，不在项目公司的考虑之内。报价决定了政府每年支出的金额，假定每年支出相等，为 n 亿元。不同的资金回报率决定了不同的 n 值。不考虑税收因素，资金回报率为 6% 时（包括第 1 年的资金，虽然通常是在一年内陆续支出的，为了计算方便，假设全部为年初支出，也要求回报），可以算得 n=1.440 2；资金回报率为 8% 时，n=1.579 7。

从上面的计算可以看出，在期限较长的情况下，总的利息支出占项目总成本的比例较大，而且对于利率波动较为敏感。在确定 PPP 合同的时候，如果政府后续每年的支出固定（这实际上是为项目确定了一个固定的资金回报），而项目公司在申请银行贷款进行融资时，是依照贷款基准利率进行的，因此项目公司的股东承担了巨大的利率风险。

对于市场化程度更高的“强运营”项目，或者由于使用者付费会因为形势变化而波动（如高速公路因为高铁的修建而出现车辆通行数量减少的情况），或者由于外部因素导致成本变化，这些因素使得在运营期间，项目公司的现金流出现波动，产生较大的运营风险。在签订项目合同时，可以通过设置最低收费额度，即在使用者付费不足的情况下，由政府出资补充全部或部分差额，解决现金流不足的风险；或者是通过设置调价机制，在成本上升的时候，通过上调面向使用者收取的费用价格，解决成本上升现金流出过多的风险。

在项目公司申请银行项目贷款时，根据项目的风险收益特征与金融市场的供需关系，社会资本方可能提供担保。根据对于项目社会资本方的追索情况不同，项目融资分为完全追索的、无追索的和部分追索的三种类型。这种追索主要是指债权人对于股东的追索，即当项目公司本身的现金流不足以偿还债务的本金与利息时，股东是否承担偿付责任。在社会资本方为项目公司的债务提供无限连带责任担保的情况下，这是一种完全追索的项目融资方式。

当前政府付费的 PPP 项目，很多都是属于“轻运营”的项目。这类项目，在建设完成之后，主要的成本就是项目基础设施固定资产的折旧，这是一种没有现金流流出的成本。收益来自政府财政预算的资金，而且事先已经通过合同进行确定。因此，项目未来的现金流非常稳定，可以精确测算。从现金流稳定性的角度看，这种类型的项目，能够适用于无追索的项目融资方式。在实际中，一方面是由于金融机构对于现金流贴现的结构化融资技术较为陌生，更加重要的一个方面是因为金融市场的竞争格局，因此金融机构通常要求社会资本方提供担保。从社会资本方自身的角度看，社会资本方更倾向于不提供担保，即使接受相对较高的贷款利率。因此，如果金融机构能够掌握结构化融资技术并且应用于无追索的项目融资，那就可以赚取其中的利率差额。

从社会资本方的角度来计算收益，为简化问题，此处仍然不考虑社会资本方承担项目建设所赚取的利润，只考虑其作为项目公司股东层面的回报。显然，政府每年的支出规模确定了项目的整体资金回报率，股东只有在债务成本低于资金回报率的情况下，才能够赚取利差。如果与政府签订的项目合同中，确定的资金回报率为 8%，银行贷款利率为 5%，来自银行贷款的债务资金与股本金的比例为 4 : 1，则股东的权益回报（税前）为 8%+4 ×（8%−5%）=20%。在实际过程中，社会资本方在参与 PPP 项目竞标时，会将工程建设的利润计算在内，因此，愿意接受较低的资金回报率。有的资金回报率甚至低于银行贷款利率。

项目公司需要融资以完成项目建设，并且保证质量符合要求。项目的建设期通常为 1 ～ 2 年。在这个期间，项目公司没有经营性现金流流入，主要依靠筹资性现金流流入。银行提供项目贷款时，通常要求项目公司有 20% ～ 30% 的股本金。因此对于社会资本方而言，还面临一个股权融资的问题。

目前股权融资的做法有以下几种。

一种是社会资本方（此处的社会资本方特指主导项目的社会资本，下同）依靠自身的资产负债表进行融资，如通过发行债券、银行贷款获得的资金，用于向项目公司出资。

另外一种方式是社会资本方联合其他具有资金实力的机构，作为联合体共同对项目公司出资。社会资本方承诺在未来一定期限内，将会按照约定价格逐步回购联合体其他出资方的项目公司股权。这种模式的交易结构如图 0-1 所示。

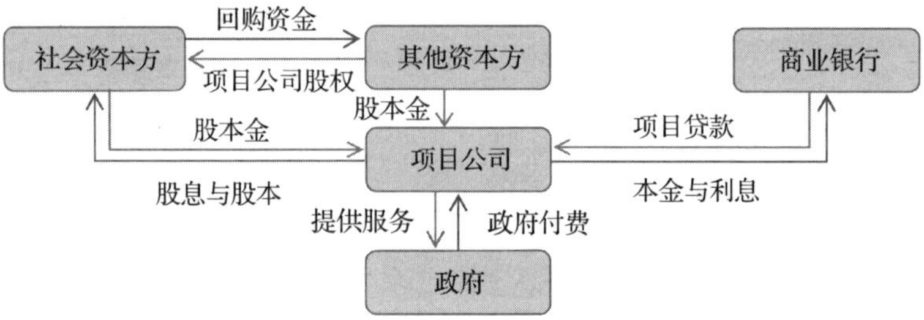

图 0-1

还有一种方式是社会资本方联合其他资金提供方组成联合体共同对项目公司出资，但是社会资本方并不回购其他出资方的股权。其他出资方与社会资本方通过项目回收到的现金流，逐步退出。其他出资方可以与社会资本方约定，对于现金流有不同的优先求偿权。在这种情况下，社会资本方以自身出资部分为其他出资方提供内部增信的支持。这种模式的交易结构如图 0-2 所示。

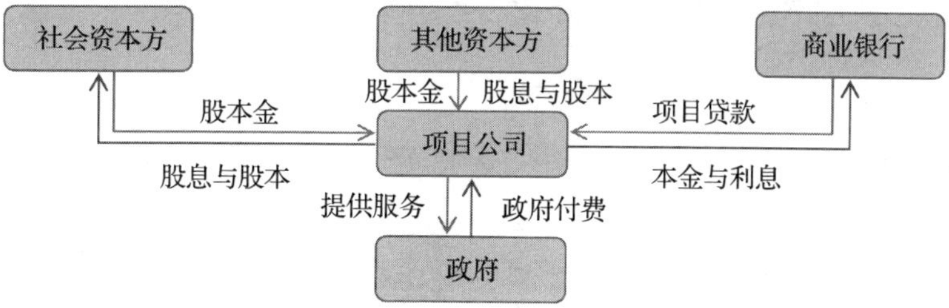

图 0-2

从项目融资的角度看，图 0-2 所示的交易结构与图 0-1 所示的交易结构相比，其他资本方对于社会资本方没有追索权。从某种意义来讲，这是一种更加纯粹的结构化融资。然而，在当前的实务操作中，由于其他资本方面临的不确定性较大，这种方式相对比较少见。从社会资本方的角度看，由于自身的资产负债率已经较高，为了满足会计上的不合并报表的要求，希望采用后面这种方式。相比提供回购担保，采用这种方式，社会资本方愿意接受更高的成本。

PPP 基金的运作模式

图 0-3 展现了一个典型的 PPP 基金的交易结构。可以看出，PPP 基金与社会资本方一起，作为股东对项目公司出资。PPP 基金通常采用有限合伙的形式。其中，基金管理人通常为有限责任公司，其出资为整个基金的 1% 左右，并且担任一般合伙人，负责基金的日常事务。

基金通常有两类有限合伙人：劣后级有限合伙人和优先级有限合伙人。劣后级有限合伙人与优先级有限合伙人的出资比例为 1 : 1 ～ 1 : 5，根据实际情况确定。通过分级，劣后级产品为优先级产品的回报提供支持。这种比例的确定实际上就是资产证券化的结构化分级，是一种内部增信手段。在中国的国情中，很多情况下，优先级有限合伙人会要求劣后级有限合伙人的投资人提供担保。实际上，这相当于劣后级通过有限合伙放大资金杠杆进行股权投资。劣后级产品赚取股权投资回报与支付给优先级的固定成本之间的差额。

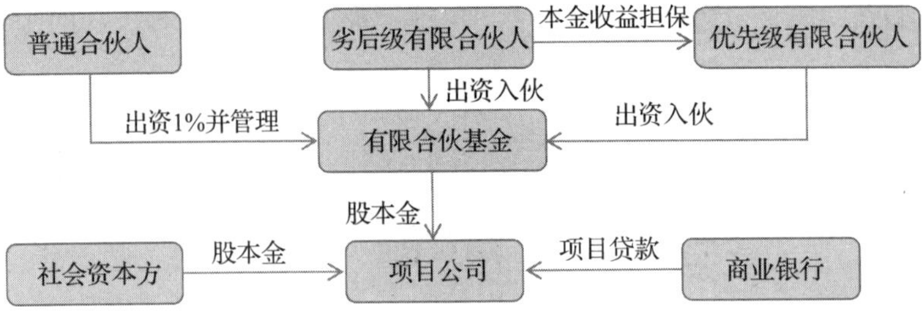

图 0-3

项目的证券化退出

在一个典型的PPP项目中，项目公司的投资人主要分为三类。一是社会资本方（特指负责项目运营）；二是其他出资方；三是银行等债权人。前面提到，由于PPP项目的底层现金流来自分摊在较长期限内的金额较为平均的财政资金，因此，投资人的资金也通常是匹配底层现金流的特征，逐步回收。如果投资人需要快速退出，则需要运作证券化的技术，包括股权证券化、债权证券化以及资产证券化三种类型。

从结构化金融技术与证券化技术的运用来看，某种能够产生现金流的权利，采用哪种方式的证券化，需要结合实际情况。在一个公司的资产负债表中，股权现金流的波动性高于债权的波动性。资产的现金流特征通常独立于公司的债权现金流与股权现金流，表现出独特的波动性。通常而言，根据现金流的波动性不同，波动性较强的适用于资产证券化，其次是债权证券化，然后是股权证券化。

1. 股权证券化

对于社会资本方而言，最有利的退出方式是股权证券化。通过股权证券化，社会资本方能够方便地出售项目公司的股权，迅速回收资金。美国的股票市场上，有专门的“公用事业”板块，这个板块的公司通常在特定区域垄断性地提供某种公用事业服务，因此，运营相对稳定，公司的分红也相对稳定，具备类似债券的特征，深受养老基金等机构投资者的青睐。

然而，在中国当前的资本市场上，企业通过IPO公开上市，要满足一系列相对较为严格的条件。项目公司很难满足这类条件，新设公司要与市场上存在着的大量拟上市企业竞争公开上市，如果没有特殊的政策扶持，前景难以乐观。中国可以考虑为PPP项目公司提供简易版的IPO绿色通道。另一个股权证券化的方式，是上市公司通过发行股票，收购社会资本方手中的项目公司股权。社会资本方可以实现退出，上市公司则可以实现快速扩张。定向增发等再融资方式也需要通过审批，满足相应的条件，但是其难度相比IPO要小。近年来，股票市场中定向增发募集资金的金额远远大于新股发行上市募集资金的金额。

这种资本方先以自有资金撬动杠杆资金收购并改造已有项目或新建项目，然后通过运营改善经营效率或是使项目进入运营稳定期，再将项目通过IPO或出售给上市公司的方式退出，是成熟的资本市场通用的套利运作模式。这种模式广泛应用于REIT、基础设施以及新创实体企业的资本运作。从投资银行的角度来看，资本方套取的是稳定现金流与不稳定现金流之间收益率的风险利差，以及标准化市场与非标准化市场之间的流动性利差。

在政府与社会资本方签订PPP项目合同时，政府为了保障社会资本运营项目公司的稳定性，通常在合同中要求社会资本方不得转移项目公司的股权和实际运营管理权。如果社会资本方后续希望通过股权证券化的方式退出，则需要提前在合同中做出约定。

2. 债权证券化

在满足条件的情况下，项目公司可以通过发行公司债券及项目收益债券等方式进行融资。国办发〔2015〕42号文，“鼓励符合条件的项目运营主体在资本市场通过发行公司债券、企业债券、中期票据、定向票据等市场化方式进行融资。鼓励项目公司发行项目收益债券、项目收益票据、资产支持票据等”。

然而，新设的项目公司，在需要资金进行建设的时期，没有运营历史和营业收入，在基于主体资产负债表的债券信用评级体系下，项目公司的信用评级相对较低，难以评到AA的级别。当前的债券市场，信用评级AA以下的债券，发行难度较大，而且流动性很差。从成本的角度来看，AA级以下的债券，票面利率相对银行贷款几乎不存在优势。基础设施的特许经营权如公路收费权，有国务院层面的法规明确规定，可以进行抵押，也能够进行拍卖。这种类型的收费权，在一定意义上具备物权的特点，可以为项目公司发行债券提供担保，有望提升债券的信用评级。

保险公司能够通过债权计划、项目支持计划等方式为项目公司基础设施建设提供融资。然而，这些产品仍然没有流动性，投资者如保险机构等也无法实现退出。在银行占主导的金融体系中，其他类型机构提供的金融产品如果没有流动性，与银行的存贷款相比，竞争优势较弱。

项目公司在运营期内，经过一段时间的稳定运营，具备较好的财务报表数据时，主体的信用评级有望提高，可以考虑发行债券进行融资。然而，通常项目公司在建设期内都已经通过银行贷款进行融资。在 PPP 模式下，项目公司的经营活动都局限在项目合同确定的特定项目上面，因此发行债券的融资没有有效用途。当发行债券的融资成本低于原有贷款的利率时，可以考虑进行债务替换。在这种情况下，需要征得银行的同意或是事先在贷款合同中约定可以提前偿还贷款。

3. 资产证券化

资产证券化是综合运用结构化金融技术与证券化技术，将原本没有流动性的资产转换成可以在资本市场流通的证券产品的金融行为。资产证券化主要运用了两种不同的结构化技术。一种技术是将资产从整体中剥离出来，即原始权益人将基础资产真实地出售给特殊目的载体，以实现破产隔离。在破产隔离有效的情况下，特殊目的载体所持有的资产的收益风险将不再受到原始权益人的影响。另一种技术是将统一的整体分级成不同的产品。对于特殊目的载体的资产产生的现金流进行优先劣后分割，使之对应具备不同的优先偿还权和时间期限的产品，以满足投资者多样化的风险收益偏好。

PPP 的项目运作，从金融的角度来看，是一种项目融资，也是属于结构化金融的方式。在 PPP 项目运作中，相关主体可以通过资产证券化实现退出，主要有以下几种模式。

第一种模式是在 PPP 项目的运作过程中，在项目建设期已经通过银行进行贷款的情况下，银行可以将自己持有的对项目公司发放的贷款进行证券化。对于较大规模的银行，如果在其业务过程中，形成了多笔对不同项目公司发放的贷款，将多笔不同项目的项目公司贷款打包，信托给信托计划，信托计划以这些贷款为担保，发行资产支持证券，并在银行间市场进行交易流通（见图 0-4）。2013 年以来，中国的银行间市场发行的资产支持证券数量迅速增长，基础资产类型包括工商业贷款、汽车抵押按揭贷款、住房抵押按揭贷款及信用卡消费贷款等多种类型，对于银行的贷款类基础资产的证券化，操作模式已经非常成熟。项目贷款的证券化操作模式与这些已经成功进行证券化操作的贷款类基础资产的证券化操作模式基本一致，这里不做详细介绍，有兴趣者可以参阅宋光辉著作——《资产证券化与结构化金融》及翻译作品“结构化金融与证券化系列丛书”。

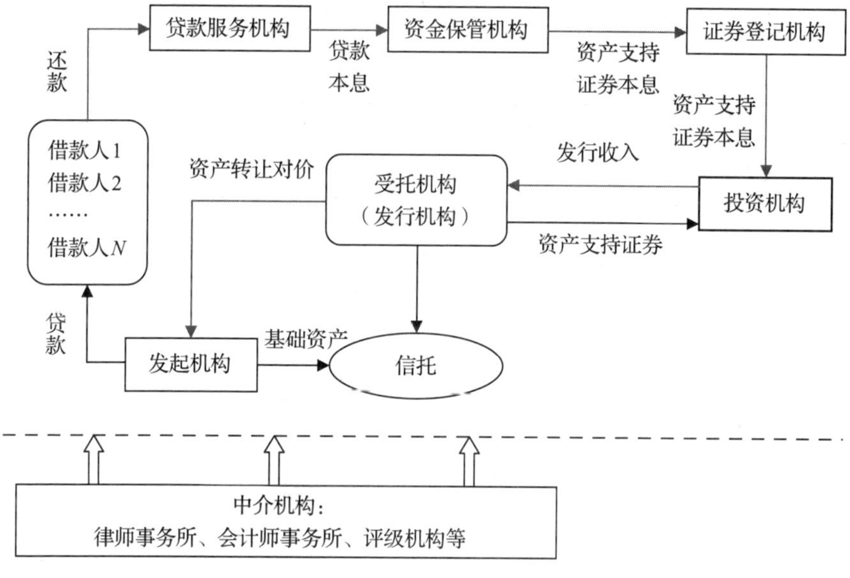

图 0-4

第二种模式的资产证券化是项目公司将其拥有的基于基础设施的收费，进行证券化。项目公司在基础设施建成后，根据项目合同，未来基于基础设施提供的服务，在满足一定的运营绩效标准下可以获得政府付费。这些收费相对稳定，而且有着明确的时间节点与金额，满足资产证券化的基本要求。项目公司可以基于这一未来的现金流来源，发行资产支持证券并在沪深交易所交易流通（见图 0-5）。在现行的评级体系下，这种证券

L

基于基础资产，即基础设施所产生的现金流的波动性特征进行评级，通过优先劣后的结构化设计，优先级产品相比基于项目公司资产负债表的主体信用，更加容易获得 AA 及以上的评级。这种类型的基础资产的现金流特征，与资本市场之前已经成功进行证券化操作的 BT 应收款类资产的现金流特征几乎完全一致。所不同的是，BT 类应收款体现在项目公司的资产负债表中，是项目公司在基础设施建设完成并通过财政局等委托方的验收后，形成的对委托方的明确的权利要求。PPP 项目基础设施的未来收费权，是一种未来的权利，本质上不是一种确定的资产，在证券化时并不体现在项目公司的资产负债表中。这种资产类型的证券化，对应的是国外的全业务证券化（whole business securitization）。对于 BT 类应收款的证券化有兴趣者可以参阅宋光辉的著作——《资产证券化与结构化金融》一书中“基础设施的证券化”的章节。

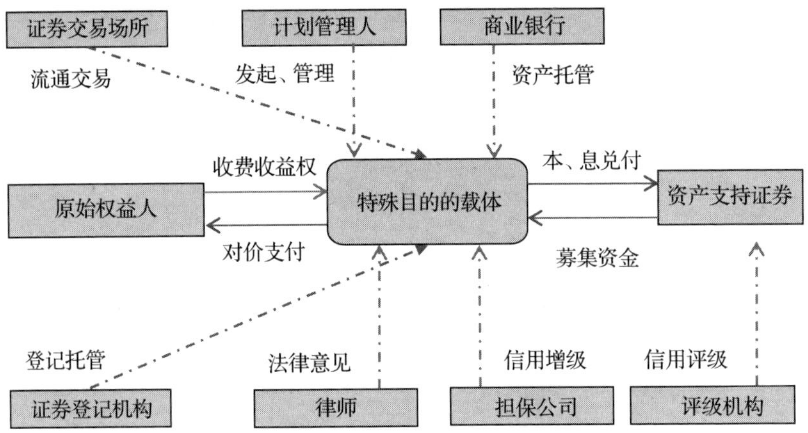

图　0-5

在一个竞争性的金融市场中，资产支持证券面临着与银行贷款产品的竞争。在发行资产支持证券的融资成本要比能够获得的银行贷款在期限、利率等方面具备比较优势时，其对于项目公司才是值得的。在获得银行的同意或是事先有约定的情况下，项目公司可以发行资产支持证券替换成本更高的银行贷款。在项目之间不存在银行贷款的情况下，可以在发行资产支持证券时，明确资金使用用途，用于减少注册资本，以实现股东前期所投入资金的退出。

项目公司的现金流特征，以及当前中国资本市场的现状，决定了通过资产证券化进行退出是一种最为可行的方式。在项目公司可以进行资产证券化操作的情况下，社会资本方及金融机构可以形成，投入资金形成资产，将资产证券化回收资金，再将资金用于形成新的资产用于证券化的滚动操作的商业模式。资产证券化，如果能够实现相比银行贷款有竞争力的成本，可以解决社会资本方资金长期被占用的问题，有助于吸引更多的社会资本方进入 PPP 领域。

2016 年国家发改委与中国证监会联合出台《关于推进传统基础设施领域政府与社会资本合作（PPP）项目资产证券化相关工作的通知》（发改投资〔2016〕2698 号），推动 PPP 项目融资方式创新，更好地吸引社会资本参与。

通知规定符合以下四个条件的 PPP 项目，可以开展资产证券化融资。一是项目已经严格履行审批、核准、备案手续和实施方案审查审批程序，并签订规范有效的 PPP 项目合同，政府、社会资本及项目各参与方合作顺畅；二是项目工程建设质量符合相关标准，能持续安全稳定地运营，项目履约能力较强；三是项目已经建成并正常运营两年以上，已建立合理的投资回报机制，并已产生持续、稳定的现金流；四是原始权益人信用稳健，内部控制制度健全，具有持续经营能力，最近三年未发生重大违约或虚假信息披露，无不良信用记录。

PPP 模式自 2014 年年底开始大力推广，项目策划、运作、基础设施的建设等，所需时间都在两年左右，因此至今已经完成建设并正常运营的 PPP 项目规模很小。当前，能够进行证券化的基础资产更多的是存量的基础设施。项目公司通过 TOT，ROT 模式，将政府的存量基础设施资产转移到自身的资产负债表，并将基于基础设施的收费权进行证券化。

第1章

项目融资的本质

伟大的项目点燃想象。古老的奇迹如埃及金字塔、吴哥窟、佩特拉古城或罗马的创新性水道工程，无论是构想还是所呈现出来的成果，都被当时和现代的参访者所敬仰和赞叹。国王或皇帝前赴后继地效仿，目的或是向神致敬，或是征服对手，或是抵抗侵略，或是创建一个恒久的经济基础设施。较为近期的规划，如巴拿马运河或 19 ～ 20 世纪欧洲与北美的铁路与水路交通系统，改变了国家财富与全球经济状况，并向人类提供了改变生存环境的无限启示。无论是出于商业需求还是统治者决断，伟大的项目似乎在历史的记录中持续存在着，一个被忽略的有意思之处是，多种多样的项目（如史前巨石阵和印加道路系统）是否有效地遵从于交易成本和融资的考量。

几千年以来，开展这些浩大工程的原因几乎没有发生任何改变。尽管先后顺序有所不同，但人们建造工程的原因却相对单一，要么是为了展示权威或力量，要么是为了加强安全或开发新的资源。例如，为了信仰需要（神庙、金字塔或教堂），管理自然资源（大坝和灌溉系统），完善经济设施（港口、交通运输系统、运河、公路或铁路系统、采矿和加工工程）或实现政治目的（标志性公共建筑、开发性项目、开荒、防御系统、展示国家力量或解放事业的展示性项目）。目前，尽管我们处在一个拥有巨大计算能力的时代，测算大型项目在环境、社会和经济方面影响的能力得到了极大的发展，但对大型项目的理解依然不可避免地存在不完整性。甚至在更大的范围内，可以想象在未来那些仍由煽动发起的大型项目所带来的负面影响。

本书致力于提供一个理解现代大型项目的框架，聚焦于项目融资领域。在考虑项目融资时，我们将涉及多个学科领域的知识。出于研究需要，我们将使用一些专业的经济词汇，但主要从一个非传统的角度来看待它们。我们继承新古典主义思想，采用基于市场均衡分析的需求和供给，以及工业组织经济学的概念，进而从我们的视角来理解这些词汇在项目融资领域中的含义。我们采用的经济学概念最大限度地反映了现实世界中商业机构的贸易摩擦、合同交易、交易成本和代理冲突。或许我们的方法与传统方法最类似的部分是公司资本预算决策，而对项目的发起者与持有者来说，项目最终在各方面的可行性是很重要的。尽管我们不想假设市场已有的价格信息是有效的，但基于我们的认知，除了现金流折算和其他的一些衍生方法之外，依然没有一个被广泛接受的可用来评定公共或私营部门项目可行性的方法论。我们也不想混淆可行性的必要性，这是一个政治、意识形态和哲学理念的选择。尽管我们主要聚焦于私营部门的项目，但主要利益相关者来自公共部门还是私营部门是无关紧要的。无论在何种政治意识形态下，它们都主要使用经济方式来衡量它们的资源，因此我们假定这些管理方法在很大程度上仍然是有效的。

本章的内容是描述性的，共包括五个部分。第一，我们介绍一个著名项目的简要历史，为大型项目融资应该遵循的方法提供参考，并呈现出大型项目融资领域内容的丰富多样性。第二，我们概要地描述了现代典型项目的特征，聚焦于公司与公司结构，以及治理项目的框架功能和专门的项目相关公司。以前在经济学（特别是制度经济学和交易成本经济学）、金融（特别是银行和公司金融）、法律（特别是商法）或商业和会计领域具有相关知识的读者，会发现很多接触过的概念贯穿本书，但我们的目的是借助这些不同学科的理论来切入我们的主题。当然，我们也勾勒出了现代项目在设想和执行过程中的情景。第三，我们介绍项目公司的本质、典型的商业模式和融资结构，以及现代基础设施项目（如桥梁、隧道、电厂、输气管道和冶炼厂）的经济本质。第四，项目融资涉及如此广泛的学科内容，我们认为充分理解项目融资是一个很大的挑战。因此，我们借助于现有的理论来帮助厘清项目融资的复杂性，通过识别和概括一系列系统理论为本书提供指导。第五，在 1.6 节我们介绍本书其他部分的安排。总体而言，我们希望介绍一种方法来分析项目的综合状况，通过识别项目潜在的经济、金融和政治风险，进而决定如何管理这些风险。本书没有提出颠覆性的新概念，但我们倾向于认为构建了一个新颖的方法来研究特定类型的项目。在实践中，我们认为本书提供的思考方式对分析商业情景中的项目投资是合适的。

1.1 当今的项目世界

项目无处不在。写一本关于那些宏大项目的历史、工程和融资的书籍的确是非常美妙的。每一个项目都是一颗宝石：巴拿马运河、苏伊士运河、连接丹麦和瑞典的厄勒海峡大桥、美国的洲际高速公路系统等。为了激发读者的兴趣，我们首先简单介绍英法海峡隧道项目，它拥有高超的工程设计和远大的愿景，让人赞不绝口并热血沸腾。英法海峡隧道项目开发于 20 世纪 80 年代和 90 年代早期，连接英国和法国的英吉利海峡海底铁路隧道。从财务角度来看（那正是本书所讨论的内容），它被赞颂为现代社会的奇迹却像一个讽刺。自 20 世纪 90 年代早期开始，历经多次财务重组之后，留下了一个非常混乱的局面，且在若干年内看不到任何成功的希望。英吉利海峡隧道的建造构想始于维多利亚时代，但真正将它变为现实却成了承建人的美梦和投资者的噩梦。项目构思于 20 世纪 80 年代中期，这两个长期竞争国家高调成立的合资公司的一部分，被英法历任政府认为无须在建造和运营上直接由政府进行资本投资或交易支持。最终选择的设计方案是在英格兰东南海岸和法国北部之间挖掘两个铁路隧道和第三个服务隧道，海底部分长度大约 34 千米，包括公路和铁路站点以及辅助基础设施（见图 1-1）。按照计划，英吉利海峡海底铁路隧道由英法政府授予长期特许经营权，在此基础上利用建造、持有和使用等手段开发一系列商业利益。

项目建设始于 1987 年，并于 1994 年投入商业运营。TML（Trans-Manche Link）公司承担相关的开发与建设工作，它是由一群承包商和融资银行合资组建的，随后在伦敦和巴黎的证券交易所上市。尽管 TML 在技术方面的成果值得肯定，但它的财务记录从一开始就非常糟糕，且经历了反复的现金流危机与财务重组。这归因于两个相关因素。首先，声名卓著项目的吸引力让投资者和金融家忽视了项目真正的经济收益。TML 投融资严重不足，在隧道通车之前就不得不向债权人求助。其次，投资人对收入预期过于乐观，忽视了轮渡运输效率的持续提升和廉价航空所带来的激烈竞争。

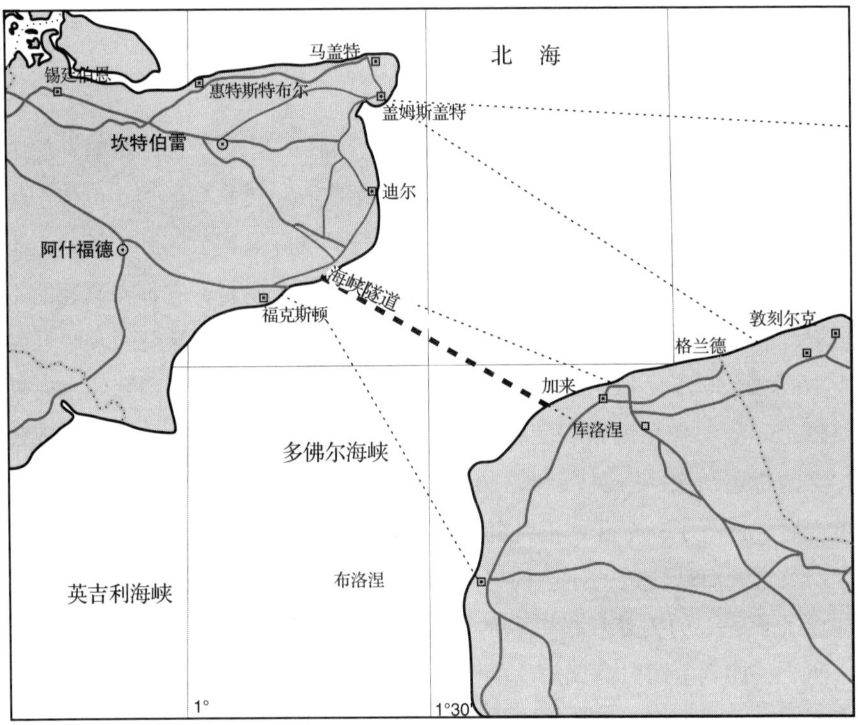

图 1-1　海峡隧道地图

总体而言，项目早期的财务模式和策略是完全不充分的，而且项目规划没有建立在稳定的财务基础之上。尽管隧道的建造者和运营者的财务状况不佳，但是两国政府在与项目相关的基础设施方面的投入（如市中心火车站）以及民众的期望让英吉利海峡海底铁路隧道成了一个“大而不能倒”的项目。从技术角度分析，在财务模式相对成熟并与银行的资本政策较好集成之前进行项目开发是很重要的。如今，一个拥有相关初始股权的银行家使用非正式的方法进行项目融资，会导致相关的法律诉讼，因为现在的财务披露比 20 世纪 80 年代受到更加严格的监管（Freud，2006）。值得注意的是，在为项目提供贷款融资的大型银行财团中，来自美国的银行机构参与非常少，仅有一家美国银行在交易中起相对重要的作用。美国出资人事前进行了充分的信用分析和项目风险分析，并且几乎所有美国出资人都严重怀疑项目的前景。相反，欧洲的银行受到了强大的政治压力来敦促它们参与项目。[一]

1.2　企业、融资和项目：重要概念

为了简便起见，概括本书的综合情景有助于后续更好地定义相关概念。当读者阅读本书时，难免与传统的公司或项目金融、国际金融系统的相关资料产生混淆。为了避免这种情形，较好的处理方式是我们不对任何现有的金融术语做出假设，而是将本书放在一个合适的情景中去考虑。希望读者保持耐心来讨论我们认为非常重要的相关概念。

本书基本上属于一部经济学书籍，主要聚焦于特定项目类型的融资领域。在历史的长河中，项目开发和融资往往会留下精彩的故事，包括社会、经济和政治方面的，当然也有那些强大而执着的项目资助人。本书关注的重点完全是现代项目。我们精心选择经济学概念，特别是它们在金融学[二]和相关情景中的含义，以确保本书的分析尽可能地阐述清楚现实问题。同时，我们也聚焦于项目的意义和运营，尽管项目普遍地存在，但一些项目却比另一些更易于遭遇失败，典型地表现在那些被政治因素所影响的项目（如英法海峡隧道）上。总而言之，一些项目比另一些项目获得了更多的"平等"待遇（借鉴了乔治·奥威尔的名言）。

在英法海底隧道的案例中，我们看到这样的投资要求一个授权组织和一个商业实体来开发和运营项目，这为我们指出了讨论问题的出发点：项目不会简单地自行发生，它们需要形成具有执行力的组织，进而需要为项目服务的相关机构来完成既定目标。为了更快地理解这一概念，我们将

[一] 作者根据自己经验的回忆。

[二] 这里无关经济学，只有金融……

快速介绍公司组织以及项目的角色定位。我们聚焦于具有商业目的的项目，但在之后的章节中也将关注由公共政策问题引发的公共事业和政治类项目。

1.2.1 企业、公司和其他：项目意味着什么

我们首先尝试界定项目定义的范围。项目融资是财务机制里的一个特殊种类，用来为超大型公司（大部分为跨国公司）、政府、银行和开发性项目（由区域多边组织如世界银行或亚洲开发银行资助）融资以实现目标。除了在一些商业地产开发的特殊行业领域，项目融资通常不会被中小型企业采用。基于这一事实，我们应该从一个宏观复杂的视角来看待项目融资。为了增加本书的实用性，我们需要介绍常用的概念和词汇。

首先，在公司金融文献中的关于项目常被引用的定义，即每个将企业资金投入商业活动的决定（如企业或合作体的资本预算决策）都可被看作项目。这一概念来自企业管理领域，较早时期就被一批著名的管理专家推荐使用，如切斯特·巴纳德（Chester Barnard）、彼得·德鲁克（Peter Drucker）、罗素·艾可夫（Russell Ackoff）、大前研一（Kenichi Ohmae）、迈克尔·波特（Michael Porter）、汤姆·彼得斯（Tom Peters）、彼得·圣吉（Peter Senge）等。任何这样的阐述都倾向于以“公司希望达成什么”和“如何达成目标”作为开始。

“公司希望达成什么”概括地阐述了公司的使命，是一种高层次且比较抽象的公司发展目标。正如公司年报里展现的，愿景或使命的阐述通常是务虚的。绝大部分的公司目标可以提炼为为股东创造价值，发布这样的务虚声明是在法律和道德层面上可接受的。我们的理解是股东主要是基于法律和伦理的考虑，在一定程度上也对企业经济功能的衡量造成了限制。

“如何达成目标”是企业通过某一策略达成使命，包括一系列决策，如产品和服务、产品价格等都必须服从企业的战略选择。对企业或商业组织而言，策略是一个与商业模式相类似的概念，在后续的章节中，我们会在稍有不同的情景中使用这一概念。

事实上，使命如何实现是通过制订计划、设定目标和完成目标等一系列行动来实现的，例如市场份额或产品盈利性等概念有效地表达了商业活

动的本质。目标和方法（产品、服务）确定之后，一个至关重要的因素是选择达成这些目标的手段，而它们依赖于组织结构的决策，正如“结构服从战略”这一经典论断所阐述的那样，是众所周知的对规划方法的精炼阐述，更加适合企业规划的目的。“结构服从战略”框架的本质特性如图 1-2 所示，从左至右进行整体的规划。内部一致性可以通过转换流程方向（从右至左）来评估，并考虑流程中的每一阶段是否必然引导出它的下一阶段。

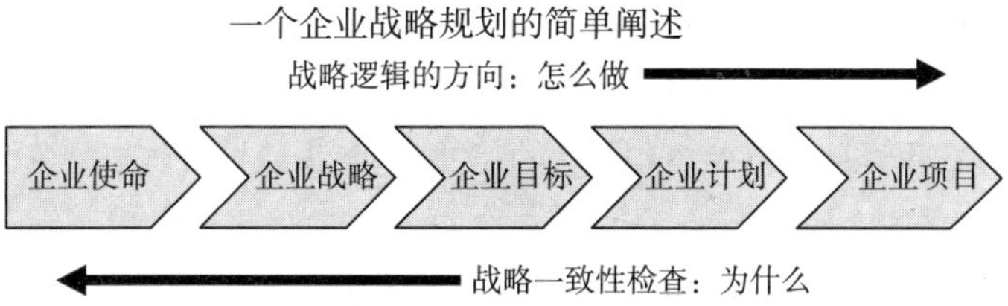

图 1-2　结构服从战略

为进一步阐述项目融资所处的情景，理解本书对“项目融资”的使用是至关重要的，项目融资是应对特定金融环境的战略成果，后续很多章节也借助了这个简洁的成熟理论。

让我们用实践中的措辞来说明如何在企业战略框架中使用“项目”概念。假设一个大型集团拥有或控制许多子公司，出于管理需要将子公司归属于一系列的事业部。在集团最高层级有一个整体的集团使命和愿景来指导事业部的目标。在集团规划的目标层级概念中，在理想情况下，每个子公司都以不同的方式为事业部目标做贡献。集团的结构（集团层级、事业部与子公司、职能型或矩阵型组织等）也为了实现目标而设计（结构服从战略）。[㊀]

在上述组织结构中，每个子公司提供的产品和服务可以被视为一个项目。例如，环球联合企业（GC）是一家大型的矿产和能源跨国公司，从事矿产和能源的勘探和开采（煤、石油和天然气），有组织地在国际商品市场上出售一系列的金属和能源产品。[㊁]假设 GC 正考虑收购一家拥有某

㊀ 组织理论的学生会注意到这个令人困扰的组织结构：从官僚主义到有组织性或其他（Handy，1999）。这些组织形式并非自行产生，从我们的观点来看，它们是对组织战略目标的反映。当然，组织结构经常失效，从而导致组织的衰退和痛苦的重组。

㊁ 主要的非耐用品和金属市场位于芝加哥和伦敦，但石油和天然气大体上是场外交易，或买卖双方直接交易（见第 4 章）。

种金属资源（如铂金）与生产能力的公司，拟收购公司是位于西澳大利亚的卡尔古利铂业。可以作为一个投资项目来分析这一收购机会，并基于资本预算规则来做出决策。典型的方法可以采用基于加权平均资本成本（weighted average cost of capital，WACC）的现金流折算，开展尽职调查并为收购报价。如果收购没有成功，GC 可考虑新建一家公司来提供产品和服务，这也可以作为项目来开展。㊀

在战略层面，GC 与其买一个类似的资产，还不如自行开发，成立一个项目公司。与之相类似的，在特定技术和产品上的研发投入决策、新车型的开发都是项目，以此可得出实际上每个企业的投资（和撤资）活动都可视为一个项目。因此，子公司也是项目，且子公司可能规划更小的项目组合。项目的设置与安排完全取决于它对企业战略和结构的匹配程度以及管理效率。正如后续章节将讨论的，财务也是需要重点考虑的因素。

一些知名的大型跨国公司可作为例证。大型跨国公司的典型项目组合都是大范围和高复杂性的，诸如福陆（Fluor）和柏克德（Bechtel）这样的工程公司，矿业巨头如澳大利亚的必和必拓（BHP Billiton）公司，南非的英美公司（Anglo American Corporation）和英国的力拓（Rio Tinto）公司，也包括许多电信和港口基础设施集团，如中国香港的和记黄埔和长江实业。每个企业都广泛覆盖全球的业务领域，只有小部分高级管理人员和决策者才完全了解它们的项目组合的复杂程度。实际上，在现代企业规划中的惯用说法是，企业战略可以看作一个当期项目和未来项目选择的组合（Copeland and Antikarov，2001）。

1.2.2 融资和公司理财

需要注意的，这是一部关于项目融资的书籍，因此不可回避地需要阐述融资的概念。

狭义地讲，本书是公司理财中的一个特别领域，即项目融资。这也意味着需要对包含项目融资内容的公司理财领域做一个简要概括。根据布里厄利的理论（Brealey *et al.* 2006），公司理财着眼于为企业活动融资。在

㊀ 典型的强大生产商和垄断资源供应商在战略和契约上的共生关系来自通用汽车公司和费希博德公司在 20 世纪 30 年代的案例（Coase，2000）。

前文概括的企业战略框架中，公司理财本质上意味着战略投融资决策，即企业在开展收购或启动新公司和新项目时在融资上的不同选择。通常情况下，公司理财也可简单地理解为，若 GC 集团决定收购西澳大利亚的卡尔古利铂业，GC 集团如何支付收购款？

大部分企业采取的简单方式为发行股票或借贷来融资。股票和借贷仅是所有融资筹划中外部融资的两个基本来源，是企业最基本的融资手段和财务杠杆。在我们看来，租赁则是借债的一种特殊方式来实现进一步的目标，在第 2 章将做出解释。本质上，所有的交易型的金融工程都从这些基本的合约负债推导而来。借贷和股权是公司的外部融资来源（表现为企业负债），也有内部融资来源（净现金流）。要注意，企业内部产生的净资金属于公司（最终属于公司股东）。然而，这不意味着为特定项目发行股票或借贷的决策是容易的。一些组合性的金融手段（如可转换债券）展示了这样的复杂性，它由外部事件（如股价或时效）来决定采用股票还是债券的形式。

本书不会采用那些经典公司理财范围之外的方法，但它将有助于对公司理财感兴趣的读者理清概念，并引导他们进一步的相关研究：不同于投资金融和保险一类的教科书，本书主要着眼于一系列金融衍生品如期权、期货和远期在风险管理方面的应用。尽管衍生品在公司理财和项目融资中被广泛地用来对冲风险，本书仅涉及对它们的使用建议而不包括它们的技术细节。同样的，本书为感兴趣的读者清晰地阐述了公司理财中如何对冲风险，并为这一主题的研究提供启示。

1.2.3　项目即是公司

图 1-3 展示了 GC 集团的资产状况的资产负债表（所有的子公司或战略性项目），它们是由企业借贷和股权组成的债务融资组合。我们为企业选择了一个资本结构，包括 69% 借贷和 31% 股权（或负债和股权比率为 20%），这是一个典型的大型多元化企业合理的资本结构。作为一个汇总资产负债表，最终数字是每个子公司资产与负债的财务汇总净额。㊀

㊀ 正如前文所述，我们倾向于使用比较简单的相关术语。因此，我们假设读者没有会计知识背景，只须强调资产必须等于负债，资产负债表必须双边一致相等。

合并资产负债表（2007 年 6 月 30 日①）

环球联合企业（成立于 1929 年）

负债				**资产**			
股权		百万美元	%	**固定资产**		百万美元	%
已发行普通股（明细）	11 000			公司总部大楼	1 000		
8% 累积优先股（无投票权）	5 000						
				设施和车辆等	50		
留存收益（过去损益累计）	20 000			**减：**			
少数股东权益	3 500			累计折旧	−150		
股东资金（净值）		39 500	31	**固定资产净值**		900	1
债务				关联公司②			
长期债务				联合企业石油	30 000		
银行担保债务 2010 年 6 月到期	31 500			联合企业矿业	30 000		
未偿还债券 2015 年 6 月到期	48 000			联合企业喷气发动机	15 000		
长期办公租赁	400			联合企业基础设施和电力	35 000		
长期债务净额	79 900		63	联合企业的其他公司	11 000		
流动负债				**关联公司**		121 000	96
商业票据：3 个月	5 000			**流动资产**			
短期银行贷款：1 个月	2 000			杂费和库存	1 400		
流动负债	7 000		6	其他流动资产	2 000		
债务总额		86 900	69	现金及有价证券	1 100		
				流动资产		4 500	4
总计		126 400	100	**总计**		126 400	100

图 1-3 项目组合的企业资产负债表

① 在我们的分析中，我们无意反映可以适用于任何司法管辖区的公认的会计原则。请读者予以理解。这里的细节并不是许多综合资产负债表的典型反映。

② 在许多（大多数）司法管辖区，关联公司将不会被细分命名，仅仅是一项总的名称“关联公司”。我们分别列出具体的关联公司，以说明项目公司的基本子公司结构。

至此，我们将企业业务活动视为服务于整体战略的项目。然而，出于法律法规上的考虑（通常是会计法规），项目通常注册为独立法人的公司，甚至采用不同的商业实体类型。尽管如此，一般情况下在层级和规模方面对企业、合伙制或独立交易商较难进行区分，虽然一些典型的私营公司可以做到这点，如有较长历史的私营公司奥林匹亚和约克（Olympia & York）集团在 20 世纪 90 年代的伦敦港的金丝雀码头项目。出于简化目的，我们假设 GC 项目组合中每个项目都注册为完全独立的子公司，或基于每个项目的法律结构（公司制或其他商业实体）以及法律和监管目的，项目可以成为由 GC 集团控股或控制的上市公司。在后续章节会看到公司体制的技术细节，股权和控制权都会影响项目融资策略的选择。实践中不同的企业法律和商业监管规则是进一步需要考虑的地方，而国际项目的企业组织结构则更为复杂。鉴于此，需强调的是法律体系或项目组织结构是本书中的核心概念。

在前文阐述的企业战略框架中，创建或收购项目公司以执行部分战略目标。例如，假设 GC 集团决策层认为铂金是开发催化式排气净化器的关键材料，用来减少燃油产生的排放污染。假定这一决策目标被转化成企业执行目标“在 2015 年将 GC 集团在全球铂金销售份额提升到 30%”。再假设 GC 集团创建了一家全资拥有的环球铂金有限公司（GCP）来达成这一目标，当然，GCP 有很多方法来达成目标，例如在全球范围收购足够的铂金矿业公司股份获取控股权，直到达到目标市场份额。另一个选项是囤积大量的铂金库存并开发自己的铂金矿藏。GCP 接着成为仅有铂金矿产资产的公司，业务活动也限定在铂金开采、提炼和销售的领域内。在本书的概念中，GCP 是一个只有单种矿产资产，也只有单一股东的公司。这样的状况解释了项目融资领域中的项目公司概念。更进一步分析 ，尽管 GCP 以公司形式创建，但依然需要开发矿产资源，这意味着 GCP 的单一股东 GC 集团（在项目融资中也被看作出资人或发起人）也成为一个矿产开发企业，在后续章节将看到这一点的重要性。

广义上，项目融资可以看作围绕单一资产项目公司及其融资的金融、规章和法律机制。实践中，GCP 可以有其他股东（出资人或发起人），甚至可以成为公众公司，但这里假定 GCP 是只有 GC 集团单一股东的项目公司。1970 年以来的大部分项目融资业务为工业或资源的开发项目，诸如油田、输气管道、矿产开采、流水线工程、酒店和度假村开发，项目融资也广泛地应用在基础设施建设领域，通常采用政府与私营部门合作协议［公私合作关系：public private partnerships（PPP），私人融资发起：private finance initiatives(PFI）和建设 – 经营 – 转让：build-operate-transfer（BOT）］等形式，用以建设发电工程、电信、交通基础设施（公路、隧道、桥梁、铁路、水利设施）、水力发电项目、港口设施和集装箱码头等。项目融资已经广泛地应用在发达国家及发展中国家和地区，包括亚太、非洲、美洲和欧洲，是一个已经被证明行之有效的方法。当然，它也面临着一系列问题，主要在一些尝试放松基础设施项目融资模式的领域，如 PFI 和 PPP 模式。我们也会着眼于这种类型项目的讨论。

1.3　项目公司商业模式

至此，我们已经介绍了许多的概念并充分展现了相关情景，用以在更广的公司理财领域来进一步定义项目融资业务模式。前文描述了一个典型的项目公司的特征：一个拥有和运营一项单项资产（如一种矿产、收费公路或石油冶炼）的公司。在经济学术语中被描述为高度专用性资产，通常被视为仅有一项经济功能（或至多在一个狭窄的功能范围内）的资本资产。例如，一条输油管道除了做管道很难用作他途，除非有大量的投资来改变它的功能。典型的矿产、石油冶炼、能源传输管道、化工厂、发电厂、特种船只（如液化气运输船）、公路、桥梁、隧道、特种海港和空运处理设施都展现出高度的资产专用性。上述资产不像办公室中的个人电脑或城市中的运输工具那样具有灵活性，无法轻易地转作其他用途。（更多的资产专用性参见第 2 章。）

在商业环境中，使用高度专用资产要进一步考虑在使用过程中的风险。它们不但是资本和规模密集型的投资，而且倾向于在熟知的领域中运用低风险技术，以充分地掌握风险，清晰地规划供应和需求。不论资产在开发阶段有没有风险，专用性资产本身就意味着风险，并且是不可逆转的（沉没成本）。（在第 3 章会做概要阐述。）

以是否有收入流来对典型的项目公司资产分类，我们考虑两类资产，即生产流程中的资产（process-based assets）和库存流通资产（stock-flow assets）。生产流程中的资产为原材料或基本组件，它们通常被工业或化工生产流程转换成制成品出售，类似于许多生产型工业企业。在项目公司形式下则体现在一些石油冶炼和发电设施，原材料在持续消耗过程中占据主要份额。库存流通资产则更复杂，管道规划要求基于完全生产状态下（设施管理、系统输入）获得的收入（从管道输送的产品量），原料消耗没有生产流程中的资产那么重要。管道作为库存流通资产，资本价值体现在生命周期内提供的产品流通服务总量，或直到无法为需求提供服务（经济衰退或出现了其他替代服务）。水处理设施、桥梁、公路、隧道、矿产和油田也具有类似特性。

正如前文所指出的，项目融资可以被视作一种财务机制，围绕着拥有高度专用化资产的商业投资来开发，这些投资通常有着相对清晰可预测的收入流，处在相对成熟的行业，以及有着较少的技术不确定性。项目公司通常由母企业集团提供融资，融资可以在常规的公司财务准则下纳入企业资产负债表。也有些项目公司经常不进入母企业的财务体系，而依据项目融资原则进行融资。那么到底项目融资怎么组织？这里采用一个被所有金融从业人员接受的狭义定义，它是本书展开阐述的重要组成部分。

项目融资是一种无追索权债务融资的形式，其中，定义融资债权在项目收入、资产或合约权益（如购买合约或由非项目出资人提供的第三方保险）中的收益权，但不包括与项目出资人或股东相关的合约权益及非法定权益。项目融资几乎都提供给那些单独建立的公司，用于偿还于它的融资债务，与其他常用的融资方式有所区别。如图 1-4 所示，这里列出三种基本的融资模式。

无追索权债务的出资方，如银行借贷人和债券投资人，仅可获得项目净资产的权益，通常也包括项目从第三方获得的资产权益。如果项目被终止或商业失败导致无法偿还债务，融资出资人无法向项目出资人或股东追索，至多通过谈判来寻找解决方案。在其他的极端情况下，常规的企业融资为一个公司或集团（如一个项目的出资方）提供的融资资金没有在公司业务或资产上的合约权利。这是至今外部融资最常用的形式。

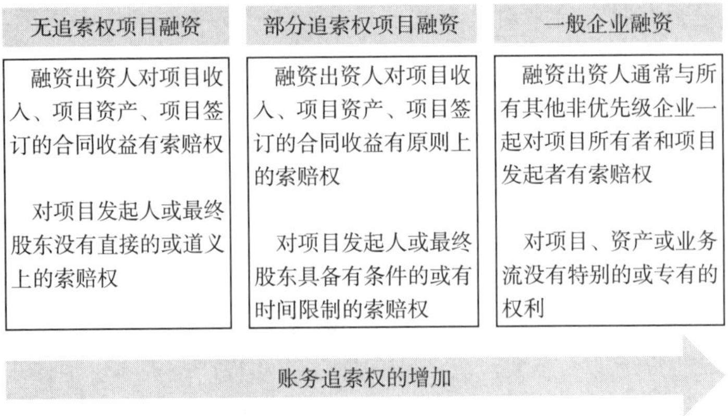

图 1-4　融资追索权的级别

在极端情况之外，存在一种项目融资形式给予出资人一定程度的追索权，可能是时间段的限定，或是某些特定条款，这种形式通常被称为部分追索权融资。项目从建设到成熟的不同时期可能用到每种不同的融资形式。因此，在初期项目资产仅是一堆工程蓝图时，高性价比的方式是引导借款方为项目出资人提供短期场地或建设融资。项目组建时可以采用部分追索权的融资，当项目建成后收入开始增长，部分追索权融资对融资方和出资人都富有吸引力。第 2 章我们会讨论复杂项目常用的融资顺序和交易阶段划分，但基本原理很简单，着重于项目出资人和财务投资人融资成本与风险的隔离。

项目公司与集团公司在公司理财上的特点有所不同，体现在注册、资本结构和公司资产的管理决策方面（项目公司仅有一种资产）。由于没有与项目无关的业务，典型的项目公司为体制分离（独立的）、资本密集的单资产公司，通常归类成特殊目的载体（special purpose vehicle，SPV）或特殊目的实体（special purpose entity，SPE）。项目公司或 SPV 是所有项目合同项的主体。典型的 SPV 本身也是项目公司，它们有通用的资本结构，特别是较为集中的所有权（通常所有项目的资产由不超过 5 ～ 10 个出资人拥有），资本杠杆率也高于其他常见公司。⊖这种相对股东投入资本而言的高负债资产结构有几个目的，每个目的都构成了本书后续章节的主题。（单资产项目公司的资产负债表形式参见图 1-5。）

⊖ 然而，相对于高杠杆率在工业部门较为常见，资本杠杆率在商业贸易或公共事业中会随着长期利率呈周期性变化。

碧瑶电力公司（于 1999 年在菲律宾共和国注册） 资产负债表（2007 年 6 月 30 日）						
负债				**资产**		
股权				**固定资产**		
发行的普通股：						
环球联合企业	175 000	35.0%		在苏比克湾的发电设施（按原价）①	2 600 000	
巴加泰勒项目公司	175 000	35.0%		家具、配件、设备、车辆等	5 000	
涡轮机公司	150 000	30.0%		**减：**		
股东权益			500 000	累计折旧	（1 000）	
				固定资产		2 604 000
债务						
长期债务				流动资产		
银行担保债务 2022 年 6 月到期	1 400 000			杂费和维修库存	5 000	
资本租赁：发电设备	600 000			其他流动资产	310 000	
长期办公租赁	10 000			现金及有价证券	5 000	
长期债务		2 010 000		**流动资产**		320 000
流动负债						
商业票据：3 个月	114 000					
短期银行贷款：1 个月	300 000					
流动负债		414 000				
债务总额			2 424 000			
总计			2 924 000	**总计**		2 924 000

图 1-5　典型项目公司资产负债表

① 在苏比克湾的土地是租用菲律宾政府的，每年的租金是 1 美元。

然而，我们需要对项目公司资本结构做进一步观察。一个理想的项目融资也会规划与债务相关的特性，形成无追索权债务的结构。这意味着债务融资提供者对项目公司的出资人没有追索权。当项目公司发生债务违约时，债务融资提供者仅对项目公司和项目公司资产有追索权。无追索权部分则体现在项目公司违约时债务出资方对股东和项目出资人没有追索权利。这意味着银行的项目公司业务有着不同形式的信用风险，因为项目公司及其资产是独立提供债务付息与偿还的，这是项目公司融资和企业融资的显著区别。在企业融资中银行依据贷款的级别拥有对企业资产的追索权。对项目公司的借贷风险并非必定大于更广范围的企业借贷，但它们是有所区别的，并且会随着项目的成熟而改变。我们认为无追索权债务是项目融资的理想安排，因此项目发起人从起始就按照这样方式协商。在实践中，较少使用完全的无追索权债务模式，常用的是有限追索权债务模式，在项目违约或失败时允许银行向项目发起人和第三方担保人进行部分追索，为出资人在后续谈判中提供了一定的控制力，建立起一个机制来约束项目发起人。

项目公司的另一个典型特征，是 SPV 的业务监管程度。许多管理决策权被合约所限制，这意味着公司仅被作为单资产公司管理，限制了在运营中超额收益的执行决策权。通常，在债务合约中设定约定条款，由项目公司分配自由现金流。在分配红利之前，自由现金流通应先用于债务付息与偿还。另一个强化合约限制的主要原因是对项目公司债务付息与偿还能力的风险控制。通常项目公司都是高负债的，合约通常会覆盖从采购方到项目公司产出的整个供应链。因此，原材料和其他供应（例如能源）会有长期供应合约，对项目的产出也会有长期购买合约，例如，前文提到的 GCP 将生产铂金。供需合约的扩展功能是稳定项目公司的净收益或现金流，用以评估项目公司安全债务水平（安全债务水平是一个相对概念，融资风险永远不可能彻底消除）。下文进一步考虑如何使用系统概念来理解项目公司。

1.3.1 为什么要项目融资

在继续之前我们有一些问题需要明确。一个顺理成章的问题是，为什么使用项目融资作为企业融资的一种特殊形式，而不是直接使用企业融资为所有企业项目提供服务？毕竟，公司可以使用常用的项目筹集贷款，这样的贷款倾向于指定公司或集团的贷款使用目的。换句话说它不同于一般的商业贷款，它的特别条款（贷款协议）限制了执行中的贷款使用。这样的贷款也可能很庞大，以至于不得不由一个财团或一个出资人协同组成的集团来提供。这些贷款和项目融资贷款决定性的不同点无关乎它们的目的，而是贷款提供方的追索权。如，我们正在说明的在企业层级的业务活动中，企业分期贷款提供了对所有企业资产的追索权，而不是对如前文描述的关于特定项目公司资产的特别追索权。为什么这样的企业要考虑一个特殊的协议安排（诸如独立项目公司的项目融资）？跨国公司（MNC）拥有最广泛的融资选项来为任何可行的选定项目融资，那它为什么选择项目融资？原则上至少可以区分出三个原因：两个源自财务需要，第三个则与公司治理相关。通过项目公司债务筹资，管理者会受到来自企业合并资产负债表约束、公共部门财务约束和合约条款约束。

1.3.2　资产负债表约束

资产负债表约束经常被作为使用项目融资来采购大额资本资产的首要因素。虽然不一定最重要，但至少会作为一个有效的考虑因素。首先，随着财务会计和国际会计准则的发展逐步趋同，仍然没有一个单独的国际普遍接受的会计方法。融资决策会受到特定法律条件下的会计准则的影响，包括资本投资决策对商业集团资产负债表的影响。大部分争议集中在表外融资，即发起的融资不必在资产负债表列出其成本与收益，这使人们看到的资产负债表中的负债少于实际数字。假设企业会计准则规定，如果一家企业拥有另一家公司少于 40% 的股权，则它无须在合同上或形式上承担那家公司的债务（仅承担作为担保人的部分），关联债务也无须列入企业的资产负债表，整个关联公司处于“资产负债表外”。上述例子描述了将关联公司债务不纳入企业资产负债表的合理性，毕竟关联公司债务不是正式形式上的负债。㊀

㊀ 这个例子描述了一个特别会计准则的本质。我们通常警告读者反对将表外融资作为融资决策的正当原因。

进一步假设 GC 集团面临许多战略投资项目，它无法为每个投资项目投入大量资金。回想环球铂业（GCP）的案例，假设 GC 集团无法使用集团财务资源为新的项目开发投入资金，GCP 仅仅是它的大量项目中的一个。然而，按照前文解释的方式，如果 GC 集团拥有的 GCP 股权少于 40%，它就无须在形式上承担 GCP 的债务，也无须将 GCP 的负债纳入集团的资产负债表。这意味着如果 GC 集团与其他合作者建立合资公司来开发矿产，只要遵守股权和追索权的规则，就是可行的。现在假设有两家其他公司是潜在的合作伙伴，Rambo 土木工程公司和 WA 铁路公司，它们同意承建土木和机械工程以及一条港口附近的铁路，每个公司都服从于相同的会计规则，并且受有限企业追索权的财务约束。通过建立 GCP 公司，每家公司的持股都少于 40%，最小化它们的绝对投资额（股权），最大化 GCP 的负债，则它们控制着 GCP 公司并无须将 GCP 的负责列入合并资产负债表，债权方对它们任何一家都没有追索权，项目公司独自承担负债以实现目标。上述模式是常用的私营部门项目融资模式，读者可以从图 1-5 中看到这些特性。综合衡量，债权方会同意这样的协议，包括剥夺项目公司所有的实际运营决策权（在第 4 章中将继续阐述）。

1.3.3 公共部门预算约束

私营公司有资产负债表约束，而公共部门经常有预算约束。在与前文商业案例类似的情况中，国家、地区或地方政府面临有限资源下的大量支出需求，包括在昂贵的基础设施、公路和铁路设施或公共建筑上的必要投资。无论在主观上怎么看，为支持公共基础设施建设的公共融资模式不再仅仅是一项公共部门的融资活动。各地政府正在采用由私营部门参与的多种形式来提供公共基础设施。大部分这样的案例（并且是比较可取的案例）都具有典型的项目公司特征：集中化股权投资，高比例的无追索权负债，和大宗单一目的的资产。股权合伙人遵从 40% 的会计准则，但当公共部门参与无追索权的项目时用不同的规则。公共部门和私营部门都不直接承担债务，虽然公共部门和私营部门在会计处理上有所不同，但公共部门和商业实体对降低杠杆（意味着更低的预算赤字）或提升效益（意味着收入最大化）都有着极大的关注。

公共私营合作模式的本质特征是，虽然资本投资由私营项目公司独自承担，但资产的最终目的是公共使用，因此项目公司不具有资产的永久所有权。基于项目生命周期的阶段，私营部门参与公共部门基础设施融资的常用业务模式是，先将资产的建设与运营权在协议条款下转移到私营的项目公司，后续将监管权归还给公共部门，即众所周知的建设－经营－转让（build-operate-transfer，BOT）模式（以及与它类似的许多模式），在全球广泛地应用于公路、隧道、电站、铁路项目、管道和其他标志性项目。总之，公共部门无须直接从其有限的资源中拿出投入即可获得它所需的基础设施，而私营部门则获得单项资产项目公司的临时控制权和收益权。

私营部门与公共部门之间这一合作形式的核心协议是，给予私营部门采用项目公司的方式建设和（或）经营资产的权利，包括为其融资。这样的合同通常采用特许协议来设定双方协定的细节，包括协议条款，项目公司向使用者收费的标准，调价监管机制，关于政府机构开发类似设施的限制，以及项目公司管理设施与良好交付的责任，专栏 1-1 中描述了部分特许协议的本质特征。

随着发展中国家和多边组织如世界银行、亚洲开发银行和泛美开发银行的推行，吸引私营部门资金以前文所述方式进入新兴经济体项目的潜力已被关注。在最近 20 年中，私营部门参与公共基础设施开发的模式在亚洲、拉丁美洲和非洲完成了各种类型的基础设施项目。在很多项目中，国家和地方政府与国际组织（如柏克德、福陆和安然）共同作为股权出资人，债务则由债务发起人、政府、开发机构，通常也包括国际银行来提供。世界银行和其他多边机构会参与并联合融资，类似于第三方合同执行的部分担保人，以鼓励国际借贷出资人和其他投资者参与发展中国家的项目，这样的项目经常引起对当地制度的争论，在第 4 章中会讨论相关各方面的论点。

专栏 1-1　特许协议

与政府或政府监管机构合作原则上，其核心部分是一份正式的特许协议。正常情况下，这是政府当局授予某个个人或公司对一项公共设施（如电站、桥梁或隧道）的建设和经营权的规章说明。为了鼓励在基础设施建设上的私营融资并最小化公共负担，一项特许协议可以为一个私营部门机构提供授权，接着它承担借贷风险，为特定基础设施的开发提供财务资源。由于不同基础设施资产的风险本质不同，它们的特许协议通常也有所不同。例如，一项指定数量与价格的电力购买协议是开发发电厂可行性的核心条件，但开发收费公路却通常没有这样的需求保障。特许协议是促进项目融资的重要机制，因为它通常勾勒了监管和经营规则，经常包括一项设施服务的价格水平、价格调整周期、经营中的规则条款，并可能进一步包括税收激励以及其他特权。一项特许协议通常说明私营部门获得怎样的政府特许权（如一项隧道的十年经营权），以此作为私营部门为特定设施建设和融资的回报。这种协议类型的首字母缩写为BOT，代表了建设（build）、经营（operate）和转让（transfer）。BOT协议的内容由很多条款组成，包括对发起者的项目设计、融资和建设的授权条款、发起者在基础设施上的所有权和经营权的条款、指定基础设施经营中各方责任的条款，以及授权过期时将基础设施所有权归还给授权人的条款。

1.3.4 公司治理

在项目筹资的三个原因中，公司治理可能是相对不重要的一个原因，但很少有人反对它的必要性，特别是银行家和投资人。某种情况下，公司的股东与职业经理人会产生代理冲突，股权分散的上市公司尤其如此。一个主要的冲突是自由现金流的使用，公司将收益投入项目（有吸引力的项目），对公司没有或很少有责任心的经理人可能会将自由现金流投入非业务活动中为自己谋利，如商务飞机或豪华轿车。一个防止此类行为的机制是外部债务机制，它诱导经理人保留足够的现金流来付息与偿还债务，并对自由现金流只有很小一部分的自行支配权。在很多项目中，高负债率也意味着债务上更复杂的合约要求，包括以限制性条款（参见第4章）作为约束经理人行为的直接手段。此外，高负债的最佳候选者是那些能聚焦特定业务而不是心猿意马的公司，后者是20世纪80年代财团杠杆收购的对象，或者成为当下私募基金的基础设施投资目标。高债务杠杆的最佳候选者可以大致认为是那些单资产公司，即项目公司。这类公司在行业内拥有特殊资源，由可靠的收入来源和成熟的技术支持。第2章会再来讨论。

1.4　项目周期

我们已经解释了项目融资方式的特征通常取决于项目资产的特殊性。我们也解释了企业可以选择收购一个已有的项目公司，或建立一个新的项目公司来开发项目，这些都取决于经济效益和战略目标。项目周期是项目融资理论中的一个概念，本书第 4 章扩展使用了这个机制去识别项目融资模型中需要风险管理行动的相关风险。我们在这里引入项目周期的概念来说明不同项目生命周期阶段的相关风险的本质不同，以及对如何管理这些风险给出提示。

至此，让我们回到 GC 集团和它的子公司环球铂业（GCP）。假设 GCP 正在考虑开发一个新的铂金矿，同时收购一个现有经营矿产的谈判已经破裂。在这样的情况下，在获得铂金销售收入前，GCP 必须通过一个典型的五阶段项目设施生命周期。当然，GCP 也可以通过与其他项目开发人进行谈判而进入不同阶段的开发项目中。无论何种情况，项目公司的五阶段生命周期模型如图 1-6 所示。

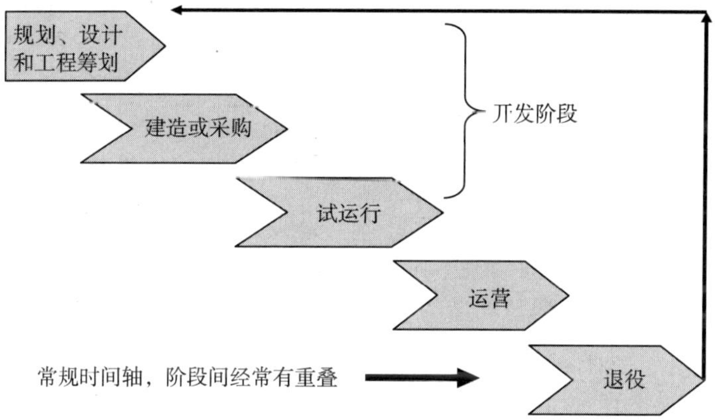

图 1-6　项目生命周期

项目周期阶段概括如下：

（1）规划、设计与工程筹划
（2）建造或采购　　开发阶段
（3）试运行
（4）运营

（5）退役

前三个步骤可以大致归为开发阶段，为简单起见可以作为一个阶段。每个阶段有着特定的风险，有些可以量化有些则不能，并且所有风险都与项目融资模型相关联。一个至关重要的事实是，在开发阶段成功完成前是没有经营性项目公司存在的。这意味着如果开发不成功，可能没有收入，项目也很难再有吸引力。这要求即使有着正确的构想，也要有现实的合理性，影响项目公司成功的风险主要在开发阶段（这点可能有争论），因为开发阶段决定了项目公司能否产生可运营的资产。我们提到过项目融资模型围绕着成熟技术和成熟产业中的单目标资产发展。在产生收入交易上的熟知度和标准化也对许多典型项目环境下的风险管理提供支持，包括与项目成熟度相关的多种分析。在剩下的部分中，我们会概括生命周期每个阶段的项目公司的职能与环境，以理解不同阶段之间的风险如何变化。在后续的章节中，我们调整阶段的顺序以强调开发阶段的重要性。因此我们首先讨论在开发阶段之后的运营阶段的性质，并且就设施退役阶段做部分总结。

1.4.1 运营阶段

考虑项目生命周期中的运营阶段时，让我们首先关注项目载体（project vehicle）概念，并使用一个经典会计概念。回想上一章节，运营性项目公司通常有高杠杆率，正如图 1-5 中的虚构的碧瑶电力公司（BPC）的资产负债表所示。BPC 是另一个 GC 集团的独创公司，为了方便说明，我们假设 BPC 拥有一个 50 公顷场地、25 亿美元、2000 兆瓦燃煤的火力发电厂，位于临近菲律宾首都马尼拉的一个深海港。作为发电厂供应链设计的一部分，建造一个专用煤码头，完成煤的贮存、处理和道路基础设施来为发电厂服务，并连接到马尼拉的公路网络上。

BPC 是一个连续生产系统，通过大规模与低单位成本的方式将煤转化成电能，销售给不同区域的用户。在生产过程中，BPC 的电力生产流程可以视作一个全自动系统，由四个大型联合循环涡轮发电机与所有必要的技术控制设备组成，由一个持续的煤燃烧流程生成的蒸气驱动。基于 BPC 的传输交换设施，它输出的电力被输入配电网络。为了管理、运营和维护这套流程设施，BPC 从国际上的项目运营团队人才库中选择了一支富有经验的运营管理团队以及高技能的技术与运维专业人员，BPC 的运营工作围绕着一个持续的电力生产流程展开（见场景图 1-7）。

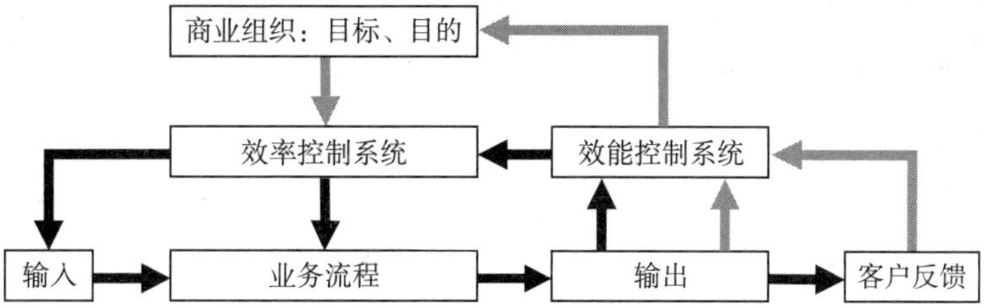

图 1-7　碧瑶电力公司——一个基于生产流程的项目资产

碧瑶电力展示了一个基于生产流程的单资产项目公司类型。假设 BPC 与马尼拉市政当局的配电网之间有一个电力购买协议（power purchasing agreement，PPA），协议购买 BPC 80% 的电力产出配送给电网用户。运营风险通常被更广泛地定义为在运营中会引起项目公司财务问题的所有风险。项目公司资本结构中的高负债比例要求对金融工具有深刻认识，特别是对债务合约的条款。虽然长期供销协议可以避免一定的市场风险，但许多债务合约中依然有额外的运营风险，如利率波动，以及汇率引起的国际债务、原料供应和承购协议上的相关风险。在第 4 章会再讨论这一点，这里只是说明关键的运营目标与风险可能导致项目规模现金流的不足或不稳定，最终导致财务风险。

这里要进一步指出 BPC 在运营阶段出现的三种风险，分别是供应原料风险、生产流程风险、需求与分销（客户）风险。然而，首先要留心的是项目债权人的头寸，并强调这些风险威胁到项目公司产生足够的现金流来付息与偿债的能力。如果承诺了安排大部分现金流来付息与偿还债务，项目公司倾向于尽可能地获得稳定的现金流来达成承诺。由于 BPC 采用了成熟的技术，我们现在可以忽略生产流程风险，运营风险则集中在原料供应和供应链风险（煤），以及它产出电力的需求与分销风险上。需求与供应都受市场风险影响，这体现在需求量和价格波动上。

BPC 运营风险管理的核心措施是，签订长期原料供应合同和基于需求的长期承购协议来稳定供应、需求和价格风险，两个协议都可以做数量与价格的调整。潜在的出资人在计划给项目公司借贷出资前，经常要求这样配套的供销协议在原则上被认可与制定，并在借贷资金到位前正式签订。另外，对于按照流量产出的项目公司类型，一些观点认为大部分风险集中在对项目资产所生产的服务的需求上，如收费隧道。这样类型的项目就无法使用承购协议，但项目借款出资人通常仍会根据一个确定的交通流量预测来承诺借款。

在通常情况下，项目公司会试图通过将运营风险转移给供应商与客户来最小化风险净敞口，并通过运营产生可预测的现金流，可以不受市场成本与产出变化的影响。这也将使得收入可以首先用在付息与债务偿还上，由此现金流量成为项目公司偿债能力的根本性决定因素。设想这样的场景：如果没有负债，很多风险就一下子消失了，高负债给运营阶段的项目公司管理施加了一系列限制。在金融领域里每个合约都有违约的可能，包括与信誉良好的供应商与政府之间的长期供应与承购协议。人们无法避免犯错或无法设计出完美的合约，在这种情况下不是所有风险都是可控的，不可预料的事依然会发生。由此我们也可以看到项目公司的经营也会有第三方担保者的参与，来为合约违约成本提供补偿，这也是为项目公司提供借款的前提条件。

1.4.2 开发阶段

当项目融资模型与项目公司生命周期融为一体作为典型的项目公司的特征进行探讨时，如果仅考虑复杂性，则项目的开发阶段无疑是项目成功创建的最大的、单一的障碍。此外，其执行周期很长，例如开发一个燃料发电站需要 3 ～ 5 年，而开发一个大规模深井矿则需要 10 年，如果我们考虑项目规划、设计、工程策划和建造中成本失误与计划外事件的范围，这些责任事件在更多的财务失败项目中都未被记录。这些活动的复杂度是众所周知的，尤其是因为许多项目规模与资金的需求（设想一下建造巴拿马运河的复杂度）。经济上来说，直到资产按照计划的容量、产能和质量产出前，没有项目是可以自力更生的。在它按计划产出前，没有现金流来偿还债务或为股东发放红利，这是项目发起者和银行家的噩梦，并且这个严峻的事实也引发了项目公司借款人的应对策略。我们很快会关注这个策略，在这之前我们首先补充阐述一下围绕开发阶段的综合情境。

当然，在考虑开发阶段的陷阱之前，一个必要的假设是项目的基本经济前景是良好的，项目的服务与产出有市场需求，并且在给定的供应链与承购风险下可以满足盈利目标。总体上，剩下的部分如企业预算决策，是否遵循战略投资决策（诸如学术术语中的实物期权增长选项），或者一个满足所有当前企业投资标准的投资机会等，都不在此考虑范围之内。我们假设企业开发项目的决策已经在经济与财务上进行了合理评估（第3章会深入讨论这些决策）。因此开发风险主要围绕在项目规划、设计和工程筹划的决策上，并且直接关系到资产成本可能超过其价值的风险。这充分说明了在开发阶段控制开发和建造成本的极端重要性，特别要记住那是数十亿美元的投资。基于这些假设，我们简要地讨论项目设施规划、设计和工程筹划的风险，其后简要地讨论建造风险，接着简要地介绍管理这些风险的可行机制。

项目开发阶段的风险基本上是可避免的。因为大部分项目采用的技术是比较成熟的成型技术，如发电、化工生产、公路与铁路开发或隧道挖掘等，为设施进行设计、选择合适的技术和施工方案达成产出目标和预期质量等工作，对有经验的专业人员来说是基本功。然而在项目实施的初步规划中，大量的信息不完全会导致判断失误，这些问题涉及地理、地质、供应链、分销网和许多进一步的项目施工设施需求。专用的公路、铁路和其他物理基础设施可能是项目成功的基本要素，正如前文中环球铂业（GCP）所需要的专用铁路和港口开发，或碧瑶电力所需要的港口设施。尽管安排了有经验的专业人员，采用了最佳的实践技术，进行了细致的计划以及具体细节，但每个项目是唯一的，在不同地区有着自己的地理和制度环境，由此带来不一样的风险。毫无纰漏地规划新项目是一个挑战，因为任何规划都受到物理与经济环境中的规模、复杂度等广泛的影响。更甚者，误判一些制度因素，经常发生在如运营许可和监管协议中。

项目公司在管理计划、设计和工程筹划风险的一系列选项取舍上会有冲突。要认识到像皇家壳牌石油和英国石油这样的公司有足够的资源对它们想开发的大部分设施进行大量投入。因此它们大部分的项目规划都是自行完成的。其他规模的项目可能需要外包给独立的专业公司，因为它们的项目业务不足以支持去雇用一支自己的项目管理团队。也有这样的情况，企业和它的项目公司可能面临它们以前没有任何类似经验的项目，如果不去寻求所有可能的资源支持则是极端不负责任的。因此在企业和项目公司中，基于公司参与度、项目安排、前期经验和预算，会有一系列的规划业务外包出去。

虽然设计和施工的风险相对小于项目整体规划，但在任何项目的建设阶段都会产生更多复杂性，没有人能在有限理性的情况下完全预想到所有情况，在大型、复杂、资本密集的建造项目的执行中，没有能力进行完美的预测以及为所有的未来情况与问题做计划，项目有可能位于基础设施落后和物流设施缺乏的偏远地区（正如 GCP 的案例，GCP 位于遥远的西澳大利亚，距离最近的港口超过 1000 千米，并且只有很少的可使用的基础设施）。想象一下建造和组装成千上万的组件，在极端地理条件下的物流挑战和艰难程度。从客户的角度看，这些凸显了在建造行业中常见的项目风险，如成本超支、交付延误和质量风险，这些为项目可行性带来了潜在的严重影响。尽管成本超支、交付延误和质量风险已经被专业化和理性地充分了解，但它们还是在建造行业被视为一个令人沮丧的不可避免的情况，也很难期望当前项目会成为例外。从经济上说，项目公司的最坏状况是将预算资金投入到一个固定的和不可逆转的资本投资中，但风险项目是未完成的而且产出的成果有质量问题，在大部分情况下，一旦建造开始就很难从项目中撤出。因此，项目公司对成本、交付和质量目标极端关注也就不奇怪了，如果不是它们自己来执行，也要引入外部专家咨询，经常也包括行业分析师和建造融资提供者。

所幸的是，项目公司不是建筑行业的被动接受者。它们通过策略手段来管理建造风险，大部分是通过采购体系（或合约策略）和金融工具（如履行担保）等。成本超支的风险可以通过合约手段来管理，如最大成本担保，或在可达成的目标成本合约中设定成本节省与超支的份额及激励机制，这都取决于不同的职责设定。此外，所有建造项目都有延期、质量和成本上的纠纷，因此建筑合约纠纷仲裁现在已经相当成熟。然而在大型项目中，设计与建造合约通常合在一起作为大型项目设施业务的统一安排机制。在这样的协议下，项目公司通常邀请通过初审的知名的有经验的设计和建造公司参与投标，并与成功中标的公司签订项目规划、设计和工程筹划协议，也包括建造管理。这样安排的目的很简单，设计承接人在特定日期、约定预算内和要求的质量水平下交付一个完整的项目设施，包括所有的辅助关联工作。这样的协议可包括目标成本、担保的最大成本或收益付出分享协议，但本质上的原则很简单：项目公司雇用一个设计和建造公司来交付一个完整的和完全托管的项目实施，并且在核心合约里只有这个公司对这些任务负有责任。这听上去可能过于理想化（经常是这样），但它清晰地识别了各方的合约履行要求，在一些特定行业（如能源、化工），这样的设计与建造公司已经成长为受尊敬的大企业巨头（如柏克德、福陆和 ABB）。此外，这样的协议通常包括第三方履行担保方和合约完成后的维护协议来管理质量。建造合约是人尽皆知的复杂工作，但它却受到那些为交易双方工作的精明咨询师的欢迎。

最后也是最重要的一点是关于不同项目阶段和不同阶段中的风险差异。回想运营性的项目公司经常采用高杠杆，也要注意到一旦项目投产和运营，项目的借款人在技术上就是对项目公司进行了长期投资，那也代表着开发阶段（包括试运行）宣告成功完成。一些情况也不完全是这样，因为正常情况下出资方对运营性项目公司的出资承诺，往往建立在项目资产能够成功地建造完成和投入运营的基础上。在这样的形式中，出资方从技术上完全避免了其在项目开发阶段的风险。⊖但随之发现，向项目公司提供融资来开发实施也是一个有利可图的借款机会。借款出资人同时利用这两个机会，在法律上分隔两个阶段并提供两个连续的贷款。首先，借款出资人与项目公司（有时是与设计和建造公司）签订一个短期建造贷款协议，来偿付预设项目的实施完成与试运行。此外，项目公司的母公司（或者是设计和建造公司，如果其为建造贷款接收者）通常还会为贷款偿还提供担保，后续给项目公司的长期贷款则取决于建造和试运行是否成功。在这一方式下，如果一切顺利，借款出资方设定了两个连续的大型贷款交易，通常是和相同的交易方，两个交易都能获取可观的交易费用。此外，比较这两个交易阶段，由于建造贷款天然就比有收入的项目公司的贷款具有更多风险，建造贷款获取的利率也更高。关于这一点还有更多其他的因素，会在第 4 章再来讨论。

⊖ 但也有许多情况，银行并没有它们宣称的那样厌恶风险，银行也会为那些没有正式提供项目成功承诺的公司提供贷款。

1.4.3 退役处理

在过去的 20 年中，设施的退役处理已经成为一个被实质性关注的问题，尤其是生产设施的环境问题由社会边缘问题转变为社会主流的关注问题，进入了全球的政治与经济议题。现在正进入一个对污染和毒害追责的新时代，而且这一问题不可避免。例如，在一些案件判例中，银行与向其借款的企业在土地污染的危害问题上负有联合责任。我们会争辩退役处理的风险在规划和设计中被最有效地考虑到了，采用技术和流程来防止那些会产生昂贵补救费用的毒害与污染（基于现在或未来环境影响的不完整信息）。例如，壳牌石油在 1998 年将其废弃的布兰特 · 史帕尔（Brent Spar）生产平台沉入北海，这可能是当时最好的环境方案，但公众对这一方案产生了愤怒情绪，对那些环境敏感的企业决策而言，这样的情况会成为常态。我们甚至无法设想本书写作时的十年内工业设施退役处理工作所处的综合环境。由于信息更广泛地传播，我们对污染和毒害的理解也前所未有地增长，并且认识到了以前从未考虑过的问题，如直到 20 世纪后半叶的石棉隔热的使用。总的来说，我们的观点是，实施退役处理是一个反映企业价值观的问题，当前做出怎样的决策关乎企业的态度。常言道："知道得越多，越会发现自己的无知。"我们会在第 4 章作为制度讨论的一部分更哲理化地讨论污染和退役处理问题。这里需要指出，市场对投资者的道德伦理的日益关注，也引导了那些完全被股价驱动的企业做出更有责任感的商业行为。

1.5 系统概念和项目公司

在前文提及我们会借用一个系统概念来形成一个考虑风险和项目公司的框架。基于本书中的其他概念，我们将聚焦于可直接使用的系统概念，由此也会忽略一些好的理论化概念。然而，没什么比一个好的理论与系统的结合更具实践性。[⊖]出于我们的目的，系统理论很少仅被作为一个分析

⊖ 系统理论会激发那些有探索欲望的读者。对那些读得更多的人来说，前方有一段激动人心的旅程等着他们（Senge，1990；Checkland，1999；Blockley and Godfrey，2000）。

工具，而是为进一步探寻并厘清我们的生态、政治经济、技术、商业、政治、制度和社会环境中复杂情况的方法。系统化思想的一个重要应用是帮助我们充分理解我们所处环境的复杂性。20 世纪 80 年代晚期，一场复杂系统研究的复兴活动就产生了一定的成果，如新墨西哥州圣达菲学院对复杂系统新科学的研究，很大程度是由对环境、气候变化和复杂社会系统的关注所推动。[㊀]然而，我们要剖析的系统是作为一项商业投资的项目公司，它面对的很多风险是由公司所处的技术、地缘、政治经济和制度环境所决定的。

尽早地关注复杂性是有帮助的。我们所说的复杂性含义是什么？没有一个单独的定义或描述可以评判这一概念的广度与深度。我们有着技术上的复杂机器，由一个组织复杂度较低的工业流水线进行生产（如一个汽车组装生产线）。这些公司建立了一个载体，然而却显示了一种不同类型的高度复杂性——社会与组织复杂性。我们也可选择一个技术上相对复杂性较低的项目，如一条收费公路，但需在政治社会方面的复杂流程中通过一系列的审查。我们马上会发现这有着不止一方面的复杂性：技术复杂性、情景复杂性、流程复杂性或制度复杂性。作为这一问题的一个特别方面，第 2 章会再来讨论交易的复杂性。

1.5.1 系统的第一个原则：涌现新生

我们不得不从一个有点技术含量的关于系统的定义开始。从我们的观点来说一个系统至少包含三种特性。[㊁]第一种是所有的体系要有涌现新生的特性。Kramer 和 DeSmit（1977）定义这个系统为：

> "……一个相互关联实体（部分）组成的集合，不存在与其他子集无关的子集。这意味着一个系统作为整体来说，所展现的特性是它的组成部分或子系统不具备的。"

㊀ 我们极力推荐将圣达菲学院的研究作为理解复杂性问题的入口，因为它广泛适用于社会、生态和开发体系中。一个非常容易理解的入门材料可以在 Waldorp（1992）的文献中找到。与那些有着明显复杂性的科学方法逻辑带来的痛苦经验相比，这些易懂的入门材料是很好的对照。

㊁ 许多系统理论家扩展了系统必要条件的范围。我们不打算用太多不同的观点来困扰读者，我们相信仅需一些本质的原则就足以用系统的概念来呈现我们的目的。

举一个例子，一辆自行车在组装前是一组零件的集合，通过装配的高度有序的功能产生一个用于交通的系统（工具）。单独分析自行车的每一个零件（实体组件）无法说明自行车整体上新产生的特性，还需要考虑零件之间的关联性。系统的零件也可以是系统，这是子系统概念的来源。因此一个实体组件或一个零件也能成为一个子系统。自行车的踏板、齿轮、传动装置和链条组合组成了运动子系统（当然还需要人的蹬踏力）；刹车系统组成一个子系统，并且在这个案例中也可作为一个反馈和控制系统，允许操作者根据需要或外部规范规则调整系统的行为，㊀如社会或法律都不会允许一辆自行车以 160 千米的时速在城市穿行。

在很多时代，一个社会科学家持久关注的问题是：人类的各种组织形式，包括商业组织（项目公司是其一个子集）可以被视作系统。图 1-8 展现了一个典型的作为系统的组织结构。这可以是任何的人类组织，如一所学校，一个法定团体如城市道路交通管理局，一个独立公司，一个州或省政府，一个监管机构如中央银行，或在世界上任意一个街头上的摊贩。

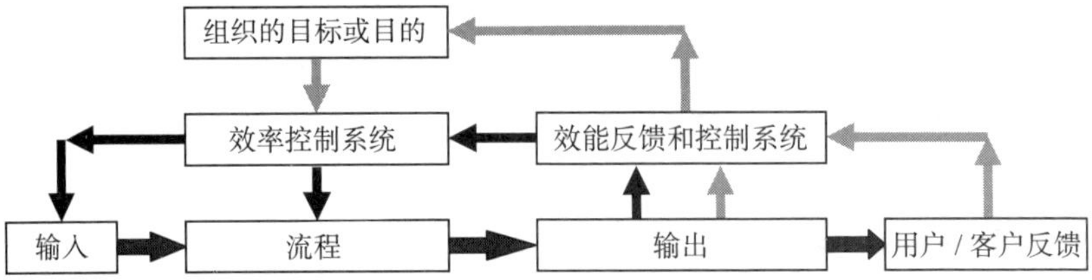

图 1-8　一个简单的商业系统

将一个商业组织作为一个系统展现，它将各项输入（原材料、能源、劳动力）通过一些商业流程（可能利用到固定设备）来输出成果。在这一场景中，一个商业企业将一项产品或服务出售给消费者，如前文虚构的碧瑶电力公司提供的电力，或一条收费公路提供的道路通行服务。然而，商业组织不能简单地在一个抽象的途径中产生产品或服务：它是社会经济的一部分，并会受到如何去适应更广泛的经济系统的影响。本质上，任何单个商业组织的输出是另一组织输入的一部分。类似的，这个商业组织也可以使用另一个组织的输出。以这样的方式，一个国家或国际的经济系统被

㊀ 对控制 / 反馈系统的研究被称为控制论。“终结者”就是一个半机械化人，一个由机械电子控制的生物体。

集成到一个输入 / 输出关系的复杂矩阵中：天然气被输送到电厂用来发电，电力又被用在德国的汽车生产中，这也需要交通运输设施来向市场运送食品，并且运送维护人员与设备来管理电厂和管道，等等。在生态系统中有很多极其精妙和复杂的输入 / 输出嵌套现象，例如沿着河流系统的生物多样性。“子整体”这个词经常被用到这样的场景中，广泛地指出了系统到子系统中各个部分的连接性，并从中产生一些新的特性。

在更广的经济系统中，在一个功能完善的市场经济中，任何商业组织会遇到影响其功能的力量和限制条件。从一个经济视角来看，经济限制有多种来源：输入原材料成本、产出的价格与产量、流程成本或提供客户满意的服务成本。在典型的商业系统中有两个反馈和控制机制，简单地称为效率和效能控制系统。图 1-9 向我们展示了一个分离的子系统，通常不是所有的反馈信息都是必需的，我们可以简化效率控制系统，使它首先聚焦于经济节省性上，如合理的使用资源、消除浪费等。效能控制系统则更多地被在有机和动态经济环境中的商业实体所关注，在那里，商业组织需要应对所处的环境以避免太多无谓的付出。为了做到这一点，商业系统需要更多的基础输入：目标和目的，以及控制系统按照目标与目的运转的反馈机制。这就是效能控制机制，效能控制机制的一个重要输入就是效率，在大部分情形下资源的有效利用依然是一个关键问题。

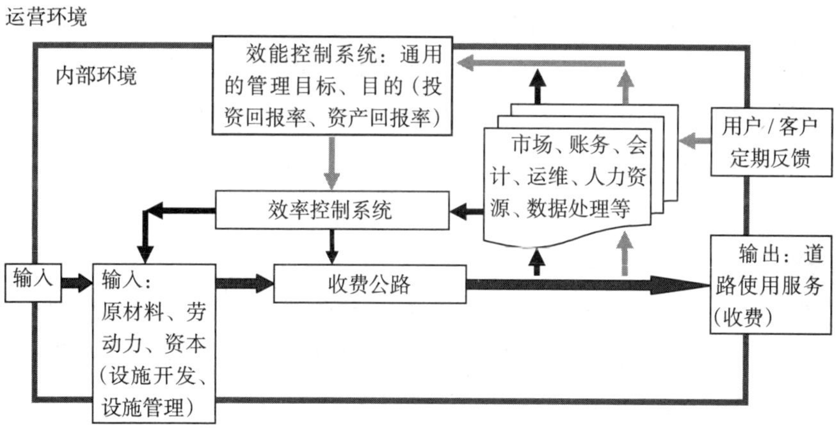

图 1-9　一个稍作调整的商业系统

1.5.2 系统的第二个原则：功能、目的或目标

在正式讨论系统的目的或功能之前，我们需要回去再讨论一下系统的涌现新生的特性。实质上，可以说我们看见一个系统的功能产生，它就已经出现了。一个树木丛生的山林自然产生的结果是土地被保护和最终洪水被控制，但人类在很晚才意识到这个功能在江河流域复杂的输入 / 输出系统中的重要性。在自然系统中产生的功能与由人类有意识的决策而来的设计和工程系统实现的预期功能之间有一个不同点，在系统设计术语中，开发系统的目的（更确切地是刻意的目的）产生了我们想要的特性。因此，第二个基本原则由以上定义所引出，那就是一个系统（也可以是一个子系统）都有一项功能、目的或目标。在自然系统中，它从系统各部分以及子系统之间的交互作用中产生系统（整体）的功能，例如，一个在其他事物之中支持生命的生态系统。在人类组织和物理机械系统（如自行车）的设计中，流程很大程度上被反转了，系统产生的特性首先被定义（如这个组织的目的是什么），接着进行设计、开发或施工来实现这个功能或目的。⊖子系统的交付以及系统产生的特性经常无法直接观测，如在人类组织学或生物化学中，但是，特别是在物理学中，有些系统可以被典型地清晰地观测，像我们前文提到的自行车，我们可以称一辆自行车是一个硬件系统，因为它的功能是清晰的，零件以及子系统之间的交互是清晰可预测的，并能被高效仔细地设计生产出来；它的行为多半也是有目的性的，等等。我们也称之为有目的系统。一些硬件系统能被设计和生产达到一个精致的程度，正像世界上很多生产商所展现的产品，如汽车、消费电子、计算机硬件等。但是，似乎我们刚刚开始学习更为复杂的硬件系统（就像软件应用一样）。

为了分析目的，大部分商业研究将系统理论作为用人类组织学来分析商业的一个合适的模型，因此我们也认为它适用于项目公司。作为一个系统观点，一个商业企业会有一些预设的功能或目的来反映创办人的意图（这点有时很难想象）。回想我们在 1.2 节阐述的环球联合企业的企业

⊖ 我们必须立即指出，许多人类 / 社会组织历史性地演化到他们现在的形态并不是有意设计的。（如一些政治体制系统。）

战略 / 规划的计策，这个过程明显依赖于一个企业目的的声明，在我们看来这成了系统的目的。愤世嫉俗者会说任何商业资源的目的就是赚钱，但这忽视的一个事实是，所有商业组织在高度复杂的社会中都有其一定的功能（按照定义，一个社会的文化包括它的经济）。金钱却将不幸地继续作为衡量商业目的成功达成的重要度量，直到一个更好的效能度量被设计出来。⊖商业是人类创建的社会系统，用来追求经济上的目的，但人类是有意识的，并且人类的动机与激励经常无法被直接观测到，这意味着商业的功能组成部分和子系统（市场、财务、会计和管理、人力资源、生产、综合管理）之间的交互不总是可预测的，并且扩展到系统本身的终极行为演化也是不可预测的。人类系统经常也被描述为软件系统，它无法被细微地设计生产出来，以达到对成功的期待下定义明确的目的。

系统的功能或目的与系统控制密切相关。因为进入系统的不可预知的干扰因素会导致实际的绩效偏离预定绩效，对系统绩效的反馈和调整机制是必要的。反馈 / 控制系统必须产生信号以使系统对干扰因素做调整或弥补，对子系统也是如此，针对干扰因素的复杂度，可以引入更多的控制系统。在系统开发中，子系统的集成实际上是一个一系列嵌套的控制系统的集成工作，正如一个化工生产平台的案例。图 1-9 可以很好地表达我们的目的，一条收费公路从一个城市引导到另一个城市，由一家私营项目公司在与相关交通管理当局签订的 BOT 协议下建造与运营，要求达成一个有难度的目标：在可接受的成本下向道路通行用户提供高质量、安全和便利的道路交通。对于项目公司，一个控制度量是提供为股东盈利的方法、手段，另一个控制度量可能是在运营授权里规定的低事故率目标，系统（收费道路）被设计、规划和建造以实现计划的目的和功能。

1.5.3　系统的第三个原则：系统边界和系统化思考

一个围绕商业系统规划、设计、工程策划和运营的重要原则是，项目公司要关注子系统的交互和系统边界。在设计（或开发）一个系统以达成一个特定的功能或目的，并且每个子系统也被设计达到尽可能的高效或系

⊖ 或许会计系统依旧可以发展扩展这个度量，但我们依然很难找到能准确反映可持续化的合适的多目的度量方式。

统的每个部分被最优化时，一个普遍的预想是系统本身的表现可能反而不佳，它可能没有它可以做到的那样有效。最好的自行车刹车系统可能让它自身变得太重；一个建筑里最好的机械系统可能暗中影响了建筑的可操作性；生产设施里采用的最好的技术可能没有为客户增加价值，反而影响了单位成本竞争力；最好的足球运动员可能无法融合到最好的足球队中。在系统化的思考中，效率和效能的不同点是：有效率的组成部分可能无法集成到一个有效能的整体中。

在系统的设计和开发中，优化独立的组成部分被称为简化法。这点遵循系统的第一个原则，系统中各项组成部分功能的加总少于系统整体的功能这一事实，经常被描述为协同增效作用。例如，在图 1-9 中我们区分了两个控制系统：一个效率系统和一个效能系统。我们定义一个商业系统由硬件和软件子系统组成。效率可以视作对系统硬件功能运行好坏的关注——能源效率怎么样？单位成本多低？质量是否达标？效能可以视作系统中软件、人力资源和硬件接口的融合协作程度——项目整体达成项目公司目标的有效性如何？系统可能在硬件方面的考量上高效率地达成了它的产出、成本和质量目标，但整体上的盈利性却不及当初计划的那样好。因此，它被视为没有有效达成期望目标而需要做相应调整，即在供应、生产流程、质量、定价、市场营销上做变化。总体上，我们可以认为效能是对整体绩效的关注，而效率则关注在子系统的特定绩效上。当然，我们必须再次提醒读者，对何时使用效率和何时使用效能来做度量并没有确定的规则，这取决于一个系统所处的环境边界定义。我们在后续子章节中讨论这些概念。

在系统设计和开发中的简化论会暗中影响系统要达成的功能，并且系统化思考从根本上讲是一个非简化论的。系统化思考要求我们首先关注的是整体的效能，而不是子系统或组成部分的优化或效率。几乎所有的系统理论都从这些首要的原则发展而来，并且我们会进一步独立出与风险分析和项目融资公司相关的重要概念。我们需要介绍第三个系统概念，即系统边界，它用来定义系统的分析到哪里结束以及系统的环境从哪里开始。虽然关于简化论的最近的一些想法让我们非常不愿意成为简化论者，我们仍然想要系统化地观察世界并避免只是优化子系统的性能，我们也在实践中去了解这一点，用切克兰德（Checkland）的话说（1999：60）：

> 对世界的粗略探察显示出，它是一个巨大的复杂的系统，它的组成部分之间有着紧密的连接。我们无法应对它这样的形态，而被迫将其简化成一些分隔的区域，以便可以分开探察。

不幸的是，我们不得不偶尔成为简化论者以达成实际的成果，但我们首先需要系统化的思考。这就是在分析作为系统的项目公司的风险时，我们尝试理解和使用系统环境和边界概念时所处的环境。

1.5.4　系统边界和系统环境，开放和封闭系统

通常，一个系统视角将经济、生态和人类制度体系视作一个复杂度持续增加的互联系统的集合。为了理解一个系统的行为和已开发的反馈系统如何运作（就像生态系统和生物系统中那样），或当发展商业系统或其他人类组织时哪个反馈系统最合适，尽可能清晰地定义系统边界是必要的，这会有效地将系统与其所处的环境分离。从一个给定系统向外扩展我们的视角来看，那些影响系统行为的因素被称为系统环境。⊖一个广阔的系统视角会更多地关注在更广的系统环境和不同层级聚合中的系统分析上，一个狭窄（或更窄）的系统视角则试图从更大的系统环境中将系统独立出来，或许是为了更贴切的分析、问题识别和可能的干预（正如在项目公司或其他商业组织中的情景）。这里本质上希望能更聚焦于一个商业系统的边界和环境，因为洞悉风险管理能做什么，很大程度上依赖于在分析中对系统边界的识别。对于理解实践中风险管理和风险缓解中的限制，这是一个最关键的概念。

本质上，系统边界通常取决于系统分析可能要达到的特定目的。当然，如果一个系统有一个边界，它暗示着系统及其所在环境之间的界限。首先，我们狭义地设想系统边界处于系统及其所在环境之间，一个封闭系统与它所处的环境没有交互——我们可以说在封闭系统情景下环境不存在。我们可以将一个晶体管电子组件如半导体设想为一个封闭系统，它的输出信号完全、直接地取决于它的输入信号，并且它的控制机制（如果有）

⊖ 自相矛盾的是，聚合的下降有时也会增加复杂度，正如我们在粒子物理和量子理论，以及复杂的生物进化如人类大脑的功能形成中所观察到的。

独立于环境。相反地，当一个系统与它所处的环境有交互时，我们可以称它为开放系统。定义一个开放系统经常是一个复杂的问题，而且更复杂的是，由于不同的目的或很多的挫败，对边界的定义有所不同，边界未必是固定不变的。我们可以这样阐述开放系统：系统外有一系列实体，它们不属于系统，但可以影响系统或被系统所影响。人类组织也被设想为系统和子系统的边界可能不固定，外部实体可以影响系统或子系统的行为，实际上这是管理或调解项目融资协议的风险之一，特别是在国际投资中。但考虑一个系统的边界时，我们也必须要讨论开放和封闭系统的概念。

为了阐述项目公司中开放和封闭系统以及它们的边界，我们再次考虑碧瑶电力公司案例。碧瑶电力公司是一个 2000 兆瓦的燃煤发电厂，紧靠着菲律宾马尼拉的一个深海港，它是一个持续的生产系统并生产大规模和低单位成本的电力。作为这个大量资本投入实施的一部分，大量的流程控制系统控制着燃烧速率、蒸汽配汽、排放等指标（硬件系统），包括管理项目技术目标的控制机制（投入要素的整体效率）。这些共同描述了商业系统的内部环境。狭义上，我们以图 1-10 来描述内部环境及其边界，这是图 1-9 的扩展版本。

在实践上 BPC 的电力生产流程可被视作全自动的。在 BPC 的传输交换设备上，它生产的电力被正式地计量并输送到接收的配电网中。在图 1-10 中，我们看到电厂运营管理团队有通用的商业功能支持，为控制目标提供效率与效能等相关信息，如财务与行政管理、设施管理、数据处理等。有效的信息功能同时向效能和流程控制系统提供信息。这些与电力生产系统本身共同作为系统的内部环境的展现。[⊖]效能控制系统是 BPC 内部和运营环境的一部分，并为 BPC 与 GC 企业的目标相关联发挥作用，如资本投资回报率（ROI)、净资产收益率（ROE）和其他企业目标。从这里它通过流程控制系统来控制内部环境。这展示了 BPC 管理层从运营环境中获得信号并按需做出调整，同时也要求效能和效率目标做出相应的调整。在商业系统中，我们由此来区分不同的系统相关环境：内部环境，可能包含生产流程本身和常规的必要职能如财务与行政管理；运营环境，关

⊖ 为了简化说明内容，这个缩短的描述完全忽略了发电厂运营的细节。

注商业及其竞争环境；制度环境，如监管体系、分类、标准、惯例等；业务所处的社会环境。

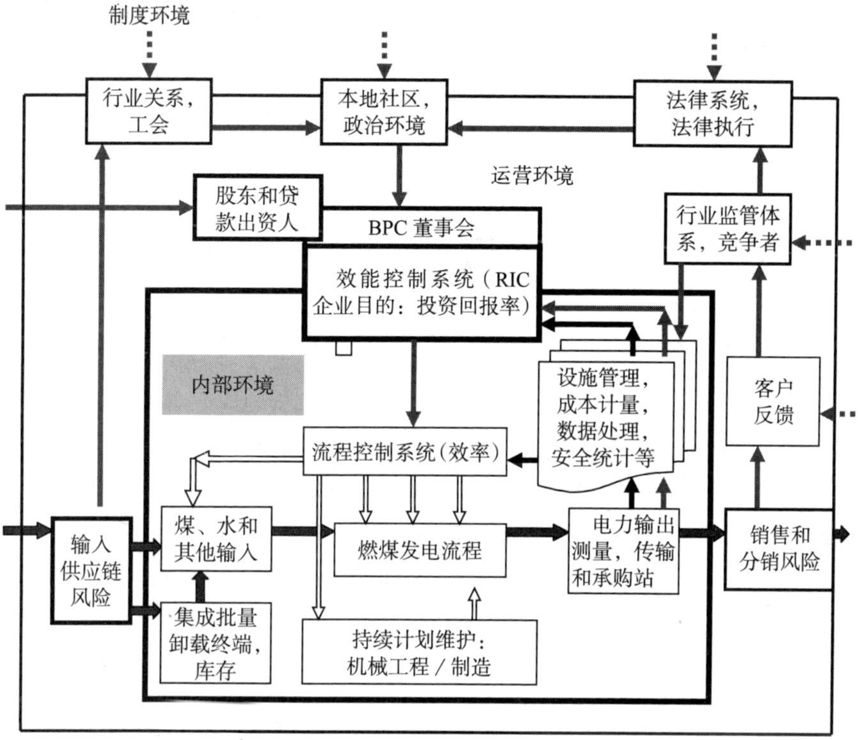

图 1-10　BPC 燃煤电力项目：内部运营环境

将一个业务的环境按内部、运营和制度的不同环境特征区分是有用的，因为它们都指出了环境复杂度级别的增长，以及跨环境起作用的能力的减弱。每个级别也涉及高信号噪声比率，信息缺乏确定性。例如，典型的管理得当的业务拥有关于其内部环境的优质信息，但却可能缺乏关于竞争者和运营环境中其他因素的特定信息。制度环境需要特别注意，因为它可能是完善的制度中的优质信息，或不完善制度中的劣质信息。在这一分类结构中不可避免地有一些重叠部分，但这个框架解释了一个项目环境的构想方式和不同层级和环境间可能的边界。在系统分析的一些阶段中，哪些因素会影响项目的运营环境或导致财务风险会变得清晰，同时知道哪些风险可以被管理和缓解，而哪些不能。找到项目公司和它不同环境类型间的边界是毋庸置疑的重要工作，要从管理视角来理解风险源头和处理风险的方法。第 4 章我们会以一个分析机制来讨论项目公司的环境，帮助识别项目公司不同环境层级的风险，以形成风险管理活动的概念。在第 4 章的一部分内容中我们也会讨论制度环境，它是项目公司最难施加影响的环境，也可能是使项目公司最易受到影响的因素。

1.6 本书计划

回想在 1.3 节介绍的项目融资定义，在项目融资活动中至少包含三项互相依赖的因素。它们是：

- 研究中的经济 / 业务单项元素（项目公司，包括它的商业模式和环境、收入 / 现金流、风险）
- 业务单元部署的资产的本质（高度专用资产）
- 业务单元的财务结构（特别关注业务单元的债务，以及它的付息与偿债），包括项目融资和管理中的代理冲突

为了考虑任何项目公司创建和运营的所处情景，也要考量一个未阐述说明的第四项元素。我们的观点是，一个有用的分析框架应该促进一个可用作任何项目融资活动的集成分析，并且在项目融资交易的制度环境确定的情况下，帮助围绕着前三个元素的决策来识别和解析。集成分析也用来促进形成关于规划、设计、工程筹备、建造和项目融资活动的想法，所有这些意味着需要对框架形成一个特定的观点，我们应用系统理论和制度经济学概念作为通用的范式来考虑项目公司经济和财务的本质，并且系统理论概念大体上包括了需要阐述的功能逻辑。

本书所有的后续内容是对 1.2 ～ 1.5 节所介绍概念的详细说明或应用。本书的总体目的是细化阐述一个应用制度经济学的分析框架，促进支撑通用项目融资协议结构的逻辑分析。我们的方法是基于对管理项目融资交易的机构的分析、高成本（交易）的经济和代理风险，以及由这些分析引出的对风险管理的关注点。

以上对框架的概括提供了本书结构的逻辑。第 2 章将会介绍复杂交易的情况。我们用基本的制度经济学概念建立一个在单个大型的非常见经济交易中的复杂性概念，正如大型的单资产项目公司。在这个过程中，我们

介绍交易成本、合约和代理理论概念以及作为交易成本的一部分的一致性激励等领域。我们指出高度专用资产项目融资模型和典型的高负债在企业财务环境中的位置。第 2 章的许多概念需要进一步的制度经济学背景，第 4 章讨论制度对成功完成复杂交易的重要性，则更需要制度经济学背景。

第 3 章描绘了一个完整的传统方法，关于典型的项目融资公司中最重要的三个财务决策。我们首先讨论任何企业在投资一项设施（如公路隧道或其他典型项目）时面临的根本性的资本预算决策。此后我们讨论与资本预算决策相关的财务决策，并且也围绕这项投资的建造阶段的财务环境展开讨论。

第 4 章更广泛地讨论源自项目融资商业模式的财务风险。我们会大致概括项目管理的方法，并介绍性地阐述一系列风险管理机制，包括一批重要的金融工具如期权、期货和掉期。然而这一章着重的是基于系统的概念阐述一个风险识别的方法，并不打算去提供任何特定风险管理方法的详细策略。第 4 章对项目公司的职能及其所有业务活动中的制度化环境也有一个紧凑的介绍。我们识别在（常规的）完善的经济体系中重要的制度，并指出它们与项目公司风险识别之间的关联性，也包括它们与项目投资成功之间的关联性，特别在国际化的环境中。我们指出政府、法律、企业、政治和监管机构对项目投资的重要影响，也讨论不稳定和不完善制度产生的风险。

第 5 章讨论复杂交易中的一个进一步的分类，称作 PFI 和 PPP，以及一系列有着容易记忆首字母缩写的交易形式。由于公共部门预算的限制，它们是理想的项目融资协议的有意义的变化形式，但有着重要的不同点。典型的项目融资交易基于一个狭窄特定的业务目的，一个单项的高度专用的资本资产和相对清晰的风险，PFI 和 PPP 基于围绕定义不完善的资产以及比典型项目（学校、医院）投资更复杂的收入生成特征下的结构化交易，增加了对项目融资商业模式的考量。

第 6 章～第 9 章为通用或特定目的的案例分析。第 1 章～第 5 章则介绍框架的应用，通过一批项目案例来阐明，案例来自处于政治、法律、监管和金融领域发展不同阶段的世界上的各个地区。尽管每个项目案例会有一个统一的综合主题，它也会用来阐述一个或多个本章重点强调的特定项目融资原理。

第 6 章概括了近期围绕悉尼跨城隧道开发的综合情景，它是一条收费公路隧道，在悉尼中心商务区为地面交通使用者提供赶时间或交通拥堵时的另一条路线选择。这个案例介绍了关于项目特殊目的载体的决策，SPV 在第 3 章中有结构化的讨论，而第 4 章中的风险识别概念，进一步对 PFI 和 PPP 的概念给出提示。

第 7 章也将讨论一条位于香港港口下的收费公路隧道。它穿越西部港区，这个项目是围绕香港国际机场的基础设施建设的一部分。这个案例关注的是在第 3 章中提出的两个特定财务决策：资本预算决策和融资决策。它尤其关注对贷款规模的预估，其取决于投资者购买西部港区穿越隧道 SPV 的一个假设决定。

第 8 章阐述了围绕在临近印度孟买的声名狼藉的大博（Dabhol）电厂项目中的制度问题与冲突。聚焦于第 2 章和第 4 章所概括的概念，这个案例涉及一系列的问题，从与政治机会主义相关的项目公司风险到电力购买协议的第三方担保的强制执行问题，再到项目发起人缺乏可信的企业承诺的问题。

第 9 章又回到第 5 章所概括的 PFI 和 PPP 协议。我们将阐述在通过私营部门参与的伦敦地下系统现代化改造项目中有问题的筹资尝试。这个案例解释了与系统支持特性与状态相关的问题，并使用了第 2 章介绍的资产专用性概念。

关键概念

下列十分重要的概念作为关键的词汇表将在后续章节使用。

corporate finance 公司理财
emergent properties 涌现新生特性
financial structure 财务结构
internal environment，operating environment，institutional environment
内部环境，运营环境，制度环境

non-recourse，limited recourse finance 无追索权，有限追索权融资

project companies 项目公司

project finance 项目融资

systems model，closed system，open system 系统模型，封闭系统，开放系统

第2章

复杂交易

在第 2 章，我们回到项目融资和项目公司商业模式的概念中来。本章讨论基础性问题，并介绍分析商业项目的思维方式。它们集中于复杂交易，以经济学术语的形式呈现。许多同时代的项目融资文献毫无疑问地认同这样的概念，就如同对此的争论从来没有在商业分析或判断中存在过。熟悉不意味着理所当然。本章将把贯穿本书的基本词汇放入综合情境中，但在此强调的一个重要目的是简化这些术语，而不是加入这些术语背后的论战中。

我们依赖于来自多方面的洞察，包括工业经济学、制度经济学、交易成本经济学、法律与经济学、信息科学、企业行为理论研究、金融理论中的代理问题以及产权研究，还有一些想法来自同时代的博弈论和演化经济学。我们首先使用新制度经济学来解释组织，由于交易成本的存在而采用长期公认的观点：任何商业组织都以一个垂直整合的方式展现，是一个分离的明确定义的活动的集合。重要的是，这些观点需要在交易成本和制度分析的分类概念中保持清晰。因此本章展开概念的回顾，扩展对第 1 章和本书其他地方所用词汇的理解，并特别阐述在公司理财框架中项目融资模型所处的位置及其原因。第 4 章会进一步讨论制度，尤其是关于项目融资发起人在国际市场中的现实关注点。

本章采用如下结构。首先我们介绍交易成本经济学中的交易和交易费用的概念。我们的出发点是将交易作为一个核心来进行项目融资的经济分析。在交易案例中，与其将假设建立在完美信息、优化合约、最大化利润或经济福利的理想主义观点上，不如采用一个更为具体和扩展化的人类经济行为视角，包括人的行为不可靠性和对改进经济效率和减少浪费的持续追求。2.1 节将解释在本书后续部分使用的交易成本的基础概念，并介绍交易治理概念；2.2 节阐述了一个交易元素的正式模型，大部分利用了来自融资合约的概念，这个模型形成了分析交易成本产生方式的基础；2.3 节接着讨论了经济职能和业务委托给代理人所带来的影响，以及对这些代理人必要的控制与监控所产生的对交易成本的影响；在 2.4 节提出机构组织与企业融资的基本原则；2.5 节和 2.6 节讨论了项目公司和项目融资的综合背景，特别是使用交易成本和代理理论逻辑来解释项目融资模型。

2.1 交易、交易成本、交易成本经济学和项目

一个被忽略的概念是，基于人性假设提出利润和收入最大化，成为行为推导的一种趋势。在商业或其他情况中，任何可能减少损失或浪费的地方，都希望尽一切努力来节省开支。经济激励体现在工作中为福利体系的结束，增加收入并相应地尝试将减少损失作为这项行动的基本内容。这在一定程度上解释了为什么选择交易作为本书中许多分析的支柱，因为市场经济关注的是商品和服务的交换及交换效率。

因此，我们基于一个前提对交易展开讨论——节省成本是追求利润的有力激励。在我们的框架中“交换”和“交易”是同义词，但我们更倾向于使用“交易”，因为其涵盖了议价的过程和结果。当然，交易可以基于简单的商品和服务或最复杂的项目。一个简单的交易可以是采购一定量的燃油，一个复杂的交易可以是环球企业集团（GC）对一个炼油厂的收购。如果 GC 决定建造一个新的提炼厂而不是去买现有设施，不购买现有的实际资产，而是雇用一个总承包商（作为代理）在未来交付设施，这样无须通过更复杂的议价来和销售公司沟通。至于这方面的风险，购买服务的交易可以很简单，如购买 GC 的收费公路的通行权，也可以是基于复杂服务的交易，如指定一家银行来为企业融资以及安排大型设施贷款。有无数对商品与服务分类的方法来创建交易类型的分类体系（成熟的分类体系如国

际标准行业分类SIC被广泛地使用），但我们提出了一个简单的分类，如专栏2-1所示。

专栏2-1 基本交易分类

消费者和家用商品和服务，如食品、交通等。（一些是必需的，一些不是。）

消费者和家用耐用品，如家用电器。

工业生产设施，如发电厂、炼油厂、矿厂、道路（生产资料）。

工业产品，如电力、铁矿石、铂金、铜、标准电子元件、微处理器。

商业和个人服务，如银行与交流服务、医药服务，咨询服务包括市场营销、设计、信息系统，专业服务如会计，等等。

这个分类系统是为本书服务的，我们从中识别出两个重要方向。首先，一些交易（如工业商品或家用食物）经常发生，被标准化并且市场交易量巨大，商品大致无区别和相对同质化。其他的，如消费者耐用品交易，较少发生但有相似的大体相同的数量充足的商品，尽管它们可能是技术密集型产品，如数码相机或个人电脑。出于实用目的，这些商品可以看作大致相同而仅有微小的功能差异。其他交易不经常发生，并且可能资本投入巨大以达到规模经济。一个工业流水线交易的例子，议价通常包括非标准化或各种各样的产品，虽然在子系统（如动力涡轮机）和流程（如炼油）中的标准化会带来在设计、工程和交付中的规模经济效应。除此之外，还有多个子系统组成的复杂系统，这样的设施通常也用在复杂的环境中。

另一个观察是，分类方式本质上是基于信息集而构建的一种交易分类，信息集是买卖双方议价时买方对商品和服务的期望和卖方对此的描述呈现。因此一些商品归类为产品或服务交易，如同在现货市场购买一批原油，在这个案例中交易预期会很简单，因为交易各方须匹配的信息集也比较简单，经过一定时间后就形成标准化并适用于大规模交易。其他交易可以归为信息复杂和信息密集的类型，如一个公司对另一个公司的收购协议，买方的期望与卖方的描述相对于简单商品销售更不确定，也无法明确地说明什么才是交易信息的有效交换。

从对执行的交易和交易中商品或服务交换的信息复杂度考虑，产生了两个关注点。首先，对信息复杂的交易如公司收购，实际的情况预期也会很复杂：它肯定有昂贵尽职的调查、法律或其他需求。其次，信息可能在交易各方中有偏向性，一方在议价开始就比其他交易方知道更多交易信息。在这个情景中，信息的散布是不对称的，并且我们也可以预期交易流程变得复杂，因为在交易试探和核实中有如此多的信息需要披露呈现。如果不出所料，对拟收购公司做尽职调查和评估将耗费环球联合企业（GC）大量时间，并且在交易正式达成之前各种问题都可能在这一流程中暴露出来，而这些问题可能会影响销售合约的最终条款，以及需要融资和支付的购买价格。㊀

毋庸置疑，各方签约前将会有更复杂的信息集，或更不常见的多样化的产品或服务，因此安排和完成一项交易也有更多需求因素。我们阐述的交易流程是一个更复杂的交易流程，也可能带来更多的执行成本，无论交易中商品和服务的基本价值是多少。耗费较少而最高效的交易流程在功能完善的市场（不一定是完美市场）中分离同质化商品。但复杂的是，一次性的项目设施并不在有许多买家和卖家的开放市场上购买。交易流程包含一项炼油设施的收购，或者带来一个地下深矿生产设施，都是错综复杂且昂贵的。客观地说，本质上没有一个持续存在的购买新炼油设施的市场，但存在更为通用形式的各类要素市场，包括来自任何新冶炼设施的子系统、设计、工程和管理技能。

交易的组织与管理是新制度经济学的一个关注点。在这个讨论中，在用于完成项目或在买卖双方转换所有权的实付费用与任何单个项目（技术需求从简单的到最复杂的）内在的捆绑交易费用之间，存在概念上的区别。两个概念是相关的，达成议价的费用尽管与购买价格有关联，但却是相对微小的，交易费用对于结果和项目完成的方法都很重要。大多数复杂

㊀ 在市场实践中，敏感的收购需要法律审查，更常见的是为买家指派在有限时间里进行中立的尽职调查，指出特定问题，基于合约条款担保交易执行，并由卖方或卖方代表呈述。

的工业项目能在构建和销售中达成最适当的合同费用，但却倾向于高交易成本。在复杂的、资本密集的工业设施销售中这种情况最为常见，想想核电平台或纸浆研磨机的例子。在设施的工程筹划和建造中每件事都会变得复杂，运营的所有方面都被分成多个层次并会产生延迟。没有人可以设想通过为流程中每个单独的、不可分割的任务制定单独的合约来复制设施所做的工作，因为这样的结果庞大到无法全部度量。在特定的行业中却正做着这样的艰巨工作，例如，大型商用船只手册通常对船上的每项功能都有多卷篇幅的解释。

如果我们能描述单个处于数量庞大的合约中的项目，我们可以将项目特征关联到高交易成本。与市场结合紧密的项目常会有相对于它们的财务价值而言较低的交易成本。在这样的场景中，寻找合适项目（搜寻成本）、信息收集和尽职调查的实付成本相对更低，因为买方和卖方互相熟知并充分沟通。但我们仍预计任何与现代工业项目相关的交易成本是显著的，因为项目表现为数千个离散功能的集合，每个功能理论上都能在公开市场上进行议价。

因此，信息在所有交易中扮演着多种角色。首先它是所购买或出售的产品或服务的一项内在特征，必须在销售中尽可能地获取与商品功能特性关联的信息集（从简单到非常复杂）。其次，在销售执行中与流程及其复杂性相关的信息集也必须被交换。最后，对更复杂或多样的交易，关于产品功能特性及其创建的信息经常非对称地传播。在交易治理机制的设计中（交易执行中指导各交易方的规则），所有这三项都是至关重要的，并对合约的每一方都很重要。[⊖]简单、标准化的产品和服务很容易在市场上大量交易（这一情况接近于市场的假设情况）。信息密集的产品和服务交易发生的频率较小，需要更多的开发流程，包括法律工程和其他专业输入，并且只能使用高度结构化的合约形式，在一个扩展期间完成，可能采用诸如特殊目的载体（SPV）的组织形式。这类交易没有标准化产品开发或标准化流程的帮助。在不同的情境中，Rescher（1998）提供了一个考虑复杂性任何影响交易成本的有用方法："复杂性与简单性成反比。后者是经济性的考虑，

⊖ 交易流程被多样化地引用为交易方法论、采购方法论、采购系统等，这取决于为哪种行业进行分析。

前者是繁杂性的考虑。”因此复杂性增加了交易成本，无论何时流程引入复杂性，“代价高昂的合约”都是一个不符合经济学规则的概念。

交易、合约和信息

为了扩展我们对于交易的视角，有必要进一步介绍有用的词汇。使用合约术语来评价和总结交易行为流程在经济和金融文献中已习以为常。一项交易真正代表的含义，是在两个或多个独立交易方之间进行的经济性交换。在交易的简单形式中，一方以商定的价格向另一方交付一项产品或提供一项服务，买方会要求卖方表明产品包含的特定特性或服务包括的特定功能元素。[⊖]用信息集比喻，就是为公平地达成合约，交易各方必须在产品或服务内在的信息集上达成一致，交易才能继续。口头合约对简单产品和服务可能是足够的，并且在每天的经济活动中为了实用目的可即刻执行口头合约。然而，当产品和服务变得更复杂，更多信息变得密集或交易流程变得错综复杂和耗时的时候，交易各方会采用书面合约来管理复杂性。本质上，我们可以认为良好的合约（假设它是书面的）是交易各方信息集交换的物理证据，但合约术语会将一项好的分析解剖运用在交易上，关于买方期望、卖方表述和合约强制执行的正式的期望沟通，都可被归到交易流程的分析中。

更广泛的共识是，关于在复杂流程中成本如何发生和在哪里发生，由合约约定成为惯例。因此一个简单的合约也意味着可以用较低的花费来完成（如购买一定数量的原油），而一个复杂的合约可能要更多成本和时间来达成（如开发新的冶炼厂）。更进一步讲，交易不总是即刻发生和完成的，它可能需要一系列参与人的持续承诺或跨越扩展周期的复杂绩效评审。在这些案例中除了定义交易的主题，书面合约也促进复杂交易的进行，包括管理交易实现的流程、交易主题、执行方法，以及与合约制定时预期情境

⊖ 一个明智的做法是强调在经济学中合约语言的使用并不隐含着交易的法律解释，它保留了隐喻，尽管在一些学院的写作中这种区别已经变得很抽象。一个例子是 Richard Posner（1992）的提议，通用法律追寻去达成经济效率，波斯纳意思是判例法律并假设在真实世界中行为无法被观察，如个人追寻最大化他们的个人满意度并意识到那意味着什么。在波斯纳描述的情境中，效率引用法律解决方案达成各方争论的优化，而不是为了探索更大范围的世界。

有变化时交易各方如何应对。这经常在金融文献中被作为原则来引用。在出乎预料的情境或不确定条件下，复杂交易需要指导各方行动，合约执行会跨越年度或月度，如长期供应或服务合约。

一些复杂的合约，像法律或规则用来治理特殊交易中的各方行为。⊖我们稍后引用交易治理来描述交易中客户要求的行动，在合约周期里如何监督这些行动，以及应急方案如何规范各方的行动。与公司治理不同，考虑合约的层级结构会产生一定的作用。我们将公司描述为合约的连接时（Jensen and Meckling，1976），这样的情景变得更有意义，或更扩展地作为条款的连接（Williamson in Aoki *et al.*，1990），因为一个公司发生的活动都有关于交易或交易的元素、对它们的治理，以及在更广的法律和社会机构中整个业务实体的执行（公司治理）。

让我们将交易成本经济学作为理论探究的一个领域，因为它用更抽象的方式及更高的层次讨论到上述概念。威廉姆森（Williamson in Aoki *et al.*，1990）将交易成本经济学运用到执行类似交易的不同方法的功效评估上，解释为什么交易能在市场中或在组织中达成，以及它们如何发生（可能伴随多种不同的组织形式和详细制定的合约）。总之，它被提出作为一种经济体、经济领域甚至个体的交易组织，来尝试最小化交易成本的方法，例如，降低一个领域的交易成本或特定的复杂交易成本。在经济领域或集成经济体层面，考虑经济制度的角色是一个有用的方法。在特定行业中，有效的制度可以减少成千上万的交易成本，而成千上万的交易构成了一个经济体，因此在任何社会都有巨大的政治重要性。有效的制度对国际交易的成本极度重要，也包括在一个州内的制度，甚至不同的城市和城市之间，在某种程度上正式的和非正式的制度都需要评估。正如你猜想的那样，在一些法律体系中的制度比其他的更平等。第 4 章会回到关于制度的讨论。

让我们简要回顾一下第 1 章对项目融资本质的讨论。对交易的分析让我们思考如何对一个项目融资交易分类。首先，对大规模的工业设施如

⊖ 我们这里使用的私有法律不在任何正式的法律含义中。私有国际法律是处理跨边界的交易执行保证中的法律治理的方法，并且一直是职业咨询师对主要国际项目的一个关注点。

炼油厂的收购是一种资本密集型的交易，并且设施本身也可视作信息密集型的，因为它集成了特定的生产子系统。随着交易的发展，我们由此也可以认为一个炼油厂（或发电厂、收费公路、集装箱装卸区）是信息密集型的，在一定程度上将其视为设施的功能要求是可能的（对于提供的商品和服务），在炼油厂开发中关于各自的功能职责或需求上不太可能存在显著的信息不对称。尽管如此，设施不太可能是同质化的，这里让我们大致回到了第 1 章对项目融资的讨论。基于以上对交易分析的阐述，我们可以来讨论项目融资的交易归类。

2.2 一个解构交易的正统方法

我们在 2.1 节中讨论了资本密集型设施及其采购流程，但未讨论到交易融资中的采购部分。上文已提及，债务是项目融资的最大来源。融资当然是有一方出借给另一方的交易——在一个周期内和基于一系列条件，包括利息支出。我们的讨论转向金融产品或金融合约上。我们计划使用围绕金融交易开发出来的词汇表作为一个框架来增强 2.1 节中的概念，因为这将使我们更容易地理解代理理论和在一个高度相关的环境中的信息不对称问题。所有的金融交易要素在 2.1 节中已经提及。幸运的是，这是一个极具吸引力的研究领域，为我们提供了一个成效显著的洞察体系，用来进一步讨论合约的复杂范围。

2.2.1 交易元素

在我们将代理理论引入交易分析之前，我们首先厘清两个概念来帮助理顺思路。首先是交易，属于交易成本经济学词汇，第二是一个基于戈林鲍姆（Greenbaum）和撒克（Thakor）关于融资交易的实践方法将交易解构到不同的阶段中。交易可被视作成本元素的组合，每个元素在任何交易中都有或多或少的体现，这取决于交易的特性与复杂度。表 2-1 呈现了这些元素的排序，这是在大部分交易中的通常情形，交易目的清晰且按计划进行。在更复杂的交易过程中，可能在元素和阶段之间有更大范围的重叠和迭代。

表 2-1 典型交易的剖析

阶段	活动	交易成本	代理成本
1	寻找对手方	寻找潜在的交易对手	
2	筛选对手方	确认交易对手的信息成本	
3	谈判、写合同（可以是口头的或含蓄的）	谈判、联系安排及其成本	冲突激励，结合成本
4	执行和管理合同（结合，监督，执行，机制，促进谈判的变化 / 分歧 / 纠纷和处理不可预见的情况和偶发事件）	行政成本，重新谈判成本	监控成本

划分阶段是对交易进行有序思考的方式。第一阶段为寻找交易对手，指一方必须要去寻找第二个交易方提供所需的商品、服务或设施。寻找一个成型的或定义明确的商品可能很简单，而寻找复杂的产品可能不容易，如数控机器的一个复杂组件。竞标或封闭式招标是寻找交易方的机制。第二阶段为筛查交易方，要求各交易方评估其他交易方完成交易的能力。在交易时要求尽职调查，在诸如企业收购这样的复杂交易中有法规和公司治理上对尽职调查的要求。特别是，对那些知名的又有良好信用的交易方，筛查流程可能比较简单，但对新的或不知名的交易方，筛查流程则可能较为复杂，或在复杂的建设项目的投标中需要进行资格预审。[⊖]在此情况下，在对预期与能力展现方面经常投入较多的成本。对于寻找交易方的过程，信息明显在这些阶段扮演着重要角色。

第三阶段为定合约，按照交易方协商同意的流程来确定交易对象和交付方式（如果商品或服务尚不存在，或交付涉及一段周期的绩效问题，如监控、报告、纠正、突出事件的行动与决策，以及所有其他变化因素）准备书面合约来管理复杂的交易是专业且耗时的，任何有复杂交易经验的人都可以证明这一点。这一流程可能极其细化和复杂，通常伴随着许多项目融资交易。第四阶段为执行与治理，特别是考虑合约中绩效方面的细化规则。在这种情况下，交易治理的概念变得清晰，因为它是基于前期阶段所达成的约定进行交易管理的一项重要因素。

寻找、筛查、定合约的执行框架的描述突出了一个简单事实：交易的每一阶段都存在交易因素的复杂连续性，从简单到复杂。North（1990）提

⊖ 通常可以通过第三方合约承诺如绩效担保或投标保证金来缓解筛查的风险。

出“昂贵的信息是交易成本的关键因素”，并且它伴随在交易流程中的每个阶段。执行交易的关联成本和集成成本成为交易复杂度的直接部分，体现在它在交易各方之间的信息交换方面的信息复杂特性和分布性。但每项因素也服从经济性行为的影响：重复的交易将帮助学习和帮助消除之前的错误，并且通用的（甚至标准化的）流程发展反映在解决交易问题的有效解决方案中。因此整体的交易成本由其交易因素的成本构成，加上在经济系统里支持交易执行的各类机构的成本，维护与进一步发展经济交易的基础设施（机构），包括司法和强制执行流程以及创建与监察标准和共识等的分摊成本，第 4 章将有关于这些概念的更多介绍。

2.2.2　交易的维度

本章到目前为止介绍的因素受到交易本质的影响。在聚焦交易的通用特性的同时，我们希望进一步介绍影响交易成本的因素，它们在讨论代理成本和公司治理时发挥作用。遵循 Williamson（1985）关于交易成本经济学的理论，交易的本质由两个原理现象来描述，即交易的行为假设和决定性维度。我们会更加细化描述每个概念的本质，并且项目在每个场景中所扮演的角色也很快将变得清晰。

2.2.3　交易的行为假设

经济活动中的交易成本，其核心假设是存在信息问题和有限理性，进而归结为有限理性、信息不完全和机会主义三个概念。我们经常遇到一些超越经济交换活动的现象，当然很多是在个人交换层面，但一个特定词汇表被用来描述这些现象及它们对交易和复杂性的影响。这三个概念是相互独立的，但我们能理解并分别指出了它们的潜在特质。

首先，有限理性说明人类在规划和解决复杂问题时的能力限制，它最初由赫伯特·西蒙（Herbert Simon）在 1947 年提出。有限理性并不是让人们不要去追寻理性行为，而是指“人类行为是意图理性的，但仅仅只能有限制地做到”(Simon, Aoki *et al.*, 1990, p11）。有限理性发生在任何交易中，且随着复杂度的增加而增加，大型复杂的交易最能体现这一点，例如一个深层水底天然气田和关联性终端的开发。复杂交易需要创建治理机制，并考虑一系列相关条件的变化、物理和经济风险及自然状态（每一项都带来结果的差异），显然这样的任务涉及的范围很广，很难在制定合约时就完整地考虑到。此外，即使各方能确定地知道所有自然状态和变化条件，并适应这样的交易，信息依然可能是不对称的，或完全不存在，即信息不完整或不完美。在这样的场景下，用合约证明这样的交易及其治理将是不完整的，几乎可以确定在交易执行过程中未预料到的情况时有发生，且在谈判和制定合约中产生额外的成本，有限理性和不完整合约经常用来描述这样的情景。

其次，机会主义是一个相比有限理性更不具吸引力的行为特征，但与交易信息、交易各方和信息传播紧密相连。Williamson（1985）将机会主义描述成“狡诈的自我利益追求者，并且做出自我怀疑的声明”，上述解析都在一定程度上误解了事实。这样的误解也许没有揭示与资产状态有关的所有事实，只说了部分事实或简化了事实。“狡诈”这个用词也极其不恰当，根据韦氏词典的解释是精巧的意思。在讨论代理理论概念时会有更多机会主义产生的后果的介绍。然而，必须要注意的是机会主义可能不是事前预谋的，可能是事后获利的。例如，当某一交易方发现他在一个恰当时机违约（违反最初的交易约定）会获得巨大的利益，这样不可预料的情形就会发生。因此事前就识别出哪些人是诚实的或不诚实的是困难的甚至不可能的，但一个相关的问题是当执行需要持续一段时间时，在事前和事后都可能发生投机行为，并且这样的情况在双边垄断的情形下会进一步恶化（在 2.3 节中有描述）。

2.2.4 双边垄断交易的关键维度

基于交易的资产、商品和服务的特性之上的行为假设是交易的关键维度，构成一个情境使我们可以在其中分析所有交易。下文将在双边垄断情境下讨论资产专用性、不确定性和频率等关键维度。资产专用性是这三者中最重要且关注度最高的概念。

资产专用性是一个简单也极其有力的概念，在任何关于项目公司和项目融资的讨论中都处于核心、重要的位置。它能解释一项资产在不牺牲生产价值的情况下可被重新部署到不同应用中的程度。一项资产用在越特殊的领域，它越难重新部署，资产专用性程度越高。显然，一些资产在各类经济活动中有着广泛的潜在应用，如台式计算机，卡车和工业机械也是如此。台式计算机可以不做改动地被零售商、银行或会计公司使用，可以被视作同质化的，有近似的商品特征，并且可视作在生产流程中可以不被破坏地互相替代，资产专用性很低。小的电机和汽油发动机有着从剪草机到电锯的广泛应用，可以以相对低的成本大量生产，并且可被描述为具有低的资产专用性。然而，一个涡轮发动机只能用在发电上，而一个柴油发动机可被用在柴油电子火车头或驱动轮船上。这几个应用都比不上台式计算机的应用多样性。涡轮机比小型电机的专用性更高，且预期成本也会更高，需求更少，应用有更多限制和特殊性。

回到项目融资交易上，我们注意到在第 1 章介绍的项目融资交易中，如基础设施或传输管道开发都是高度资产专用性的。第 1 章介绍的碧瑶电力公司（BPC）拥有一项燃煤发电设施，它将所有的产出销售给马尼拉电力管理方，分送至最终用户。这个平台仅能生产电力（它是为这个专用用途设计的），仅能使用燃煤及在特定场地使用（有效的发电需要在固定场地拥有大规模的平台，最好也有运输港口），并且它整体产出的很大一部分销售给一个客户，可能基于一项契约安排。电力平台呈现了高度的资产专用性，虽然可以被移动到另一个地方或改造成使用油或煤气，但理论上改造平台的成本很高，这样的选择非常不合算。

在复杂交易中的资产专用性引起了一个主要问题，当双方或多方联合投资一个项目时，其功能会持续一段很长的时期，即广为人知的合作伙伴关联协议。对于这样的合作关系，各方可能担心的问题是合作关系依赖于资产的专用性，且专用性会随着联合投资而增强。Williamson（1985）概括了在专项合作投资中识别资产专用性的四个方法。第一个是地点专用性，买卖双方互相使用相同场地，通常致力于最小化投入成本。例如一个发电平台可以与海上石油平台使用同一场地。像 BPC 一旦支持确定了场地就很难再移动。第二个是物理资产的专用性，例如当一方或多方进行装备和机器投资时，会为了交易设计专用的特性，这些装备和机器在其他方面没有太多的使用价值。一个航空发动机生产商对有限数量的、专项应用引擎的投资就显得不经济，如为一个小型的登陆货运飞机编队提供引擎。

这样的引擎可以用作他途，却没有太多价值，因为它们的专用性使得它们不能良好地为其他航空器引擎使用。这一概念也反映在规模性行业初始的合作伙伴协议的制定中，如汽车装配，原始装备生产商（OEM）和供应商可以通过致力于专用组件的设计和生产，并由按 OEM 的需求集成来联合获取收益。

在一个工业供应领域，供应商或分包商为特定的预期有大采购量的客户进行专项能力扩展，被视作对资产专用性的投入。如果开展了一项为了约定协议的附加能力的专项投资，但协议却提前终止了，供应商会遗留下大量的过剩生产力和固定成本。最后一个资产专用性分类指出人力资本也可能是专用的。人力专用性是指在联合投资中，需要专门的培训过程，且人力资源技能是投资中的核心部分。例如，航空引擎要求专业人员的维护技能，这可能是基于引擎设计的专用技能并仅能做特定的技能交流。工程师从事航空引擎维护，生产商就存在着人力专用性的风险。

频率和复杂性是两个度量交易的维度，在 2.1 节对行为假设的讨论中曾提及过，它们与资产专用性相关并在项目融资的情境中有特定关联。复杂性要求更多的精心投入，它与有限理性和交易的信息性需求紧密相关，但频率则要求对早期观察的确定。如前文所说，如果产品是为大众所熟知的且标准化的，则交易很可能在市场中进行——通过为大量商品和服务交易服务的机构。然而，对低频率、高资产专用性的复杂交易，需要特定的结构来治理交易，如在环球联合企业（GC）的离岸燃气田开发项目中就几乎确定需要这样的结构。在任何行业活动中创建一个治理机制来管理这样的复杂单项交易都会带来预期的高成本，但这样的高初始成本可以通过重复使用一项基本的治理结构来降低（分减或分摊）。如果我们考虑 GC 燃气项目的下个阶段，将开采的燃气给分销商，可以预期这一阶段将需要不同的和更经济的治理结构，因为燃气销售经常大批量地进行，很可能已经有组织好的国际商品市场，如图 2-1 所示。

最后一个现象我们必须概要地来阐述一个关键概念：双边垄断依赖条件（或双边垄断条件）。这一状况可能在任何约定的交易中都存在。例如，环球企业喷气引擎公司与其出售专用喷气引擎的 Acme 航空运输公司之间有一项长期维护协议。重要的是，环球企业可能要与其他引擎制造商竞

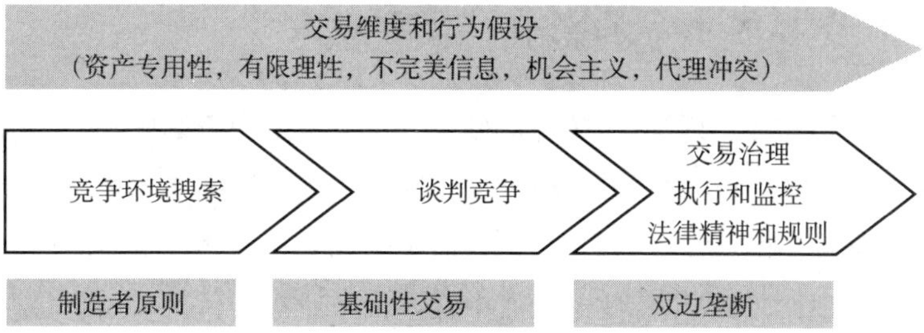

图 2-1　交易流程

争，最终的销售价格可能是高度竞争性的。这并不意味着在事后合约中存在竞争的收益或更好的价格以及市场力量的中立性。Williamson（1985）将资产供应的竞争条件描述为一个向售后合约的根本性转换，由垄断的供应方和垄断的购买方合约转换创建的协议形成的双边垄断特征（双边交易）。它反映了在有持续责任的情况下，双方之间存在紧密的、排他的售后合约条件，环球联合企业在竞争条件下供应引擎是一回事，但它是否会尊重承诺按照管理交易规则来维护引擎？在其他方面，Acme 对环球联合企业未来行为的预期取决于 Acem 掌握的关于 GC 的信息：它与其他供应商之前的合作经验、GC 的声誉度等，都有隐藏的信息、误解和机会主义。[⊖]总之，资产专用性和信息的问题是日常商业活动管理决策的核心部分，并且对战略决策有重要的影响。资产专用性也隐含了在双方依赖的情况下对资产权益的考虑，以及应该获得多少回报。表 2-2 总结了交易行为假设和关键维度度量。

表 2-2　潜在的交易成本经济学假设

交易的关键维度	交易的行为假设
资产专用线	有限理性
不确定 / 复杂性	不完美信息和不完全信息
交易频率和基本的转换	机会主义

资料来源：Douma and Schreuder（2002）.

⊖ 情况比这样更复杂的是，在要求双方承担持续责任的交易，如运营性租赁中，每一方都有同等的风险会拓展双边垄断条件。

2.3 在交易成本中的影响：代理成本

对代理的关注可归入合约经济分析的更广范围中。因此我们更关注代理问题的经济分析，而不是代理作为合同法中的特定形式。在现代商业中很少有交易是由当事方之间独自执行的——无疑在发达经济体中的大量交易都有一定形式的代理特性。企业中经理人是股东的代理，而不是拥有者自己管理；雇员是雇主的代理；借方是债权人的代理；租客是房东的代理；承租人是出租人的代理；基金经理是投资者的代理；诸如此类。在涉及许多并行合约和（或）多方合约的机构关系时，代理分析很快变得复杂，并且因此有了对代理理论或当事人即代理者理论（Tirole，2006；Laffont and Martimort，2002）显著的研究。我们对代理理论的讨论是适度的，并提供对代理在项目公司的交易成本和交易治理机制建构方面的影响的详尽说明。因为代理通常被归入更广泛的合约领域，因此我们也能在后续的讨论中利用已经介绍过的词汇。

代理理论最简单的形式为关注双方之间的关系，通过一方（代理方）和另一方（当事方）的合约在特定的情境中的维持作为其代表。因为双边代理问题是发展成熟的，我们认为双边关系代理理论的大部分的根本本质能被扩展使用到更复杂的多边代理情境中，而不会失去对更复杂交易方面（如公司治理和项目融资）的洞察。为避免混淆及说明的目的，假设代理方和当事方是法律上的个体（政府、公司或其他形式的企业）和它们的代表，我们考虑将情境定义为在商业环境中的交易（显式的或隐含的）。在现实中有很多灰色地带，这也解释了为什么代理理论这么有吸引力。

第一个问题是开发在项目融资（和其他交易）中分析代理问题的词汇表所必需的行为假设，在这个方面不得不重复那些与交易成本经济学关联的词汇，如前文概括的有限理性、不完全合约和机会主义。但这有一个重要的额外强调点是关注交易各方的利己主义行为。假设在交易结束时一方会根据自己最大的利益来执行合约，由此增强了在有动机和刺激因素时，当事各方之间进行合成交易治理的紧迫性。当一方作为另一方的代理，如果双方寻求最大化效用，通常需要接受代理方不总是按当事方的最大利益来行事，而是追寻它们自己的利益，有哪个基金经理对绩效红利不感兴趣，却可能在他们自己的投资回报中获得更多？这里介绍一个潜在的利益冲突或激励冲突，在这个冲突之上投机行为可能导致代理方通过当事方的付出来获利。每个当事人 – 代理合约都是为了统一和管理这样的动机冲突，可能让理想主义者沮丧的是，除非代理方和当事方之间的激励因素完美统一，否则不存在所谓的完美代理。

我们可以预期代理方和当事方之间的动机冲突伴随着机会主义被进一步识别的可能性，加上人类的特性如不完美、疏忽或令人遗憾地短暂注意力、集中能力，甚至除了有限理性、机会主义和人性易错，一个真正的代理方和当事方之间的利益统一可以仅仅通过完美的信息、完整的合约和完美的市场来实现，但我们已经总结过这样的条件仅能在虚构小说中找到。代理关系扩展了一个额外很大的复杂性的层次，以设定当事各方之间初始合约的方向，这点从一开始就可能很复杂。

代理冲突的出现是对交易成本和选择的交易治理机制形式的一项重要的隐含因素。因为当事方和代理方通常可以确信对方会按照自己的利益关注来做决策，在代理关系中，当事方产生成本来管理代理方的行为，这是交易治理的一个集成部分。这些经常被视作绑定成本和监控成本（通常由当事方承担）。但在一些合约中双方都承担监控和绑定成本。在执行租赁时，当事方可能会维护一项资产，而代理方必须小心不要误用资产。双方的行为都必须被绑定和监控(Pretorius *et al.*, 2003)。

在代理关系中有一个额外信息成本，来自揭露指定的使用代理的交易类型中内在的冲突本质而产生的成本。依据惯例，假设代理关系成本包括三项因素：当事方（或代理方）付出的监控成本，通常由代理方付出的绑定成本（有些合约中由双方承担），以及揭露交易类型中的动机冲突的额外成本。然而，还有一项遗留的损失：来自所有交易成本构成的经济体的整体损失（Jensen and Meckling，1976）。最小化整体损失是监管整体经济的机构的公共政策问题。这些问题将在第 4 章中介绍。

需要指出的是，代理成本可能来自初始合约及相关的代理合约，因此要求对那些来自交易特性的动机冲突进行绑定和监控通常是有效的，并且考虑到了谁会经历这样的动机冲突。

因此我们如何简单地将代理协议中产生的绑定成本、监控成本和揭露特性的动机冲突成本等进行分类？在典型的金融合约中的代理成本如资产、债务或租赁的研究，已经为这个目的建立了一定方式上的原则分类学，当然每一类交易涉及的代理有不同的冲突。我们将在发电厂的涡轮发电机租赁的场景中讨论绑定与监控成本，这是电力项目中的一种普遍融资机制。

首先，我们需要揭示在租赁交易中通常产生的动机冲突的特性（这也解释了为什么这是一项代理交易的原则）。根据比勒陀利乌斯（Pretorius，2003），租赁被定义为一种金融协议，由一项设备的拥有方（涡轮发电机）授予另一方（项目公司）对设备的排他使用权，并规定归还的周期和费用支付的流程，但在合约条款中保留设备的拥有权。要注意这本质上是一个特定目的的信贷合约，不是出于通用目的借款给企业借款人，资金提供者提供一定形式的资产，但本质上仍是一项信贷合约。分离的权利描述了此项交易及其产生的冲突的特征，再加上额外商定的付款周期，来自承租方在执行交易前对信息来源的处理。关于租赁资产特性的信息决定了交易的可行性，关于交易各方的信息决定了对于在租赁条款中各自行为的期望，包括潜在的违约和其他风险。交易的形式（租赁合约）包括付款周期和项目公司与提供出租的设备生产商（涡轮发电机供应商）之间的信息交换成果。

我们聚焦于两项动机冲突的说明：资产专用的双方垄断的利用、残值的没收。为了理解残值没收动机的特性，我们重新描述交易的因素。项目公司获得涡轮发电机占有权，并承诺付款周期安排。在交换中获得任何在此期间使用设备产生的额外收入（去除租赁费的剩余回报）。周期性的支付用来补偿涡轮生产商，出租人提供在交易中暂时将设备产生价值的权利赋予承租方来获得投资回报，但保留设备拥有权和租赁到期后的设备残值。这部分决定了在租赁周期内任何使用与控制资产（项目公司）的权利，但不是残值索取权，并且对其在资产控制周期内影响资产残值的决策负有直接责任。例如，如果承租人承担了租赁周期内使用设备的费用，这直接增加了在其完全控制的租赁期中的剩余收入。项目公司因此有了在租赁期间节约涡轮发动机维护费用的激励，在租赁周期内仅做不完善的维护可以最大化承租人在租赁周期内的剩余价值，这很可能对资产产生损害。项目公司的决策对资产残值有反作用，但很难被察觉，如低水准维护，这样特征的行为直接窃取了出租人拥有的资产残值。

尽管为了方便这一情境没有考虑租赁的多种形式（见专栏2-2），但它对解释绑定和监控的特性依然是有用的。至此，让我们转到碧瑶电力公司对一项不同资产的租赁上：在马尼拉中心商务区的办公室租赁。我们通过回答这样一个问题来描述代理交易中绑定的本质：当资产在租赁期间需要恰当的保护和良好的维护时，一个出租人如何确保承租人会按照他的期望来保护资产，而不窃取资产的残值？不用说，承租人可能在租赁期间损害资产或者逃避支持租赁费用。在租赁合同中的一个通常做法是要求签署一项交易承诺，通常通过一定形式的信托组合（存款或债券），当承租人违约或发生投机行为时由信托来承担风险。

专栏2-2 租赁简介：通用特征（Pretorius *et al.*, 2003）

租赁作为一个金融合约的功能是从资产的拥有者那里分离资产的拥有权，并获得一个约定的支持流的回报。尽管这一特性声称为项目提供一个清晰的交易情境，在实践中，租赁在大多数的法制体系中更易受到高度监管，特别是财务报告和税收方面。法规规定通常在很大程度上限制租赁提供以上建议定义的弹性。由法规、会计制度或税收带来的复杂度会在这个通用分类中被避免。

利用典型的设备租赁做介绍，构成租赁定义部分的两个特定特征被用来识别典型的租赁分类。首先，结合考虑租赁条款和资产的经济生命周期，将租赁分为经营性租赁和融资租赁（经常也称为财务或资本租赁）。这一分类考虑了四项变量的结果：合约条款、资产的经济生命周期、整个周期中租赁费用的现值和合约到期后资产的状况。大体上，如果一项租赁的租赁周期大致等于资产的经济生命周期，通常会归类为融资租赁；它的租赁费用现值大致等于资产的购买价格；资产的拥有权可以（或可能）在租赁结束后，以一个优惠的条件转给承租人；融资租赁被广泛地认为与担保债务合约相似，并且大部分税务管理者在财务报表上将融资租赁视作债务，将相应的资产列入承租人的资产负债表。将融资租赁归入资产负债表外会变得很麻烦，但经营性租赁在特定情形下仍被放在资产负债表外。另外，当租赁周期小于资产的经济生命周期或租赁费用现值少于资产的售价时，租赁通常归类为经营性租赁，也就是说，出租人没有在第一个承租期内收回投资。

虽然租赁交易通常在合约条款中约定周期，并且出租人的投资回报紧密地与周期相关，但租赁条款可能在租赁中的执行选项中包含变化。租赁可以包含取消或不可取消选项，并可以纳入执行这样选项的惩罚性支持，作为小规模贷款合约中的惩罚性支付。大部分融资租赁是不可取消的，而在特定类型支持的经营性租赁中取消选项是常见的，特别是商业地产（Senn，1990）。如果资产的经济寿命超过了经营性租赁的周期，资产未来到期残值是客户评估合约吸引力的重要因素。当融资租赁结束时预期有正的残值，承租人经常会被赋予在约定价格购买资产的选项，而经营性租赁经常设定一个条件选项来延长租赁期，这也有利于承租人（Brealey *et al.*，2006）。约定的价格通常采用一种方法来决定租赁结束时的资产价格，但通常是一项有利的方式，例如，一个协商购买选项。在租赁结束时购买资产的选项在经营性租赁中并不常见，相似的，延长融资租赁周期也不常见。

第二组变量：租赁费用和其他现金流，关注承租人和出租人在租赁中的财务目标。为了实践的目的，租赁为企业提供了给它们的资本需求提供融资的机会，通过专业中间商获得对特定资产的外部融资。这些实体经常投资于一项资产未来与特定对手方达成的租赁交易，通常与设备融资租赁商合作，或在特别种类的资产上作为资本资产出借方。一个明显的隐含因素存在于租赁合约的融资特征分类中，然而，一个预期的承租人可以选择其他的融资渠道进行资产融资，如借款或发行股票来购买资产。通常，企业关于经营性租赁的决策会在租赁和购买以获得资产资本之间做出，而关于融资租赁的决策则在租赁和借入的替代合约之间抉择。

绑定的本质是投机事件中代理分析的财务损失，或发生的其他事件导致的出租人的损失。有多种形式来绑定代理方，但在不履行合约或投机事件中总是可能造成财务损失。一个重要的绑定形式是通过风险声誉（我的承诺就是我们的债务），在执行（或误执行）很多现代商业活动中，声誉的损失也会产生极大的成本。也有对于误用代理关系的监管惩罚——从禁止从事相关工作到关入监狱等所有方式。在商业租赁中，投机行为可能导致保证金的罚没和声誉的损失，其他同样的情况会导致在未来租赁中承受更高的价格和更大的保证金。违约的信息会被传播，这是一个功能良好市场中信息集的一部分。

在之前资产剩余价值的损失的讨论为一个对行为监控（作为代理成本或更广的用途）的有用解释提供了出发点。回想我们谈过的，承租人的决策会对租赁后资产的剩余价值产生反作用并且无法被察觉，如低水准维护或资产的不恰当使用，被定性为直接窃取出租人剩余价值的行为。监控通过在交易治理机制（租赁合约）下建立行为规则以更早、更充分地识别这类行为，预防这样的损失。我们需要更多的补救或其他行动，但另一个重要的问题则有关于租赁后资产的特性和复杂性。回到商业地产的案例，我们由此可以问一个由绑定产生的对应的问题：房东如果足够早地明确识别资产误用，以最小化他的剩余价值损失。在租赁协议中相应的典型解决方案是，房东定期检查房产来获取资产误用或低水准维护的证据。虽然商业地产的误用相对容易通过检查来识别，但对复杂的机器却不是这样。诸如航空引擎或涡轮发电机，这样的设备要求复杂的装备和度量以在资产经济寿命内更早地识别误用情况。监控是在合约周期中确保合约遵守的所有活动的集合，包括产品质量、机器状态、债务合约遵守的度量，也包括复杂的人力绩效的度量。本质上，绑定绩效的要求是离不开成本的，绩效监控也是如此。

2.4 企业融资环境

我们至此已介绍了项目融资模型中交易成本解释的所有需要的概念。在本书开始，我们在第 1 章大致识别了企业理财和项目融资是如何关联的，我们将更细化地回顾这项分析，并独立出项目融资的特定特性。为那些不熟悉或需要回想企业及其规则（在市场经济的法制体系中运作的）特性的本质概念的读者，我们陈述关于社团和企业理财原则的快速参考，在

2.5节中开发相应的上下文情景。[⊖]我们不做任何假设，因为这些根本性的概念必须被清晰地理解，特别是领会在企业融资中的代理冲突和项目融资协议如何帮助管理这样的冲突。

2.4.1 企业融资方法

现代公司呈现的主要创新在19世纪的英格兰和美国就非常普遍，[⊜]它允许简单地创建一个公司实体作为一个持续的法人，在它的权利范围内进行商业活动，与它的股东（拥有者）相分离。通常一个公司在法律上作为一个法律实体（法人）而创建，在很多通常的法律体系中，会有诸如备忘录或文件等，用来说明公司将开展的业务特性的声明以及如何治理公司（我们可以认为这些连带地来自公司创建过程）。这些文件安排了公司授权的股本的明细（可能发行的股份数量）。授权股本可以在一段时间内分几次发行（出售），也可以遵循现有股东的批准延长发行期。授权和发行的股票被称为流通股，上市公司的股票可以更广泛地被持有和（或）在证券交易所交易。在特定的法制体系中，流通股可以被赎回和取消，或由公司持有但不流通，有时这被称为库存股。

这些文件也明确了股东的权利和责任，他们同意为认购股票而付出资本，或随后通过交易私下购买流通股。通常，股东通过授予公司董事权利来控制公司，董事们一起监督公司并对公司事务的决策投票。在一些情形中，公司会提供有不同投票权的股票，在这样的股权结构中，低估公开报价的公司价值成了现代一个普遍的趋势。

股东的权利包括分红来分享利润。股东的公司财产所有权也受到一些限制，例如一个经理人在一个最短周期（锁定期）内不能出售股票，以确保对公司组建有作用的重要经理人在未来一段时期内不会出售股票。在公司治理方面，文件规定了公司管理层和执行层的责任和义务（通常也指定办公室人员，如公司秘书）。

法人组织的目的是让公司在它自己的名义下合法地开展商业活动，例

⊖ Goode（2004）提供了对在英国法律体系下现代有限责任组织的良好介绍。

⊜ 关于特定法人组织的模型可以回溯到更早期（Arner，2007）。

如拥有资产，执行合约或诉讼，并将股东对公司负责的终极责任限制在他们所持有的发行股票的名义价值内。它也通过建立一个明确区别的法律实体来为公司经营提供连续性，与合伙制不同，在其他股东转让或允许每个拥有者通过出售股份退出公司时，公司依然继续存在。因此一个公司能以自己的名义借钱，而通常不用股东在公司财务危机发生时去借款来偿债。最后一个概念对企业融资和项目融资很重要，代理主要应用在大型上市公司。就绝大部分而言，中小企业（small and medium scale enterprises，SME）的股东和经理人经常是同一组人，并且借款提供者会要求企业拥有者为其公司的借款提供偿还担保，或将他们自己的资产充当某种抵押品来作为其公司借款的保障。尽管没有违背有限责任原则，但给了借款提供者确切的承诺，当一个公司的信用风险无法确定或有对其进行评估的成本，经常采用抵押品方式，这样可以简便地对提供给小公司的贷款估值。将公司的成功与个人物质收益的承诺联系起来是一个有效的方式，也是对拥有公司的经理人的绑定，能够克服声誉不够的小企业贷款时的信息和投机问题。

基于上述原因，图 2-2 中说明环球联合企业（global consilium corporation）的合成资产负债表。大体上，公司融资手段是多样化的和可转移的，且公司可以使用其他合约方式来融资，构成公司负债的重要部分。回想我们为一个典型的多元化工业集团选择的资本结构：69% 负债和 31% 资产（负债资产比为 220%）。假设投资者可以在任何金融中心（包括纽约、伦敦、法兰克福、香港和东京）投资环球联合企业的股票和债券（公开交易债券），合成资产负债表反映了每个子公司资产与负债的会计净值的总和，加上企业自己拥有的资产（如它的主要办公楼）。为了做更详细的说明，我们也加入一些其他项目，如优先股或累积优先股。法律上，当前更倾向于将优先股归入股东资本和储备的一部分，而不是一项长期负债，并且相对于普通股更少被用到，它可以在特定情形下做特定使用，如并购融资。

环球联合企业（成立于 1929 年）

合并资产负债表（2007 年 6 月 30 日①）

负债				资产			
股权		百万美元	%	**固定资产**		百万美元	%
发行普通股（明细）	11 000			公司总部大楼	1 000		
8% 累积优先股（无投票权）	5 000			装置和车辆等	50		
留存收益（累计过去损益）	20 000			**减：**			
				累计折旧	−150		
少数股东权益	3 500						
股东权益（净值）		39 500	31	**固定资产净值**		900	1
债务				**关联公司②**			
长期债务				联合企业石油公司	30 000		
银行抵押债务，2010 年 6 月到期	31 500			联合企业矿业公司	30 000		
未偿还债券，2015 年 6 月到期	48 000			联合企业喷气发动机公司	15 000		
长期办公租赁	400			联合企业基础设施和电力公司	35 000		
长期债务净额	79 900		63	联合企业的其他公司	11 000		
流动负债				**关联公司**		121 000	96
商业票据：3 个月	5 000			**流动资产**			
短期银行贷款：1 个月	2 000			杂费，库存	1 400		
流动负债	7 000		6	其他的流动资产	2 000		
				现金和有价证券	1 100		
总债务		86 900	69	**流动资产**		4 500	4
总计		126 400	100	**总计**		126 400	100

图 2-2　环球联合企业合成资产负债表

① 请注意在我们的分析中，此表并不基于法制体系下的统一会计准则。这里的细节并不反映大部分典型的合成资产负债表。

② 在许多（大部分）法制体系中，附属关联公司不会列出具体的名字，仅有简单的一行条目称为“关联公司”，我们在上表中违反这一点，是为了说明有着项目子公司的企业的底层结构。

2.4.2 财产权和公司融资方法

我们重新考虑企业融资的交易成本，作为一种根本性的手段（或对公司的权益索取），资产和债务以及权益索取中的财产权，公司在契约上对财务和资产的贡献者（或索取权的继任者）有回报责任，因此，股票和债务投资人对发行公司有财务索取权，必须在未来某一时间内结算或清盘。公司进行破产程序时，索赔权偿还的优先顺序（级别）根据企业所在地的公司法和其他法令，以及索赔人集团与公司之间的有效优先协议来进行多样化的预先规定。股东在机制上拥有公司，经常体现为资产收益，并且作为合约资产的拥有者，是明确赋予的两项权利。

首先作为拥有者，原则上股东有权对公司业务活动进行监督，以及有权决定公司如何治理，虽然法律允许一些弹性，但执行权利的投票权通常与股权相关联。因此，股东提供投票指定董事会成员来执行监督公司的权利，董事会可以指定可能不是股东的职业经理人，也可以选择作为股权拥有者进入董事会，甚至可以自己管理公司（Jensen，2000）。企业业务与治理的决策权通常限定在原始股东中，即那些有投票权的股东。

其次，在清算（强制的或自愿的）股东的财产权时，是基于所有其他索赔人结算后的净剩余（由法令或合约优先级别决定）。股东因此经常也被称为剩余价值索取人，他们报价购买公司的股权，公司给予他们参与公司事务决策与获得分红的权利（如果期间的结余价值通过这一形式申报），他们拥有整个清算结余价值的索取权，他们用风险资本的投入获得监督决策和参与索取结余价值的权利。

上述描述遵循现代法律体系的模型，选择这一模型主要是因为在项目融资方面普遍适用，甚至在其中纳入来自其他法制体系的出资股东。在先进的法制体系中，用两个分开的委员会来管理大型公司是很普遍的：管理委员会和监督委员会，后者相对于通用法制公司模型更明确地代表了更广泛的关系人权益，包括对现在和以前的公司雇员。例如在本章的描述中，荷兰或德国公司的董事，相对于同等的英国或美国公司，有着更广泛的权益和责任，英国或美国公司的董事主要为其股东负责（到目前为止是这样的）。

另外，债权人在清算时比股东有更高级别的索赔权。同样，债权索赔人作为一个整体，债务合约如债券通常是无担保的，而其他索赔权则享受担保权（通过转换固定资产），可以列在所有其他同样的负债之前。经常有关于证券（securities）这个词的含义，证券指可交易的债权或股权，而担保（security）指为索取权提供保障的抵押品。[⊖]在许多法律体系下，特定的索取权享受法定优先权，通常包括未偿付的工资和税。关于负债的一个现代视角是股权拥有者可以选择基于未偿付负债的实际价格来购买公司，债权人等于实际上拥有了公司。

环球联合企业（GC）的资产负债表说明了一种叫作无投票权累积优先股权的权利，它是一种同时具备债权和股权特定特性的索取权。作为一个例子，可能通过合约赋予基于他们的名义价值获得固定年度收益或利息支付，并可以或不能在交易所交易。在这个意义上类似于股权，被赋予获得清算后剩余价值的权利，尽管根据合约他们没有通过在公司常规会议中投票而参与决策的权利。虽然优先股东获得类似于债权的预先决定的红利，但董事们可以选择扣留这项支付。然而，如果这些股权是累积的，所有红利会被积欠并且优先股东会比普通股东拥有更高的获取权。

作为一项金融合约，债务可以体现为任何形式，它的限制仅来自于借款人（债券发行人）和它们的股东的负债能力，以及为它们工作的金融中间商的技能和销售能力。后续章节会描述特定工具，但我们先提一下区分大部分债务合约的参与变量因素，包括周期利率及其计算与支付方式、最终到期日、延期和偿还条款、优先级和任何抵押品条款。长期债务工具通常为两个分类之一：定期贷款和债券，它们主要的区别是债券历史上通常在公共市场中交易。在本节附录中有一个关于多种长期债务工具的讨论，包括现代长期贷款和债券的主要元素。

2.5 企业融资的动机冲突

在经典的企业财务结构理论中，在完美的资本市场条件下，公司融资的方法和它的价值无关。这就是莫迪利安尼（Modigliani，1958）和米勒（Miller，1963）著名的无关性主张。替代的因素是公司的投资决策，金融

⊖ 英文中证券和担保都可使用“security”一词。——译者注

工具仅仅体现在对公司不确定现金流的索取权，而不受财务结构影响。这一观点在三方面被广泛地修订（Milgrom and Roberts，1992）。首先，各方在企业理财和治理影响净现金流和财务危机的风险中的动机与行为。第二，职业经理人被认为更了解公司的状况，并且比股东或债权人如银行有更多投机机会（因为信息不对称），以及由于没有在公司资本上的收益，经理人就有动机来歪曲公司前景，特别是为了个人牟利。第三，财务索取权授予决策制定和控制权，这些权利由它们的各自持有者来执行，用来控制在经理人的动机激励中的内在冲突。这些权利已成为对在之前章节（2.1、2.2、2.3、2.4）中概括的概念使用的实质性研究的主题。这些冲突在代理关系中引发动机冲突的泛性问题，并引发投资者持续地监控经理人的财务决策，以及得到它们无法直接获得的公司前景的预兆。[⊖]在由投资人自己管理的中小企业中，通常由多种索取权导致，经常出现在股东层级，但这与在大企业治理结构下的更公开的冲突没有区别，也没有降低严重性。

我们将使用之前介绍的代理理论和交易成本概念，来讨论主要的代理冲突及其如何影响公司成本。我们用一个类似的解释来完成这一节：在企业理财中项目融资模式如何管理每个主要代理冲突。为了让 2.5 节剩下的部分更清晰可控，我们聚焦于三个引发自公司治理中的财务索取权的关键动机冲突，分别存在于股东与职业经理人之间、股东与债权人之间，以及股权人和债权人之间。

2.5.1 动机冲突：职业经理人和股东

一些很知名的大企业（如微软、新闻集团、维珍集团）是由对公司不具备控制权的职业经理人管理的。确实，在一些较少被注意到的公司中，经理人可能完全没有公司股权。职业化管理的目的可以理想化地缩减成一个单一目标：在周期里最大化股东财富，实现预计的公司价值。[⊜]在公司中主要的动机冲突是股东在公司中没有显著的控制影响力，这是由于公司

⊖ 有一个对经典理论的不完备性的大型研究，确定这些动机冲突及其后果为财务中的代理成本（Tirole，2006）。

⊜ 一些法制体系要求大公司的经理人确定在他们的目标中包括其他干系人的利益，包括雇员和顾客，或环境关注。相对于这里描述的传统英美模式，这种模式更广泛地为公司法所接受。

控制权与公司拥有权分离所导致的。[⊖]关注点包括公司生成的自由现金流的控制冲突，以及关于公司战略决策的冲突。

自由现金流通常定义为那些除去再投资来维持业务盈利的用途之外的其他剩余现金流，这是为了建议所有经理人按照这里概括的方式来做，但经理人控制能生成大量自由现金流的公司依然是一个风险，管理层存在为了他们自己的利益而错误分配资源的动机，例如投资于一些没有经济利益的资产，如商务飞机和豪华汽车，或发放没有授权依据的绩效福利。严格来说，自由现金流属于股东，且在理想情况下，如果管理人员无法使用自由现金流在公司的核心业务中投资产生利润时，应该将它返还给股东，例如通过增加分红或回购流通股（如果法律允许）。在这样的情形中，一方面，冲突存在于成本控制和最大化股东价值之间；另一方面，则是享受在自由现金流上无约束的管理控制权带来的好处。

惯用的公司治理假定对自由现金流的使用受到董事会（作为股东的代理）的监督。董事被认为会确保股东或其他可能的干系人的利益，作为公司主要决策的代表。然而，董事会的创建会引起一个更深层次的问题：董事会成员的行为准则是什么？谁来监督这些监督者？ Milgrom 和 Roberts（1992）指出只有所有权权益会确保经理人不侵占股东的投资，而那些相对较小的股东很少有动力来承担监督管理的成本或董事会的过多介入。尽管董事们监督管理层的绩效，设定他们的报酬、纪律和绩效不佳时的替换等，但也经常可能不经意地容忍了一些管理行为。普通股的拥有者仅能通过出售他们的股票来实现他们在公司权益上的当前价值。在理论上，市场能提供对公司管理的进一步的监督功能，基本上对表现差的公司的终极处理是收购和重组。在这样的情形中，股东和他们的代表（董事和管理层）之间的代理冲突扩展到令人沮丧的程度。

在防止被收购的尝试中，董事们批准了大部分精心设计的防御措施来降低公司对收购者的吸引力。根据 Milgrom 和 Roberts（1992）的研究，这些措施包括了声名狼藉的毒丸计划，但一个单一实体收购一个大的股权份额时，通过增加现有股东的索取权来增加收购的成本。其他措施包括焦

⊖ 确信对所有权和控制权分离的第一个正式分析来自 Berle 和 Means（1932）（Berle and Means，1991）。

土政策，其降低公司对投标人的价值，甚至同时减少股东的价值；董事会轮选制，其仅有一小部分董事，而且必须每年重新选举；超级多数规则，其要求获得多达 90% 的投票来更换控制权。这项讨论的一个要点是，不仅仅存在一种在股东和经理人之间的代理冲突，董事们有效地作为股东的代表也需要为之努力。董事们拥有放弃这类防御措施的权利给了公司治理激进分子一个证明：这样的防御措施不应该存在。Milgrom 和 Roberts（1992）指出股东扮演约束管理层的重要部分也伴随着大量的风险，因为这样，股东对非经济性的投资没有兴趣，这导致经理人仅能通过他们的收入获得回报。但另外来说，这样的收购要约也为大股东们带来潜在的物质收入。股东对经理人和（或）董事会提出诉讼来保护他们的利益是可行的，或者如果在董事会中，他们能够解雇或替代绩效差的经理人，无疑受到替换的威胁对管理层是一个有效的绩效激励。

万一很难组织足够多的股权来有效分摊监督成本，一个替代监督机制是用足够的负债来代替股权，以实现通过债权人来监督，由此有效地将监督工作委托给债权人，特别是银行，被视为专业委托监督者，经常能从一个债权公司获得合约来控制常规绩效的各个方面（Diamond，1984）。⊖这种控制的扩展管理给予债务人和债权人市场竞争优势，特别在相对的谈判优势上，同样的，一个更多举债经营的公司需要给予它的债权银行更大程度的在信息和业务上的控制权。大量的模型尝试去解释这一现象，首先是基于管理层和投资人信息不对称的事实。管理者会提出比从被动的投资者那里获得更好的跨越公司前景的信息，被称为信号传递模型。例如，高负债水平被视为从市场获得更好收入前景的信号，因为更高的预期收入带来更高的负债能力，并且市场会反馈给公司一个更高的估值。然而，对预期收入较低的公司的管理者会避免高负债，因为这会更容易导致他们破产（Milgrom and Roberts，1992）。

2.5.2 动机冲突：股东和债权人

我们已用了较长篇幅来概括股东、董事会成员和职业经理人之间的利

⊖ 其他作者建议更小的授权范围，仅通过对抵押品的授权来确保债务人履行职能。

益冲突的严重性，换句话说，他们对管理公司负有代理责任。冲突也困扰着债务融资提供者和股东管理者（公司）之间的关系。最好从确定公司股东管理者和其债权人（为了方便，债务提供者简称为债权人）关系的代理理论特性来展开分析（Jensen and Meckling，1976）。债权人期望公司按照交易的商业条款来用心地使用债务融资，这可能规定如何应用贷款，以及如何在贷款到期时偿还。这些期望当然会由于有效理性、不完整信息和投机主义预期有所调整。基于公司的信用等级和违约风险、直接应用情况和资本结构，公司被期望去遵守它对贷款协议的承诺，和在或多或少的程度上遵循监督。考虑到债权人在协议起草或设计降低协议中更少的投入，管理层通常会获得远多于债权人的关于公司前景的更好信息。在这一情形中，公司管理者和债权人又一次是信息不对称的；在这一情形下，资本机构能通过影响公司和债权人之间的动机冲突来影响公司价值，与此相关的成本影响违约和破产的可能性。为了说明这一点，可以提议债权人考虑从违约和破产风险中分离代理风险，但所有这些预期外的情况会完全反映到贷款定价。债权人的首要代理关注点是评估围绕公司投资项目选择的动机冲突。随着管理层对财务资源（特别是其债务）的控制，引发两个重要的关注，管理层过度冒险的动机和投资不足问题。注意公司董事通常没有责任按照债权人的利益行事，这不像他们必须对股东所负的责任，因此债权人的权利需要通过合约来体现。

2.5.3 过度冒险

发生在股东和债权人之间的一个重要代理冲突被称为“过度冒险”（或“资产替换”）。根据 Milgrom 和 Roberts（1992）的研究，当一个高负债公司遭遇财务危机时，公司拥有者（和他们的管理代理人）会有做出更冒险投资的动机，因为如果投资成功，拥有者收获所有的剩余收入，而如果投资回报过低或亏损，债权人要承受本金的损失。各方的利益有直接冲突：债权人的风险和股东的预期回报成正比，在极端情况下，在产生大量成本的业务上进行冒险投资更像一场赌博。然而，Milgrom 和 Roberts（1992）进一步指出，债权人对公司拥有者在财务危机时会发生过度冒险的预期，会导致债权人减少借款额或收取更高的借款费用导致公司借债成本增加，因此股东将承受这样的预期成本，这相应地激励股东不要去冒险，例如通过贷款协议约束股东或管理者自行决策的权利。

2.5.4 投资不足问题

投资不足问题则更敏感，并且也在公司严重负债时发生，但这一情形中，可能整体上有在正常风险范围内的可盈利投资机会。乍一看这不像一个真正的问题，而其确实是偶然发生的。Milgrom 和 Roberts（1992）解释了这一情形如何揭示一个重要的困境：遵从所负债务是公司眼前的契约责任，但这可能消耗拓展新的投资机会所必须投入的可用现金流。通常这样的情形是一个公司需要进行额外融资的信号，而且更倾向于股权融资，这样公司更能抓住机会。另外，Milgrom 和 Roberts（1992）指出，当额外的股权很难被募集到时，额外的借债也会有问题，因为首批债权人不想在公司现有负债水平下与新的债权人分享其索取权的收益，并且更多的借债带来了更高的信用风险。他们进一步指出，一个新的债权人来为公司提供扩充负债可能是不理性的，新的债权要比已有债权的等级低，并且通过新的借债产生的额外价值要首先提供给高等级债权——可能是为债券发行而进行的信用增强。因此，额外融资也许会无法获得，并可能错过有吸引力的投资机会。事实是，由于“债务威胁”导致公司和债权人的最佳收益都遭受实际的损失，商业交易中已经采用一些有限的手段来克服这类问题，通常在债权人之间纳入协议来共享抵押品，或购买抵押贷款，新的债权人获得贷款资本资产的优先索取权。然而这些解决方案并不一定是容易操作的。

乍一看，当公司经历财务危机时能够重新对债务合约进行谈判对所有人都有利。将债务集中到相对少的债权人群体上。但这一逻辑的错误是重新谈判的建议可能给了股东（和管理者）一个盾牌，来应付坏的商业结果带来的后果，可能降低他们尽力为公司努力的动机，并增强他们采取冒险行动的动机。对有大量而广泛的债权人情形而言，不可能对面临的财务威胁进行重新谈判，在第一个案例中，这会驱使公司限制其借款。相反地，当债务索取权集中后，使得重新谈判更可行的情况，也会创造管理中产生不当行为的动机。一个常见的商业结果是高负债经营的公司会承受在借贷契约中更多的合约性要求，以这样的方式来最小化管理者不当行为的范围。

2.5.5 在股东和债权人集团内部的冲突

识别发生在股东和债权人集团内部的传统也是很必要的。这些问题还未被明确地归类为代理问题，是由成员追求他们自己的关注时集团动荡带来的后果，也有共同的关注要求监督以确保最佳结果。首先考虑股东集团，这一集团的关注是对管理层和公司绩效的完善监督。然而，当一个单独的股东承担了所有的监督成本，而获得的利益被其他成员分享，就会产生冲突：他们所有人都有了搭便车的动机。大公司高度分散的股权持有，单个股东没有独自承担所有监督成本的动机，因为成果被广泛地分发了。自然地，就有实证证据建议，集中的股权拥有会比分散的股权持有带来更有效的公司管理和绩效监督。

搭便车问题，在一个有索取权等级划分的银行集团向一个公司贷款时，就不那么重要，因为每项索取权的等级会给每个债权人足够的动机对监督负责。联合贷款结构的一个优点是，为向债权人报告的代理公司创造了一个规模优势，因为一家银行作为其他银行的代理，是公司向银行集团提供日常信息的一个渠道。然而，对债券交易关注的问题和广泛分散的股东的问题类似，因为债券持有人相比银行贷款人来说，从来都是相对不活跃的投资人，并且不愿意向债权人那样提供专业监督。对高负债公司发行的债券，经常采用限制管理自行决策权的强制监督，例如通过契约来限制发行新债的权利，要求公司达到财务绩效目标，甚至限制公司投资新的业务活动。更常见的是在企业危机时银行和债券持有人之间的冲突，特别当存在关于公司财务困境严重性上的分歧时，有高等级索取权的债权人更倾向于清算和截止损失，而债券持有人则更愿容忍并希望公司走出困境。另一个解释是，除了美国国内市场外，债券持有人传统上是匿名的，并且不倾向于做积极的重新谈判。然而，现在这动机可能正在失去。

这样的情形可能要求法律的介入，或使用破产法来给予公司临时从其债权人的控制中脱离机会（如美国破产流程，有 11 个章节的相关规定）。从 20 世纪 90 年代以来的案例中看，金融监管者扮演了非正式的在大型债权人集团间促进谈判的角色。

2.6 交易成本和代理：项目融资模式的理论逻辑

为了总结关于交易成本的更广泛的观点，首先，在第1章中项目融资公司展现了它们与常规公司融资的区别。包括采用法律上独立的项目公司体制，由集中的股份持有人支持（由一到三个发起人拥有所有项目资产），以及理想中的无追索权融资，拥有和运营一个单一目的行业资产，并由扩展的协议（在管理决定权上的许多预设的规则）来治理。每个这样的项目公司的特性通过之前章节发展的逻辑形成，并做详细阐述。然而，要理解重要的一点是，这四项特性在项目公司方法中共同形成以应对公司融资中的冲突的功能。在一些情形中，有超过一项的特性用来应对同一个冲突，而一项特性也可以应对多个冲突。在公司治理上的项目融资模式实行集成和纪律是必然的，并且我们几乎可以说这种模式对内部一致性也很合适。

2.6.1 所有权高度集中

我们由展示集中的拥有权如何帮助应对管理层——股东的冲突开始，在公司治理的条款中，集中的拥有权便于有效地监督董事和管理者。我们已经指出在大型投资中的股东在纪律管理中可能是关键，并且在项目公司中，由管理层对自由现金流控制引起的专业管理冲突的范围很小。项目公司没有这样的自由现金流，因为治理规则将定义生成的现金流如何应用。其次，项目公司通常为运营管理者设定有限的目标，通过项目资产的资产专用性来帮助达成。这为管理者考评刻画了清晰的绩效指标和机制，因此在运营和财务上的不良绩效能更明显地较早地被发现。越是特定的管理层的目标，他们相应的投机行为的范围也越小。

项目管理者和股东之间的动机能进一步达成一致，因为主要的股东其实也是项目设施运营管理者的最终雇主，仅仅是在特定周期做了临时调派而已。此外，对管理行为有进一步的约束，在项目公司资本结构中的高负债比例，会导致对如何管理设施的严格控制和预设条款，包括重要的绑定形式，如资本参与人的锁定期和现金分配规则。基于我们之前的分析，我们知道银行经常被视作专业的委托监督人，并且也倾向于这么做，这符合行业项目的特性及其财务结构。

几个额外的由项目公司特性引发的管理冲突发生在股东之间，特别是那些在项目公司周期的较早阶段有利益的人，如承包商。通过发起人和开发者持续的资本参与作为一种绑定的形式，他们达成了对项目的承诺，但一些持续性的资本参与形式可能是获得设施维护合同的先决条件。

2.6.2 高度资产专用性

我们继续讨论第二个特性：项目资产的专用性，并指出其在管理通常的企业理财相关的动机冲突中，对资本结构决策的补充。20 世纪 80 年代，许多主要的西方企业集团日益不受欢迎，并且随后产生了分裂，从中得到的教训在当前的项目公司中引起共鸣。在更早的时期，多元化被视为风险管理的一种手段，但这只是企业理财历史中的一个阶段。现在投资者更倾向于投资在有独特价值、聚集于更狭窄领域的公司，而不是多元化的企业集团。投资者不仅寻求容易增长的可识别的机会，也看到随着聚焦于单一领域公司，做出无效益投资的管理决策的范围也缩小了，甚至在一个行业分类中成就一个子类公司，因为每个主要的功能都可以组成独立的公司。回想资产专用性指出一项资产可以被部署用作他途的程度，并且我们已指出项目公司资产具有很高的专用性。一个发电站很难在一夜间变成购物中心，我们会在稍后的章节中再次谈到这一点。[⊖]项目公司是一个聚焦于小业务范围公司的极端形式，事实上是一个单资产公司，其只有一个可能的职能。这给项目公司及其管理者增加了直接的限制要求，资产的特性决定了在运营中没有真正的管理自主决策。它只能作为一个发电站来管理，进一步聚焦于对供应商和客户协议的遵循。相应地，它只能允许一个小范围的管理纪律和会计准则，及在项目实施中引入低风险和熟知的技术。一般来说，实体上的资本密集型行业如公共设施或钢铁生产者通常是高负债经营，相对更成熟、稳定的领域比高速成长的新兴领域具有更高的偿债能力，项目公司是这一概念的进一步发展。

⊖ 伦敦的 Battersea 发电站漫长的退役过程显示了为设施找到替代用途有多困难，即使是那些标志性设施。

2.6.3 资本结构中的高杠杆

第三，我们在第1章指出，项目公司通常在其资本结构中有高负债比例。杠杆将管理者的努力集中在几个方面。首先，借款成本会减少自由现金流，也就减少了管理者对自由现金流的控制，让负债成为限制管理者的一种重要机制。其次，银行债权人会为项目公司设置扩展规则，通过一个优先级方法来使用现金流；这经常包括在各股东发分红之前，自由现金流全部或部分地首先满足债务偿付。这对大部分项目的早期运营阶段是合理的，还本付息通常是项目公司董事的首要考虑。在一些情形中，主要债权人可以代表项目公司董事会加强监督机制，包括合约协定和共同只允许很少的在现金流上的管理自主权。至此，我们已经讨论了资产替代性和投资不足的问题，在投资决策时没有管理自主权，因为项目载体是单一资产公司，投资已经决策，没有什么太多理由退出。资产替代性和投资不足的问题在项目公司中很少见，并且如果其发生，通常表现为在股东、发起人或融资人方面的合约或制度的失败。如果一个项目公司面临财务危机，它的债权人会有动机来对它们的贷款做重新谈判，或执行它们的权利来接管和清算设施，或者资本提供者出于战略动机提供更多资源的注入。高杠杆要求和强制项目公司满足债务偿付要求或对设施的风险控制。重要的实证证据建议，在特定的情形中，增加公司债务趋向于增加股份价格；另一个合理建议是，给管理者制定的管理纪律也不能被忽视（Jensen，2000）。

2.6.4 契约的关联

第四，在公司融资中的项目融资公司通常是大型的、法律上分离（独立）的单资产公司，其主要通过契约来管理。项目公司的概念作为契约的一项关联对我们的目的有特定的含义，其在一个集中了这里描述的每一项影响的观念中。项目公司的本质特征影响了股东、管理者、债权人、供应商、客户和所有运营人员的行为。由项目公司的重要职能、所有合约的互相影响产生的文化是自由裁量权，在项目公司结构中，能影响母企业目标的动机冲突不显著，并且对各方和各种契约的自主行为的余地也不大（当然，犯罪和欺诈行为除外）。此外，在这个安排中不可能挑出一个项目公司的某一最主要特性，主要的特性都是相互增强的。高资产集中度便于资产持有人和债权人进行直接监督；高资产专用性便于缩小管理目的，去除投资决策中的自由裁量权；高负债集中了管理层的努力方向。加强契约控制的进一步重要原因是，管理与公司债务偿付能力相关的风险，我们会在第 4 章关注这一点。有几个重要的方法对项目公司及其管理者进一步加强直接的行为准则，因为资产的特性不允许管理上的自由裁量，它只能作为一个发电站来管理，进一步聚焦于对供应商和客户协议的遵循。对于需要规则来治理交易的特定契约，我们看到项目融资模式的内部一致性更接近于交易治理协议，而不是企业治理。

关键概念

以下概念非常重要，要作为关键的词汇表来记忆，其会在后续章节使用。

agency costs of finance 融资代理成本
agency theory 代理理论
anatomy of transactions 交易分解
asset specificity 资产专用性
behavioural assumptions in transacting 交易行为假设
bonding and monitoring 绑定与监督
bounded rationality 有限理性
complex transactions 复杂交易
corporate finance instruments 公司理财工具
corporate governance 公司治理
dimensions of transactions 交易维度
fundamental transformation 基本交换
imperfect contracts 不完美合约
incentive conflicts 动机冲突
information asymmetry 信息不对称

opportunism 投机主义
relational contracts 关系契约
transaction governance 交易治理

附录 2A 长期债务工具比较

贷款和债券作为通用的融资工具，代表了债权人当前或未来的索取权。[1]它们也具有一个很长的周期，习惯上原始的合约周期超过 12 个月。这里的描述利用了市场的惯用约定和多个来源（特别是英国、德国和美国法律）的正式传统。通常在一个贷款或债券中，超过一个以上的债权人分享债务，但两个工具通常由隶属于借款人的一个实体来担保。[2]在大型项目融资中更广泛地使用国际债券和联合贷款交易。

传统上，很容易在目的、应用和法律上区别贷款和债券交易。债券是简单的契约，更大程度上没有贷款中财务或运营限制上的条件条款，并且它的价值也取决于是否容易在投资者之间进行销售。债券发行人经常是政府或相对高等级的公司，相反地，贷款则由银行向更广范围的政府、国有组织或公司提供，并且有严格的调用限制。这帮助建立了债权人和贷款发放人之间的交互关系，例如，在运营协定的商业或合规信息的披露方面。因此，债务被执行之前，贷款会有很大的未执行部分。直到 20 世纪 80 年代中期，一项债务工具的可转让性和潜在流动性是区别债券和贷款的良好指标。

但这些区别正日益变得模糊。贷款可以像债券一样自由交易，证券发行人也可能减轻风险，并且两者都能遵从相同的复杂条款。对于一些借出人或债权人，这些工具是接近于可替代的，虽然市场操作指导用于贷款和债券的不同合约结构，但真实的差异正日益缩小。几个因素导致这一趋

[1] 这里没有考虑包含债转股权利个人或工具的借款模式，其在转换前被视为债务。这里使用的融资工具基于通常的商业概念，没有关联到任何正式的法律体系。

[2] 担保是由第三方提供信用支持的一种形式，不关联到任何特定法律体系。一些法制体系中当借款人和担保人有紧密的隶属关系时（母公司及其全资拥有的子公司）可能不认可债务交易。更小信用风险的债券经常由专业的单一承保人提供担保或承担。

势，包括对资金成本的更多关注，如支持银行信贷，许多债券发行人成为贷款提供人，对冲基金和其他非银行中介，以及投资人通过买卖金融资产自由管理各种投资组合的愿望等，怎么去分类并不重要。

项目融资是较少的几个全球性分类市场之一，在其中贷款转让相对适度，并且贷款和债券仍有一般的区分。这一区分似乎在消退，甚至可自由转让的贷款也无法受到项目发起人的青睐，项目发起人在和没有业务关系的贷款购买者分享商业机密方面受到限制。例如，来自贷款条款中要求披露非公开的供应和销售合约，以及交易组织者预期向潜在投资者提供充分的披露。国际惯例预期能生成一个可行协议，给予发起人和借款提供人在这一问题上的通融。

到目前为止，大部分无追索权融资的贷款转让都在项目完成后被妥善执行，在拖欠的交易中，提供贷款的银行可以选择将追索权出售给专业投资者。

联合贷款

国际市场的联合贷款的概念是从 20 世纪 70 年代起源的，为各种借款人和项目提供丰富的资金来源。这样的交易是自发组成的金融中介商集团的合作机构，基于通用条款为一位借款人扩充信贷。每个资金出借人获得一份从债权人分割出来的追索权，㊀是为出借人及其继承者在对借款人执行合约或法定权利时提供协调的法律文档，例如当违反商业条款或偿付违约时，它也规定出借人按照其追索权的比例从发行人收到的偿付中分得收入。

国际联合贷款首先在大规模的资本资产和能源融资中成为主流，特别是轮船和深海石油生产平台。这些资金筹措是大量而复杂的，并且超过单个借款提供者的承担能力或财务资源。相似融资的条款复杂性提升了交易的规模效应，因此在发起人、贷出人和它们的顾问之间的协调可以降低成本。由于银行寻求方法来安排快速增长的欧洲货币存款，这一方式的贷款使用快速地扩张。随着官方的暗中促进，这一合作惯例甚至在国际金融市

㊀ 这是在英国和美国纽约法律中的合约惯例，其用来管理大部分国际联合贷款。

场上为适合的贷款也建立起来了，给所有的银行带来了更好的机会。许多国家的地方性银行比以往能更广泛地贷出款项，所有银行要管理它们分离的信用风险敞口。大银行正竞争成为假定的贷款统筹人，这样可以通过开发统筹费的分层结构来提升交易回报，仅仅给予小的参与者由借款人提前支付的服务费用。

随着弹性的借款、偿还和重新借款，给借款人的转换贷款或利息支付货币类别的规定，随借款人信用等级而变化的条款等措施的开展，联合贷款的结构性变得更复杂，它们成为20世纪80年代的收购和能源融资、20世纪90年代的电信融资以及所有当前的基础设施建设和杠杆收购融资的基础。只是从20世纪80年代早期，当国家监管者开始考虑有关向新兴市场借款人过度借款的问题，联合贷款随着其扩散累积风险的问题变得明显起来。20世纪80年代债务危机导致的贷款损失引发了1992年巴塞尔资本协议的银行通用国际资本标准的创建。

统筹所有的联合贷款协议有两个阶段。第一阶段关于对条款、风险聚集和规章的结束与执行的谈判和协定。第二阶段反映最终偿付结束后的贷款寿命，包括贷款的制定与管理、监督发现及其项目条件，还有在银行和其他贷出人之间的索取权转让（通常称为二级交易）。如果一个借款人面临财务危机，第二阶段会包括对条款更改的谈判，无论危机是单独发生（如海峡隧道项目中的融资），还是在通常情况下逐渐恶化，例如在1982、1989和1995年起源于拉丁美洲国家的外债偿付延迟，或1997～1998年在韩国和东南亚的亚洲金融危机。

著名的银行竞争去管理贷款，在成本、声誉和潜在发行人或项目发起人的关系亲密度上竞争。当竞争的银行为融资策略提供建议以希望被要求去统筹一项贷款，这一过程会被延长。有经验的发行人会首先用提案请求（requests for proposals，RFP）开始这一流程，邀请银行提交它们来组织交易的相关条款，以及它们承诺提供所有或部分的预期进展的意愿。当发行人对协议满意后，它授权一家或多家银行来统筹贷款，通常设定完成周期。授权牵头的统筹者（mandated lead arrangers，MLA）通常给贷款背书，为本金提供担保来提供筹集的数量及其利息和成本支出，或在不利的条件下，尽最大努力获得在数量和时间上的宽裕。背书承诺很少被撤回。

统筹者接着使用从发行人收集的材料形成的信息备忘录来向投资者推销贷款交易，在很多情形中通过由发行方高级管理人员参加的路演进行。如果成功，这一联合流程会产生一个愿意加入交易的集团，降低了MLA的背书风险。牵头银行也通过以较少的优惠条件引入其他参与人而获得盈利，因为牵头银行收到预付费用（通常在流程之前从借款方扣除），如果牵头银行有最终贷出承诺和初始背书，这个预付费用就按比例支付。这一流程依赖于关系网和互惠性、统筹者在平衡借款人的成本目标以及贷出人对资本回报期望上的技能。国际贷款和债权交易呈现出对发行人和统筹者声望的依赖，因此成功的统筹者和有吸引力的借款人会获得忠实的贷出人，并经常获得更好的借款条件。

在统筹联合期间，统筹者会指导律师准备贷款协定和支持性的文档以让交易生效，确保其对债权人有法律效应，并且尽可能地对贷款依赖的商业假设进行验证，将其作为尽职调查的一部分。在很多情况下，这些部分可以简单地开始生效，但是复杂项目融资会细化到许多阶段：多层的贷款和其他风险支持，互相锁定的贷款协定和保障文书。图2A-1展示了一个简单交易的成果，展现了各方的契约联接关系。

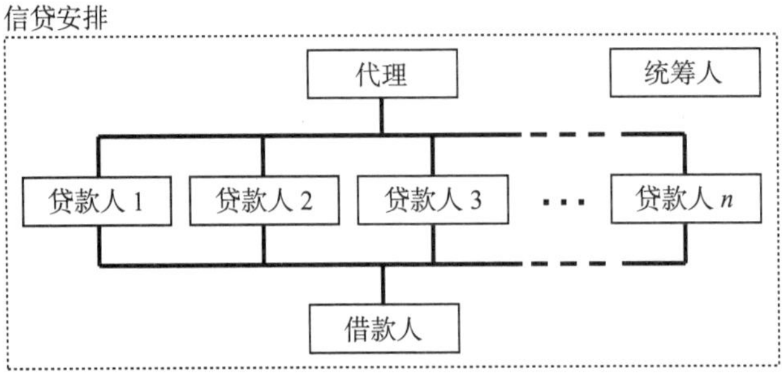

图2A-1 联合贷款结构

在贷款协定中仅有借款人、贷出人以及贷出人的代理，统筹者不是贷款中正式的一方，而是签约前行动风险的保障，特别是分发信息给潜在的贷出人。

银行参与大型交易的层级取决于它们背书或贷出承诺的规模，以及在签约前是否对协议的达成有贡献。这经常产生一系列的交易抬头，例如，联合统筹人、牵头管理者或管理者，但这都是合约层面上的市场惯例的一部分，基于银行交易等级排名的重要性。在交易完成前只有牵头统筹者有职责去避免不想要的贷款，所有联合成员纯粹作为贷出人参与交易，其他抬头被有意取消了。贷款协定会指定一个辅助代理来管理贷款，通常是统筹人或一个专业的受托人。代理为贷出方收集并分发贷款偿付和商业或财务信息，监督债权人的财务合规，以及在项目融资中，管理抵押品的维护、保险，供应和交付合约或收入安排。

联合贷款通常是浮动利率交易，因此利率根据周期性重设的货币市场基准来计算。从贷款和储蓄之间的周期和成本错配中得到的经验是，在银行的中介行为中有两个重要的内在风险，以及通过允许无惩罚的任何付息日提前偿付来给予借款人一定程度的有效成本弹性。大部分贷款可以根据需要被纳入单一数量的安排或一系列的层级中。借出人根据他们的未完成的索取权收取利息，基于某一个基准利率计算的总和，如 3 或 6 个月期的伦敦银行间美元利率（Libor)，它是最广泛使用的由市场决定的一个或多个货币中的定期大额存款利率。加上基于在联合贷款中发行人的市场分析评价（包括其他债务的信用等级），存在价差和信用利润，贷出人也可以收到少量的周期承诺费用，作为对合约中已承诺但取消部分的补偿，来缓解安排了资金却还未收到回报时的机会成本。

在贷款的寿命周期内，它适用的利率根据相应的基准周期来固定。利息在每个周期结束时支付，贷款进一步滚入一个分离的周期，利息则由主要市场情况给定的新利率计算。然而，这忽视了任何利率管理是由借款人和贷出人分别管理的，例如使用期权或掉期。贷出人也通常收到借款人的保障以应对预期外的资金成本，例如，一个混乱的市场使得在一个利息周期开始时无法获得正常存款的情况。联合贷款通常的周期为 3 ～ 10 年，项目贷款的周期经常更长一些。许多长期贷款通常提供分期付款来周期性的分摊本金，出于信用风险或现金流的原因，在宽限期之后开始，或使用通过每个层级分别偿付的混合结构。这些措施能实质性地减少贷款的平均寿命，为平均的本金流通的一个周期做比较衡量。所有这些条款会根据发行人的信用风险而变化。

使用透明的基准利率是联合贷款市场增长的关键，特别是金融衍生品（如掉期和期权）让利率风险更容易管理。通过大额的银行间市场与每笔贷款周期匹配的储蓄，银行可以假定能够满足他们的贷款，因此贷款利润（任何费用折扣去除后）会被视为贷出人在任何交易上的净利息收入。⊖这也让借贷可以容易地对比资本的实际回报或根据风险调整回报。项目和公司借贷正在增加使用矩阵式定价，通过一个变量矩阵设定利率，变量包括发行人的信用等级、杠杆或剩余借贷周期，这让借款人在信用风险上做改善，以及贷出人在索取权的质量的任何恶化上做补偿。

联合贷款的特定价值是相对快速达成复杂交易的能力。这依赖于有经验的中间商达成合作承诺的决定和满足激进的时间表，以及达成在标准化程序和法律法规上的有效性。同行压力和可转让性需求让贷款协定在内容和措辞上日趋统一，利用由银行业协会开发的通用模型。结构的标准化甚至会影响项目融资交易，包括筹资的不同阶段和抵押品的层级。图 2A-2 展示了一个通用的无追索权贷款，一项主要的资本资产（如轮船）的融资，一个自 20 世纪 70 年代以来使用的联合贷款的基本形式。

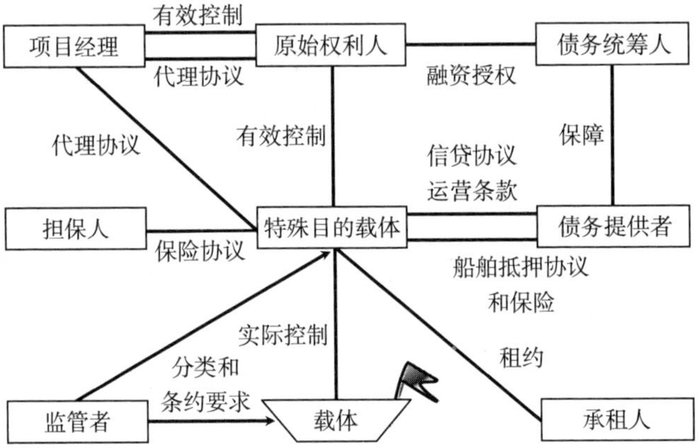

图 2A-2　简化的无追索权项目融资

一项贷款由一个项目发起人（利益持有者）控制的特殊目的载体创建，用于建造或收购它的单一资产——产生收入的船只。贷款的条款要求是在图 2-2 中展现的所有让借出人满意的其他元素。由此拥有者或项目管理者必须确保，直到贷款执行完成 SPV，否则不会参与其他业务，并且这一载

⊖ 银行间交易包括存款上的信贷利润，因此只有高信用质量的银行才能得到基于 Libor 的借款。

体得到恰当的抵押、雇用、保险和维护以满足监管要求。结构性错配使得贷款风险承担者会要求补偿性的信用支持，例如，如果一个租船契约的周期少于贷款的剩余周期，发起人可能要求获得部分追索权，提供流动储备或部分担保的形式。这项交易是一个制度性尝试来为载体的商业运营设计一个完整的契约，因此贷款的条款和约定尽可能地与项目产出的财务绩效匹配。

银行一度不愿意在项目融资中使用大部分透明的联合贷款方法，除非有筹资的规模的必要性，并且对向借出人的第二级贷款销售中特定行业的经验分享有限制。这一困境反映了借贷市场的流动性和借出人－债权人关系的竞争目的。借出人对向潜在的贷款购买者披露客户的敏感信息的行为加以限制，并且被认为是对贷款相关的风险特性的歪曲。这一问题同时影响主导银行和发行人：银行担心不恰当引入贷款购买的风险，发行人担心商业信息的损失。这些问题在英国、美国和其他地方有过法庭判决，㊀但今天来自非银行投资人的更大范围的借贷提供在这方面仍有争议，并且在法规或市场惯例上还未完全解决。披露问题传统上限制了项目融资中债券的使用，但现在同时影响到贷款和债券。

在复杂项目中，在图 2A-2 中展示的单个贷款代表了一项交易的成功，每一项预测、识别阶段的完成即为它的前任提供一个偿付平台。相继的概念在图 2A-3 中展现。

一个待开发项目可能包括五个融资部分，每一个都有不同的索取优先级。银行提供一项贯穿建设过程的循环信贷，任何时候的款项根据进度、散布、收入以及验证的基于里程碑的进度提前来调整，因此这便于现金和债务管理的组合控制，以及定义借出人的风险。随着建设完成，项目开始服役并且累积债务，任何计入但未偿付的利息被再次融资以提供的一些高等级贷款，基于对潜在现金流的条款而不需要对现金的细节进行管理。这可以和一个介于初等级和高等级之间的长期中等级债务组合，特别是在高杠杆的情形中。最终，当债务负担达到高峰以及项目开始完全运营时，未偿付的高等级贷款通过项目累积的储备资金偿付，由长期债券替代。这一

㊀ 特别是在 20 世纪 70 年代中期的与联合贷款相关的 Colocotronis 造船集团的债务崩溃。

机制部分可以由资产证券化提供，资产证券化是结构化金融的一种形式，其独立出特定的项目收入来满足债券持有人的权益。通过这个时间安排，发起人将提供和维护权益资本元素。

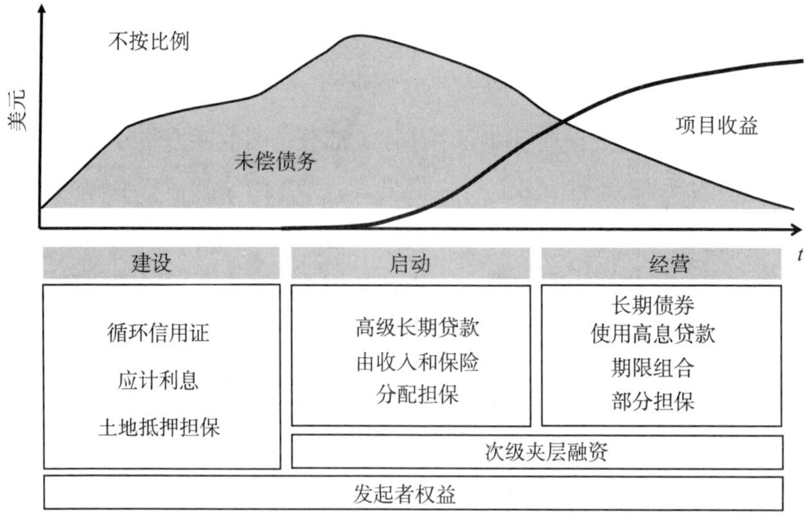

图 2A-3　项目贷款序列

国际债券

1. 概念

债券是可交易的长期债务工具，投资者（包括非专业的零售形式的投资人）可以通过多种方式买卖。大部分在结构上是简单的：一项为偿付本金总额保持不变，直到到期时收到一笔数额，直到投资者收到周期性的利息支付。除了极小的债券可以通过银行和投资人交易，直到它到期年度之前的某一时间。息票的许多类型被设计来满足投资人的喜好，但大部分是按固定比例的利率一年支付一次到两次，或是通常以更高频率支付的联合贷款式的浮动利率。由此市场可以划分为固定利率债券、浮动利率债券（FRN）和更复杂的结构化票据。固定利率债券来自于国际债券市场的最大部分，并且是这部分市场的焦点。

尽管所有不复杂的债券趋向于更快地发起、联合和结束，新的贷款和债券协议的很多方面是类似的，贷款必然给予借款人更多潜在的灵活性。对熟知的或经常性的借款人的贷款发放可以仅需几个小时来安排和执行，并且在统筹人收到新的授权与支付日之间不会超过几天，届时借款人收到它的款项。两个简单的因素对贷款和债券做商业方面的区分：债券不倾向于使用分摊而是一笔偿付，并且传统上比贷款有更长的实行周期。不像贷款参与者，债券投资人对提前赎回要求而造成的再投资风险进行补偿。在这一情形下，投资人实际上给了借款人一个买入期权，因此期望在债券的名义价值上加入某种形式的期权费用。

一个进一步的不同是系统性的而非交易性的。流通的固定利率债券的普遍价格在发达经济体中形成，通过一个在利率决定方式、存款与投资总额、资本资产和商业企业估计之间的透明的关联来完成。

国际债券市场是一个由参与者有机开展的金融创新案例，没有直接的或显著的官方参与。今天的债券市场成长自 1960 ～ 1970 年的欧债市场，一度由政府发行和跨界资本限制主导的一个对国家间市场的宽松替代方案。保险和交易在 20 世纪 70 年代后在伦敦成为主导，在任何国家间市场被大量利用。自从 20 世纪 80 年代晚期，国家债券市场为保险、交易、结算与纠纷制定了惯例和协议，这些活动在国内市场上有着高度影响力并且一度非常流行，因此国际市场惯例受到所有主要的国内债券市场的影响，反映出国内利率决定所有债券市场和利率与货币掉期市场之间的高度集成。现在的国际债券市场实际上已是全球性的了，如同外汇和利率掉期市场一样。仅有零售投资人业务或那些依旧遵从资本管制的小市场（许多在亚洲或拉丁美洲）可被视为国内市场业务。

债券是债务索取权在特定的法律体系中被定义成的一种证券形式，是为了用法律保护相对非专业的投资者。美国证券法最为复杂，公共保险的设置程序经常是苛刻与昂贵的。相比之下，国际债券则是具有更少的监管，并且主要在银行和其他投资人之间交易。不像大部分股票交易，国际债券在交易方之间直接交易与结算，自从许多机构投资者被限制购买非上市证券，债券经常正式地在交易所上市。结算的可靠性可以视作欧债市场最有力的创新，这是第一个提供通用的快速无差错的证券转让、支持和保管的场外市场（over the counter，OTC），使用系统来最小化对手方风险。

交易结算业务通过两个国家中心结算和托管机构（ICSD）进行：在比利时的欧洲清算系统和卢森堡的明道银行（Clearstream），它们是德交所集团的一部分。

2. 新发行与定价

最优质借款人的债券新发行流程与贷款类似，尽管两种工具的合约结构不同，并且大部分债券保险会更快完成。如同贷款一样，债券发行人使用提议需求书（RFP）来征求提议，但银行为来自高频次发行人委托权的投标通常每天提交不同类型的概要提议，并经常随市场条件变化。在每个案例中，一个条款的概要会描述发行币种、市场范围和目标投资者、交易总量、定价基础以及发行人的净整体筹资费用，特别当跨市场套利被用来生成一个有竞争力的价格。交易在一个债券部分市场中应用有利的普遍条款的优势，使用利率和货币衍生品来为以另一种货币发行的借款人节省成本，发行人能知道整体的借款成本和新发行的条款，但衍生品定价保持机密。

竞争性投标通常导致授权被赋予一家银行或一个非常小的集团来牵头交易。一个完全的担保发行需要为发行人设定最小的筹资额和最高的费用限制，并且这样的交易通常为有良好评价的借款人操作。然而，借款人仅关心筹资成本而不关心交易在投资者中是否受欢迎，最终发现这样会带来负面效应。胜任的或谨慎的发行人试图在成本与赢得市场良好反应之间找到平衡，利用投资者的满意度来帮助未来的交易。

市场惯例更倾向于相对较小范围的债券购买者的联合，以加强统筹者在定价、发布和销售流程上的控制。为高频率的借款人的联合团体则更小，到目前为止，统筹债券登记人做过的最大的债权分配的案例就在此情形中产生。如果发行成功则增加统筹者潜在的利润，特别是在一个固定的总价下，需要对借款人筹资承诺中的风险的情形进行管理。要控制活跃的灰色市场交易的蔓延，其开始于一项新发行债券在公布最终条款前的电子化的披露时。灰色市场交易，意味着在联合体之外的银行可以影响债券的初始交易情况。

对于新的或低频率的借款人，承销经办人经常采用公开价格公式，与潜在的联合体成员和牵头投资者讨论定价范围，并且希望一个良好的反馈会允许最终条款被紧密地固定在这一范围中。其他银行同样也会这么做，因此联合形式下的实际销售开始于同一时间。更通用地，美国的询价定价机制日益被国际化地使用，投资者的权益被联合体成员游说和整合，引导了债券的最终定价和初始分配。询价定价机制帮助新发行债券建立了一个市场清算价格，并且避免在担保情形中有未被售出的错误定价的交易。批评人士批评其减少了灰色市场的价值，对投资者是反竞争和压抑的。

固定利率债券使用实时比较来定价，大部分与债券的到期收益率相关。在任何时候，到期收益率是固定收益债券产生的现金流的现值预估，也就是利息支付和本金的折现总额，根据任何已发生的利息调整，使用这一利率作为再投资利率。因为利息和到期日是固定的，并且假设债券会在其名义价值或面值上被履行，债券价格和利率是负相关的。图 2A-4 展现了传统的定价机制。发布提供给投资者的重新发行的利率是债权价差和由一个基准利率曲线提供的对应到期日利率的总和。重新发行来自于承销人购买的债券，接着以一个不同的价格重新发行给投资者。

基准曲线由流动的政府债券的无风险利率或利率掉期的利率决定。在现实中，承销人与所有它认为合适的对象做比较，例如，与信用等级、所在地、借款人类型以及发行人等条件类似的已有债券的普遍利率做比较。直到 20 世纪 90 年代，基准总是政府债券利率曲线，例如美国国债、法国财政部债券（OAT）或日本政府债券（JGB），但现在的利率掉期市场对新债券发行定价而言更可靠，特别是欧元计价债券。这个支撑了在债券市场价格和普遍利率之间的紧密联系。

由于预付费用，发行者的全部成本会稍大于重新发行利率，贷款中的费用也有类似概念。债券费用偏重于基于发行者的信用等级、发行的币种和债券周期而变化的标准层级，但很少分开收取。在市场和发行人能接受的范围内，承销人和联合集团成员会通过发行的成本和售价之间的不同来获取利润。但缺乏相关的规定时，费用可能传付给牵头投资人。

对于承销人，新发行的日程表包括与发行人谈判、定价、组建联合集团、询价定价和销售，以及结束后的一些做市工作。在国际惯例中，做市是在一个给定的最小数量上买卖债券的意愿展示，大机构和个人投资者都不是它们自己的做市商。

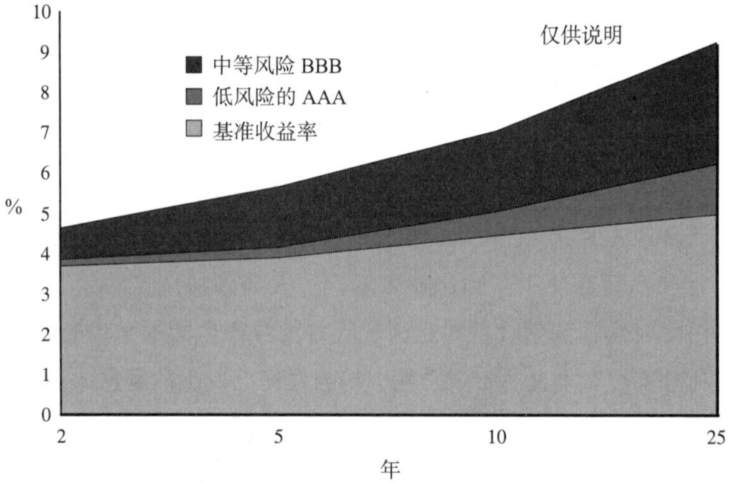

图 2A-4　固定利率债券定价

首次的发行人可能需要从至少一家主要的评级机构中获得评级建议。[⊖]当然需要对冲这些功能引入的风险，包括一项债券对投资者定价过高或过低，以及承销人缺少已发行的债券，也就是，卖出了比它持有量更多的债券。作为补偿，成功的发行可以根据优先协议来增加，尽管这样的优先购股权的使用必须避免影响发行价而使投资者不乐意。非常大的发行可以设置一个利率流动性费用，作为借款人边际下降的成本。

3. 结构

图 2A-5 展现了为低频率借款人的国际债券发行的简化结构包括的三个主要协议。使用的条款可以根据统筹人的所在地有所变化。

债券表现为发行人对债券持有人的负债，以一个信托行为或代理协议来治理对支付与信息的管理。在付款前，有一份与潜在发行人的债券认购协议，统筹人和联合集团成员用其来管理债券的创建和它们的初始认购。在联合贷款的合约中，这一结构未向投资人呈现。债券发行的合约结构与传统提供无限制转让的贷款不同，那需要法律对非专业的散户提供持续保

⊖ 信用评级是债券的惯例，也成了主要债权贷款中的惯例。

护。基于相同的原因，债券合约通常也无须扩展条款和协议，并且也只包括很少的其他规定，尤其保护债券的相对状况来应对后续的问题。由此它们的主要职能是明确发行的商业条款，特别是利息与赎回规定。

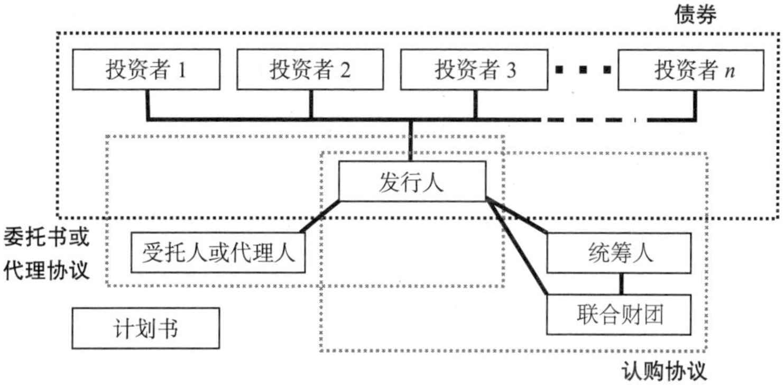

图 2A-5 简单的国际债券结构

高频率的发行人通常建立一个中期票据（MTN）或债务方案来作为保护伞，以应对多种个体问题。图 2A-6 展现了这一概念。

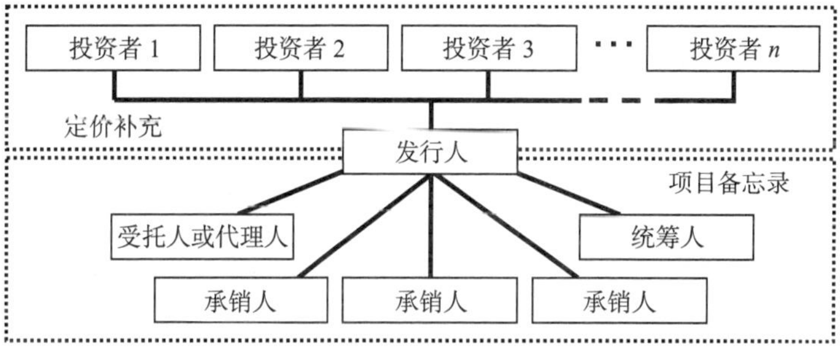

图 2A-6 发债项目结构

合约条款常见的可能问题被收入一个方案备忘录，同时加上一个保险流程的大纲。指定经销商的核心职能是去管理个体问题，通过由一次性承销人为控制特定市场或套利机会所做的承诺。方案统筹者会定期根据信息修改备忘录，因此它同时作为计划书和条款集合使用。当一个新发行完成，一个短期定价补充会安排它的商业条款，以及形成一个更细化的发行人负债(通过纳入方案引用)。

4. 集中

这些描述显示了当长期存在的区别消退时，仅有少数的债券和贷款可以被简单替代。两种工具在结构上可以很复杂。大部分固定利率债券和浮动利率债券天生缺少应用的弹性，但这很少与那些首先关注新资金边际成本的借款人有关联。历史上，债券由更简单的条款来治理，因为投资者首先关心转让的便利，而复杂的条款可能破坏这种便利。在文档条款中的进一步集中是可能的，特别是结构和合约的同质性已经显著地帮助了第二级贷款销售，并消除了在这两种广泛使用的工具之间的根本性不同。

第3章

财务评估

第 2 章介绍了交易成本经济学的概念，为项目融资交易分析提供了相关情境。现在转到常规的企业融资问题，也运用常规的融资手段。我们会解释项目公司发起人面对的融资决策的本质，接着概括评估这些决策的通用方法，并采用高度简化的公司融资和会计概念。为一家公司估值的因素有很多，包括当私人投资者或私营企业（无股价信息）购买一家私营公司时，或当股东决定是否出售一家私营公司时，就要求得到估价的信息以展开谈判。这在企业的合并与收购中很常见，并且这在政府考虑与私营部门的一些合作方式时也同等重要——掌握自身和私营部门的财务状况。在发展一个新的项目公司案例中，它的价值（现有价值）是资本预算决策的一项核心因素，加上项目的价值创造方式，对决定项目公司财务能力和发起人（可能是政府）了解必要的资本投入规模和结构很重要。

本章我们讨论项目融资的基本问题，即一个项目公司的价值是多少。考虑资本预算决策的本质，对开发阶段和建造合同的财务进行分析。总体上，本章设定企业融资中有三个典型场景：一个公司可以为另一家公司（项目公司）支付多少金额；银行为一项收购融资提供多少借款的决策；假设一项在考虑中的投资以及在其开发过程中的财务环境。

我们按照以下顺序安排本章。在第一部分阐述一个商业估值的浓缩版本。我们不拘泥于这些主题的细节或争论，而是提供观点和词汇表。在第二部分我们通过生成一个假想的项目公司模拟估值来说明这些估值原则，并基于项目公司的综合情境对商业估值原则的应用稍作简化。第三部分我们密切地考虑融资决策，特别是那些银行和其他放贷机构对项目公司债务能力的决策制定的基本方法，也会关注项目公司现金流的合约（在第 4 章会再次讨论），并指出财务能力如何影响资本结构决策和项目投融资中资本预算决策的原则。在第四部分讨论资本预算决策。再次使用假设的项目公司讨论投资决策，以及设计和建造合作伙伴资本预算决策的本质。我们也讨论必要的基础性概念如融资结构、资本预算和加权平均资本成本（WACC）。

总体上，我们再次使用项目生命周期的不同阶段作为结构，但本章会进一步扩展使用一个案例来说明财务概念——使用之前章节介绍过的碧瑶电力公司。

3.1 估值和项目公司

对大部分投资而言，商业业务和项目公司都可能购买或出售资产，或将资产用作债务抵押。如果是上市公司，可能通过市场上的股权交易来出售或购买，而非上市公司则通过私下的股权出售。关注一项业务对潜在出售方（股东）或购买方有多少价值，投资者认为一项资产有多少吸引力存在多种原因：战略、资产组合、收购或为了私人目的。如果公司的股权是公开交易的，并且证券交易是在合理有效的情况下，它的股价当然会代表公司当前的最佳估值，它代表着当前市场对公司管理的看法，包括每个产品线和每个客户满意度、供应链、相关者管理的效果、在金融市场的声誉、可能的法律争议（如，环境危害等）。但如果一个典型的私有公司没有公开的股价信息，买方或卖方可能需要关于公司价值范围的外部建议来展开谈判。一个收购者的目标是确保企业控制权，而对企业控制权的激烈竞争（如第 2 章讨论的）和防御行动会引起股价波动，反映出在竞标流程下的行为动态，这无法用理性的估价原则来解释。

在要求商业估值的业务环境中，通常要求评估工厂、设备、场地与辅助设施、与供应商建立的关系、客户、当前市场份额和机会的组合。一些例外情况，当业务组织有良好的管理时，在变现时比实体设施的销售更有价值。为了便于阐述，我们不会对失败业务的清偿或困难业务的出清进行过多讨论，这会过多地分散我们的注意力。我们也不会过多地讨论初创企业，因为当企业家开始一项新的业务，它的成长和发展很少遵从投资资本合伙人（如果有）的预想轨迹，可能有一个商业计划，却较少有一个商业计划准备来支持原有的决策。[⊖]进而，无论如何要求特别的洞察来评估商业计划的可行性，风险投资家评估研究中的投资机会是一项特别的甚至可能陌生的冒险。商业计划的评估与现有业务的评估有所不同。

项目融资的结果遵从一个稍有不同的几乎相反的逻辑。首先，回想一个功能性的项目公司的特性：它通常是一个单资产公司，高度专用和资本密集，在一个成熟的行业通常是股权集中、高负债的资本结构，可能有供应和需求合约，理想情况下，大部分风险可以由合约管理或缓解，或在市场中管理。这对任何公司可能要数十年进化到这一阶段以有能力做这类协议的谈判，假设企业基于特定业务的组合，但远在业务可以运营之前，项目融资方法要求在对进行第一阶段的项目设施开发的决策前，就要具备这样良好的能力。这意味着一个有完善定义的特定目的的业务，在开始投资在任何实际的资产前，更大程度上是纸面上的规划。投资和融资决策事实上都由一个约定的业务估值支持，它影响投资决策（一个企业对净现金流预算决策管理变化），也影响融资决策（估值影响项目公司负债能力和财务结构的决策）。因此，我们从介绍业务估值开始，作为了解在项目进入实际生命周期前预估项目公司价值的重要性的先决条件。

3.1.1 一项业务的现值

为保持一致，并假设本书读者具备一定的金融知识水平，我们从企业价值估算的定义开始，任何业务的价值等于所有未来预期现金流的现值总和（WACC），使用一个合适的风险调整折扣率折扣到现值。因此期望价值是 $t = 0$ 时刻的现值（PV），例如，折后现金流（DCF）是商业估值的常规方法，因此业务价值可以用通用的现值表达式来表示：

⊖ 我们也可问这个问题：比尔·盖茨和斯蒂芬·艾伦在创建微软时是否有正式的商业计划？李嘉诚在创建长江实业时是否有正式商业计划？理查德·布兰森创建维珍时是否有计划？

$$PV_{\text{business}} = \sum_{t=1}^{n} \frac{Cf_t}{(1+k)^t} \tag{3-1}$$

式中 Cf_t——时间周期 t 中产生的现金流；

k——在 t 周期的风险调整折扣率（WACC），适用于在考虑中的业务类型（我们将在更多的章节中阐述 WACC）。㊀

表达式经常不被使用者关注，因为很明显这一表达式在估值中需要根据资产（或业务）的更特定的应用来分解和重构。因此，重写适用于项目公司的案例是本章的目的。但是从通用模型衍生出特定项目公司的估值模型需要走一些弯路，以理解项目公司和常规公司在交易、生产、服务或其他业务领域根本上的财务区别。

首先，用一个常用的商业现金流的会计等式来替代现金流 Cf_t，收入（E_t）被视为在特定周期 t 中为公司产生的现金流。㊁因为公司默认可以无限存在，我们将这一情形下的现值（PV）表达为：

$$PV_{\text{business}} = \frac{E_1}{(1+k)^1} + \frac{E_1(1+g^1)}{(1+k)^2} + \frac{E_2(1+g^2)}{(1+k)^3} + \frac{E_3(1+g^3)}{(1+k)^4} \cdots \infty \tag{3-2}$$

后续每年的收入（E_{n+1}）基于当年的一些增长因素 g（g 可以为正或为负）。两个关键的假设，投资是永久持有（∞）和每一阶段的收入（周期的现金流）在一个固定的周期比例 g 上增长，则：

$$PV_{\text{business}} = \frac{E_1}{(1+k)^1} + \frac{E_1(1+g)^1}{(1+k)^2} + \frac{E_2(1+g)^2}{(1+k)^3} + \frac{E_3(1+g)^3}{(1+k)^4} \cdots \infty \tag{3-3}$$

在 $t=0$ 时，表达式可以在数学上简化为：

$$PV_{\text{business}(t=0)} = \frac{E_1}{k-g} \tag{3-4}$$

作为一个估值模型，假设业务永远为其拥有者和投资者产生固定的

㊀ 我们不准备解释贴现的机制。所有通用的金融教科书都有章节覆盖这一细节，电子表格软件也让其计算变得很容易。我们为需要了解贴现基础知识的读者推荐 Brealey *et al.*（2006）的书。

㊁ 税息折旧及摊销前利润（EBITDA）被惯常用来定义商业现金流，或在负债、津贴或其他会计调整前生成的运营现金流。

周期性收入增长而进行现在的估值。[㊀]如果将收入和分红在现在视为相同的方式，[㊁]广为人知（有点声名不佳的）的持续增长股利贴现模型（constant growth dividend discount model，CGDDM）。也可以将方程式（3-4）重写为：

$$\frac{E_1}{PV}=k-g \tag{3-5}$$

股价是公司价值的最佳估计，因此如果我们观察公司的股票市场价格，我们可以用当前价格 P_0 代替现值 PV：

$$\frac{P_0}{E_1}=\frac{1}{k-g} \tag{3-6}$$

这提供了价格收入比（P/E）背后的逻辑，这是在股票分析中一个稍有些过时的度量；分母由小数形式表达；1/（$k-g$）成为 P/E 倍数，其用来比较类似特征的业务，提供将乘数应用到预期的年终（$t=1$）收入上。[㊂] WACC，k 与之前的描述相同。相应地，方程式（3-5）也经常以另一种形式使用：

$$k=\frac{E_1}{P_0}+g \tag{3-7}$$

g 经常被视为公司增长率，公司可能被视为高成长公司（具备良好的业务机会）。例如，如果环球联合企业的 P/E（如 20）相对于观察到的历史记录（如 $k=15\%$，则 $g=10\%$）更高，它可以被视为高增长公司；如果 P/E（如 10）相对低于历史记录 k（如 $k=15\%$，则 $g=5\%$），则被视为低增长公司。这是一个非常有用的方法来解释公司的增长选项，因为 g 代表了由预期未来收入呈现的公司整体价值度量的比例，这当然必须来自成功地抓住它的增长机会。敏锐的读者会注意到，为了得到这些变量我们给定 k 值。上市公司的 k 值可被观测到，但对私营公司这些变量无法被外人观测到。

CGDDM 假设投资人永续持有。尽管不太现实，但这不是一个完全不可能的假设。当然，按照时间的投资价值来分配投资者的利息时，一个

㊀ 注意 E 出现在 $t=1$ 时而不是 $t=0$ 时。这是固定增长的永续年金数学总和的一部分。

㊁ 如果 收入 = 利润和公司作为红利支付的所有利润，它们可以是相同的。

㊂ 原则上 p/e 乘数可以应用于当前利率与其相反的在不动产中的资本化比率（或租金收入乘数）。

永久的持有周期是很有问题的。此外，在大部分运营环境下的预期收入按固定比例增加是很不合理的，大部分行业的历史生命周期轨迹显示了这一点。典型的行业生命周期展现了几个阶段：涌现、成长、成熟和衰落，在行业的发展过程中，不同的阶段建议采用不同的增长假设——多阶段估值模型的概念。数学表达式为：

$$PV(\text{business}) = [PV(\text{period } 1) + PV(\text{period } 2) + \cdots PV(\text{period } n)] \quad (3\text{-}8)$$

不同阶段的现值（PV）使用不同的假设来估计，业务的价值是所有不同阶段现值（PV）的总和。

在方程式（3-8）中周期 n 没有排除一个永续模型，但潜在的贴现在数学上展现了永续模型是多余的。在低贴现率上（如 2% ～ 3%），在 30 ～ 40 年后的现金流对现值的贡献很小，而在高贴现率上（15% 以上），在大约 12 ～ 15 年之后的大部分现金流对整体现值没有多少影响。在更高的比率上影响的现金流甚至更近，在 10 年后的现金流已经对整体现值没有显著影响了。总之，这些现实给了早期的现金流一个额外价值，在估值实践中，对早期现金流估计的特别关注是重要的。结果是惯用的现值模型可以是更少的两个阶段，可以表达为：

$$PV(\text{business}) = PV(\text{period } 1) + PV(\text{continuing period}) \quad (3\text{-}9)$$

模型按照时间周期划分，表现一个业务估值的实践方法，考虑了行业发展的动态变化，以及随后业务收入的预期增长对模型的影响，加上现金流时序的贴现在现金流上的影响。周期 1 可以根据情况分为周期 1 和周期 2 。多周期现值模型的目的是将预测聚焦于占据大部分价值的现金流，即那些发生在早期年份的现金流。Copeland，Koller 和 Murrin（2000）将周期 1 称为显性周期预测（explicit period forecast），要求表达对行业环境和业务在其行业中的战略地位的明确观点，必须与关于收入预测的假设和增长的假设相一致。[⊖]持续价值是对在 n 年之后业务的持续运营的估计，并

⊖ 估值模型的第一阶段的相对重要性来自几个相关因素。首先，金钱的时间价值让我们对今天收到的现金比稍后收到的现金给予更高的等级，后续现金可能由于通货膨胀或一些利率交换而缩水。同样地，未来收入的现金比起很快将收到的现金，总是对实际利率的不利变动更敏感。其次，由于无法对未知事件做预测，几乎所有的商业组织对未来的产出天生就有不确定性。

重新引入潜在的永续周期概念，但通过从 n 年贴现到 0 年，稀释了其对业务价值的影响。因此，假设有两个显式周期，模型改写为：

$$PV_{\text{business}}=\sum_{t_1=1}^{n}\frac{E_{t_1}}{(1+k)^{t_1}}+\sum_{t_1=n+1}^{n_2}\frac{E_{t_2}}{(1+k)^{t_2}}+\frac{PV(\text{ongoing value})_{n_2}}{(1+k)^{n_2}} \tag{3-10}$$

式中 E_t——在显式周期 t_1 和 t_2 的预测收入；

k——WACC；

n_2——在显式周期 t_2 中的最后一个周期；

PV（ongoing value）n_2——在 n_2 年的业务持续价值。

显然，PV（ongoing value）没有真正解决估值中“在固定比率下收入增长的永久现金流”这一模糊概念的问题，仅是将其移到了未来使其影响变小，虽然固定增长假设被显式假设所替代，显式假设关于收入的方式和其在与 PV 最相关的近期的增长。在大部分的案例中（项目公司有一个明显的例外，会在后续介绍），PV（ongoing value）可以简单地由一个固定永久增长表示，如同 P/E 模型的假设。但它也强行对长期行业增长 / 衰退和资本成本做假设，因为 PV（ongoing value）对分母（$k-g$）的变化比分子（E）的变化更敏感。因此我们将 PV（ongoing value）写为：

$$PV(\text{ongoing value})_n=\frac{\dfrac{Earnings_{n+1}}{(k-g)}}{(1+k)^n}$$

最终的估值模型变为：

$$PV_{\text{business}}=\sum_{t_1=1}^{n}\frac{E_{t_1}}{(1+k)^{t_1}}+\sum_{t_2=n+1}^{n_2}\frac{E_{t_2}}{(1+k)^{t_2}}+\frac{\dfrac{Earnings_{n_2+1}}{(k-g)}}{(1+k)^{n_2}} \tag{3-11}$$

上述模型将用来证明项目公司估值。周期（$1\cdots n$）和（$n+1\cdots n_2$）代表项目收入的显式周期预测，持续价值估计用来平衡业务假设的寿命，这个模型中假设为永续的。显式周期 t_1 可以是 1 ～ 10 年的任何周期，有一个显式周期 t_2 假设适用分析的目的，t_1 小于 t_2。当我们在 3.2 节中转向对项目融资业务的估值，这些将有显著地简化，我们将从估值模型中去除永续寿命的假设。

在我们展开项目公司估值模型之前，需要去考虑关键变量的重要性和它们对估值结果的影响，因为这对项目公司的变量也很重要。作为贴现现金流，我们已经介绍了现金流时序问题。基于上文的估值模型的概括，让我们提出一个更深入的问题：哪个变量对一项业务估值的影响最大？这是一个有意思的问题，根据 Copeland *et al*（2000）假定的方法：管理层可以实施策略去影响那些影响价值的变量，可以通过股价度量或在一项收购中可以找到私有公司的价值。这也要求我们去回顾我们在方程式（3-11）观察 PV（ongoing value）的方法。

为了简便起见，我们再次利用永续增长模型 CGDDM。假设收入被贴现到现值，是什么导致了收入增长？在科技泡沫年代（1999 ～ 2001 年），没有净收入的项目的股票以不切实际的价格出售——根据上文概括尝试做出数学推断。[⊖]最终我们知道这样的新经济是过度夸张了，并且科技泡沫及时爆破了。按照传统思维，Copeland *et al.*（2000）进行了概括，对究竟什么驱动商业价值做了非常合理的解释。杜邦体系可用来评价目标（Brealey *et al.*, 2006），独立为企业估值目标而必须明确的两个基本概念，两个变量是资产回报率（ROA）和预期收入增长（*g*）。ROA 识别出公司是否有效地使用它们的资产产生价值。[⊜]预期收入增长（*g*）相应地利用相关概念，其经常被视为企业持续增长率。这相应地识别出公司在资产上的再投资帮助延续有效地使用其支持的环境。CGDDM 极好地说明了这一原则，永续的假设实际上夸大了 ROA 和收入增长的效应，我们在下文阐述这一点。

理论上的永续增长假设在经济史上并没有实证支持。ROA 和行业收入增长率（*g*）的历史值对在所有行业的初始阶段都很高，但随着行业发展到成熟阶段和最终的衰退阶段，增长率则下降，因此对于任何公司的长期增长假设有根本性的限制。由于行业动态变化的需求，新进入者和竞争将最终压低 ROA，而对长周期的高收入增长假设因此也不现实。管理专家要求进一步紧密的分析，因为它隐含了成功地抓住增长机会中预期的

⊖ 会有观点认为互联网公司不合理的股价只是不同地代表了对有效的机会（有效股份）做的无成本限制的投注，去押注哪个公司会成为下一个微软（类似于在极度风险股票上的深度虚值期权）。但冒险成为了一切，在此期间似乎无法对股价做理性估值。

⊜ 注意 ROA 经常被分析师视为投资回报率（return on assets）的一个容易观测和计算的代理值，投资回报率是分析师喜欢的绩效指标，但经常难以开展准确的评估。

成功。如同我们在第 2 章对企业和交易治理问题的理解，管理专家不仅仅做分析，本章我们会假设管理和治理对股东的利益有帮助。因此，我们现在假定永续增长假设不重要，因为我们正在尝试对 ROA 和收入增长对价值的影响获得洞察。在这个过程中，我们也将获得对自由现金流特性的认识，这是项目公司估值中基本的变量。最好由一个例子做说明。

假设我们有两个可比较的制造特定大小范围微型电机的公司，它们的产品提供给自动化机床行业的原始设备制造商（OEM）使用。这一行业很成熟，未来预期不会有太大的增长。环球联合企业（GC）实现了一个创新的市场策略，使得 GC 落实了几个新的供应合约，并维护了在人力资源和新实施的稳定投资，由此持续性地更新公司并创造额外的产出能力。另一家企业 Global Barnium（GB），则依赖于与 OEM 长期建立的关系。它没有努力去创造新的机会，它的生产设施虽然还能用但已经很旧，因此 GB 经历着困难的价格竞争和毛利收缩。GB 明白如果它想在行业中保持现在的市场地位就必须重新投资它的生产车间，但现在投资已经滞后了好多年了。另外，GC 却稳定地维持了一个恰当的再投资率（在公司理财文献中经常被称为获得持续收入增长所需的再投资率）。在 GC 和 GB 所寻找的行业中，我们为了说明，假设为了达成持续的企业收入增长的重新投资率是 25%。现在假设两个公司产生的历史收入如表 3-1 所示（Copeland *et al.*, 2000）。

表 3-1 收入增长 （单位：千美元）

收入增长	第 1 年	第 2 年	第 3 年	第 4 年	第 5 年
环球联合企业	20 000	20 600	21 218	21 855	22 510
全球巴纳姆	20 000	21 200	22 472	23 820	25 250

表 3-2 再投资假设 （单位：千美元）

		第 1 年	第 2 年	第 3 年	第 4 年	第 5 年
环球联合企业						
收入		20 000	20 600	21 218	21 855	22 510
再投资		（5 000）	（5 150）	（5 305）	（5 464）	（5 628）
净现金流量		15 000	15 450	15 914	16 391	16 883
现值	10.00%	60 039				

（续）

		第 1 年	第 2 年	第 3 年	第 4 年	第 5 年
全球巴纳姆						
收入		20 000	21 200	22 472	23 820	25 250
再投资		（10 000）	（10 600）	（11 236）	（11 910）	（12 625）
净现金流量		10 000	10 600	11 236	11 910	12 625
现值	10.00%	42 267				

对于 GC 所反映出的年度收入增长率是 3%，而 GB 的年度收入增长率是 GC 的两倍（6%）。

考虑投资其中一家公司时，希望达到的投资回报率为 10%，你认为那个公司是长期投资的更好选择吗？两个公司的战略地位有很大不同，我们可以发现 GC 价值为 6 千万美元，而 GB 价值为 4.23 千万美元。这说明了什么？这是不同的再投资率和随之发生的对未来收入增长率预期带来的结果：GB 需要立即将未来收入的很大一部分投入更新其实体实施和人力资源上，仅仅为了维持其现在的状况（回想我们的假设：GB 在近期要求在其运营中进行大量的再投资）。如果我们现在假设这相同的一组数字是实际上的收入预测，我们可以通过表 3-2 的数字展现不同再投资要求的效应。

表 3-2 展示了 GB 的收入增长为每年 6%，这个结果来自于将 50% 的收入进行再投资，接着来自于一个隐含的 12% 的 ROA（每额外再投资 100 美元获得 12 美元的额外收入）。注意到 GC 的再投资率远少于 25%，因此它在近期产生了更多的现金，并且我们也在 PV 中看到了早期现金流的影响。我们接着来解释这一情形。

对于 GB，预期增长 g 被解释为：

$$\text{增长} = ROA \times \text{再投资率}(IR)$$

$$6\% = 12\% \times 50\%$$

重排后我们得到：

$$IR = g/ROA$$

预期收入增长和资产回报率对于业务价值有何影响？基于我们假设的两家公司，我们再次引用固定增长模型（CGM），我们得到：

$$PV_{\text{business}(t=0)} = \frac{E_1}{k-g}$$

对固定增长则有：

$$\text{Earnings}_n\ (E_n) = E_{n-1}\,(1+g)$$

用净现金流（*NCF*）替代收入，由此识别要求的再投资，并且对于 GB，在以下表达式中减少了净现金流：

$$\text{NCF}_n = E_{n-1}\,(1-g/\text{ROA})$$

固定增长模型（CGM）使用净现金流（*NCF*）作为分子。由此我们可以得到以下的 CGM 模型：

$$\text{Value}(PV) = \frac{\text{NCF}_1(1-g/\text{ROA})}{k-g}$$

我们可以用以下的例子来说明关于收入增长和 ROA 不同假设的相关性。

假设初始收入 =\$20 000，WACC = 5% 和一个 10 年的明确周期（n=10），则 ROA=WACC。这要求我们明确地预测 10 年的净现金流，为从第 11 年起到永续的周期预估一个持续价值，并贴现到当前。这一情形由以下方程式呈现：

$$PV_{\text{business}} = \sum_{t=1}^{n} \frac{\text{NCF}_t}{(1-k)^t} + \frac{PV(\text{ongoing value})_n}{(1+k)^n} \tag{3-12}$$

n = 1，…，10 中每个阶段的净现金流简单地表示为：

$$\text{NCF}_n = E_{n-1}[1+(1-g/\text{ROA})]$$

以及持续价值表达为：

$$PV(\text{ongoing value})_n = \frac{\dfrac{E_n(1-g/\text{ROA})}{(k-g)}}{(1+k)^n}$$

基于对收入增长（g）和 ROA 的一系列假设，以及 10% 的 WACC，我们生成表 3-2 来展现现值（PV）的结果。表 3-3 进一步说明了有关收入增长和 ROA 假设的影响，并且明确地指出了一个关键原则：如果 ROA 低于 WACC，公司价值每个阶段都会减少并且不可避免地崩溃，但公司价值会随着任何对增加的假设而增长，在任何 ROA 高于 WACC 的假设下，公司价值将会增长（Copeland *et al.*，2000）。

表 3-3　关于收入增长和资产回报率（投入的资本）假设的重要性

（单位：美元）

收入增长	资产回报率（投入的资本）									
	8.00%	9.00%	10.00%	11.00%	12.00%	13.00%	14.00%	15.00%	16.00%	17.00%
2.00%	187 500	194 444	200 000	204 545	208 333	211 538	214 286	216 667	218 750	220 588
2.50%	183 333	192 593	200 000	206 061	211 111	215 385	219 048	222 222	225 000	227 451
3.00%	178 571	190 476	200 000	207 792	214 286	219 780	224 490	228 571	232 143	235 294
3.50%	173 077	188 034	200 000	209 790	217 949	224 852	230 769	235 897	240 385	244 344
4.00%	166 667	185 185	200 000	212 121	222 222	230 769	238 095	244 444	250 000	254 902
4.50%	159 091	181 818	200 000	214 876	227 273	237 762	246 753	254 545	261 364	267 380
5.00%	150 000	177 778	200 000	218 182	233 333	246 154	257 143	266 667	275 000	282 353
5.50%	138 889	172 840	200 000	222 222	240 741	256 410	269 841	281 481	291 667	300 654
6.00%	125 000	166 667	200 000	227 273	250 000	269 231	285 714	300 000	312 500	323 529
6.50%	107 143	158 730	200 000	233 766	261 905	285 714	306 122	323 810	339 286	352 941
7.00%	83 333	148 148	200 000	242 424	277 778	307 692	333 333	355 556	375 000	392 157
7.50%	50 000	133 333	200 000	254 545	300 000	338 462	371 429	400 000	425 000	447 059
8.00%	NF	111 111	200 000	272 727	333 333	384 615	428 571	466 667	500 000	529 412
8.50%	NF	74 074	200 000	303 030	388 889	461 538	523 810	577 778	625 000	666 667

注：NF是指不可行。

资料来源：Copeland *et al.*, 2000.

以上的分析对在业务估值中的重要变量及其关系做了基本的概括。因为我们关注的是股权（可交易）的价值，在方程式（3-12）中，我们用通俗的语言重写了估值表达式，将其运用到项目公司和其他需求。方程式（3-12）使用通用的行业术语，可以出于实用目的重写为企业贴现现金流模型（EDCF）：

公司股权价值 = 属于所有投资人的公司经营业务的价值

[如：确定周期的现值 + 现值的持续价值]

− 债务价值和高于普通股东的索取权的价值（如优先股东）

方括号中的表达式和方程式（3-12）是一致的。EDCF模型仅仅识别出是否售出，任何业务的收益必须按照索取权的等级来分配，并且它也反映了股权总是一种对剩余价值的权益。当然，它也指出当索取权还未偿付时业务也能易手，除非债务合约约定未经允许不能易手（通常在中小型企业中股权持有人也是债务的个人担保者）。

对一个现有的运营公司案中，出于收购目的，一项估值必须利用所有和任何关于业务本身的现有信息。这意味着它必须明确地与它的关联公司、持有公司和其他有财务联系的企业区分开，以避免财务信息的不清晰。

3.1.2 项目公司

所有这些方法对项目公司是否可行？正如前文所述，项目公司在一些重要的方法上与常见公司不同，并且这影响它们估值的方法。至少有两个可识别的项目公司特征，它们也是相互关联的：

- 一个单一的高度专用资产；
- 典型项目公司具备有限的存活周期，由资产的本质决定（如一项矿产储量），或者由特许协议决定（如公共 / 私有基础设施）。

两个因素极大地简化了估值框架。高度的资产专用性非常严格地为项目发起人、开发者或拥有者带来关于不可撤回投资的经济学原理，即“沉没成本”。如果单项资产是固定和专用的高度资本密集型，采用容易理解和低风险的技术，以及有效地缩短技术设施加装时间，将非常难以提供资产自身的使用去管理资产投资回报率（ROA），或超越生产能力获得收入增长。ROA 的增长必须通过管理成本和 / 或改善收入来达成。随着长期供应和分销协议以及关于价格 / 数量及其变更的协议，意味着在估价实施中，ROA 自身的影响也在降低，而收入增长变得更加重要。第二项因素——有限项目公司生命周期，被视为同步的和不可逆转的，本质上决定了在项目公司的估值中没有预期的持续性价值的部分，因为项目公司被规划为只有有限的生命周期，后续会被退役处理。本质上，估值方法仅对未来预期现金流的现值方法做简化，并且覆盖预期项目生命周期的现金流预测成为关键估值变量。这项输入并不意味着没有项目公司能在超越规划的生命周期之后继续生产，这仅仅说明大多数的项目公司无法在生命周期之后继续生产。但这是公司存续的典型规划方面，并且这必须是估值实施的一个先导假设。

如果我们假设在债务中没有复杂的种类如优先股，我们由此能以以下方式简化项目公司 EDCF 模型。

公司股权价值 = 属于所有投资人的公司经营业务的价值［如确定周期的现值］

− 债务价值和高于普通股东的索取权的价值

假设有一个 1 ～ n 年的确定阶段，且没有持续价值。在 DCF 概念中，这是一个能够可靠使用的简单模型，它依赖于对项目公司收入特征和成本结构的深入研究。注意一个明显的观察——一个运营型项目公司的价值不考虑在项目公司资产开发中的成本，它完全依赖于项目公司生成的周期现金流。有着项目生命周期规划的典型案例，进一步对退役时的终结现金流或规划项目周期结束时的处理提出严格假设。在一些案例中，实体的工厂可能被回收利用并带来一些关联收入，当土地被终身持有或有长期租赁合约时，则可能在土地中产生价值。在其他的案例中，资产必须遵从原始的授权协议作为 BOT 类型实施，以良好的工作状态移交给公共权力机构。尽管不同案例的背景不同，但依然可以合理地假设项目实物资产处理的残值是次要的和微不足道的。回想在第 1 章中提及的，关注于土地危害和污染的成本的财务职责，要求假设没有来自于处理 / 回收的净收入，并应用管理最佳实践在运营周期内完全包含它。在本章余下部分，我们将解释项目再投资，包括提升效率的设施翻新和污染与毒害控制技术，项目公司生命周期扩展，甚至在项目结束时对资产本身出于经济目的的按计划功能性贬值。

3.1.3 迈向自由现金流

我们现在转到实际问题和数据需求上。在 EDCF 模型中，在我们能对现金流折现前，依然需要定义现金流的含义并从一些场景中将它抽取出来。虽然我们都熟悉（或多或少地）权责发生制的本质，并且注意到它的原理大体类似于大部分的司法审判，我们依旧需要解释会计信息的逆向工程以获得 EDCF 模型要求的现金流。我们也明白利润和现金流不是同一件事，会计信息要求重新解释和重新阐述在基于预期现金流预测的 DCF 估值中是有用的。没有关键的解释，一些奇怪的现象将会出现，例如一家公司可以不从任何客户获得实际的销售收入而制造利润。但进行一项业务估值时，会计信息不可避免地必须被重组来表达一个业务绩效的经济模型，作为由会计模型表述的历史绩效的对比。例如，在常用的形式中，每股收入和价格 / 收入比率模型依赖于会计信息和时间日期，但金融市场参与者比现在更尊重发布的会计信息。

原则上，从两个财务报表上获得的信息主要是预测现金流，用来做业务估值准备。不幸的是，在财务报表中使用的术语经常不一致，对那些尝试做绩效评估或比较公司绩效的经验不足的分析师，这会带来特定的困扰。我们对将介绍的术语准备使用最通用和最简单的含义。本质上，我们可以说分析历史财务信息的主要目的是开发现金流信息，其给了我们关于净现金流如何生成，以及在考虑财务结构和对现金流的征税之前，现金流如何使用方面的了解。我们的目标是去推导出第 2 章提到的自由现金流的表达式。这点通常从利润表开始，接着是资产负债表。从利润表得出的第一个变量是税息折旧及摊销前利润（EBITDA），这用来反映扣除产生收入的成本后，但在考虑业务如何融资之前的现金流。然而，EBITDA 不是为了税务目的定义的会计利润科目的最终条目，因为有两项进一步的考虑。考虑在图 3-1 中碧瑶电力公司（BPC）的汇总利润账户，假设公司税率为 20%。

利润账户被有效地分成两部分。首先，我们关注实际运营会计数据：实际收入的现金、实际发生的成本，由此获得 EBITDA。对那些对会计不熟悉的读者，在公司正常执行中，用销售成本将这些条目形成组，其会持续地努力在一个会计周期（季度 / 年度）中生成收入。这包括发生的直接和非直接支出，如原材料、劳动力、市场营销（广告、公共关系、促销）、销售、通用管理支出的成本，还可以包括办公室和工厂的租赁费用和商品的运输费用。

（美元）

总销售额	1000
减：	
销售成本	800
息税折旧摊销前利润	200
减：	
折旧	100
利息	0
其他的利息	0
费用 / 收入	
税前利润	100
减：所得税	20
税后利润	80

图 3-1　BPC 的利润表

（2010 年 7 月 1 日～ 2011 年 6 月 30 日）

利润表的第二部分关注业务如何融资，以及制度环境的影响，如税收法规。如果公司做了借款，BPC 的成本也包括债务的利息支出。我们将由此开始我们的财务分析，如果公司没有负债也没有利息收取的记录，现在我们简单地记录为 0。在稍后的案例中我们会看到它的关联。这经常也有一项非运营扣除，即折旧折扣。但是，如同所有金融教科书立即指出的，折旧不是一项实际的支出。业务没有向任何人实际支付一项折旧费用，它是一项折扣，是来自税务部门的礼物。对其可以这样看：税收监管者完全清楚上述折扣计算对再投资的重要性，可以保持业务活力。折旧折扣可以看作业务进行持续再投资的激励，有效地允许业务从计税利润中扣除一笔钱。⊖大部分法律体系中的税法允许企业在一个协定的周期内进行资产设备折旧，周期取决于资产的特性，并使用一个协定的折旧方法（大部分是直线折旧法或余额递减）。例如，在碧瑶电力公司，就对设施在 10 年内折旧的整个流程的实际初始费用达成一致，采用了直线折旧法（每年折旧设施成本的 10%）。仅当利息和折旧去除后，我们得到税前利润，基于其支付 20% 的税，得到税后利润。为了算出自由现金流，利润账户必须重构，并且考虑实际的再投资。

图 3-1 展现的利润账户的形式进行了重构，以达到对自由现金流通常

⊖ 折旧政策可以由法律明确覆盖，但在企业部门的细化层面上，经常由单个公司和税务部门在做资本预算决策前达成一致。在所有法律体系中，税收和税法是复杂的，并且我们建议在做重要决策前请求专家的建议。

使用的解释：在实际支出和折扣调整后生成的实际现金流。技术上至少有两项需要加入，首先是固定资产投资（其可以反映在EBITDA分摊的部分，但这是反映实际的再投资额），以及运营资本净投资，其简化地反映了当前资产和负债在一个会计周期结束时的净额，并由此从期末资产负债表获得。其可能是负值，反映了业务必须扩展交易信用及在应收账款中投资更多资金；其也可能是正值，反映了相反的情况。如同在下文观察到的，我们不把这个特点条目作为我们分析的关键，并接着假设其从一个周期到下一个周期中保持中性，但请注意，如果这对项目公司是防御性的，对贸易或生产公司将不是一个防御性的假设。图3-2展现了最简单的重构的利润账户的格式。折旧作为非现金流条目重新加入，并且净资本投资被扣除。这一逻辑基于业务没有再投资是不可持续的，并且这是一项必要的支出。

（美元）

税后利润	80
加：	
折旧	100
减：	
净资本投资	50
营运资本变动净额	0
自由现金流	130

图3-2 BPC自由现金流
（2010年7月1日～2011年6月30日）

自由现金流成为项目规划寿命和项目公司价值贴现的预测。假设在项目规划中，项目寿命结束时持续价值为零，公司估值完全依赖于对自由现金流和贴现率（WACC）的假设。我们首先讨论自由现金流的假设，并在稍后的章节讨论WACC。关于两个变量的假设明显是关键（销售成本和收入增长），并且必须基于对公司运营环境的深入分析。公司的内部环境决定了其生产成本的构成（销售成本），成本结构的假设因此非常重要。这些成本构成是项目借款出资方的项目融资部门、投资银行和基金经理做大量分析的目标。为了说明，我们假设对项目公司所在行业（如发电行业和道路运输基础设施）的成本结构已经有了完整的研究，在市场之间一些可接受的成本结构探索也发展出来，虽然无法做直接跨市场比较。我们不去对这样的成本结构价值做评论，仅是简单地假设整体销售成本是一个变量，可以在不同的项目行业中作为一个典型的可管理的百分比呈现，并仅用于毛利的计算。为了得出预测和估值，我们基于项目公司生产的成本结构的假设，基于典型的行业生产，而表达为一个成本的集合，并且财务结构关系关联到整体销售的水平。在这一方面，我们遵从完善建立的惯例以避免这些典型生产成本构成的复杂性（Benninga，2006; Brealey *et al.*，2006）。我们假设这些关系是线性的。㊀

收入增长预期仅仅是预期，但从方程式（12）中关于收入增长的假设的重要性是很明确的。为估值进行的现金流预测需要对行业特性、发展阶段、竞争环境的分析，所有这些支持得出一个对公司未来前景的观点。一批优秀的现有模型可以帮助分析师构建行业分析和环境调查，包括 Michael Porter（1980，1985）受欢迎的扩展竞争行业分析框架，并且可能是最具内部一致性的环境分析模型。虽然行业分析和商业战略本身是非常有意思的主题，但本书范围有限无法岔开去做讨论（可以参考 Copeland *et al.*, 2000）。然而，在下文的陈述中，我们会时常假设已经有了使用这类模型产生的结果。关于内生产业增长、发展和竞争环境的信息，可能来自不同的备受推崇的行业和经济体来源，通常不是免费的（专业研究出版、投资银行周期研究报告），还有一些不那么权威的来源（一些出版和电子媒体）。俗话说，付出多少，得到多少。

3.2 单资产业务项目公司估值

通过这一流程的工作的重要性是根本性的，因为每个资本预算决策的核心是分析资产的预期价值。如果资产是非专用性的、可自由使用的，如计算机或轻型商用车，它会产生一个外部确定成本（资产的市场价），并且公司要去预估这个资产能产出什么，以确定其给公司带来的现值。然而，项目公司的项目设施依然必须被创建，企业资本预算决策更为复杂，这来自资产价值和价格的不确定（建造设施的成本），并且如果其需要一个长的开发周期，会有关于决策有效性的额外不确定性（开发周期的影响在下一章节讨论）。此外，投资决策要求来自多个来源的资本参与，一些创业者可能有多重角色，如设计和建造承包商，这使复杂性程度进一步加深。在生产资料行业如大型项目设施的资本预算决策更是众所周知的高风险。

㊀ 然而，当运营性项目有预期的规模性回报，这个关系当然展现出更低的单位生产成本。其要求深入的行业知识和运营成本结构知识。

不通过例子很难充分表达复杂性。因此这一章节考虑资本预算决策的流程，在流程中，一项由多个股本投资人和一个设计与建造承包商参与的项目设施会被建造，这不同于经常在公司理财教科书中遇到的，在一个限定财务背景中独立的和抽象的资本预算决策。为了反映项目公司的决策流程，我们假设这一决策是环球联合企业评估为虚构的碧瑶电力公司（BPC）开发主要设施。⊖这一评估有几个阶段。此外，BPC的每个股权投资人将从它们自己的视角来做评估，并且如果这个项目对某一投资人有吸引力，那么也可能同样吸引其他参与人，除非在开发阶段没有对风险和回报的承担做对等的谈判（例如，股本参与没有反映相应的风险承担）。此外，项目公司不仅通常有超过一个的股权投资人，也有项目债务的主要提供者，在我们案例中是Fibonacci银行。

对于这类项目的估值，总是从估计所要创建的公司企业价值开始，我们从这里开始我们的分析。这一流程在推进中会有一系列的步骤，有一些步骤不是对所有情况都有要求。我们会有意提出一些不实际的观点，仅因为它们可以帮助将流程分解到所有相关的步骤中，并且使流程更顺畅。例如，当我们提出对BPC的一项估值时假设BPC的创建中没有负债，我们这样做仅是为了说明Fibonacci银行将由此出发进行评估以确定BPC的负债能力。但我们进行得太快了，让我们回到基础部分，预估BPC的企业价值。正如BPC的企业价值最终依赖于其与马尼拉配电管理局（MEDB）的特许协议的细节，我们在专栏3-1展示了一个假设的特许协议和电力购买协议的汇总。

专栏3-1 碧瑶电力公司–特许和电力购买协议

碧瑶电力公司（BPC）与马尼拉配电管理局（MEDB）的特许协议的细节假设包含以下条件，所有的条件都会影响BPC的企业估值。首先，特许协议决定了BPC将受到菲律宾中央政府的能源部门监管。特许周期为25年，在这之后发电设施要在完整维护并可运营的情况下由

⊖ 请再次注意：对BPC财务和实体情况的假设是为了方便说明估值原则，技术上并不是完全准确的。

MEDB 接管，要遵从国际专家的检查。由此这份特许协议可以总结为一份建造 – 持有 – 运营 – 转交（BOOT）协议。另外作为激励，马尼拉市政府将场地象征性地以每年 1 美元的价格租给 BPC 公司 25 年。[⊖]此外，一项从 2011 年 1 月 1 日开始的 25 年的电力购买协议规定 MEDB 将从 BPC 购买设施设计产出 75% 的电力，也就是每年 13 140 000 百万瓦时（13.14 兆瓦时），第一个 10 年价格为每百万瓦时 55 美元，以菲律宾比索支付，基于一个“照付不议”（take or pay）基本条款（更多关于“照付不议”合约参见第 4 章）。照付不议协议由亚洲开发银行做第三方担保，并且菲律宾政府确保外汇交换可以将比索转换成美元。在第一个 10 年的电力价格是固定的，并且之后每 3 年重议来反映市场价格，但幅度小于 5%，基于以美元计算的一篮子东南亚电力批发价格的加权平均。在市场价格上的增长最多为基于之前 3 年价格上的 5% 增幅。只要能覆盖到潜在客户 BPC 可以自由地销售其多余的生产能力给工业和商业用户，但要与提供给 MEDB 的价格一致，并使用 MEDB 的电网传输。

当和 MEDB 进行电力购买协议（PPA）的谈判时，环球联合企业也在忙于其他事项。它同步地与 WA 矿业协商了一项煤炭供应协议，WA 是位于西澳大利亚内陆的上市煤矿，距离澳大利亚西海岸最近的 Mathilda 港 500 千米。WA 矿业已经运营了大约 5 年，有以当前产出再运营 100 年的储量，并且它有专用铁路线到 Mathilda 港。BPC 通过 GC 与 WA 矿业协商签订了一项供应合同，在 25 年中向 WA 采购每年最少 6.57 百万吨、最多 8.76 百万吨的特定质量的煤炭，采用“put or pay”基本条款（更多关于“put or pay”合约参见第 4 章），交付到 BPC 在苏比克湾的煤炭码头，由 WA 矿业承担在 Mathilda 港和苏比克湾之间供应链的风险。价格在第一个 10 年固定在每吨 45 美元，之后每年将基于悉尼的澳大利亚商品市场的相关等级煤炭在现货市场的日报价的年度平均来做调整，幅度也小于 5%。PPA 和煤炭供应协议的组合效应是 BPC 部分匹配了供应和分发合约，并且按照它的设计能力有效地提供了设施功能，保障了 BPC 的毛收入流。

⊖ 这些条款包括了更多的内容，但出于本书阐述说明的目的仅说明一些主要的条目。

3.2.1 项目公司估值：所有者权益

GC 的与 BPC 推进的决策将依赖于第一项关于 BPC 企业价值的预测情况。遵循企业估值模型，其要求预估运营收入，或销售减去销售成本（EBITDA）。回想一下企业估值模型：

公司权益的价值 = 公司运营业务的价值 − 债务和其他负债的价值

在这一框架中，BPC 的债务和其他负债是什么依旧不确定。因此预估其潜在的自由现金流（FCF）是出发点，为了对企业价值特别是其潜在的借款额进行分析。这要求对 BPC 的运营机构做预估，为了预估其可能的 EBITDA 及其后的 FCF。起点是预估的销售额和公司的预期成本结构（这是与经济学家的生产职能实际等效的）。图 3-3 展现了 BPC 在运营中的成本结构和我们关于无负债的项目公司的第一个分析。我们假定没有负债是因为我们需要预估自由现金流，以及为了预估用来偿付债务的可用现金（项目公司负债能力的主要决定因素，会在下一章节解释）。

BPC 被设计为一个单资产项目公司显著地简化了很多事项。作为两个本质的变量，电力销售和燃料成本（煤炭）在一个 10 年周期中是大体固定的，至少可以对第一个 10 年的销售和销售成本做相对不复杂的预估。通过 PPA 产生额外的销售，我们假设 BPC 在 2011 年产生额外的 2500 万美元的销售后，每年增长 2%，直至 2030 年。而且，因为很大一部分产出被预订，我们假设一个非常适度的销售成本，当前资产和当前负债是销售的一个比例。回想 BPC 设计的运营产出能力是 2000 百万瓦时，这让我们得到其燃料消耗率的预估和年度燃料成本的预估。此外，因为其高度自动化地生产一种单一产品，且 75% 的产能被 PPA 所预订，它的成本则预期由燃料成本主导。为了简单，我们假设销售成本大约是运营成本的 55%（主要是燃料成本），但在任何情况下，生产平台每年的燃料需求基于它在评估周期中平均 80% 的运营能力。

碧瑶电力公司：项目财务评价（没有债务） 结构 / 运营假设					
菲律宾比索：1 美元，2010 年 1 月		25.00			
运营假设：					
BOOT 的特许权（见假设价格表）		25	年		
25 年电力购买协议		75%		13 140 000	每年兆瓦
每兆瓦 2011 年的美元价格		55 美元	兆瓦小时价格	0.055 美元	或千瓦小时
比索等价支付		1375 菲律宾比索	兆瓦价格		
收入或支付亚洲开发银行第三方保证					
定价方案—10 年固定价格，3 年审查，上涨最大价格		5%	每年一次审查，至 2030 年		
菲律宾政府担保的外汇有效性					
煤炭供应，西澳公司矿山，投入或支付（见假设价格表）		25	年		
在终端交货的煤炭价格，美元，2011 年		45 美元	每吨，在苏比克湾终端提供		
固定价格：固定在 2010 年的市场		10	年		
11-25 年，平均市场价格参考上年					
减：		5%	吨 / 每年	584 000	吨 / 每月
每年供应能力	80%	7 008 000			
加权平均资本成本		9.50%			
结构假设					
其他销售增长		2.00%	首个 10 年的每一年		
销货成本（不含燃料）/ 销售		3.00%			
销货成本（含燃料）/ 销售（近似）		55%			
折旧：每年初始投资（直线）		10.00%			
所有权转让给 MEDB 享有的特殊折旧免税额		期末净固定资产余额			
净流动资产 / 销售		2.00%			
净流动负债 / 销售		2.00%			
流动负债利息		6.00%			
现金及有价证券的利息		4.00%			
项目债务利率		6.00%			
租赁利率		没有租赁			
项目债务结算**前**的股利支付率		0.00%			
项目债务结算**后**的股利支付率		100%			
分红派息　第 1 至第 3 年		0%			
再投资，占每年初始设备成本的百分比，第 1 年至第 20 年		5%			
每年再投资的折旧		5%			
公司税率（未结转亏损）		20%			
股权转让末期股息（所有正结余）		20%			
维修库存 / 销售		1%			

图 3-3　假设条件：碧瑶电力公司的运营成本结构⊖

⊖ 在没有实际情境下，我们假定这些图是燃煤发电站的实际经济学的代表。这些假设整体为了阐明一个发电项目公司的财务评估流程，作为一个典型的项目公司的例子来说明。每个项目公司会展现一个唯一的成本结构，这将说明其是如何被评估的。

	基本事实			
煤的能量密度，约	6.67	千瓦 – 小时 / 公斤		
燃煤发电效率的 30%，约	2	千瓦 – 小时 / 公斤		
即	500	公斤 / 兆瓦 – 小时		
大约在 2.0 千瓦 – 小时 / 公斤	2 000	兆瓦 / 小时	1 000 000	公斤煤 / 小时
即	8 760 000	吨 / 每年		
最小	6 570 000	吨 / 每年 @	75%	容量
和	7 008 000	吨 / 每年 @	80%	容量

电力价格假设 兆瓦 – 小时 2011 ～ 2035 年				煤炭价格的假设：2011 ～ 2035 年			
	年	美元	有效价格（美元）		年	美元	有效价格（美元）
	2011	55	55		2011	45	45
	2012	55	55		2012	45	45
	2013	55	55		2013	45	45
	2014	55	55		2014	45	45
	2015	55	55		2015	45	45
	2016	55	55		2016	45	45
	2017	55	55		2017	45	45
	2018	55	55		2018	45	45
	2019	55	55		2019	45	45
	2020	55	55		2020	45	45
回顾 1	2021	60	58	回顾 1	2021	50	48
（+5%，最大）	2022	60	58	（市场，减：+5%）	2022	50	48
	2023	60	58		2023	50	48
回顾 2	2024	60	61		2024	50	48
（+5%，最大）	2025	60	61		2025	50	48
	2026	60	61		2026	50	48
回顾 3	2027	70	64		2027	50	48
（+5%，最大）	2028	70	64		2028	50	48
	2029	70	64		2029	50	48
回顾 4	2030	75	67		2030	50	48
（+5%，最大）	2031	75	67		2031	50	48
	2032	75	67		2032	50	48
	2033	75	67		2033	50	48
	2034	75	67		2034	50	48
	2035	75	67		2035	50	48

注：阴影列是计算的结果或已被纳入计算的数字。

图 3-3 （续）

我们需要对计提折旧做一个特别说明。我们假设折旧的初始比率是每年折旧设施初始成本的 10%(直线折旧)，这在一定程度上是一个加速比率。此外，我们假设每年将设施初始成本的 5% 做再投资，这一额度可以在 20 年里完全替换生产平台。然后再投资的资本在 5 年中折旧（也就是每年 20% 的直线折旧)。最后的再投资发生在 2030 年，当拥有权转让给 MEDB 时，再投资也能完全折旧。这创建了如表 3-4 所示的“滚动”折旧账户，其在 2035 年结束于净投资资本为零。

另一个事项也需要注意，预估企业现值是用在 BPC 自由现金流上的贴现率。至此我们推迟了关于 WACC（也就是贴现率）的深入考虑，直到在下文专栏 3-2 中呈现的讨论。简单地假设相对于权益投资人的风险 WACC 为 9.5%，恰当地表现了 BPC 要求的财务绩效。基于以上的概括，在表 3-5 中展现了 BPC 在其 25 年的特许周期里，作为一个私有项目公司的预估估价利润表和自由现金流表。我们的分析进一步基于假设的企业税率为 20%，并且在此假设上 BPC 在任何年度都亏损，这亏损不会由未来利润相抵，每个税务年度都被视作独立于之前的年度。BPC 也不允许在 1 ～ 3 年中分红，与假设的承包商在完成后 3 年的周期内对建造缺陷负责一致。

基于这一假设，BPC 的企业价值被预估为大约 26 亿美元，如果考虑到 GC 不通过任何股东合伙人或负债，支付整体设施的全部开发费用。尽管表 3-5 没有真正去认真尝试决定 BPC 企业价值，但它对 BPC 实际现金流的预估有帮助，因为在债务利息和本金能偿付的基础上，任何利息支付都会改变 BPC 的应纳税金和自由现金流。我们将此引述为债务偿付的可用现金（cash available for debt service，CADS)，其广泛地被认为是偿付合约债务（包括租赁）的现金流。债务偿付的可用现金是项目公司财务评估的重要变量，因为这构成了任何未来项目贷款人评估项目公司（就这点来说可以是任何公司）潜在负债能力的出发点。

表 3-5 反映了一个基于变量及其行为的一系列假设的 BPC 自由现金流的单项预估，并且也没有考虑债务对 BPC 自由现金流的影响。注意我们这里从负债中排除了租约项（涡轮机)，后续会解释其原因。以上呈现的预估可以被视为预期情景，但仅依赖于这一情景是不谨慎的，其也要求一些替代的假设。一个重要的假设是项目发起人和未来的项目公司贷款人必

须认可基于项目公司收入特性的成本结构（用总成本与总收入的比率来度量）。两个变量极大地影响了项目的经济和财务绩效，[⊖]也就是电力的价格和煤炭的成本，在图 3-4 中展现了最好和最坏的情形，因此我们可以想象预期的项目自由现金流会落在这样的空间中，我们可以将其命名为项目自由现金流空间。这是一个在第 4 章阐述的情景分析的例子，但它也展现了一个更复杂模拟运作的抽样版本。在专栏 4-1 中会对风险分析做更多讨论。

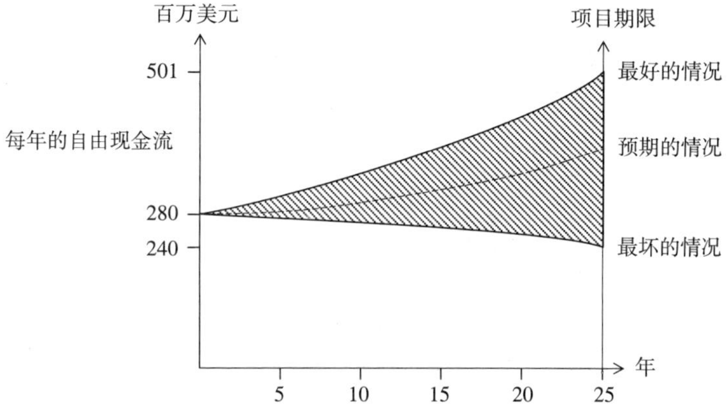

图 3-4 潜在的可行项目自由现金流空间图示

如上所述，CADS 是任何未来贷款人评估可以考虑向项目公司借多少钱的出发点，如果公司的基本经济状况良好的话。在理想的情形中，对于借给哪个公司和借多少额度是分开决策的，第一项决策要求假设信用风险，及其后以什么价格贷款。在企业贷款和项目公司贷款中，这些步骤经常是模糊的，这源于资金对识别出的有效项目的竞争。总之，贷款决策流程依赖于信用风险分析，对于项目公司包括评估项目公司发展能力的完整流程，以及所有将在第 4 章讨论的财务风险度量。我们进一步假设，GC 和发起人 / 股权投资人已经对原材料成本和供应链风险、销售量和价格风险做了可接受的风险管理安排（所有这些将在第 4 章讨论，并且所有这些都可能被视为向项目公司贷款的预先条件）。一旦银行决定可以给一个项目贷款，并且认可其成本结构、投资方和建设协议，则最重要的关注点变成了向公司贷多少钱。

⊖ 我们这样设置可以容易地使用微软的 Excel 软件中的“数据 / 表格”功能生成不同的场景数据，其生成一个行和列包括变量的表格。

表 3-4 碧瑶电力公司的

折旧账户	2010 年	2011 年	2012 年	2013 年	2014 年	2015 年	2016 年	2017 年	2018 年	2019 年	2020 年	2021 年
固定资产成本	2 500 000	2 500 000	2 500 000	2 500 000	2 500 000	2 500 000	2 500 000	2 500 000	2 500 000	2 500 000	2 500 000	2 500 000
折旧		250 000	250 000	250 000	250 000	250 000	250 000	250 000	250 000	250 000	250 000	
减：累计折旧		250 000	500 000	750 000	1 000 000	1 250 000	1 500 000	1 750 000	2 000 000	2 250 000	2 250 000	2 500 000
固定资产净值（不包括再投资）	2 500 000	2 250 000	2 000 000	1 750 000	1 500 000	1 250 000	1 000 000	750 000	500 000	250 000	0	
增加投资		125 000	125 000	125 000	125 000	125 000	125 000	125 000	125 000	125 000	125 000	125 000
再投资 1 年		25 000	25 000	25 000	25 000	25 000						
再投资 2 年			25 000	25 000	25 000	25 000	25 000					
再投资 3 年				25 000	25 000	25 000	25 000	25 000				
再投资 4 年					25 000	25 000	25 000	25 000	25 000			
再投资 5 年						25 000	25 000	25 000	25 000	25 000		
再投资 6 年							25 000	25 000	25 000	25 000	25 000	
再投资 7 年								25 000	25 000	25 000	25 000	25 000
再投资 8 年									25 000	25 000	25 000	25 000
再投资 9 年										25 000	25 000	25 000
再投资 10 年											25 000	25 000
再投资 11 年												25 000
再投资 12 年												
再投资 13 年												
再投资 14 年												
再投资 15 年												
再投资 16 年												
再投资 17 年												
再投资 18 年												
再投资 19 年												
再投资 20 年												
固定再投资成本		125 000	250 000	375 000	500 000	625 000	750 000	875 000	1 000 000	1 125 000	1 250 000	1 375 000
减：再投资累计折旧		25 000	75 000	150 000	250 000	375 000	500 000	625 000	750 000	875 000	1 000 000	1 125 000
减：所有权转让给 MEDB 的特殊注销												
固定再投资净值		100 000	175 000	225 000	250 000	250 000	250 000	250 000	250 000	250 000	250 000	250 000
年度折旧总额		275 000	300 000	325 000	350 000	375 000	375 000	375 000	375 000	375 000	375 000	125 000
固定资产成本		2 625 000	2 750 000	2 875 000	3 000 000	3 125 000	3 250 000	3 375 000	3 500 000	3 625 000	3 750 000	3 875 000
减：累计折旧		275 000	575 000	900 000	1 250 000	1 625 000	2 000 000	2 375 000	2 750 000	3 125 000	3 500 000	3 625 000
固定资产净值		2 350 000	2 175 000	1 975 000	1 750 000	1 500 000	1 250 000	1 000 000	750 000	500 000	250 000	250 000

折旧计算（2011～2035年） （单位：千美元）

2022年	2023年	2024年	2025年	2026年	2027年	2028年	2029年	2030年	2031年	2032年	2033年	2034年	2035年
2 500 000	2 500 000	2 500 000	2 500 000	2 500 000	2 500 000	2 500 000	2 500 000	2 500 000	2 500 000	2 500 000	2 500 000	2 500 000	2 500 000
(2 500 000)	(2 500 000)	(2 500 000)	(2 500 000)	(2 500 000)	2 500 000)	(2 500 000)	(2 500 000)	(2 500 000)	(2 500 000)	(2 500 000)	(2 500 000)	(2 500 000)	(2 500 000)
125 000	125 000	125 000	125 000	125 000	125 000	125 000	125 000	125 000					
25 000 000													
25 000 000	25 000 000												
25 000 000	25 000 000	25 000 000											
25 000 000	25 000 000	25 000 000	25 000 000										
25 000 000	25 000 000	25 000 000	25 000 000	25 000 000									
	25 000 000	25 000 000	25 000 000	25 000 000	25 000 000								
		25 000 000	25 000 000	25 000 000	25 000 000	25 000 000							
			25 000 000	25 000 000	25 000 000	25 000 000	25 000 000						
				25 000 000	25 000 000	25 000 000	25 000 000	25 000 000					
					25 000 000	25 000 000	25 000 000	25 000 000	25 000 000				
						25 000 000	25 000 000	25 000 000	25 000 000	25 000 000			
							25 000 000	25 000 000	25 000 000	25 000 000	25 000 000		
								25 000 000	25 000 000	25 000 000	25 000 000	25 000 000	
1 500 000	1 625 000	1 750 000	1 875 000	2 000 000	2 125 000	2 250 000	2 375 000	2 500 000	2 500 000	2 500 000	2 500 000	2 500 000	2 500 000
1 250 000	1 375 000	1 500 000	1 625 000	1 750 000	1 875 000	1 875 000	2 000 000	2 125 000	2 225 000	2 425 000	2 475 000	25 000	25 000
250 000	250 000	250 000	250 000	250 000	250 000	250 000	250 000	250 000	150 000	75 000	250 000	0	0
125 000	125 000	125 000	125 000	125 000	125 000	125 000	125 000	125 000	100 000	25 000	50 000	250 000	0
4 000 000	4 125 000	4 250 000	4 375 000	4 500 000	4 625 000	4 750 000	4 875 000	5 000 000	5 000 000	5 000 000	5 000 000	5 000 000	5 000 000
3 750 000	3 875 000	4 000 000	4 125 000	4 250 000	4 375 000	4 500 000	4 625 000	4 750 000	4 850 000	4 925 000	4 975 000	5 000 000	5 000 000
250 000	250 000	250 000	250 000	250 000	250 000	250 000	250 000	250 000	150 000	75 000	25 000	0	0

表 3-5 碧瑶电力公司的预估利润表

预计利润表	年	2011 年	2012 年	2013 年	2014 年	2015 年	2016 年	2017 年	2018 年	2019 年	2020 年	2021 年
MEDB 电力购买协议		722 700 000	722 700 000	722 700 000	722 700 000	722 700 000	722 700 000	722 700 000	722 700 000	722 700 000	722 700 000	758 835 000
其他销售		25 000 000	25 500 000	26 010 000	26 530 200	27 060 804	27 602 020	28 154 060	28 717 142	29 291 485	29 877 314	29 877 314
总销售额		747 700 000	748 200 000	748 710 000	749 230 200	749 760 804	750 302 020	750 854 060	751 417 142	751 991 485	752 577 314	788 712 314
减：销售成本，包括燃料		−337 791 000	−337 806 000	−337 821 300	−337 836 906	−337 852 824	−337 869 061	−337 885 622	−337 902 514	−337 919 745	−337 937 319	−356 541 369
息税折旧和摊销前利润		409 909 000	410 394 000	410 888 700	411 393 294	411 907 980	412 432 959	412 968 439	413 514 627	414 071 740	414 639 995	432 170 945
减：												
折旧		−275 000 000	−300 000 000	−325 000 000	−350 000 000	−375 000 000	−375 000 000	−375 000 000	−375 000 000	−375 000 000	−375 000 000	−125 000 000
利息（项目公司债务）												
发电机租赁付款												
税前盈利		134 909 000	110 394 000	85 888 700	61 393 294	36 907 980	37 432 959	37 968 439	38 514 627	39 071 740	39 639 996	307 170 945
减：所得税		−26 981 800	−22 078 800	−17 177 740	−12 278 659	−7 381 596	−7 486 592	−7 593 688	−7 702 925	−7 814 348	−7 927 999	−61 434 185
税后盈利		107 927 200	88 315 200	68 710 960	49 114 635	29 526 384	29 946 368	30 374 751	30 811 702	31 257 392	31 711 996	245 736 756
减：												
摊销												
股息		0	0	0	−49 114 635	−29 526 384	−29 946 368	−30 374 751	−30 811 702	−31 257 392	−31 711 996	−245 736 756
留存收益		107 927 200	88 315 200	68 710 960	0	0	0	0	0	0	0	0
累计留存收益		107 927 200	196 242 400	264 953 360	264 953 360	264 953 360	264 953 360	264 953 360	264 953 360	264 953 360	264 953 360	264 953 360

自由现金流	年	2011 年	2012 年	2013 年	2014 年	2015 年	2016 年	2017 年	2018 年	2019 年	2020 年	2021 年
税后盈利		107 927 200	88 315 200	68 710 960	49 114 635	29 526 384	29 946 368	30 374 751	30 811 702	31 257 392	31 711 996	245 736 756
加：折旧		275 000 000	300 000 000	325 000 000	350 000 000	375 000 000	375 000 000	375 000 000	375 000 000	375 000 000	375 000 000	125 000 000
加：债务利息												
加：租赁付款												
减：固定资产再投资		−125 000 000	−125 000 000	−125 000 000	−125 000 000	−125 000 000	−125 000 000	−125 000 000	−125 000 000	−125 000 000	−125 000 000	−125 000 000
新增/扣除营运资金变动净额		0	0	0	0	0	0	0	0	0	0	0
自由现金流		257 927 200	263 315 200	268 710 960	274 114 635	279 526 384	279 946 368	280 374 751	280 811 702	281 257 392	281 711 996	245 736 756
企业价值：自由现金流量现值	2 689 662 654											
减：未偿债务2011年	0											
权益价值	2 689 662 654											
流通股	2 500 000 000											
每股价值	1.08											
可用于还本付息的现金（自由现金流＋税）		284 909 000	285 394 000	285 888 700	286 393 294	286 907 980	287 432 959	287 968 439	288 514 627	289 071 740	289 639 995	307 170 945

和自由现金流（2011～2035年）　　（单位：美元）

2022年	2023年	2024年	2025年	2026年	2027年	2028年	2029年	2030年	2031年	2032年	2033年	2034年	2035年
758 835 000	758 835 000	796 776 750	796 776 750	796 776 750	836 615 588	836 615 588	836 615 588	878 446 367	878 446 367	878 446 367	878 446 367	878 446 367	878 446 367
29 877 314.22	29 877 314.22	29 877 314.22	29 877 314.22	29 877 314.22	29 877 314.22	29 877 314.22	29 877 314.22	29 877 314.22	29 877 314.22	29 877 314.22	29 877 314.22	29 877 314.22	29 877 314.22
788 712 314	788 712 314	826 654 064	826 654 064	826 654 064	866 492 902	866 492 902	866 492 902	908 323 681	908 323 681	908 323 681	908 323 681	908 323 681	908 323 681
−356 541 369	−356 541 369	−357 679 622	−357 679 622	−357 679 622	−358 874 787	−358 874 787	−358 874 787	−360 129 710	−360 129 710	−360 129 710	−360 129 710	−360 129 710	−360 129 710
432 170 945	432 170 945	468 974 442	468 974 442	468 974 442	507 618 115	507 618 115	507 618 115	548 193 971	548 193 971	548 193 971	548 193 971	548 193 971	548 193 971
−125 000 000	−125 000 000	−125 000 000	−125 000 000	−125 000 000	−125 000 000	−125 000 000	−125 000 000	−125 000 000	−100 000 000	−75 000 000	−50 000 000	−25 000 000	0
307 170 945	307 170 945	343 974 442	343 974 442	343 974 442	382 618 115	382 618 115	382 618 115	423 193 971	423 193 971	423 193 971	423 193 971	523 193 974	548 193 971
−61 434 189	−61 434 189	−68 794 888	−68 794 888	−68 794 888	−76 523 623	−76 523 623	−76 523 623	−84 638 794	−84 638 794	−94 638 794	−99 638 794	−104 638 794	−109 638 794
													438 555 177
−245 736 756	−245 736 756	−275 179 554	−275 179 554	−275 179 554	−306 094 492	−306 094 492	−306 094 492	−338 555 177	−358 555 177	−378 555 177	−398 555 177	−418 555 177	−438 555 177
0	0	0	0	0	0	0	0	0	0	0	0	0	0
264 953 360	264 953 360	264 953 360	264 953 360	264 953 360	264 953 360	264 953 360	264 953 360	264 953 360	264 953 360	264 953 360	264 953 360	264 953 360	264 953 360

2022年	2023年	2024年	2025年	2026年	2027年	2028年	2029年	2030年	2031年	2032年	2033年	2034年	2035年
245 736 756	245 736 756	275 179 554	275 179 554	275 179 554	306 094 492	306 094 492	306 094 492	338 555 177	338 555 177	338 555 177	338 555 177	418 555 177	438 555 177
125 000 000	125 000 000	125 000 000	125 000 000	125 000 000	125 000 000	125 000 000	125 000 000	125 000 000	100 000 000	75 000 000	50 000 000	25 000 000	0
−125 000 000	−125 000 000	−125 000 000	−125 000 000	−125 000 000	−125 000 000	−125 000 000	−125 000 000	−125 000 000					
0	0	0	0	0	0	0	0	0	0	0	0	0	0
245 736 756	245 736 756	275 179 554	275 179 554	275 179 554	306 094 492	306 094 492	306 094 492	338 555 177	458 555 177	453 555 177	448 555 177	443 555 177	438 555 177
307 170 945	307 170 945	343 974 442	343 974 442	343 974 442	382 618 115	382 618 115	382 618 115	423 193 971	548 193 971	548 193 971	548 193 971	548 193 971	548 193 971

我们对将项目公司的比率分析用作通常的信用风险分析感兴趣，特别是项目公司贷款人对项目公司负债能力预估的应用上。财务比率分析是银行项目公司贷款决策中信用风险分析的基石，对所有类型的项目公司业务都如此。但有一些重要的不同点，关于项目贷款特征的第一项观察是贷款的总体特性，是提供给项目公司的长期贷款。长期贷款人首先关注项目公司生成稳定的内部现金流的能力，作为长期债务偿付能力的主要指标，也就是公司的可用于还本付息的现金，其也受到公司资本结构和未来盈利预测的影响。正如已经指出的，贷款人初始将项目公司的现金流看作项目公司对任何贷款偿付的重要来源，并且在无追索权贷款的情况中，仅由项目公司的资产提供保障。

对于信用风险分析，潜在贷款人的首要关注是在项目预期寿命中项目生成现金流的能力，而不是在糟糕的销售情形下项目资产的价值。从我们的分析中得出的一个假设是，项目公司预期净现金流（用 EBITDA 度量）的不确定性已经被风险管理对冲，通过长期合约协议、保险、担保和共同融资协议提供了最大的扩展可能（在第 4 章做进一步讨论）。如果这一假设可接受并且假设预期现金流是稳定的，至少三个特定现金流方面对未来贷款人立刻变得很重要：

- 首先，绝对美元计量的净现金流的预期水平（或规模）
- 其次，在周期内生成的现金流的预期结构
- 最后，项目产生预期现金流的周期长度

这些变量和那些债务合约的利率为预估项目负债能力提供了基本的变量，在预期寿命中项目可以无压力地接受金钱负债的额度。一个重要的进一步观察再次出现：项目建设的成本并不在负债能力的初始评估中。CADS 构成预估项目贷款人愿意接受的贷款额度的出发点。

预期的 CADS 是项目公司负债能力评估的出发点，但贷款合约条件构成了信用风险评估和管理的第二个组成部分。另一个重要度量是项目公司的企业价值。我们第一个假设是，贷款人认可图 3-3 展现的项目公司收入特征对应的成本结构，但贷款人也很可能根据合约监控项目公司的净利。我们由此假设贷款人的项目融资信用分析师认可用来管理收入变动的度量被扩展使用。基于可接受的净利及供应和需求风险管理（如前文概括的 PPA 和 CPA），项目公司负债能力从项目比率分析开始预估。至少三项

项目公司绩效度量的组合对负债能力的初始分析是重要的，包括项目债务偿付覆盖规则、资本比率，以及项目 CADS 跨越时间的结构和它的债务偿付覆盖能力。这里一个重要的点是，分析是同步的，一个假设的贷款额度被纳入这个模型来测试自由现金流、CADS 和债务偿付能力的效应，并且其效应接着用来调整 CADS 和测试通过观测债务覆盖率的产出。⊖

我们从债务偿付规则开始。这些不仅是“规则”，因为其被所有的贷款人和项目应用（除非一个不太可能的情形是：有监管部门的预定规则），它仅是反映贷款人应用基于财务偿付能力的可比较规则的一些版本，作为评估项目公司贷款的内部指导。出发点是前文所述的长度周期内项目公司债务的预估价值。我们介绍两种此类方法，贷款寿命覆盖率（loan life coverage ratio，LLCR）和项目寿命覆盖率（project life coverage ratio，PLCR）。两者事实上都是基于股票对负债能力的度量，并且没有考虑在项目周期中现金流如何预期发生，PLCR 表达为：

$$PLCR = PV(CADS\ over\ project\ life)/PV\ Total\ Debt$$

这一比率度量了项目公司在整个项目预期寿命中覆盖其总债务的能力。这一度量指出了项目公司整体资本额度能覆盖项目债务的长期能力。很明显这一比率越大，贷款的风险越小。图 3-5 说明了 BPC 的一个 2 : 1 的 PLCR 的图形化展现，假设贷款寿命为 10 年，项目寿命为 25 年。

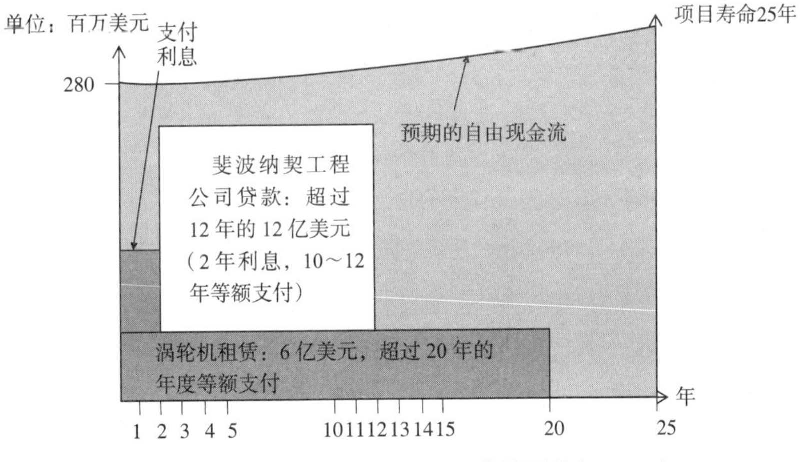

图 3-5 碧瑶电力公司图示（项目贷款覆盖率 = 2 : 1）

⊖ 使用高斯－塞德尔迭代法来同步解决相关方程式，用以“优化”对负债能力的预估也是可能的。

原则上，LLCR 可以和 PLCR 比较，但它聚焦于评估项目公司在短期内而不是整个寿命内的项目债务覆盖能力，也就是贷款的周期总是小于项目预期寿命。它也没有考虑在项目周期中现金流如何产生。LLCR 表达为：

$$LLCR = PV(CADS\ during\ loan\ life)/PV\ Total\ Debt$$

这一比率仅度量项目公司在贷款周期里覆盖整体负债的能力。因此其相对于 PLCR 是一个更短期的度量，用来度量 CADS 可以覆盖整体债务的能力。虽然它没有明显地考虑项目现金流模型，但它提供了关于项目周期早期阶段风险的度量，已经由此得到一个合适的项目贷款结构。类似地，这一比率越大，贷款风险越小。在 BOOT 原则下的基础设施项目开发中，例如，在 BPC 案例中，特许经营的整体周期决定了项目寿命为 25 年。采矿和能源项目的寿命依赖于储量的大小和可以支持多长时间的开采，在这些项目公司中，其资产的一个重要部分就表现为未开采的储量。图 3-6 进一步说明了 BPC 公司的 1.5 : 1 的 LLCR 比率的图形化展现，假设贷款寿命为 10 年。

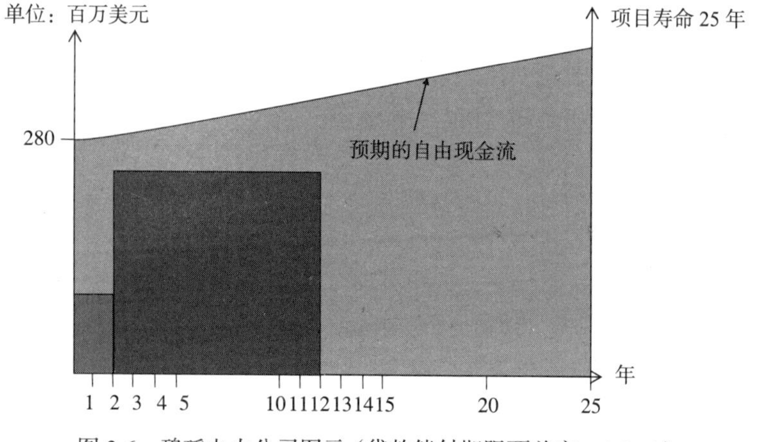

图 3-6　碧瑶电力公司图示（贷款偿付期限覆盖率 = 1.5 : 1）

下一个分析关注的问题是，项目公司在其项目周期和贷款周期中预估的现金流的结构。金钱的时间价值当然很重要，因为早的现金流比晚一些的现金流有相对更高的现值。[⊖]此外，因为从项目贷款人风险管理的角度

⊖ 周期分析将不同投资的现金流结构简化为单个数字指标来做比较，并且金融机构扩展地将其使用到固定收益组合管理和资产 – 负债管理中。有兴趣的读者可以参考 Saunders（1997）的周期分析及其在银行业应用的评论。风险价值法（value at risk）分析更广泛地用在项目财务投资的压力测试中。

来看，常规的建议会是债务偿付结构和项目公司预期现金流结构匹配。基于对统筹期望项目贷款的激烈的国际竞争，在债务偿付结构和还款日程中的弹性在匹配项目现金流方面有竞争优势。这一特定的观察解释了很多项目贷款特征，如宽限期、利息期和逐步增加的贷款偿付，以及更多。例如，基于对运营的三年后可以达到最大化的产出的预期，项目贷款人可以允许在十年期采矿贷款的第一个两年中仅仅需要支付利息。图 3-6 中 BPC 现金流的结构建议，在最佳的和预期的案例情境下没有现金流压力的周期，但在更差的情况下，很明显会发生债务偿付问题。这是风险管理要注意的问题（参见第 4 章）。

虽然项目周期的预期现金流结构在项目债务偿付结构的构成上有指示性的作用，项目公司运营现金流管理也很重要，并且是作为监督安排的一部分的贷款条件的主题。对持续运营管理的债务偿付要求的监督，可以作为贷款合约的一部分来规定，并且使用与整体项目现金流结构相同的方式来形成贷款构成考量。一个典型的度量为债务偿付覆盖率（service coverage ratio，DSCR）：

$$DSCR = CADS/Total\ DS$$

重要的是债务偿付（DS），包括所有的债务偿付责任，包括租金支付。例如，经常发生在交易和制造公司比率和趋势分析中的已获得的计时利息（timcs interest earned），就不是一个充分的度量。我们假定 BPC 的 DSCR 为 1.5，和一项合理的 PPA 来做说明。然而这也很明显，项目公司持续的债务偿付能力在运营中形成了项目现金流结构中的部分考量，以及其在贷款构成上的影响。

我们继续资本比率的讨论。回想项目融资公司的一个目的是最小化资产和最大化项目公司负债，并且我们大致建议项目公司的典型的负债：资产比率为 60% ～ 80%。我们必须将此作为一个非常重要的说明。在这个角度，预估的项目公司价值（未来项目公司贷款人提出的股价）比预估的项目成本更重要，尽管项目成本很明显也会被关注。从负债能力的角度，一个贷款人担心一个资本比率是负债总额的 60%，将项目成本及其管理的风险留给了发起人的情况。在第 4 章我们会解释项目成本风险和时间超期最好由承包人承担，但也依赖于计划和设计。作为借款给项目公司建造设施

表 3-6 碧瑶电力公司

债务能力估计	年	2010 年	2011 年	2012 年	2013 年	2014 年	2015 年	2016 年	2017 年	2018 年	2019 年	2020 年
涡轮机设备的价值	600 000 000											
可供还本付息的现金			284 909 000	285 394 000	285 888 700	286 393 294	286 907 980	287 432 959	287 968 439	288 514 627	289 071 740	289 639 995
减：20 年的每年等额租赁付款			(52 310 734)	(52 310 734)	(52 310 734)	(52 310 734)	(52 310 734)	(52 310 734)	(52 310 734)	(52 310 734)	(52 310 734)	(52 310 734)
可供还本付息的现金净额			232 598 266	233 083 266	233 577 966	234 082 560	234 597 246	235 122 225	235 657 704	236 203 893	236 761 006	237 329 261
现值	4 256 185 606											
12年的贷款：只有第1年和第2年的利息；第3年至第12年，10个等额年摊销，年末支付。	(190 215 142)	项目贷款：	1 400 000 000									
贷款期限保障比率 = 1.5，12 年的贷款项目的偿债能力	1.5	1 325 309 299										
项目生命覆盖率 = 2，项目的偿债能力	2	1 828 092 803										
	利息覆盖 1～2 年：		2.77	2.77								
	利息覆盖 3～12 年：				2.78	3.02	3.31	3.69	4.20	4.91	5.99	7.78
	总债务覆盖 1－20 年，合并租赁和债务：		5.45	5.46	1.18	1.18	1.18	1.19	1.19	1.19	1.19	1.19
	年	2010 年	2011 年	2012 年	2013 年	2014 年	2015 年	2016 年	2017 年	2018 年	2019 年	2020 年
未偿余额（年初）：			1 400 000 000	1 400 000 000	1 400 000 000	1 293 784 858	1 181 196 808	1 061 853 475	935 349 543	801 255 374	659 115 554	508 447 346
收支相等					190 215 142	190 215 142	190 215 142	190 215 142	190 215 142	190 215 142	190 215 142	190 215 142
成分：												
（1）利息			84 000 000	84 000 000	84 000 000	77 627 092	70 871 809	63 711 209	56 120 973	48 075 322	39 546 933	30 506 841
（2）资本					106 215 142	112 588 050	119 343 333	126 503 933	134 094 169	142 139 819	150 668 208	159 708 301
未结算余额（年末）：			1 400 000 000	1 400 000 000	1 293 784 858	1 181 196 808	1 061 853 475	935 349 543	801 255 374	659 115 554	508 447 346	348 739 045

负债能力预估

（单位：美元）

	2021年	2022年	2023年	2024年	2025年	2026年	2027年	2028年	2029年	2030年	2031年	2032年	2033年	2034年	2035年
	307 170 945	307 170 945	307 170 945	343 974 442	343 974 442	343 974 442	382 618 115	382 618 115	382 618 115	423 193 971	548 193 971	548 193 971	548 193 971	548 193 971	548 193 971
	(52 310 734)	(52 310 734)	(52 310 734)	(52 310 734)	(52 310 734)	(52 310 734)	(52 310 734)	(52 310 734)	(52 310 734)	(52 310 734)	0	0	0	0	0
	254 860 211	254 860 211	254 860 211	291 663 708	291 663 708	291 663 708	330 307 380	330 307 380	330 307 380	370 883 236	548 193 971	548 193 971	548 193 971	548 193 971	548 193 971
	12.18	23.67													
	1.27	1.27	5.87	6.58	6.58	6.58	7.31	7.31	7.31	8.09					

	2021年	2022年	2023年	2024年	2025年	2026年	2027年	2028年	2029年	2030年	2031年	2032年	2033年	2034年	2035年
	348 739 045	179 448 247													
	190 215 142	190 215 142													
	20 924 343	10 766 895													
	169 290 799	179 448 247													
	179 448 247	0													

的先决条件，项目贷款人很可能要求安排协商确定的指标来确保项目成本、完成时间和质量按照国际惯例来管理，以预防动机歪曲。因此在实践中，我们更关注债务与总价值的比率，将用来解释资本比率。

为了完成对 BPC 负债能力预估的要求，我们由假设 BPC 获得一项 12 年的长期贷款开始，在第一个两年只付利息，贷款会以相等的 10 份偿付分摊在剩下的 10 年中。我们假设 BPC 考虑基于这些条件接受 Fibonacci 银行的贷款。并且，我们假设 Hydrex 涡轮机公司（HT），一家主要的组合循环发电供应商，同意向 BPC 出租 12 年的发电设备，年度租赁费反映了涡轮机 6 亿美元的资产价值。在这一情形下，表 3-6 说明了基于这些条件下 BPC 负债能力的预估，并假设债务的浮动利率为 6%，租赁利率为 6%。在这样的条件下，债务能力预估建议 LLCR 为 1.5 时，BPC 的负债能力大约为 13 亿美元，而 LLCR 为 2.0 时大约为 18 亿美元。然而，这也透露出在此期间内，当债务被分摊以及考虑到租赁时，总的 DSCR 降到 1.5 以下时建议对 BPC 生成的现金流结构做关注（例如，想象一下煤炭价格在 10 年之后将没有增长限制）。考虑到所有这些因素，以及来自 HT 的 6 亿美元的资本设备，建议 BPC 在 12 年中偿付 14 亿美元的项目负债似乎是合理的，因为其展示了一个合理健康的 LLCR 几乎是 2.0。然而如前文所述，这不是分析的终点，因为我们也必须考虑 BPC 的债务偿付能力如何分配，这会接着分析并在下文说明，在那里我们会回到这里概括的项目长期贷款。

以上决定项目公司负债能力的流程是多功能的。很明显，财务经理可以以与贷款人相同的方式作为借贷机构来使用它，例如发展他们自己对负债能力的观点在前期接近未来贷款人。当考虑收购一个困境中的项目公司需要再融资时也可以使用它，记住在这样的情形下，项目公司设施的原始成本与决定其新价值和其负债能力完全无关。可以问一下英吉利海峡隧道的多个拥有者和财务融资人关于这一点的不幸事实。

3.2.2 项目公司估值：资产和负债

然而，如前文所述，这不是负债能力分析的终点。我们也必须考虑 BPC 财务结构的更多细节。回想我们的第一个假设是 BPC 发电设施的开发由环球联合企业（GC）来融资，GC支付设施的建设和所有其他关联的成本，并拥有100%的BPC股权。作为使用项目融资的原因之一，公司实际上经常被资产负债表限制，它们希望最小化股权投资并最大化项目公司财务结构中的负债。此外，长期贷款不是信用交易的仅有形式，前文引用的资本（财务）租赁在负债能力考量中也被视为负债。因此对HT公司的设备租赁可以归类为信贷，并且其被视为BPC总债务中的一项长期单边公司贷款。因此我们也不得不考虑BPC的负债能力如何分配，因为当潜在股权合伙人在考虑BPC时，这也是一个问题。此外，在一个有税务和业务问题的不完美的金融系统中，资本结构的选择也影响企业价值，如同我们在专栏3-2中解释的，其反映在WACC的调整中。图3-7在BPC的资产负债表上反映了所有的这些财务决策。

专栏3-2 加权平均资本成本（weighted average cost of capital，WACC）

在20世纪50年代，理财，确切地说是公司理财，随着两项关键的发展来到了现代，它们是现代组合理论（来自Harry Markowitz的主要观点和James Tobin的一些重要补充），并且莫迪利亚尼（Modigliani）和米勒（Miller）提出了企业财务结构。在20世纪60年代早期，威廉·夏普（William Sharpe）和杰克·特雷诺（Jack Treynor）分别发展了现代组合理论（modern portfolio theory，MPT），进一步深入资本资产定价模型（capital asset pricing model，CAPM）。五六十年前的这些发展依然为我们提供了框架，来理解项目估值贴现率选择背后的本质思想。

作为开始，莫迪利亚尼和米勒的第一项主张显示了公司的成功依赖于投资决策，而不是如何融资。资本投资的回报取决于其选择的项目，而不是其如何筹资（是仅通过股权，或股权和负债）。他们声称资产上要求的回报是商业成功的关键，而不是通过操纵资产负债表来获得财务利益。莫迪利亚尼和米勒的第二项主张识别出有借款的公司，但也显示了一个隐含点：虽然在一个特定点投资的回报依赖于投资的特性，但对两个不同债务（股权和负债）的支付依赖于它们在整体公司价值、资产回报和债务利息支付中的比例。

$$r_{assets}=WACC=\frac{D}{V}r_{debt}+\frac{E}{V}r_{equity}$$

在资本结构中 D 代表负债；E 代表资本权益；V 代表公司价值（D，E 和 V 的市场价值）。在所有情况下，r 代表了融资工具的成本，可以是债务的利息率，或要求的资产回报率。如果我们保持 WACC 不变，（回想一下，它总是与 r_{assets} 相等），接着我们将其视为负债和资本权益变化的水平，因此在资本权益变化上要求回报。在实践中 r_{assets} 为了便利去除，原因也很明显。因此：

$$r_E=r_A+\frac{D}{V}(r_A-r_D)$$

简单地说，一个公司负债越多，资本回报的要求比率也越高，但整体的资产回报是恒定的。投资者要求更高的投资回报来持有高度绑定公司的资产。然而，虽然莫迪利亚尼和米勒的主张已经为一个完美资本市场做了发展，资本市场依然有重要的不完美之处：人员和税收。当利息支付可以抵税，并包括用 t 代表企业税率，WACC 表达式变为：

$$WACC=(1-t)\frac{D}{V}r_{debt}+\frac{E}{V}r_{equity}$$

事实上，WACC 表达式随着每个不同融资工具的加入以及使用这些工具隐含的税费（例如，执行租赁支付也有隐含的税费）而变化。为了说明我们将租赁加入 WACC 表达式，正如同碧瑶电力公司（BPC）的情况。因此对有财务租赁的公司，其资本结构表达为：

$$WACC=(1-t)\frac{D}{V}r_{debt}(1-t)\frac{L}{V}r_{leases}+\frac{E}{V}r_{equity}$$

虽然当这些合约开始时，r_{debt} and r_{leases} 是明确的，当对公司资产要求的回报率则更微秒。我们回到对任何资产的典型回报的概念，r_{assets} 在原始的 WACC 表达式中，注意这是一些没有任何负债的投资的回报，公司是 100% 有股权融资的。这建议我们必须为我们分析的投资种类决定唯一要求的 r_{equity}。不幸的是，我们无法观察 r_{debt} 和 r_{leases}，我们必须从资本市场生成的价格信息中抽取。资本市场交易中生成的价格信息让我们可以实施 MPT，还可以实施（一定程度上）Sharpe/Treynor

CAPM，推导出持有公司（公司经营特定类型业务）股权要求的回报率的值。CAPM 则有：

$$R_{equity} = r_f + \beta_i (r_m - r_f)$$

这里 r_f 表明无风险投资的回报（典型的为持有政府债券工具）；r_m 是从一个完全多元化市场组合从现代组合理论（MPT）得出的收入回报－在实践中典型假设是在一个特点法律系统中交易所发布的指数。$(r_m - r_f)$ 代表市场溢价（market premium），也就是承担市场风险所获得的回报。市场组合的 *Beta* 通常设为 1，因此所有其他资产有一个与 1 相关的 *Beta*。*Beta* ＞ 1 时比市场风险高，则应该获得更高回报，当 *Beta* ＜ 1 时收入应该少于市场回报。*Beta* 被度量为：

$$\beta_i = \frac{\sigma_{im}}{\sigma_m^2}$$

这里 σ_{im} 是市场组合回报和资产 i 回报之间的协方差，度量为 p_{im}，σ_i，σ_m，σ_m^2 是市场组合回报的方差。

举一个例子，假设我们想开发一个像 BPC 这样的电力公司。假设我们能以 5% 的利率借款，租赁融资利率为 6%，税率为 20%。假设 r_m 是 12.5%，并且假设 r_f 为 2.5%。假设公司的价值为 25 亿美元，并有 5 亿美元股权融资，14 亿美元债务融资，6 美元融资租赁。假设研究表明一个电力公司的例子与 BPC 的特性类似（有可比较的 PPA 和 CPA，以及负债结构），杠杆调整后的平均无负债 Beta 为 0.7[⊖]。因为这可以展现已存在的无杠杆投资的风险（如资产），这里的 WACC 也被确定（M&M 命题 1）。

我们现在可以预估 BPC 的 WACC。首先，要求有 R_{equity}：

$$R_{equity} = r_f + \beta_i (r_m - r_f)$$

$$R_{equity} = 2.5 + 0.7(12.5 - 2.5) = 9.5\%$$

我们现在能完成 WACC 计算。因此，对于无负债项目的 WACC，和在 BPC 的权益投资回报则为：

$$WACC = 9.5\% = (1-t)\frac{D}{V} r_{debt} (1-t)\frac{L}{V} r_{Leases} + \frac{E}{V} r_{equity}$$

⊖ 各 Beta 的值可以直接从股票市场的数据预估出来，并根据债务水平调整以获得无负债 Beta。几个互联网上的金融信息门户网站（如雅虎），提供了上市公司的 Beta 数据。

$$WACC = 9.5\% = (1-0.2)\times\frac{1.4}{2.5}\times 5.0\% + (1-0.2)\times\frac{0.6}{2.5}\times 6.0 + \frac{0.5}{2.5}r_e$$

因此20%的权益资本和80%的债权融资，在BPC项目完成和运营的R_{equity}为：

$$R_{equity} = 5\times(9.5-2.24-1.15) = 30.54\% \approx 30\%$$

这个要求的R_{equity}看上去有一点微妙，但它展现了R_{equity}的高杠杆效应，项目公司刻意地使用高杠杆。BPC作为一个无负债公司（所有其他投资参与者有他们自己的*WACC*），对其企业价值进行预估的折扣率为*WACC*（r_{asset} = 9.5%）。开发这一设施有更多风险，因为其实际上是一个不同的商业活动，并要求一个不同的*WACC*来评估进行这类资产开发的公司。现在我们简单地假设环球联合企业和巴加泰勒（Bagatelle）设计建造有更高的*WACC*（常见于表3-8C）。

在专栏3-2中总结了预估公司加权平均资本成本（WACC）的通用遵从的方法。为了将其应用到BPC上，我们首先必须考虑它的资本结构。我们在前文已经预估BPC的负债能力大约为14亿美元。我们假设那是合理的，但其后也包括与HT公司的价值6亿美元的租赁。这是怎么发生的？我们可以假设环球联合企业（GC）对其他两个很大的公司参与设施的开发很感兴趣。第一个是Hydrex涡轮机公司（HT），在全球范围生产发电装备和控制系统的大型美国公司，第二个是巴加泰勒设计和建造公司（BD&C），著名的全球全项目设计和建造及实施管理公司。BD&C和HT也同意贡献项目股权，BD&C同意设计、规划、建造和在完成后维护生产平台，而HT同意供应和维护发电装备和设施控制系统。这一协议产生了一个BPC的预估资产负债表，如图3-7所示，运营开始于2011年。

如同已指出的，HT供应给BPC的涡轮机和控制系统的价值假设为6亿美元。如果在图3-7中反映的，HT也投资了1.5亿美元占有BPC 30%的股权，这当然也让它有了参与分红和治理的权利。设备会租赁给BPC 20年，每年的支付相等，利率为6%。[⊖]相应地，Fibonacci银行同意为

⊖ 尽管这不会影响BPC的预计资产负债表，HT可能将通过一家机构（如美国进出口银行）来为设备供应融资，大部分大型出口国都有类似机构来帮助出口商为大型交易融资，这最终帮助提升总体的出口水平。

BPC 提供一项 14 亿美元的 12 年长期贷款，头两年仅支付利息，其后的 10 年则为相等的年度支付，原则上是 3 ～ 12 年。

碧瑶电力公司（注册于菲律宾共和国，1999 年）						
资产负债表　2007 年 6 月 30 日　单位：千美元						
负债			千美元	资产		
股权				固定资产		
发行普通股：						
环球联合企业	175 000 35.0%			苏比克湾的发电设施（按原价）[①]	2 600 000	
巴加泰勒项目 D&C 公司	175 000 35.0%			家具、配件、设备、车辆等	5 000	
涡轮机公司	150 000 30.0%			减：		
股东权益			500 000	累计折旧	(1 000)	
债务				固定资产		2 604 000
长期债务：				流动资产：		
银行担保债务，2022 年 6 月到期	1 400 000			杂费、维修库存	5 000	
资本租赁：发电设备	600 000			其他流动资产	310 000	
长期办公租赁	10 000			现金及有价证券	5 000	
长期债务流动负债		2 010 000		流动资产		320 000
商业票据：3 个月	114 000					
短期银行贷款：1 个月	300 000					
流动负债		414 000				
总债务			2 424 000			
总计			2 924 000	总计		2 924 000

图 3-7　碧瑶电力公司运营开始阶段的资产负债表（2011 年 1 月 1 日）

①在苏比克湾的土地是租用菲律宾政府的，每年的年租金是微不足道的 1 美元。

随着 BPC 修正的财务结构，我们现在有了预估 BPC 企业价值的修订的信息集合。在表 3-7 中呈现了修订后的 BPC 企业估值。

修订预估的目的是为 BPC 的股权估值，并由此获得公司中每个股权持有人的股份的价值。对每个股权持有人的股份估值是重要的，这个数字会指导每个股权合伙人的资本预算决策。虽然 GC 和 HT 的资本预算决策的本质非常类似，但我们特别关注 BD&C 的资本预算决策，因为它必须

表 3-7　碧瑶电力公司的假设资本结构和企业价值

自由现金流	年份	2011 年	2012 年	2013 年	2014 年	2015 年	2016 年	2017 年	2018 年	2019 年	2020 年	2021 年
税后利润		−1 401 734	−25 916 734	−50 422 034	−68 544 532	−86 274 563	−78 588 983	−70 463 268	−61 871 429	−52 785 927	−43 177 580	187 148 694
加：折旧		275 000 000	300 000 000	325 000 000	350 000 000	375 000 000	375 000 000	375 000 000	375 000 000	375 000 000	375 000 000	125 000 000
加：债务利息		84 000 000	84 000 000	84 000 000	77 627 092	70 871 809	63 711 209	56 120 973	48 075 322	39 546 933	30 506 841	20 924 343
加：租赁款项		52 310 734	52 310 734	52 310 734	52 310 734	52 310 734	52 310 734	52 310 734	52 310 734	52 310 734	52 310 734	52 310 734
减：固定资产再投资		−125 000 000	−125 000 000	−125 000 000	−125 000 000	−125 000 000	−125 000 000	−125 000 000	−125 000 000	−125 000 000	−125 000 000	−125 000 000
增加/扣除营运资金变动净额												
自由现金流		284 909 000	285 394 000	285 888 700	286 393 294	286 907 980	287 432 959	287 968 439	288 514 627	289 071 740	289 639 995	260 383 771
企业价值：自由现金流量现值	2 806 549 103											
减：未偿债务 2011 年	1 400 000 000											
权益价值	1 406 549 103	GC 股价：492 292 186										
流通股	2 500 000 000	BD&C 股价：492 292 186										
每股价值	0.56	HT 股价：421 964 731										
CADS 自由现金流 + 税		284 909 000	285 394 000	285 888 700	286 393 294	286 907 980	287 432 959	287 968 439	288 514 627	289 071 740	289 639 995	307 170 945

自由现金流	2022 年	2023 年	2024 年	2025 年	2026 年	2027 年	2028 年	2029 年	2030 年	2031 年	2032 年	2033 年	2034 年	2035 年
税后利润	195 274 653	203 888 168	233 330 966	233 330 966	233 330 966	264 245 904	264 245 904	264 245 904	296 706 589	358 555 177	378 555 177	398 555 177	418 555 177	438 555 177
加：折旧	125 000 000	125 000 000	125 000 000	125 000 000	125 000 000	125 000 000	125 000 000	125 000 000	125 000 000	100 000 000	75 000 000	50 000 000	25 000 000	0
加：债务利息	10 766 895	0	0	0	0	0	0	0	0	0	0	0	0	0
加：租赁款项	52 310 734	52 310 734	52 310 734	52 310 734	52 310 734	52 310 734	52 310 734	52 310 734	52 310 734	0	0	0	0	0
减：固定资产再投资	−125 000 000	−125 000 000	−125 000 000	−125 000 000	−125 000 000	−125 000 000	−125 000 000	−125 000 000	−125 000 000					
增加/扣除营运资金变动净额														
自由现金流	258 352 282	256 198 903	285 641 701	285 641 701	285 641 701	316 556 639	316 556 639	316 556 639	349 017 323	458 555 177	453 555 177	448 555 177	443 555 177	438 555 177
企业价值：自由现金流量现值														
减：未偿债务 2011 年														
权益价值														
流通股														
每股价值														
CADS 自由现金流 + 税	307 170 945	307 170 945	343 974 442	343 974 442	343 974 442	382 618 115	382 618 115	382 618 115	423 193 971	548 193 971	548 193 971	548 193 971	548 193 971	548 193 971

在两个变量的组合上做决策：4 年建造周期的设计和建设合约回报，与投资 BPC 股权的回报组合。从表 3-7 中，我们总结了 BPC 的企业估值：

BPC 的企业价值 = BPC 业务运营的现值 − 负债和其他债务的现值

= $2 806 103 000 − $1 400 000 000

这再次提高了租赁价格，也就是一个债务类负债，租赁了发电涡轮机。这一企业价值模型用于收购方的标的预估，并从预估中减去负债，获得净预估值用来报价。在 BPC 的案例中，涡轮机是特定用来发电（参见第 2 章）并且是相对固定的设施。这假设首先企业可以用它在 25 ～ 30 年中产生收入；其次，租赁合同在 20 年到期后不再有进一步债务（在金融租赁中，项目公司通常在到期后以一个名义价格购买设备，这里我们假设为零）。如果在租赁期结束之前企业被出售或结业，这项租赁债务不再是财务项，涡轮机的所有权会转移到 HT 并且可以进行转移重部署。为了说明目的，我们在初始估值中将租赁费从金融负债中排除。这样企业价值的评估结果为：

BPC 的价值 =1 406 103 000

注意这里 Hydrex 租赁作为一项负债，会计上如果 BPC 结业，涡轮机的所有权转移到 Hydrex, 在租赁合同中的设备所有权从未转移。这代表 BPC 每股价值为 0.56 美元，GC 的利息为大约 4.92 亿美元，BD&C 的利息为 4.92 亿美元，而 HT 的利息为 4.21 亿美元。我们假设所有合伙人会在设施移交进入生产后收到他们的份额，如在建设完成的时候。

3.3　资本预算决策

如前文提及的，BPC 的每个股权参与者会进行它们自己的资本预算决策，来决定参与 BPC 发展的吸引力。GC，BD&C 或 HT 哪一方提出原始设想，或接洽 MEDB 和菲律宾政府（或如果实际上是 MEDB 首先接洽 GC 或其他任何参与者）并不重要。GC，BD&C 和 HT 每个都会从它们自己对如何从 BPC 获得利益的视角进行资本预算分析和决策。在这一章节，我们以 GC 和 BD&C 概括典型的公司资本预算决策，来提供如何执行这些决策的案例。我们假设 GC 和 HT 的决策是可以做部分扩展比较的，因此我们仅呈现一个基于 GC 的建议分析。然而，因为 BD&C 的决策也纳入了生产平台的建设，其有点儿复杂，因此我们也将分析它的决策。

一个额外的点也很重要，就是当将开发阶段纳入 GC，HT 和 BD&C 资本预算决策的因素。我们完成 BPC 作为运营性项目公司的负债能力的评估，但发电设施依然要建设。在第 4 章会讨论当考虑融资时，将建设阶段从项目公司的运营阶段分离的详细的原因，我们反复强调的简单原因是：在设施具备计划中的功能前，并没有运营性的项目公司。因此大部分的建设融资和长期存在的项目公司融资分隔成两个分离和独立的交易：一项建设贷款，其必须在建设周期结束时（设施是否按照准时、符合预算和要求的标准交付）完全偿付；一项在建设和试运行成功完成后给运营性项目公司的项目贷款。以上我们对负债能力的预估聚焦于第二项贷款，但关于建设贷款的潜在数额的决策会直接受到由负债能力预估决定的价值的影响。贷款经常由相同的贷款人初始提供，长期的项目公司贷款有条件地取决于运营平台的成功完成，但有时不同的贷款人会参与两个分离的交易。我们在第 4 章进一步讨论。

建设贷款通常也包含几个严格的条件。首先，在建设贷款层级发布前，股权投资人 / 发起人通常不会被要求投入他们所有的股权承诺。这确保股权投资人投入他们的所有资本来证明他们对项目的承诺。为了说明，我们会假设 BPC 的股权投资人遵从一个极端的版本，有这样一项要求：Fibonacci 银行已经决定给 BPC 提供一项建设贷款，一旦股权合伙人投入他们的全部资金，将仅发行建设贷款的第一个层级。我们也假设在试运行（假设试运行成功）结束后建设贷款被完全偿付。建设贷款的利息为 6.5%（比给 BPC 的运营贷款的风险更高），实行周期性计算，并且本金和已发生但未偿付的利息一起结算。

我们现在说明这些条件如何影响 GC 和 BD&C 的资本预算决策。

3.3.1 环球联合企业的资本预算决策

环球联合企业的资本预算决策则相对简单，虽然决策受到一项大约四年长的开发周期的影响。本质上它的决策依赖于两件事：首先是它的股权投资，并基于设施的完成及其成功地试运行，收到它在 BPC 拥有的股份的价值。这就是为什么 BPC 作为运营性公司的股权估值是重要的，对 GC 参与 BPC 创建的利益清算只有当 BPC 运营时才开始，并且这也是 GC 在资本预算决策时的观点。第 4 章我们讨论与这一情形相关的分析。当然，现在开发设施的预期成本成了关键，因为净现值（NPV）规则简单地要求在建设完成和运营开始时 GC 股权的价值要超过设施的开发成本。图 3-8 中展现了一个假设的 BD&C 开发设施的预估成本，包括 HT 的供应和安装涡轮机和控制系统的成本。为了方便起见，我们假设 BD&C 提供 HT 的承包商最小的待机支持，收取一个名义费用。

巴加泰勒设计与建设公司：设计和建设碧瑶电力公司设施的固定成本估计				
施工成本估算汇总表				
代码	主要的项目要素			预计总成（美元）
1	规划、设计到批准阶段			50 000 000
2	准备工地、建造工厂道路、雨水下水道、准备所有厂房工程			50 000 000
3	疏通并准备煤炭码头的航道通道			100 000 000
4	海洋工程建设：对接设施			80 000 000
5	煤炭的卸载和储存设施：土木工程			50 000 000
6	输送系统：土木工程			20 000 000
7	主要发电厂、罐区、冷却塔：土建工程			200 000 000
8	钢结构和覆层：煤炭码头、输送机、主要发电厂建设			500 000 000
9	机械和电气：输送系统			50 000 000
10	机电：锅炉及附属管道系统			250 000 000
11	供应：机械、电气、发电设备和辅助设备（涡轮机）	450 000 000		
12	供应：机械、电气、控制系统（涡轮机）	150 000 000	600 000 000	
13	调试			250 000 000
14	本地行政楼：碧瑶电力公司			5 000 000
		巴加泰勒 小计		1 605 000 000
		小计 加 涡轮机		2 205 000 000
A-15	应对不时之需			220 500 000
		合计		2 425 500 000

图 3-8 发展碧瑶电力公司的发电设备的假设成本估算

在完成折现现金流分析前，我们需要进一步解释建设贷款的重要性。假设一旦 BPC 投入了其股权资本（总共 5 亿美元，由 3 个股权投资人按比

建设和现金流利息总结

假设：

1. 运营开始日期：2011 年 1 月 1 日。
2. 1 400 000 000 美元设施建设贷款，第一期 500 000 000 美元在各方权益投资到位后提取使用。第二期 900 000 000 美元从 2009 年 1 月 1 日生效。
3. 500 000 000 美元股权投资来自与股权投资人，在第一阶段的四个季度完全投入（按照股权比例投入）。
4. 建设贷款利率为每年 6.0%；也就是没季度 1.5%。利息从首次贷款提用时按季度累计计算。联合贷款费用为签订合约的 0.1%（在第一季度）。贷款
5. 建设工作假设在奠基后 3.5 年完成，也就是总共 14 季度。
6. 利率为以 HIBOR 基准上浮 1.0%。
7. 建设费用假设逐步产生，在高价值的钢结构、机械与电子系统装载之前，先要求进行大规模但相对低价值的海上基础工程。由此假设 70% 的总建
8. 超过 1 605 000 000 美元的费用由股东方按比例投资，作为备用权益，为建设费用预备。
9. 整体建设贷款利息作为资产负债表中固定投资的一部分。

	季度	1	2	3	4	5	6	7	8	9
		2007 年 1 季度	2007 年 2 季度	2007 年 3 季度	2007 年 4 季度	2008 年 1 季度	2008 年 2 季度	2008 年 3 季度	2008 年 4 季度	2009 年 1 季度
所有支出										
项目建设：给巴加泰勒的阶段性付款：		10 000 000	30 000 000	50 000 000	80 000 000	150 000 000	180 000 000	138 125 000	138 125 000	138 125 000
季度现金支出：		10 000 000	30 000 000	50 000 000	80 000 000	150 000 000	180 000 000	138 125 000	138 125 000	138 125 000
前期总的累计：		0	10 000 000	40 000 000	90 000 000	170 000 000	320 000 000	500 000 000	140 196 875	282 496 703
累计提取的总的建设贷款：		10 000 000	40 000 000	90 000 000	170 000 000	320 000 000	500 000 000	138 125 000	278 321 875	420 621 703
总的累计利息：								2 071 875	4 174 828	6 309 326
累计总支出：		10 000 000	40 000 000	90 000 000	170 000 000	320 000 000	500 000 000	140 196 875	282 496 703	426 931 029
总利息：	112 991 429									
总贷款：	1 217 991 429									

假设：

1. GC 的资本决策基于在 2011 年第一季度投入 175 000 000（35% 的股权投入）美元，收入 492 292 186（35% 碧瑶的股权现值）美元。
2. 建设贷款和总的累计利息在第 16 季度末一次性支出，那时"长期项目融资"到位。
3. 在碧瑶的股权资金（500 000 000 美元）之后，建设贷款的提取使用基于建设阶段给予建设承接方的付款。付款由碧瑶给巴加泰勒，通过巴加泰勒在碧瑶的建设费用资产负债表中表现为零现金流出。在会计上，2011 年，GC 仅投资 1 750 000 000 美元并收入股权的现值。

	季度	1	2	3	4	5	6	7	8	9
		2007 年 1 季度	2007 年 2 季度	2007 年 3 季度	2007 年 4 季度	2008 年 1 季度	2008 年 2 季度	2008 年 3 季度	2008 年 4 季度	2009 年 1 季度
收入										
Baguio 电力公司在 2011 年的股权现值										
交易费用支出 – 公司和联合信贷										
总收入：		0	0	0	0	0	0	0	0	0
支出										
公司和公司筹备阶段支出		5 000 000								
费用		1 400 000								
股权投资										
175 000 000（35%）建设支付给 Bagatelle		3 500 000	10 500 000	17 500 000	28 000 000	52 500 000	63 000 000			
总支出：		9 900 000	10 500 000	17 500 000	28 000 000	52 500 000	63 000 000	0	0	0
净收入 / 支出：		(9 900 000)	(10 500 000)	(17 500 000)	(28 000 000)	(52 500 000)	(63 000 000)	0	0	0

WACC	10.00%	P.A.	2.50%	每季度
NPV	165 741 292			
IRR	33.76%			

决策原则：如 NPN ≥ 0，继续；如 NPN ≤ 0，停止。

承担利息预估和建设贷款总利息预估

（单位：美元）

利息从提取使用起计算。

加上利息在第 13 季度支付完成。

设价值在第 7 ～ 14 季度投资，在第 15 ～ 16 季度进行试运行。

10	11	12	13	14	15	16	17	18	19	20	
2009 年 2 季度	2009 年 3 季度	2009 年 4 季度	2010 年 1 季度	2010 年 2 季度	2010 年 3 季度	2010 年 4 季度	2011 年 1 季度	2011 年 2 季度	2011 年 3 季度	2011 年 4 季度	合计
138 125 000	138 125 000	138 125 000	138 125 000	138 125 000	0	0					1 605 000 000
138 125 000	138 125 000	138 125 000	138 125 000	138 125 000	0	0					1 605 000 000
426 931 029	573 531 869	722 331 722	873 363 573	1 026 660 902	1 182 257 690	1 199 991 555					
565 056 029	711 656 869	860 456 722	1 011 488 573	1 164 785 902	1 182 257 690	1 199 991 555					
8 475 840	10 674 853	12 906 851	15 172 329	17 471 789	17 733 865	17 999 873					112 991 429
573 531 869	722 331 722	873 363 573	1 026 660 902	1 182 257 690	1 199 991 555	1 217 991 429					1 217 991 429

整体公司资本预算决策

（单位：美元）

付给子承包商。

10	11	12	13	14	15	16	17	18	19	20	
2009 年 2 季度	2009 年 3 季度	2009 年 4 季度	2010 年 1 季度	2010 年 2 季度	2010 年 3 季度	2010 年 4 季度	2011 年 1 季度	2011 年 2 季度	2011 年 3 季度	2011 年 4 季度	合计
							492 292 186	GC 股权价值分享			492 292 186
							6 400 000				
0	0	0	0	0	0	0	498 692 186				492 292 186
											5 000 000
											1 400 000
											175 000 000
0	0	0	0	0	0	0					181 400 000
0	0	0	0	0	0	0	498 692 186				310 892 186

表 3-8C　巴加泰勒公司：碧瑶电力公司设施建设

（单位：美元）

1. GC 的资本决策基于在 2011 年第一季度投入 175 000 000 美元（35% 的股权投入），收入 492 292 186 美元（35% 碧瑶的股权现值）美元。
2. 巴加泰勒与 BPC 签订设施建设与试运行合同。
3. 假设巴加泰勒获得整体建设的 100% 分包权。
4. 巴加泰勒的所以建设工作的边际利润为：1.5%。
5. 巴加泰勒每季度在收到款项后给分包商付款。
6. 阶段性付款准确地反映了相关季度完成的工作的价值。
7. 假设试运行支出由巴加泰勒账户支出。
8. 假设巴加泰勒项目的 WACC 为：10.00%。
9. 假设性能担保和维护阶段基金由巴加泰勒的主银行 HSCB 牵头的银行联合贷款组织提供，为建设开始时的一次性费用。

注：巴加泰勒有 35% 的 BPC 股权。

	季度	1	2	3	4	5	6	7	8	9	10
		2007 年 1 季度	2007 年 2 季度	2007 年 3 季度	2007 年 4 季度	2008 年 1 季度	2008 年 2 季度	2008 年 3 季度	2008 年 4 季度	2009 年 1 季度	2009 年 2 季度
收入											
2011 年在 BPC 投资的有关设备施工的中期股权的现值		10 000 000	30 000 000	50 000 000	80 000 000	150 000 000	180 000 000	138 125 000	138 125 000	138 125 000	138 125 000
	总流入：	10 000 000	30 000 000	50 000 000	80 000 000	150 000 000	180 000 000	138 125 000	138 125 000	138 125 000	138 125 000
支出											
保险、维护及其他安装费用		25 000 000									
项目施工：给承包人付款			9 850 000	29 550 000	49 250 000	78 800 000	147 750 000	177 300 000	136 053 125	136 053 125	136 053 125
授权的费用（实际）											
股权投资											
$1 750 000 000 的项目最初付款		$3 500 000	$10 500 000	$17 500 000	$28 000 000	$52 500 000	$63 000 000				
	总支出：	$28 500 000	20 350 000	47 050 000	77 250 000	131 300 000	210 750 000	177 300 000	136 053 125	136 053 125	136 053 125
	净工程项目现金流：	($15 000 000)	$20 150 000	$20 450 000	$30 750 000	$71 200 000	$32 250 000	($39 175 000)	$2 071 875	$2 071 875	$2 071 875
	净流入 / 流出：	(18 500 000)	9 650 000	2 950 000	2 750 000	18 700 000	(30 750 000)	(39 175 000)	2 071 875	2 071 875	2 071 875
	WACC	10.00%	每年	2.50%	每季度						
	项目 NPV：	159 126 983									
	项目 IRR：	62.39%									
		决策原则：如 NPV ≥ 0，继续；如 NPV ≤ 0，停止									

	季度	11	12	13	14	15	16	17	18	19	20
		2009 年 3 季度	2009 年 4 季度	2010 年 1 季度	2010 年 2 季度	2010 年 3 季度	2010 年 4 季度	2011 年 1 季度	2011 年 2 季度	2011 年 3 季度	2011 年 4 季度
收入											
2011 年在 BPC 投资的有关设备施工的中期股权的现值		138 125 000	138 125 000	138 125 000	138 125 000			492 292 186	(BD& 的股票价值)		
	总流入：	138 125 000	138 125 000	138 125 000	138 125 000	0	0				
支出											
保险、维护及其他安装费用											
项目施工：给承包人付款		136 053 125	136 053 125	136 053 125	136 053 125	136 053 125					
授权的费用（实际）					25 000 000	25 000 000					
股权投资											
$1 750 000 000 的项目最初付款											
	总支出：	136 053 125	136 053 125	136 053 125	161 053 125	161 053 125	0				
	净工程项目现金流：	$2 071 875	$2 071 875	$2 071 875	($22 928 125)	($161 053 125)	$0				
	净流入 / 流出：	(18 500 000)	2 071 875	2 071 875	(22 928 125)	(161 053 125)	0	492 292 186			
	WACC	10.00%	每年	2.50%	每季度						
	项目 NPV：	159 126 983									
	项目 IRR：	62.39%									

决策原则：如 NPV ≥ 0，继续；如 NPV ≤ 0，停止

例提供)，建设贷款回收可以开始，并基于 BD&C 在临时周期内的收入数额（通常是月度，但这里使用季度是为了让表更小并更容易评估）。在建设贷款的实践中，通常会有一个有意思的现金流现象：BPC 从 Fibonacci 银行提出临时周期内的支付额付给 BD&C，但这数额仅仅是在技术上通过 BPC 直接付给 BD&C。到目前为止，BPC 要引起注意，这导致了一个零净现金流。在 GC 的资本预算 DCF（见表 3-8B），我们将这列为 BPC 从 Fibonacci 获得的进项，匹配付给 BD&C 的出项。数额通过碧瑶付给巴加泰勒，接着支付给分包商。GC 和 BD&C 一起承担 BPC 的开发工作，这不像一个房地产开发商该做的。

这些假设对 GC 是一个有利的结果。现金流指出一个净现金流价值大约 1.65 亿美元（内部收益率（IRR）大致为 34%），这是一个对 GC 有高度吸引力的项目，WACC 为 10%。这在表 3-8B 中有所反映。在实践中这可能被视为一个边际项目，许多企业会多次使用计算出的 WACC 最为最低预期资本回收率。

3.3.2 现金流和建设阶段

我们现在转到 BD&C。如同 Hydrex 涡轮机公司，BD&C 在 BPC 有多项利益。首先，它有确定的建设设施的合约，这很明显的是，公司的机会必须基于它的价值进行评估。其次，BPC 是一个显著的只有少量股东的结构，这点在将建设合约作为一个企业的机会进行组合时要有所考虑。再次，取决于事项的进展，它也可以锁定一个长期合约来管理它建设完成的设施，而忽略现在的目的。但首先设施必须要按照一定的要求完成建设，这些要求包括建设本身的预算少于 HT 供应的发电设备和控制系统（见图 3-8），在商定的时间内，以及达到要求的绩效规定。如果 BD&C 在设施交付上有延迟，它很可能受到严重的惩罚，并且如果其在建设阶段的不佳管理达到足够严重的程度，它的绩效担保人会被要求来完成设施。这是事情的状况已经达到了显而易见的程度，以一个预警系统作为绩效监控的职能。为了避免动机冲突，我们假设 BD&C 不对设施试运行负责，试运行由一个独立承包商管理，但由 BD&C 承担成本。专栏 3-3 为我们展现了治理 GC 和 BD&C 的资本预算决策的假设条件的总结。

专栏 3-3 在表 3-8A、表 3-B 和表 3-8C 中治理现金流的假设条件

建设和附息现金流的假设条件总结（见表 3-8A）

大体上，下述假设条件为了预估建设贷款的结构和条件对环球联合企业（GC）、碧瑶电力公司及巴加泰勒项目的资本预算决策的影响。

1. 碧瑶电力公司开始运营时间：2011 年 1 月 1 日。

2. 协商确定的建设设施贷款是 14 亿美元。提出第一个层级为 5 亿美元，仅允许在股权参与人投入其投资后支付。第二个层级为 9 亿美元，从 2009 年 1 月 1 日起生效。利息计算从设施开始利用的日期开始。（我们假设一个简化的贷款结构可以包含在表 3-8 中。）

3. 从股东要求的初始股权投资为 5 亿美元，在建设的第一期 6 个季度中完全投入（基于股权持有的比例）。

4. 建设贷款的利息初始为每年 6.5%，也就是每季度 1.63%。利息基于从开始日起累积的未偿付贷款按季度计算。在贷款签署时（假设为第一季度）有一项 0.1% 的集合贷款费用。在设施建设完成时偿付总的未偿付贷款额和累积利息（第 13 季度）。

5. 假设建设会在从开始的 3.5 年内完成，也就是总共 14 季度。

6. 建设贷款的利率假定基于（作为贷款合约的基准）1% 之上的利率计算。为了简化，我们假设建设周期中利率没有变化。（这一假设纯粹为了方便，在实践中不太可能发生）。

7. 为了简化，假设建设成本是最终结算的，一个大规模但相对低价值的土木和海洋工程工作，要求在高价值的钢结构框架的建设、覆盖以及机械和电子系统安装之前进行。因此假设 70% 的总假设费用发生在第 7 ～ 14 季度，第 15、16 季度列出作为试运行。

8. 超过 16.05 亿美元的成本将会有股权合伙人根据它们的持股比例来融资，通过一项备用股权协议的方式。这会归类于建设成本备用方案。

9. 建设贷款总的累积利息会被资本化并被视为碧瑶资产负债表中固定投资的一部分。

碧瑶电力公司假设条件的总结：GC 的成本预算决策（见表 3-8B）

大体上，以下做的假设是为了预估公司组成结构和建设阶段的条件对 GC 资本预算决策的影响。

1. GC 的资本预算决策依赖于它的 1.75 亿美元的投资（要求 35% 的股权），以及在 2011 年第 1 季度收获的大约 2.82 亿美元（碧瑶电力公司 35% 的股权现值）。

2. 当永久性项目贷款实现时，建设贷款和在贷款周期总的累积利息在第 16 季度结束时一次性付清。

3. 在碧瑶收入其股权投资后（5 亿美元），贷款回收基于期中支付额进行。数额通过碧瑶付给巴加泰勒，其再付给分包商。这产生一个有效的碧瑶的净零现金支出流以平衡建设成本。在实践中，这是名义上的汇总，对资本预算决策的实质影响很小。因为 BPC 是生产平台的建设公司，建设费用支付不影响 GC 的现金流。而且，BPC 会再支付由 GC 初期支付的合作和协调成本。

4. 在第 16 季度结束时，建设贷款由长期项目贷款所取代。这意味着建设贷款加上累计利息将全部由 BPC 再支付。注意项目公司贷款（14 亿美元）和最终建设贷款（12.17 亿美元）之间有近 1.9 亿美元的差异。这一差异将被归入并反映在 BPC 的资产负债表中作为其他流动性资产项。现在先忽略会计因素。然而，在现代建设合约实践中，预估的项目费用和最终的项目费用的差异会成为“增益分担”协议的条目。

对巴加泰勒公司的假设条件总结：建设碧瑶电力公司设施（表 3-8B）

大体上，以下做的假设是为了说明项目特性和建设阶段的结构和条件对巴加泰勒资本预算决策的影响。

1. 回想巴加泰勒拥有 35% 的碧瑶公司的股权。因此巴加泰勒的资本预算决策依赖于它的 1.75 亿美元的投资（要求 35% 的股权），以及在 2011 年第 1 季度收获的大约 2.82 亿美元（碧瑶公司 35% 的股权现值）。

2. 巴加泰勒与 BPC 制定合同去建造和试运行设施，并接着 100% 地将整个建设合同分包。因此巴加泰勒作为建设者和项目 / 建设管理者。

3. 对所有的建设工作，巴加泰勒在建设成本之上的毛利是 1.5%。

4. 巴加泰勒在收到付款后一个季度内向分包商付款。

5. 为了简化，期内支付实践反映了在相关季度中完成的工作的准确价值。

6. 建设所有的试运行费用都从巴加泰勒账户支出，基于一个理想的设计特性和建造交易。

7. 假设巴加泰勒 WACC 为 10%。

8. 假设一个绩效担保和一个维护期间债券，由巴加泰勒的一个主要银行（汇丰银行）领导的银行联合体提供，作为在建设开始阶段的一次性的费用。

原则上，Hydrex 涡轮机公司的资本预算决策是一个比巴加泰勒更简单的版本，因为 HT 更早地有效地投入它的股份，并且基于项目时间表将收到交付和安装涡轮机的付款，但不是它们的资本成本。建设阶段的现金流（股权投资）必须在一个时间表中与涡轮机的资本成本、涡轮机的交付和安装费用、与在项目周期（在 2011 年）中收到的租赁支付的现值、以及 BPC 在 2011 年的股权价值相组合。

从这一分析中出现了两项观察。首先，它揭示了建设合约独立地展现了一个正的净现值（NPV），大致为 1.59 亿美元，WACC 为 10%（IRR 为 62%）。这意味着，尽管只有 1.5% 的低利润率，在与 BPC 的合同中，BD&C 投入运营资本仍然获得超过 20% 的回报。这非常清楚地解释了为什么全世界如此多的设计和建造公司和总承包商热衷于所有的新发起项目。真正的回报在资本回报中，而不是“营业利润”。随着在建设阶段对现金流策略管理的加强，项目建设公司能轻易地获得超过 100% 的资本回报。[⊖]在专栏 3-4 中可以看到在项目期间对运营现金流管理的一些洞察。

专栏 3-4 期内支付和建设合约

做一个极端的简化，当一个客户给建筑公司订单来建造任何形式的设施（不考虑规模、复杂度或成本），假设交易的特性是客户根据设施的交付来付费。没有外部的建设贷款融资，建筑公司会用它自己的融资来完成设施（如一个小型工业建筑），并且在符合质量和其他特定要求的情况下移交设施时收到客户的全额付款。这一特定情境集合是

⊖ 经常听到在合约中的净利润如何微薄，这可以容易地在表 3-8 的 BPC 现金电子表格中展现，并且将其稍作移动，以非常快的速度回报蒸发，但留存利润。这两者哪个更好？这进一步指出了：可以不失时机地管理项目的回报现金流，我们将在第 4 章中做更多讨论。

高度简化的，并会给合约双方的财务资源带来压力。客户必须有大量资本在完成和移交时付款，而建筑公司必须有充足的内部财务资源来承担建设的所有成本，直到成功地完成和移交才获得完全的付还。

总之，这是一个非常低效的经济合约，最简单的原因就是，这不仅严重地削弱了建筑行业能力，也严重地削弱了客户公司的运营能力来购买建筑公司的服务。在任何有相当发达的企业和金融部门、优质客户公司或优质建筑公司的经济环境中，可以从一系列金融中介借款来支持项目成本。这样的贷款融通为从建设家庭住宅到大型项目设施的一系列项目提供可能性。在所有的这些案例中，这类借贷（无论是贷给客户公司还是建筑公司）的最终效果是减轻了对客户或建筑公司财务资源的需求，让建筑公司可以在收到其支付前为建设成本和进行设施试运行来融资（通常是部分地）。因此建筑公司通常在建设项目开始时投入自己的部分财务资源，并且基于建设和进度收取期内支付和完成后的最终支付（有很多已有的建筑合同标准格式，也有许多认可和正式化的用于项目进程期内支付的准则）。⊖对建筑公司这一模式可以描述为，在项目启动时用公司资源投入初始投资，接着利用期内进度支付来执行项目。在财务上，建筑公司的项目成功总是取决于如何管理其收入项（期内进度支付）及相对的支出项（项目成本），其在项目期间的运营财务管理得越好，在项目启动时投入的企业财务资源的回报就越高（参见第 3 章）。但运营现金流管理无法主导建设设施的必需项，并且经常成为在项目公司（其关注进度）和项目经理（其试图管理建设现金流来优化回报）之间紧张关系的来源。

3.3.3 资本预算和灵活性的价值

我们将完成关于资本预算和项目公司估值的讨论，要提一下过去二三十年资本预算在理论上和实践上的令人振奋的发展，特别是围绕在“实物期权分析”领域。即使是粗略的实物期权分析也要求对期权定价理论和方法论做介绍，但我们在本书中并不这样做。但其对解释为什么这些

⊖ 许多建设合同的标准模板已存在，并且许多都认可和形成了在项目期间按照进度期内支付的原则。

发展如此重要是很关键的。

作为出发点，我们用来对投资、业务和项目机会估值的标准——折现现金流方法论，在过去的20年经历了一定程度的革命，经常被称为实物期权分析（ROA）革命，也伴随着决策理论和计算机支持的实物期权分析的发展。ROA超出了本书的范围，但需要对其做大致的解释来说明为什么认识其特性很重要。对DCF方法论的实用性批评集中在它是一个均衡模型，并且没有为管理中带来战略灵活性的选择权赋予价值，DCF模型背后的理论依赖于现在或从没有过的类型分析。例如，延迟投资的选择以获得更多的投资信息，如果市场条件延缓了持续性的生产（如当在运营中维持设施会有很高的固定成本时），则有临时性后备生产平台的选择，调整投资的规模和时机，等等。所有这些都有战略价值，但通常没有在DCF中考虑到。例如，以碧瑶电力公司的生产平台为类比，BPC公司可以选择设计和规划生产平台来装备支持多种燃料（煤、油和天然气），而不是只支持最便宜的煤。这意味着当相比较的燃料价格令人满意时，BPC可以在替代的输入燃料之间进行切换，而不只是锁定在某一种技术上。这是BPC生产功能的显著改变，并且这潜在的灵活性被认为有超越静态净现值（NPV）的价值。公司可用的这些额外战略选择被视为实物期权，它们是可以自行决定的，像金融期权，公司在没有负债的情况下，可以自行决定利用这些灵活性的选择。

本质上，在企业资本预算的情境中，灵活性的价值加入项目的净现值被称为扩展净现值（expanded NPV），这里：

扩展净现值（expanded NPV）= 净现值（NPV）+ 实物期权现值（V Real Options）

将实物期权的价值加入一个负净现值的项目，项目可能又具有了吸引力。虽然这是一个定性判断，但与这一关系相关的最广泛的观点是，DCF方法论系统性地低估了投资机会的价值。预估与特定投资机会相关的实物期权的价值多样化地利用了期权定价理论，和在决策树分析中的重建利息，以及类似的矩阵型决策框架。[⊖]这是一个极度让人兴奋的领域，并且正在快速发展。

⊖ 我们推荐Dixit and Pindyck，1994，*Investment Under Uncertainty*，Princeton Universiyt Press。还有一本有影响的书，Trigeorgis，L，2000，*Real Options*，MIT Press。有一些新的带有案例的参考书，但这两本书严谨地说明了实物期权分析的基本理论。

在业务估值的情景中，在公司战略选择中的机遇也通常称为增长期权。在公司层面，公司的实物期权包含在它的资本预算决策中。在业务层面，需要在逻辑没有发生原则性变化的情况下，重新定义扩展净现值（expanded NPV）表达式：

业务的现值 = 当前运营业务的现值 + 增长期权的现值

在公司层面的增长期权估值是一个更复杂的概念，并且远没有单个实物期权估值发展得那么成熟，实物期权估值有大量的理论文献和实践经验积累。尽管如此，也必须指出业务的增长期权的价值是真实的，并且通过诸如预期收入增长这样的机制体现在公司的股价中，改变公司的市场份额以及竞争环境、运营和管理环境。

虽然对业务增长期权的提出已经在学术圈和商业估值专业人士中引起了有意思的争论，但实物期权分析则推动着资本预算决策的实践，还有一些专业领域我们无法去探究，因为其应用会根据项目财务模型进行删减。为什么？因为项目财务模型明确地要从管理决策的范围中去除大部分自由决策的灵活性。项目财务投资都认为是资产专用性的，以及有意地定义一个狭窄的运营范围，可以通过治理协议中的规定进行控制。管理灵活性和自由决定战略行动不是奢侈品，项目融资执行者可以承担，虽然在项目实体设施开发中不可逆的承诺做出之前，一部分的灵活性选择管理发生在项目发起公司层面，例如延迟项目开发，或为 BPC 这样的公司开发多种燃料（如燃烧天然气和油发电站）功能的设施。此外，在项目债务投资层面的增长期权也不是问题，因为这一模式的保守性不会吸引那些在资本结构中高负债的组织，如果很多投资的价值都体现在增长期权中，债务融资者会关心债务偿付的现金，而不是增长期权能不能达成。

关键概念

以下概念要作为关键词汇记忆，对于后续章节的使用很重要。

capital leases，finance leases 资本租赁，融资租赁
cash available for debt service 债务偿付可用现金
debt capacity 债务能力

earnings growth 收入增长
enterprise value 企业价值
expanded NPV 扩展净现金流
explicit period forecast 显式周期预测
free cash flow 自由现金流
loan life coverage ratio 贷款寿命覆盖率
ongoing value forecast 持续价值预测
operating leases 运营租赁
project life coverage ratio 项目寿命覆盖率
real options 实物期权
reinvestment 再投资
weighted average cost of capital 资本加权平均成本

第4章

项目融资中的风险管理

没有一个企业经营是无风险的。许多商业项目因为项目的特性使用了先进的风险管理，尽管交易中包含了固有的复杂性。这主要是因为在企业中，与项目相关的有助于鉴别风险的特异性资产，愈发增多，使用广泛。在这些计划中，仍然存在某些形式的风险，尽管规划者或融资者努力地创造出可以化解风险的项目公司。例如，供应和输出风险可以通过合同匹配制度化解，价格风险可以通过管理长期供应合同或金融市场化解。这些措施，尽管可以通过分配或未分配的风险利益共享机制，努力减轻剩余的风险，但是，风险仍将不可避免地继续出现。

风险管理的不精确性和复杂性是不可避免的，尽管可以使用定量和建模方法，但总是受到有限理性、信息和市场不完善性的约束。虽然所有的项目都存留残余风险，但是项目赞助商通常关注的是潜在的不可预见的风险，和它们对项目的破坏程度，是否会废弃项目，是否会破坏当事人之间的协议精神，是否会干扰项目的成功交付和商业运作。风险的本质被看作有限理性的核心。10 年前，某些因素不被视为风险，现在却可能是风险和不确定性的主要来源。例如，我们现在必须考虑气候变化的潜在影响。如果海平面上升，可能会造成数百亿美元的遍布于世界各地的港口设施等不可逆的投资亏损。

现代企业项目融资中常见风险的起源并不神秘，尽管事实上，每一个项目都会表现出一些独特的风险，因为每一个项目都有不同的商业模式、地理位置和结果。工程项目公司已经将广义的典型的风险进行分类。因此，我们在本章中关注以不同的方法来管理与项目相关的金融风险，而不是在任何单一的计划中可能或不可能会遇到的广义上的风险。我们普遍关注可以简单描述的风险，例如金融风险。金融风险包括任何可能会威胁到公司服务和偿还债务能力的因素，更广泛地代表了可能会导致一个项目公司财务状况显著恶化的风险。金融风险对项目公司的影响程度集中表现为现金流的现值，所有这些风险可能会扰乱公司的现金流预测。我们的目标是提出一个框架，以促进对常见的项目融资模式产生的风险的了解，并成功使用风险管理技术管理这些风险。我们必须强调，每一个项目都会表现出独特的风险。我们关注对风险的广义理解，而不是任何单一项目中的风险。

在业务中，有效的风险管理一般会涉及适当的风险分配和高效的风险承担。这就意味着可以通过一定形式的制度机制转移或分配风险，最好是交易对手或者机构能够承受这些特定风险。其中可能包括保险公司和专业承包商，以及金融市场的衍生合约工具。我们普遍接受的观点是：风险管理主要涉及减少或减轻风险。这些风险管理方法还有更广泛的意义，包括故意决定承担（保留）选定的风险，或选择曝光风险，正如 Merton 和 Mason（1995）所做的解释。除了承担选定的风险和分配风险外，各方最好能够愿意分担承担。梅森的方法将所有的风险管理技术简化分为四种类型，即风险规避、保留或吸收风险、损失预防（或控制）和风险转移。风险转移通常包括三个方法，即套期保值、多元化和保险。这一风险管理过程不应该与普遍的管理活动混为一谈（Brealey，2006）。一个风险管理过程的概念依赖于系统辨识和对具体活动的风险评估、选择和执行风险管理技术，以及对最终结果的评论。通常，作为一个特定的管理活动，我们将一个系统的风险管理处理视为被广泛接受的风险管理方法，主张作为一种首选的反应，以这样的方式面对一个企业对干扰其计划的风险关注。这种描述明确地解释了风险与预测或合同潜在偏差的紧密联系，不一定会对企业有害。

有三个一般原则可以支持本章的论证。第一个原则在第 2 章中的“项目生命周期中的风险和阶段”已经做过介绍。项目直到被执行，才可能产生收入（甚至执行中的某些阶段是以不太成功的方式完成），那么，发展和建设可能被视为最有风险的项目阶段。这是从本质上理解风险随着项目阶段而变化的基础。第二个原则是从系统理论中借用某些概念，第 1 章已经阐述过的，用以分类显示项目投资的风险。第三个原则，已经渗透到金融文化大约 30 年，并发展出一般的风险管理词汇，即成功的风险管理需要将风险分配给交易方、保险公司或其他专业的风险承担者。在每一种情况下，它们通常都是主动地能够并愿意承担这些风险，这通常被称为有效风险承受。我们遵循这一原则，阐释概念上的基本风险管理，重点是管理风险的技术性质，而不是任何方法的技术细节。我们在 4.2 和 4.3 节的出发点是项目资金借入方的风险状况，包括有资本的项目发起人和在 4.6 节中单独考虑的项目资金贷方。在任何一个项目中，我们都会研究相关风险的性质、项目生命周期中的每一个阶段、风险承担方以及如何处理风险。

4.1　重新审视项目周期

如前所述，第一个原则用于顺序思考项目生命周期各个阶段涉及的风险。如在第 1 章中所解释的，项目公司的生命周期可以大致归纳为五个阶段，其中的发展阶段包括松散的三个阶段。

（1）规划、设计与施工
（2）建设或采购
（3）调试
（以上为发展阶段）

（4）操作

（5）终止

我们可以对每个阶段的具体风险进行分类，建立具有工程意义的金融模型。从经济、业务和技术上的可行性来说，规划、设计和施工的问题是项目固有的阶段。很明显，设计和技术决策可能会导致操作失败，因此，管理风险的一个方面是进行规划，有利于在设计和技术上做出成熟的选择。然后，项目从规划阶段进入建设阶段，不同的风险开始显化。例如，建设成本可能会超过预算上限，导致建设延误或项目质量降低。每一个被关注的风险都有可能破坏一个项目的可行性。直到项目成功地建设和运营，才可以提供净营业收入。所以，一些项目发起人和股权持有人认为建设阶段是风险最大的阶段。我们可以从资本的风险和项目成功投产前积累的沉没成本来考虑这一问题。图 4-1 说明了项目的风险特征在其生命周期中的变化。项目成功调试后，风险转移到商业和财务，因为在运行阶段的早期，杠杆可能会很高。在一定程度上，总资本风险的降低取决于项目公司创造的价值。这一问题，在第 3 章讨论的投资不可逆性和资产特异性中已经涉及。

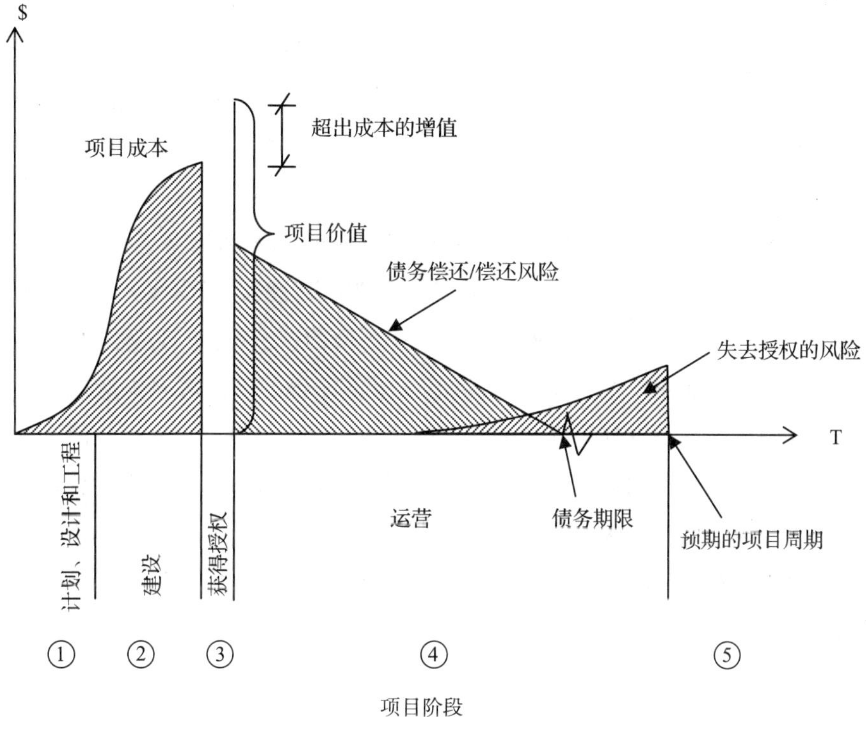

图 4-1　风险阶段和项目资本风险

如图 4-1 所示，项目公司创建了两个基本的风险管理策略。考虑到项目公司中常见的高杠杆率，债务融资者认为发展阶段（特别是实体结构）和操作阶段的风险分别独立，从而将建设融资和永久性融资独立的划分为至少两个连续的交易序列以适应不同的需求和风险。不能总是说，在没有项目公司的经营之前，可以成功地完成开发阶段，如果开发失败，没有一家运营项目公司会存在，所有的公司都面临着巨大的资本风险。然而，我们关注是与上文所说的简单的金融风险。它日益变得清晰，因为这种风险的性质在连续的阶段表现不同。操作风险是任何可能会导致项目公司发生金融风险的操作。回顾一下第3章，狭义的金融风险定义说明在公司的资本结构中，如果没有债务，就没有金融风险。但是，我们还要从广义上认识金融风险。我们始终将项目资金出借方置于第一位，所以会强调项目公司面对的这些威胁到它们产生充分的现金流和偿还合同债务能力的风险。在操作阶段，项目公司可能会面临情境和环境的变化风险或机构风险。我们返回到4.5节。在施工阶段，风险可能不是项目的设施，在建设的最后阶段，通常是一个庞大的固定的不可逆的资本投资。这种投资的风险可能会表现为建设公司的违约。这种风险还可能表现为合同执行的风险，即机构风险，参见4.5节。

在过去的20年中，设施废弃已经成为一个备受关注的问题。从社会的边缘到社会的主流，人们更多地关注地球的现实环境状态。许多国家将其纳入经济和政治议程。我们认为，在规划和设计时，考虑废弃风险最有成效。也许在几十年前，是通过选择防止污染的技术和生产过程，不再需要昂贵的补救措施，特别是可以防范由于不完善的信息对未来造成的风险。我们在这里不再强调废弃风险，因为我们的出发点是，它们代表了一个企业的价值观与国家或跨国法律的设置。社会正在进入一个新时代，注重保护环境。世界越来越意识到，污染很可能是产生许多风险的原因。我们可以考虑在20年前广泛使用绝缘石棉的案例。⊖这些都是复杂的问题。我们关于污染和废弃的更多的讨论在4.5节。

4.2 风险管理方法

开放性地讨论风险管理的方法，首先要判定什么是风险。在这样的背景下，需要提出两点：首先，风险和不确定性的区别；其次，风险厌恶的概念。起初，项目的未来结果很少被看作确定的。的确，在任何经济体中，无论是先进的或发展中的，大多数未来的事件是不确定的。我们将风

⊖ 该发现表明，某些类型的石棉纤维是危害健康的因素，从而为弥补这一过失，私人和公共基础设施计划上的支出剧增，导致大量的主要制造商无法补偿个人和政府的损失，纷纷破产。

险概念化为不确定性的形式。不确定性的潜在成本可能是高昂的，但是，非高昂的不确定性不代表风险。这种方式在商业活动中广泛地存在。一般情况下，商业活动都有潜在的危险的结果，这样的项目称为风险投资。例如，通过一个收费隧道的交通流量是不确定的，但是可能有一个稳定的分布。如果交通流量因为司机有一个新的替代路线的选择而下降，隧道使用减少后的交通流量可能会有一个新的稳定分布，但是，这可能产生风险，因为项目的收入可能不能满足项目偿债的要求，并引发贷款协议违约。在这种情况下，显然有一种需求风险。另外，过多的交通量可能会超过隧道的承受能力，导致交通堵塞。同样，如果一个生产设施的生产量远远高于预期的产出，以满足高于预期的需求，这可能会导致供应链中断、设施故障频发或产出质量降低。这说明，风险不仅仅是一个负面现象，有时与预期的偏差造成的代价可能非常高昂，风险很高（见专栏 4-1）。

专栏 4-1　风险和不确定性

我们从新古典经济学中找到一种区分风险和不确定性的方法，其依据是银行评估资本风险的方法以及银行接受国际监管的日常惯例。在 20 世纪 20 年代初，保守的美国经济学家弗兰克·奈特写道，与事件有关的风险是可预测的，与不确定性有关的那些风险是不可预测的，或没有合理的发生概率。现代的例子可能包括地震引发的海啸，但是不包括传染病或者金融危机。银行监管机构鼓励银行进行持续的风险价值（VAR）评估总风险头寸（交易记录、贷款和所有资本风险）受到关键外部变量变化的影响程度，如利息或汇率，并计算多少资本会被破坏运动影响。计算结果是一个资本水平，即银行能够在任何单期损失发生后的偿债能力、银行能够承担的核销量以及银行管理不完善或控制不严密而暴露的风险投资组合失败的事件。奈特的概念说明了这种方法的失败，因为银行无论有多么先进的财务模型，都不能对不可预知的事件附加一个概率。不可预测的事件往往是银行或金融系统的最大风险。美国国防部长唐纳德·拉姆斯菲尔德在 2002 年 2 月的一次记者招待会上说：

“我们知道，有已知的已知，有些事情我们知道我们知道。我们也知道有已知的未知，也就是说，我们知道有些事情我们不知道。但也有未知的未知，我们不知道我们不知道的。”

VaR（value at risk）技术被广泛地应用于各大工程公司的项目净值建模。

第二点是风险厌恶情绪，这可以视为为了减少风险而支付货币。这就强调了一个事实，减少风险不能不花钱。因此，可以理解为一个成本—收益的取舍决定。降低风险的成本可能在发达市场明显减少，但就其性质而言，市场始终是不完善的。因此，管理风险不能使用单一的市场工具，必须结合私人机构和合同以管理风险。在 4.5 节将展开更多关于市场不完全性的研讨。

总体而言，我们遵循传统的风险管理过程，尝试着将其作为一个系统来分析和处理风险。主要包括五个步骤：

（1）风险识别；

（2）风险分析与评估；

（3）风险管理技术的选择；

（4）实施；

（5）回顾。

这个过程是迭代的，不是一个单一的计算，很大程度上受到客户对风险的厌恶程度、行业监管、风险的特质的影响。这是一个通用的系统方法，可以对组织所面临的任何问题形成管理策略回应。最后的两个步骤明显是实施控制和反馈的机制，我们不会重点关注。本章的目的是介绍风险识别和风险管理技术。我们还会稍微关注风险评估。

4.2.1 风险识别、风险分析与评估

项目公司识别面临的风险，很可能需要进行结构化的风险识别和过程分析。在项目的规划阶段尽早开始，最好是在可行性研究期间。虽然上面所描述的风险管理方法具有系统性，但是风险识别本身是一个更好的系统方法。它关注的是项目公司所面临的整体上最重要的风险，以及它们之间

的相互关系。如果价格弹性高，高效的生产商愈来愈多地准备进入市场，单独从价格风险考虑需求风险，毫无意义。如果主要市场对于项目产出是开放的，充满国际化的竞争，单独从盈利风险考虑汇率的不确定性，同样是毫无意义的。此外，如果项目公司的债务主要是与浮动利率有关，忽略利率的不确定性对收入的影响，将是愚蠢的。类似地，生产风险、供应链和需求的不确定性必须根据它们之间的相互关系进行评估。一般来说，特定行业的专业知识、产业结构和宏观经济、项目的竞争力对于识别风险将是至关重要的（Bodie and merton，1998）。

为便于风险识别，我们会使用在第 1 章中介绍的系统理论的概念。我们特别有兴趣探索系统边界和系统环境的概念，作为有用的机制来进行风险识别。

系统边界和系统环境

在第 1 章中，我们介绍了一些系统的理论原则，但只提到了系统边界和系统环境的重要性。系统边界是表明对系统或子系统分析的范围。它能够使我们理解项目内部风险的不同性质和产生风险的项目环境，以及我们为什么要使用不同的风险管理方法。在系统方法中，关键要关注项目边界，因为风险来源和风险识别聚焦于此。在项目风险投资中，一般都有可比的商业风险，因此，项目融资的风险列有清单。基于系统概念，我们可以根据清单来识别和管理风险。这不仅仅是判定一个特定的项目中可能存在的特定风险，更重要的是，它是一种理解和预测风险的方法（Nevitt and Fabozzi，2000）。理解系统边界对于理解情境的复杂性是至关重要的，从而可以确定如何、为什么和在哪里产生风险，以及可控的程度。

我们对一个商业系统环境的兴趣，基于一个事实，即一个项目公司所面临的大部分风险，源于一个开放的系统环境的不同层次。有用性这一概念变得更加清晰，这是不言而喻的。如果我们区分一个业务环境的哪些部分可以被描述为：内部环境，可能包含生产过程本身和正常的更难的功能，如会计和管理；经营环境，与业务有关的竞争环境；制度环境，规制主体、法律、业务所在地的社会规范或习俗。商业环境的特性还有进一步的作用，因为每增加一个特性都表明了环境中的复杂性水平的增加，以及对环境施加影响能力的减少，削弱了风险管理能力。每一个级别也与一个噪声信号比率（信息的不确定性）对应。例如，一个管理良好的公司有良好的信息系统，充分反映其内部环境，并用尽可能少的具体的信息反映操作环境中的竞争对手和其他因素。这种分类有一些重叠，这些都是重要的，我们将在以下章节继续讨论。如果项目公司处于欠发达的制度环境中，从这个层面上所产生的不稳定性和不确定性可能最难有效地管理。我们将在 4.5 节讨论制度环境。

在分析一个项目公司的环境的某一个阶段，风险可能会对项目的经营和盈利能力产生不利影响，并愈发变得清晰。同时，也可以明确哪些风险可以被管理或减轻，哪些不能。发现项目和各种环境之间的边界，以及如何从管理的角度进行解读是理解风险起源的关键。

我们很少言及风险分析或评估。这可以视为风险的成本已经量化。这可能是不公平的。在我们看来，风险识别技术比风险评估技术更不成熟，值得更多的关注。风险分析和评估变得越来越复杂，特别是广泛地使用模拟软件，不幸地忽略了风险识别。然而，在本质上，如果特定风险事件出现，风险评估仍然取决于相关的关键风险被首先确定和进行概率估计（如果这些风险没有被市场定价，如商品价格风险），以及确定它们之间的相互关系并估计其严重影响。总而言之，风险评估的目的是区分出潜在的痛苦或灾难性的事件和风险，其可能发生的概率多高，隐蔽性多强或其他困扰项目公司的问题。风险管理的原则是优先注意潜在的风险和事件。风险分析和风险评估的快速入门见专栏 4-2 和第 5 章的 5.9 节。

专栏 4-2　风险分析 / 风险评估

风险评估的目的是评估各种已识别的风险对项目公司的财务影响。通常会召开风险研讨会，研讨风险对于项目具体方面的影响，例如施工阶段、运营阶段、终止阶段等。这样的结构化风险识别会议通常会邀请多学科有经验的项目策划人员和管理人员、设计和施工专业人员、调试专业人员等参加。本质上是一组专家进行研究，即传统的德尔菲研究法。风险分析 / 评估通常紧随于风险识别之后。我们再次提出的风险评估 / 分析的性质在原则上要根据运营和发展阶段建立不同的框架，仅仅因为开发/建设风险和运营风险在原则上是有顺序的。如果开发和调试阶段成功完成，设施健全，运营风险是可以独立于项目的早期阶段的。

评估/分析项目公司的运营阶段的风险通常遵循模式化的程序，如敏感性分析或情景分析，或更复杂的仿真程序分析，如VaR分析。项目价值产出和债务还款能力的敏感性分析是主观确定有风险的单变量的期望值范围，如利率、汇率、输入价格和其他。一般来说，一个最小的灵敏度分析会考虑变量的三个值：乐观、悲观和预期。在情景分析中，识别是借鉴传统的智慧，考虑几个变量可能会同时发生的变化。它们的变化往往是相关的，例如，输入价格、利率和汇率的变动可能会同时发生，从而导致经济紧缩。首先主观估计几种变量的组合，然后分析结果，再次测试乐观、悲观和预期的情况下的结果。敏感性分析和情景分析在技术上是基于仿真模拟方法，仿真模拟往往是一个更复杂的模拟，所有的风险变量随机变化，同时考虑变量之间的相互依存，以产生一个项目值分布，进行分析与解释。

在过去的10年中，项目建设阶段的风险主观分析/评估已获得接受，并有大量的实践。随后，是使用运筹学的研究方法全面模拟建设项目的早期尝试，如程序评估和评审技术（PERT），设计和建设团队已经开发出更多的简化的风险分析/评估方法，主要基于团队在施工方案中确定的风险的主观评价（Reiss，1996）。我们基于建设项目中的风险识别，提出了这样的风险评估，尝试作为一个简单的结构化过程。评估事件和风险发生的可能性、潜在的财务影响和危害等级。一个确定的风险的似然估计，评估等级从一至十级；其产生的影响，也从一到十级（主要依据科学事实，但对破坏性事件早期的潜在的迹象进行评估使用的是典型的主观概率方法）。危险等级是指简单的产品的风险概率及其潜在的影响，其最大值是100。潜在的高等级的风险，可以随着更多的深度调查，结合其他相关的风险进行研究。从专栏4-2中，我们要理解相关风险的整体重要性。如果风险高度相关，发生的可能性极大，需要引起高度关注。假设我们正在调查某个繁忙港口公路隧道工程的施工。隧道是由标准化的预制混凝土型材建造，从一个遥远的铸造盆地拖进港口，不能干扰港口繁忙的交通。表1演示了初步风险评估结果。

表 1 初始风险评估结果

风险	概率	影响	危险因素
拖船移动导致的港口交通事故	2.5	5	12.5
调整隧道的时间延迟	4.0	5	20.0
来自汹涌海洋的程序中断	0.7	7	4.9

并且，根据风险的相关矩阵，我们可以确定项目 2 和项目 3 是高度相关的，这增加了它们导致项目延迟的潜在性和潜在的财务压力。显然，管理层需要特别关注这两种风险。

4.2.2 风险管理技术的选择

在商业中管理风险通常依靠四项技术，即风险规避；保留或化解风险；预防（或控制）损失；风险转移。

风险规避和保留或化解风险，本质上是对立的行为。一个明晰的公司决策，通常为了避免卷入某项特殊的商业活动而规避风险，因为该项活动被认为风险过高。一家设计和建设公司，可能不会投标去获取设计某个可能使用有毒有害化学品的工程处理项目的合同。另外，保留风险代表着一个明晰的愿意承担风险，并投标去设计和建设基础设施的决策。公司如何管理其承担的风险于是演变为两种主体机制：预防和控制损失；风险转移。大多数的预防和控制措施可能会被草率地视为良好的管理。但是，风险管理首先要求防范或者控制识别潜在的损失，而且强调识别风险的重要性。对于零售商而言，简单的可以预防的损失可能包括那些从盗窃、火灾或者运输途中的货物损失引致的后果。管理能够使可操作的措施落实到位，以防范诸如此类的损失，譬如，改进供应链的管理或者实体仓库的安全措施。管理也可以采用第四项风险管理技术，即风险转移（Mason in Crane *et al.*，1995）。

风险转移

风险转移，显而易见，即找到其他方去承担商业中的风险，另一个直白的解释甚至认为无须成本的转移。风险转移往往会涉及复杂的合同，因此，当某方对任何形式的风险管理寄予期望时，风险管理的期望是高昂的。

一般情况下，我们认为风险管理涉及四个维度。第一个维度是与将要承担特定风险的对手方订立的合同，因此，风险转移方毫无疑义地依靠对手方管理风险。有效的风险承受会要求对手方比转移方更好地去管理风险。这儿有一个很好的例子，某个项目公司与某个设计和工程承包商签订了合同，要求工程承包商在预算范围内，保证质量和性能，符合规范，按时交付一个项目设施。毕竟，这是该项目公司的业务。这样就将全部的设施的风险转移给了承包商的公司。

确认了私人合同的风险转移函数后，我们遵循 Bodie 和 Merton（1998）的观点，他们确立了风险转移完成后的三个更深入的机制，即套期保值、保险和分散化。正是这三个机制的作用，金融市场才扮演了最重要的角色。正如我们将要描述的，连同私人合同的风险管理，金融市场提供了管理许多商品价格风险和项目公司的财务风险的机会。我们会简要概述作为风险转移机制的套期保值、分散化和保险，并指出使用这三个方法在结果上的原则差异。

1. 套期保值

在金融和大宗商品市场上，套期保值一般使用某些形式的金融工具，改变或减轻风险敞口。然而，通过管理和减轻损失，套期保值一般减少了从风险中获得收益的潜在机会。远期合约通常用于这个方面。它也是一种在将来某一指定时刻以约定价格买入或卖出资产的合约，有助于管理和减轻数量和价格风险。项目产出的远期卖出能够减少价格并降低风险敞口，但是，这也损失了从远期交易成交后，任何可能出现的价格上涨中获取的潜在收益。因此，在买入减轻投入价格风险的远期合约时，或许也会损失与可能的未来价格降低相关的收益。远期卖出和买入交易可以通过交易所安排用于任何设定的合约，或者通过场外交易（OTC），由金融中介机构如投资银行来安排。其中，通过交易所安排的标准化的远期合约是众所周知的期货。专栏 4-3 列出了场外交易和场内交易合约的主要类型。

专栏4-3　场外和场内合约

在现代的组织化的市场中，金融工具可以通过场外市场（OTC）或交易所两种方式进行交易，这意味着标准化的条款，以及集中化的清算、结算和价格报告。每一种方式都有悠久的历史，现在，已经可以容许索赔求偿交易，如贷款和信用风险，这些风险曾经长期被认为是交易中隐含的而且是不适合转移的。

交易者的主要区别见于交易对手方风险。场外市场涉及直接合约，而大多数交易所成了交易者的对手方。交易所典型的做法是依据交易资产的普通价值，要求交易商们缴存现金或等值保证金以限制交易对手风险，特别地针对那些期限长且伴有很多互换协议的合约，以此管理风险。

深度的和流动性强的市场倾向于交易标准化的合约，不重视交易环境。此外，在一个技术愈加成熟的世界中，没有市场需要一个实体位置，即使大宗商品或有价证券交易或许涉及实体环境。最近的趋势是衍生工具要求实物交割，或者有价证券要求现金结算，而这有助于限制市场操纵或者价格扭曲失真。

主要的场外市场包括全球外汇现金或远期结算、贷款、国际债券和互换协议的交易，互换协议是市场中所占比例很大的金融衍生品。最重要的交易所交易股权、贱金属、商品、保险和船舶租赁，而场外市场交易的是这些金融工具的混合产品。所有的期货和最基本的期权合约在交易所交易，期货是一种标准化的远期合约。

交易所拥有某些权力监管市场，而它们也要受到政府机构的监管。场外市场交易和交易所交易在发挥价格发现作用时是复杂的、透明的，但是，场外市场交易的流动性工具对除少数派以外的交易方是非透明的。

在现货市场，建立有限的价格对冲是有可能的，如卖空。今天，借入可以交易的商品，然后在现货市场立即卖出该商品，与此同时，买入在未来特定时刻进行交割的远期金融工具。通常，归还商品的日期与金融工具的交割日期吻合。这样做，能够以今天的卖出价格锁定总收入，并避免由随后的价格下跌产生的损失。但是，这样做是有代价的，借入商品会有成本，此外，市场可能会以价格上涨的方式使成本变得非常高昂。对于降低成本或者增加收益而言，并非必须使用这些金融工具，即便使用它们会使财务管理非常愉悦，因为这些金融工具的主要作用在于提高和促进产出销售价格的确定性程度。其他更复杂的和广泛使用的金融工具包括远期和期货合约、金融期权和互换。互换在长期项目融资中普遍存在，它的主要特点如专栏 4-4 所示。

2. 分散化

分散化亦可称为多元化，它作为一种风险转移机制，和套期保值类似。分散的优势已经经由实际应用的结果获得验证。在专栏 4-5 中，主要解释了使得“分散化”成为一个重要的金融概念的原理。分散化同样适用于风险管理，在思维决策中，它是一个非常重要的考虑因素，应用于保险公司管理它们的负债或制定销售策略以及其他金融服务。分散化作为一种风险转移机制，其应用已经远远超出保险行业的管理、基金行业的管理、金融市场工具的使用。它影响到了任何一个商业资产负债表中的资产项目和负债项目，同时，也影响到需求方和供给方。例如，分散化尽管非常重视公司与银行建立业务关系，但是，也重视公司负债来源的多元化（不同的银行）和债务类型的多元化（债券和贷款），更重视供应商和销售客户的多元化。对所有情况而言，不论是资产还是负债，分散化降低了与单一巨险相关联的风险量级。

专栏 4-4　互换是什么

互换是指两个对等主体之间对它们各自持有的金融工具的一种交换。交换中，每一方的支付都取决于另一方。20 世纪 70 年代初期，利率和货币互换[⊖]首先协商达成。至今，互换已经涉及许多类型的合约。国际互换和衍生品协会（ISDA）为市场中的互换交易设计了众多标准化条款。几乎所有的互换都由当事方在场外市场直接地完成交易。资产或负债管理者可以借助互换改变市场风险敞口和收益。例如，如果

⊖ 利率和货币互换有别于外汇互换交易。外汇互换交易历史悠久，条款成熟，既有现货也有远期卖出和买入等量货币的交易。

某个借款者，能够以优惠的条件获得一笔贷款，但是，其更喜欢用另一种货币支付利息，该种货币能够在借入贷款期间以合约方式交换负债利息，因此，借款者会支付其喜好的成本。

图1显示了某个希望有效改变债券利息的投资者进行的利率互换。银行作为对手方接受了固定利率债券的利息，并以该投资者喜好的浮动利率（Libor）进行返还。互换转换还能够更复杂，例如：涉及支付货币和时间的变化，或者依据特定事件而确定的支付。通常，没有本金的交换，只有定期付款，虽然零利率互换只在终止期涉及单方支付。

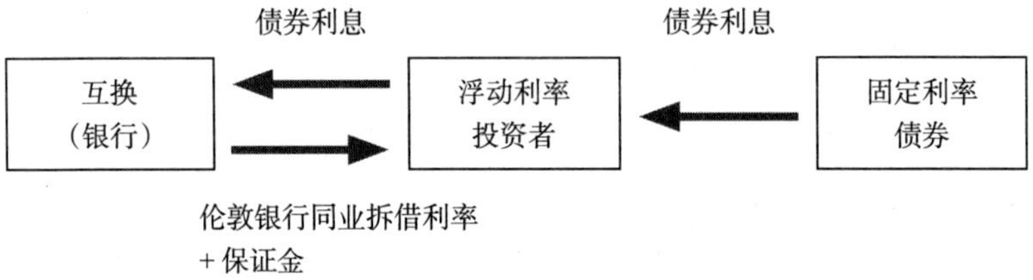

图1 互换图

银行主导互换市场，但是，投资者、借款人、对冲基金和政府组织使用互换的原因与投资组合相关，也就是说，略微改变并平衡一系列资产或负债的风险和收益，使投资组合的表现接近预期目标。任何一个互换交易都有规避风险或投机的属性，它适用于某些主要借款人或某些投资者。前者，频繁交易互换以改变总利息、外汇或信用风险负债；后者，要对利息收益与未来的利率变化不匹配的情况做出决策，并希望找到某种对应于主要货币的金融工具，以之替代与某种指数（如Libor）关联的浮动利率。

互换可以被视为一个与金融工具（如贷款或债券）紧密联系的债务交换。20世纪80年代，市场显然被分割，互换反映了借款人的地位。因此，从普通债券收益率或者货币汇率中衍生出互换的定价。自20世纪90年代中期以来，与多种风险相关的互换市场获得长足发展，以至于互换的定价比基础市场中的有价证券或风险具有更强的流动性和连续性，于是，某种新发行债券的条款将主要基于一种标准化的利率互换。

专栏 4-5　投资组合理论

投资组合理论解释了在由大量的不同的资产组合成的资产池中，允许出现投资组合风险的原因。这些风险的特性激发了研究系统学的理论家的研究兴趣。如果给定基本的条件和目标，投资组合的风险可能会低于投资组合中任何一个基础证券的最低风险。依据投资组合理论，风险池中，最基本的有利于降低风险的前提条件是置于池中的各种风险不应该相关或者相关关系较低，因此，风险要分散化。例如，在一个分散化的股票组合中，一个相对数量很少的资产（25 ～ 30 种）组合可以大比例地消除回报或风险的不确定性，并且组合中添加越多的资产，理论上可以达到降低风险的阈值，即接近于“市场风险”。哈里·马克维茨因将组合理论数学化而获得诺贝尔奖。著名的经济学家米尔顿·弗里德曼曾经说过，马克维茨的博士学位不是经济学，他不能确定学位到底是什么。投资组合理论巧妙的验证了古老的箴言——“不要把所有的鸡蛋放在一个篮子里”。投资组合理论的一个重要扩展是资本资产定价模型的发展（对于该模型不是完全没有争议的）。该模型假定，如果理性的投资者在他们的投资活动中遵循投资组合理论的逻辑，这样就会在个人投资中产生获得满意的投资回报率的重要结果，还因此提供了一种可以估计个人投资所要求的回报率的机制（见专栏 3-2）。

现代投资组合理论同样适用于风险管理的大多数领域，包括养老金和其他的基金管理。保险公司在管理它们的负债（制定销售策略）或者提供其他金融服务时，会非常重视投资组合理论。

3. 保险

我们遵循 Mason in Crane *et al.*（1995）对保险特征的描述，将其作为对最常见的保险形式，如保险精算、担保和期权等进行风险管理的高度近似描述。原则上，当某个项目公司使用保险抵御风险时，它便要进行损失控制，然而，它也有从渐增的风险中获益的可能性。它会与保险公司签订合约，交纳一定数量的保险费，以此获得一定数量的保险赔付，这取决于特定的偶然性事件（如设备在火灾中严重受损）是否发生。从本质上讲，如果偶然事件发生，则保险费可以减少损失。为了使投保方保持警惕，预防风险事件的发生（道德风险），保险公司通常不会将损失赔付覆盖全部的风险（这与超额赔付有区别）。多数保险公司的运转依靠保险精算准则，保险精算在很大程度上凭借的是风险池和分散化。专栏 4-6 中，我们给出了一些关于保险精算的见解。寿险公司和财险（property-casualty，PC）公司是保险行业中的两大主要部门，在世界各地销售数以百万计的保单，涵盖许多类风险。我们的主要兴趣在于财险公司涉及的风险（见专栏 4-7）。

然而，我们也会关注促成保险运转的风险转移机制，并不局限于通常意义上的保险。我们更深入地考虑促成保险运转的两种主要机制，即期权和担保，保险和套期保值之间的根本区别渐渐清晰。套期保值管理并减轻损失风险，但是，它也消除了潜在收益。然而，保险不仅管理损失风险，而且在不消除潜在收益的情况下减轻损失风险。例如，通过购买某种商品看跌期权，某个项目公司能够消除销售价格降低的风险，不牺牲价格上涨带来的可能收益。该项目公司也能够在进口商品时买入某种看涨期权，消除进口商品价格上涨的风险，这样做不能消除从进口商品价格下降中可以获得的潜在收益。在以上两种情况下，期权的价格是一种确定的损失（保险费）。如果某个公司通过远期合约执行对冲，对同样的风险进行管理，该公司将不会处于从任意可能的价格运动中获益的境地。专栏 4-8 提供了关于期权和远期的初级知识。

专栏 4-6　保险的内涵

保险模式有三种基本的类型，精算、事件和灾难。投保方将风险转移给保险公司，保险公司承担风险并对冲风险。风险通常被视为发生损失或损害的可能性，但是，在操作项目融资时，风险意味着从变化多端地可预测的或偏好的结果中出现一个项目结果的可能性。风险的每一个方面都是不确定的：规模、时间的发生或频率，于是，风险倾向于以概率形式估计事件的发生。保险公司和金融家使用统计预测模型来估计这些概率，并且使用估计结果帮助量化已经承受的保险项目的风险。保险公司向投保方收取前期的费用或者后续的保险费，以此提供风险事件发生后的补偿赔付。这要依靠统计预测模型进行分析，例如，在确定汽车保险的保费时，输入模型的变量将会包括汽车的已使用时间、类型、所在地和驾驶员的历史记录、受教育程度、性别、职业和健康状况。这就是一个使用经过收集的历史数据变量的精算模型。

罕见的和独特的自然灾害，如地震、洪水或者恶劣天气等。这些自然灾害不能够使用同样的方法进行预测，尽管保险公司的专家正日益增强编写保险合同以补偿这些自然灾害风险的能力。极端事件很少发生，但是，如果发生，后果严重。我们可以评估这些极端事件的后果，例如，地震学家或者气象学家使用高度迭代模型，输入指令，对此类事件进行上千次的模拟。这个灾害模型有两个目标：估计任何一个单一事件发生的概率和估计此类事件发生的后果，这样就形成了对保险合约和某些复杂类型的金融衍生品进行定价的基础。同时，多数的仿真模型将会假定多数不大可能发生的情况（比如：两个或更多个在模拟状况下不太可能发生的冲击）发生的概率非常小，以至于无须对冲风险。这种情况，对于保险方和投保方可能都是需要解决的难题。最后一种类型的保险是用于对冲特定事件的风险，例如：战争、暴动或者革命。这类风险无法通过统计或者科学模型进行预测。通常，由政府制定政策确保避免此类事件的发生。这是事件模型。

专栏 4-7 保险公司通常涉及的财产意外风险

航空保险	责任保险	海上保险（保护船体和机械，赔偿污染）
农业全险	金融担保	
盗窃保险	火灾保险	抵押贷款保护保险
商务中断保险	群体事故和健康保险	机动车辆保险
商业租金保险	货物运输保险	政治风险保险
商业全险	家庭全险	产品责任保险
信用保险	工业设备保险	专业过失保险
农作物保险	内陆水运保险	治疗不当保险
残障保险	寿命保险	旅游保险
地震保险		工人报酬保险

资料来源：引于 Saunders（1997）。

专栏 4-8 使用远期合约或期权合约管理价格风险

在金融市场中，远期和期权广泛存在，用户可以采用许多种价格对冲策略。这些策略可以分为偏好风险型或者缓解风险型，但是，所有这些策略都要求用户去改变与商业或金融活动结果紧密关联的风险和收益的平衡。对项目主办方而言，寻求对冲与不断变化的利率紧密联系的某种风险可能是有价值的，或许可以预防意外的或者预算外的财务成本的增加。与此同时，采用每一个对冲策略通常都将涉及一个成本，要么在缴纳保险费时支付，要么在获得收益前支付。因此，在不同的市场条件下，一个项目经理可以选择使用单独的或组合的远期或期权合约，去防范全部的或部分的利率风险。形式最简单的对冲经常是基于看涨和看跌期权的组合，并且允许借入方设置一个利息成本上限，于是，对冲收益可以在实行对冲期间补偿剩余的高于特定水平的利息率。在任一个单一的项目开发阶段，借入方或许可以描绘出各种可能的利率路径。因此，如果借入方相信，当利率保持在某个水平时，某一个项目总是产生正的净现金流，借入方便可以在利率将要下落低于该水平时，选择卖出给其带来收益的期权。反之，这样做可以减少利率上限的成本，并且让借入方确定其利息成本将会使利率维持在某个带状区间内，无须顾虑在对冲现在的利率期间所发生的任何事情。在重要的项目融资交易中，某些类型的长期风险通常用各种各样的互换来对冲，尤其是那些涉及外汇的风险或者延续数年的利率风险。

类似的，担保通常也能够促进保险发挥作用。当交易对手方在财务履约或者进行某些资产的实物交割时，交易风险便可能会发生。这时，担保，这一损失管理工具，就可以发挥作用（一个典型的例子是应用于项目设施）。担保经常用于管理各种信用风险。对于消费信用贷款，联系紧密的个人担保在第一笔贷款发放给年轻的无信用历史记录的市场进入者时是非常必要的。虽然，项目融资的目的经常是构造对项目公司而言无追索权的贷款，但是，项目公司的原始股东经常必须保证偿还项目公司的债务，履行其法定担保义务。当然，如果贷款无违约被偿还，这可能是出借方的好运造成的。建筑合同也经常要求担保人提供担保，担保方可能是另外某家建设公司，但是，更典型的做法是由为建设公司服务的银行提供担保函，或者由保险公司提供收费服务，如一项保险费。担保函的作用在于保证当承包商不履约时还能够提供充足的资金，完成项目公司签订的合同。为了深入了解担保的性质，参见专栏4-9。

专栏4-9　担保

保险合同（俗称保单）要求在特定事件以特殊的形式和方式发生后，保险方必须赔付投保方。在进行商业活动时，投保方会遇到某些不可控制的外部事件，于是希望通过保险合同抵御损失风险。但是，在风险事件没有发生时，保险方会对投保方施加影响，例如，在生产过程中，投保方支付保险费，从而将有效风险转移给保险方。同样的，在日益增长的信用衍生品市场中，信用违约互换能够以类似的方式使用标准化的保险合约保护买家。这两种金融工具都包括了损失的约定补偿。两者之间主要的实际区别在于，前者，保险方能够成为掌握和控制合同的主体；后者，信用衍生品不一定会这样，其法律结构和监管治理高度分散。在某些方面，担保近似于保险和信用衍生品，被规避风险者视为紧密关联的替代品。但是，不同的法律通常都会管控担保和保险合同。在发达经济体中，不同的监管制度广泛适用于保险方、银行和专业的担保提供方。担保是一种涉及第三方财务义务的合同。担保方承担了在第三方违约时向受益方进行支付的义务，并且通常会获得代位清偿的权利，从而促使违约方恢复支付能力，进而担保的受益方受到保护，避免了损失。相比之下，保险不负有为第三方违约进行支付的担保义务。这些金融工具之间存在着法律差异，尤其在发生支付后的保险方或者担保方的权利之间，但是，这些差异经常是在惯例或者实践中产生的，在某些情况下，特别是由金融监管的便捷性造成的。

以上的综合讨论涉及若干风险管理机制，每一个机制都可以视为一个离散的概念。对于金融市场和金融合约，或许，最令人兴奋的（也是可怕的）现象不是经常被许多人挂在口头上的风险管理，而是那些能够进行无穷组合以分割和管理多种内生风险敞口的金融工具。如果我们将银行进行场外交易的风险工程管理能力与进行交易所内正式交易的风险管理产品紧密结合，那么，将许多的金融头寸进行合成是可想而知的。这，每天都在发生。

4.3 项目公司和风险识别

在本节中，我们将恰如其分地用案例阐释系统边界和风险环境的概念。在考虑到风险、风险管理和项目公司时，一个增值的项目作为一个系统的环境，会产生一种有效的且有序的方式思考产生风险的原因，即风险识别。当然，在最后的分析中，任何一种可以想到的，对一个周转灵活的项目公司的现金流和负债能力产生破坏作用的风险是潜在的严重风险，所以，接下来的重点集中于风险识别框架的概念，而不是具体的风险。我们单独地考虑开发项目的每一个阶段（计划、设计和工程、建设）的操作和项目公司在项目试运转前后的每一个阶段的风险特征。我们首先假定项目是已经完工的运转中的设施，然后，我们回到与项目建设相关联的风险。

4.3.1 运营阶段中的项目公司

在解释系统环境中的项目公司进行风险识别的概念时，我们会介绍内部的、操作的和制度的环境，以便分类有序地考虑环境。现在，我们使用这些概念在一个假想的项目公司的环境中识别风险。

项目公司的内部系统环境

现在，我们将项目公司理解为狭义上的商业系统，其发展是为了制造和销售某些产品或服务。我们选择一家发电厂作为例子，因为在第 1 章中已经说明这样的设施是很好的例子。该例子可以用于具有存量和流量特征的项目公司的比较分析，例如，在这样的公司中，输入风险是可以被管理的，但是，承购风险是复杂的（例如，收费公路隧道、没有签订吞吐量协议的石油或者天然气管道）。项目流程允许对近似于供给（输入）风险、过程风险和需求（承购）风险的基本风险管理进行阐释和说明，同时，也允许深入考察在子系统中或系统边缘产生的风险。为了证明我们使用的方法，我们返回到虚构的位于菲律宾苏比克湾（Subic Bay）的碧瑶电力公司，在前些章中，已对其有所介绍。我们对这家虚构的设施有简要的描述，见专栏 4-10。

专栏 4-10　虚构的碧瑶电力公司项目

碧瑶电力公司（BPC）是一家市值 25 亿美元，发电容量 2000 兆瓦的燃煤发电工厂。它占地 50 公顷，紧邻深海港口，那儿已经建成了一个专用煤炭装卸码头，作为发电厂供应链的一部分，储备、煤炭加工、为整个发电厂服务的道路等基础设施、与周边城市整合一体化的交通网络也已经完工。BPC 是一个连续的处理系统，其功能是以较低的单位成本大规模地将煤炭转化成电力，并且销售给该区域内的潜在的电力买家。作为这种大规模的资本密集型设施的一部分，我们拥有大量的过程控制系统以控制燃烧率、气体分布、排放和类似的硬系统，其包括了控制管理以实现由全球康士廉公司（Global Consilium Corporation，GCC）为项目（输入因素的全部效率）制定的技术目标的机制。总体而言，这描述了商业系统的内部环境。狭义上，如图 1 所示，我们能够展现出内部的环境及其边界。

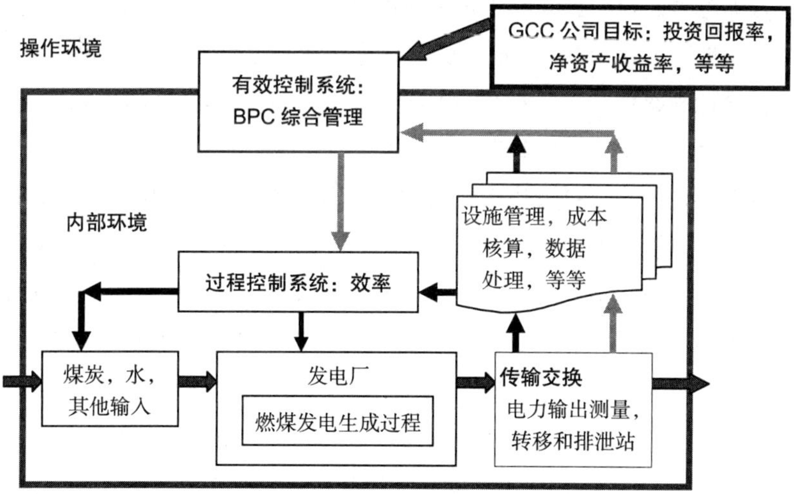

图 1　BPC 燃煤发电项目：内部系统环境

> 从实用性上而言，碧瑶的发电过程可以被视为一个完全自动化的、由四个大型的联合循环涡轮发动机组成的、从连续的煤炭燃烧过程中产生的蒸气所驱动的技术控制装置。碧瑶的传输设备和交换设备产生了电力，这些电力经过正式测量后，由电力系统网络接收和分配。BPC具有一支经验丰富的管理团队和来自国际基础设施运营团队的训练有素的技术维护专业人员，可以管理、运营和维护自动化的连续的生产活动。在专栏4-10图1中，我们看到，发电厂的运营管理团队得到了正常的业务支持和高效的控制信息，例如会计和管理、设施管理、数据处理等。信息的作用在于反映了控制系统的有效性和处理过程。对电力生产系统自身而言，这就是系统的内部环境。有效的控制系统是BPC的内部和操作环境的一部分，并且妥善处理了BPC与GCC的关系，实现了GCC对BPC提出的企业目标，例如，净资产收益率或者净投资收益率和其他的公司目标。这样就可以通过控制系统过程，影响内部的环境。这说明，BPC的管理是从操作环境中获取信号的。当环境要求高效的目标与其一致时，管理者会调整目标以适应需要。从实用目的的角度看，控制机制的有效性、内部环境与操作环境的交界面有助于促进识别首先需要去管理的风险。

碧瑶电力公司的控股股东是全球评议公司，其早期已经完工的项目的资产负债平衡表，如图4-2所示。假设巴加泰勒公司是一家大型的国际整体设施设计和建设公司，担任项目开发商，负责整体设施的规划、设计、工程和建设，此外，拥有重要的数量不多的股权。

内部环境风险可以被狭义地描述。它们包括，煤炭燃烧和气体分布系统中的发电涡轮机传输交换设备或控制系统的技术故障。虽然其规模令人望而生畏，但是其不是内部系统环境固有的风险，可以被预测。这项技术已经被证明是成熟的，安全性以及其他的控制系统始终不断地获得改进，事实上，其表现已经超越了近一个世纪以来其他类似的设施。如果说有区别，这项技术可能会受到环境影响而退化的威胁。信息流是准确的、及时的，允许用一个非常小的有效包络控制过程。只要委托和维护指令适当，这些设施通常不会中断运行或灾难性地失败，除非其粗制滥造。因而，我们不会进一步详述技术风险[⊖]，我们会假定工厂的设计和建设是正常的，控制机制是正常运行的，工厂的操作和维护管理在国际上是最佳的典范。内部环境的风险似乎是很小的——或者另有隐情？

碧瑶电力公司（组建于菲律宾共和国，1999 年）						
资产负债表（2007 年 6 月 30 日）						
负债	**千美元**			**资产**	**千美元**	
权益				**固定资产**		
发行的普通股：						
全球康士廉公司	175 000	35.0%		在苏比克湾的电力生产设备（按原价）①	2 600 000	
巴加泰勒公司	175 000	35.0%		家具、配件、设备、车辆等	5 000	
弗兰德公司	150 000	30.0%		**减：**		
股东权益			500 000	累计折旧	（1 000）	
				固定资产		2 604 000
债务						
长期债务				流动资产		
银行担保债务至 2022 年 6 月	1 400 000			杂费，维持库存	5 000	
资本租赁：发电设备	600 000			其他流动资产	310 000	
长期办公租赁	10 000			现金和有价证券	5 000	
长期债务		2 010 000		**流动资产**		320 000
流动负债						
商业票据：3 个月	114 000					
短期银行贷款：1 个月	300 000					
流动负债		414 000				
债务总额			2 424 000			
总计			2 924 000	**总计**		2 924 000

图 4-2　碧瑶电力公司的预计资产负债表

① 在苏比克湾的用地，是向菲律宾政府租赁的，每年仅交纳 1 美元的租金。

⊖ 没有人会说，所有的风险是已知的，毕竟我们是有限理性的。如果我们讨论技术和核电站的技术风险，这是一个完全不同的故事，那么，我们还需要去了解关于这些设施的更多的知识。

所以，会出现什么问题呢？当然，请严肃牢记，我们做的第一个假定是，这是一家持续不断的生产电力的大型的工厂。这家工厂的设施高度地资产专用、规模密集、用途单一，需要不断地燃烧煤炭去驱动至少一个涡轮机进行有效的生产。首先，可能会发生日常维护的中断或者紧随其后的单一的技术故障。在持续的生产过程中，这二者造成的中断都是十分不便的。因此，我们可以容许非常小的过程中断风险发生，因为其补救措施的成本低，而尽量避免后果严重的风险发生，因为，其造成的生产中断的财务成本非常高昂。

如何管理这些过程系统风险呢？一般而言，内部环境中的风险识别可能是结构化风险分析过程的主题，在项目的起始和执行阶段尽可能进行得越早越好。这也是一个公认的技术风险管理假设，即假设总是会有一些替代方法来管理那些已被识别的和需要被管理的技术风险，每一个替代方法都有成本和收益——实现技术风险管理的目标绝非仅有一种方法。具体的说明如下，燃煤电站的过程中断风险借助于承担风险（自我保险），或者通过设备供应商的保证进行的部分风险转移，或者设备租赁与维护协议，或者与设计和建设方签订合同以确保设备在初始期正常运行，等等，来减轻风险。碧瑶电力公司（BPC）可能会追求一种超出在设计工厂时遵循的可以接受的安全因素标准的损失预防方法，例如，在生成系统的关键部分使用双重冷却系统，或者在蒸汽分布中使用双重系统，或者在由控制系统自动化管理的备份中使用切换系统。这样的双重系统可以依靠以下的因素来支撑：一项现场机械工程，拥有充足的替代设备的制造车间，拥有高度的技巧和丰富的经验的技术人员，能够处理除灾难性的失败之外的维修人员。另外，一个维修计划可能经常让一台涡轮发电机离线检验。因此，我们可以说，计划外的过程中断损失可以通过超过工程标准的设计、计划维修和现场工程制造能力进行实际的预防或控制。这个损失预防和控制机制过程将一个持续的计划维护工程和制造子系统添加入内部系统环境，如先前的专栏 4-10 所示，也接收来自有效控制系统的控制输入，这个调整过程如图 4-3 所示。一个计划维护工作单元的多数部分可能在实际中接受监管当局的监督和检察。

在这个阶段，我们可以总结出那些出现在典型的项目风险投资的内部环境中，通常可以被识别的风险的要点。本质上，这些要点可以主要归类为低技术风险，其反映了项目债务金融家的要求；或者，已经证明了的技术和经验；或者，已经证明了的设施管理。剩余的技术风险是通过智能化的风险预防和控制、适当的保险（子系统保证，完工设施，过程维护合同，等等）进行有效的管理。我们也可以假定技术上的和管理上的好的控制系统信息是可以有效地生成和使用的。与多数的服务或制造行业中的一个典型的商务活动进行比较，电力项目公司的内部环境定义清晰，风险为人所知。因此，我们可以假设设施建设正常进行、高效运行、效果显著。我们将在下文中看到，这是为方便起见而做出的动态的背景假设。

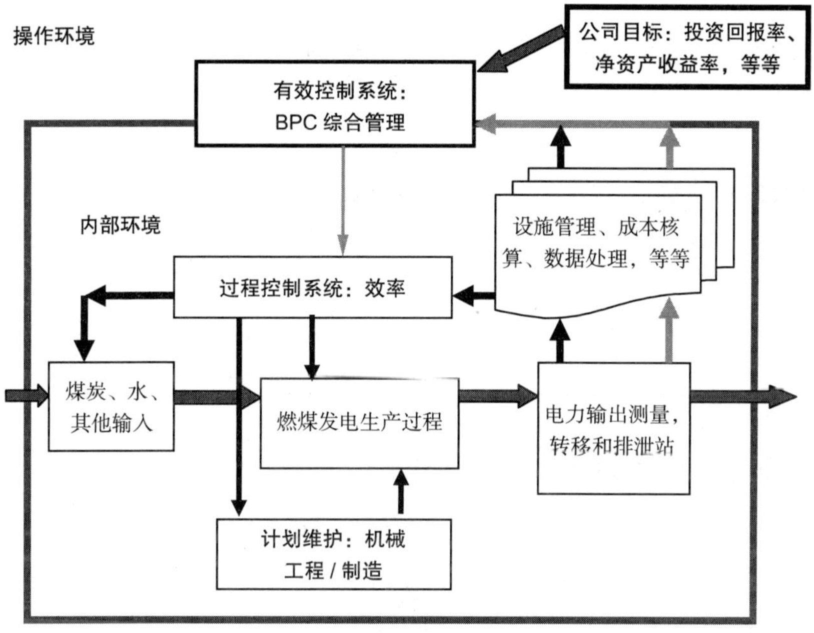

图 4-3　BPC 的燃煤电力项目：内部系统环境

在表 4-1 中，我们简要地概括了这些要点。该表说明了一个嵌套的系统环境框架中的各种各样的常见的项目风险，并且不具有核查清单的作用。主要的风险是技术性的风险，它有两个子类，即技术失灵和控制系统失灵。每一个风险项目都会有其自身特定的属于主要风险下的子类风险，因此，在项目计划、设计和施工期间，这些项目都将会被规划和广泛地评估。

表 4-1　风险和风险管理：内部项目环境

风险	风险管理机制
技术故障效率风险	选择成熟的技术
	损失预防和控制
	成熟的技术
	可靠的供应商
	租赁关键技术与性能保证
	使关键技术提供者成为普通股投资者
技术故障和失灵	**损失预防和控制**
	成熟的技术
	超标准设计和超标准施工
	关键系统的副本
	完工后的维护期或关系
	设施维护计划
	主要的工厂维护或替代协议
	维护租赁的子系统
	财产保险
子系统和控制系统的故障和失灵	**损失预防和控制**
	最佳的维护和管理实践
	子系统供应商服务和替代保证
	保险或持续运营保证
	维护租赁的子系统
	供应商维护期 / 关系

4.3.2　从内部环境到操作环境

我们已经将 BPC 的内部环境简化到足以说明多数的项目公司的剩余风险有效地存在于内部环境之外的程度。现在，我们会说明典型的起源于操作环境的风险的本质（后来是制度环境）。我们从 BPC 的内部系统环境（图 4-3）审视到它的操作环境。事实明显是随着系统环境从技术风险变换到定义含糊的风险，风险变得愈来愈复杂。从假设某些实际上很少的不受 BPC 影响的软性维度开始，我们正在建立一个丰富的风险视角系统，操作系统中的风险被添加到内部风险中而且可以进行复合。我们再次不考虑那些通常在生产时可能会发生的风险的生成清单，相反，我们希望在初始阶段专注于两种重要的操作风险，即供给需求风险和价格风险。通常，这二者被统称为市场风险，是可以用来说明从子系统到主系统的分析过程中出现在边缘的风险的范例。我们也希望说明，我们所遵循的方法可以被复制用以分析操作环境中的其他风险。在分析供给和需求风险时，每一个项目都要求其自身的操作环境的经济性在风险管理措施落实到位之前能够被了解清楚。

输入风险

项目公司的操作环境由什么构成呢？我们或许应该首先来认识被认为是操作风险的事务，这些事务通常涉及那些可以造成一个风险项目不能被执行而达不到预期的目标（由 GCC 和 BPC 的董事会设定）的风险，更具体地说，这些风险将导致项目不能够产生足够的收益以抵偿债务。持续的电力生产过程中的第一个操作环境风险是可以被识别的连续供给输入中断风险和销售输出风险。我们将这些风险作为第一个操作环境风险加入到图 4-4 中。主要的物理过程输入是水和煤炭，但是，还有一些其他的比自然资源更复杂的输入（例如，劳动力、运输、通信和其他的物理基础设施、社会基础设施，等等）。让我们专注于煤炭，但类似的逻辑将适用于所有的资源输入。

开始阶段，满足一定环境标准的适当质量的煤炭必须被采购以供应位于苏比克湾的 BPC 电力公司，从而充分满足连续生产过程对煤炭的需求。煤炭市场是一个竞争高度激烈的市场，供应商来自下列几个国家：澳大利亚、巴西、加拿大、美国、南非等，这些拥有储备能力和获得进入许可的供应商支持了 BPC 设施的运转。如果煤炭的长期供应和及时交货是通过与信誉好的供应商签订的长期供应合同来实现的，那么，我们可以认为，供应风险损失受到管理，或者至少通过合同得以减轻；如果煤炭供应以合同形式约定价格，或者使用定价公式约定在可以预期的项目期内在苏比克湾进行交货，那么，价格风险也受到了管理，这样做，也就解决了煤炭供应的市场风险。这样的安排可能甚至包括与电力购买商约定的协议，通过支付价格允许成本增加，但是，这样的协议难以达成。码头交货，从更加深入的供应链风险中产生了一系列的潜在损失，这些风险必须在我们确定价格和码头交货之前受到管理。如果签订煤炭供应合同的煤矿发生了意外事故，被关闭了，后果如何呢？如果将煤炭从澳大利亚的西部内陆运往港口，再用轮船运往苏比克湾，其间，列车出轨，后果如何呢？这一切可能会使GCC和BPC的管理层相信，供应源多元化是谨慎的选择。这也可能会促使管理层考虑替代燃料，如石油或天然气，或者甚至使用能够在替代燃料如石油和天然气之间进行转化的生成技术，这种方法把来源分散化和输入类型多样化作为一种风险管理方法（多样化的输入技术作为研究案例出现在第3章有关实物期权的部分）。

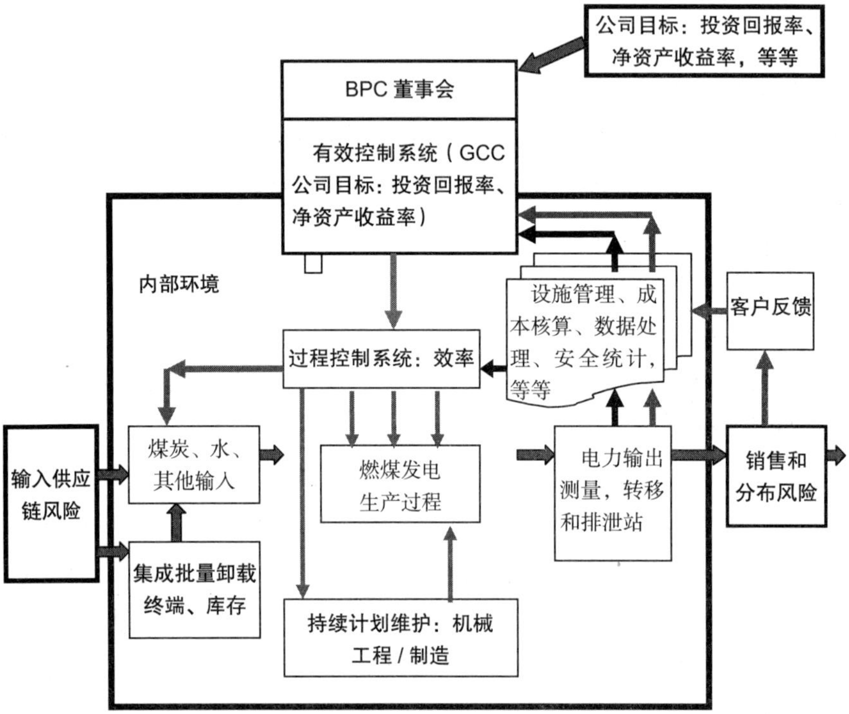

图4-4 操作环境

起初，BPC在苏比克湾的终端将有煤炭储备库存可以提取并维持设施运转一段时间，如几个星期，但是，供应链风险仍然存在。这些风险可以通过分散供应商和确保不同的供应商不受供应链风险的影响进行管理，也可以通过与不同的大洲的供应商订立合约来实现，最后，BPC也能够订立众所周知的投入或支付协议。实际上，供货商保证供应，是通过同意购买市场上的输入来实现的，然后，如果BPC自身的供应链被破坏，它们将提供供应，或者为BPC提供相当的金融资源。这些投入或支付协议可能在债务金融家愿意提供项目融资前需要第三方担保作为前提。

项目贷款经常是资金借出方组成辛迪组织，通常涉及在浮动利率基础上计算出的利息支付，这意味着项目公司借入方要承担更大的利率风险。在很多情况下，这将会创造出负债管理需求，以增加与利率成本相关的确定性。或者，在很多情况下，减少总体利息负担，并且项目公司将会借助于互换或者买入和卖出利率期权，通常是以利率上限或下限的形式来完成任务。专栏 4-4 解释了互换。专栏 4-8 说明了使用期权的各个方面。专栏 4-3 解释了这些类型的金融衍生品如何交易及使用方法的不同。

当然，更常见的价格风险是外汇风险，即在供应合同规定的日期内，汇率会发生不利的或有利的变化。国际大宗商品市场以美元进行交易，因此，会出现货币不匹配的情况，因为 BPC 获取的收益以比索计价，然而，其主要的输入支付以美元计价。针对上述情况，除了依据供应合同中的固定外汇汇率的方法之外（这种情况不太可能出现在现代），主要有三种方法进行风险管理：风险规避、套期保值、保险。对冲货币风险可以通过远期合约、货币互换协议或货币期货的形式完全或部分实现其目的；保险可能包括货币期权、货币远期合约或长期货币互换。互换可能会有很长的期限，很多主要货币互换的期限长达 20 年或更长，并且尽管多数的期权和远期合约的期限很短，但风险管理经理还是经常参与动态对冲，其包括多层或多组的连锁或连续的合约，或通过收费支付任何一个单一的对冲成本，这些金融工具假定了项目公司所承受的风险在各个不同的方面都是更有效率的。向同一国家的一家供应商购买煤炭能够规避货币风险，具有良好声誉的本地煤炭矿山公司是可用的，但是，项目的银行家可能会坚持要求签订投入或支付协议，即使第三方担保也会提出类似的要求。作为制度的一部分，发展规划组织和多边组织已经为第三方担保提供了供给和需求合同（我们将在 4.5 节继续讨论该问题）。BPC 也可以考虑后项整合，在菲律宾开发了一个专用煤矿，独家为 BPC 提供煤炭，但是，这样做会进一步地引发许多风险：当地的基础设施足够确保运输和交货吗？需要进一步发展基础设施建设吗？现在，问题明确，风险必须被识别，被仔细分析，从而找到管理供应风险的最佳方法。我们在表 4-2 中总结了一些要点。

表 4-2 风险和风险管理：输入风险

两级系统分类：操作环境	
输入风险	风险管理机制
煤炭供应风险，尤其是时好时坏的供应或供应质量	工厂和矿山的协同定位发展 向后整合——购买或开发矿山 煤炭库存供应 长期供应合同 多样化的供应商 不履行的处罚 投入或支付合同 多边或第三方保证 同意进行外汇储备管理 货币不匹配 替代燃料 多样化的燃料：多样化燃料技术
煤炭价格风险	固定价格 协议定价公式 将增加的成本转嫁到销售价格 对冲中期的价格风险：远期合约 对冲短期的价格风险：商品期货，期权 多边或第三方担保
国际采购输入的外汇风险	工厂和矿山的协同定位发展 国际采购输入操作对冲：具有同样的货币管辖权的供应商 使用远期购买合约和长期货币互换对冲外汇中期风险 使用外汇互换、货币期货和货币期权限制短期外汇风险
利率风险	使用利率互换、期权互换（掉期期权）和远期互换对冲中期利率成本和变化 使用利率期货和期权对冲短期利率风险

需求和风险分配

当然，我们还没有提到需求风险，即销售碧瑶电力公司在连续过程中生产的电力或可能的出售价格。这些风险在合理的假设下永远存在于市场运作中，但是，我们需要在继续研究之前提供电力市场的一般背景。在每一个国家，电力的需求和供给结构都经历了近 20 年来的变化。原则上，许多国家、州和城市已经摆脱了 20 世纪时在许多国家发挥作用的公共部门供给和分配的模式（在某些情况下，这种转变是不完整的，仍有少数国家采用这种模式）。相反，许多国家已经选择了私人部门影响模式，即实行电力供给竞争，监管电力分配垄断的模式。纯粹的私人部门供应模式禁止排斥任何获得批准的电力生产商的电力分配网络，并且允许消费者在同一网络上自由的选择相互竞争的供应商。⊖因而，商人电厂（merchant power plant，MPP）的概念出现了。总的来说，这一事物在原有的行业操作监管框架下做出了一个根本性的改变。我们在 4.5 节中会继续介绍行业监管。

尽管已经分析了需求风险并且引入了一些机构风险，我们可以假定已经解释了 BPC 的启动者在适当时机准备将 BPC 转变成商人电厂的意图，但是，某种程度上讲，目前其仍处于尴尬境地。然而，我们可以假设 BPC 是一家商人电厂，进一步，我们还可以假设在菲律宾对电力分配的管制还没有被解除，而且电网分布仍属于一个虚构的公共部门（例如，属于城市），即马尼拉电力分配局（Manila Electricity Distribution Board，MEDB）。MEDB 和其他一些低效率的拥有电站的公共部门在技术上拥有和管理马尼拉大都会区域的电力分配网络，且它们都隶属于中央政府的能源部。MEDB 以补贴价格向数以百万的家庭和企业销售补贴电力，而不允许生产和销售电力的 MPP 制定价格。MEDB 电厂日益老化和凋敝，缺少公共维护基金，供不应求，以至于大都市的许多区域需求旺盛导致电网经常中断。MEDB（和它的下属电站）受到能源部和环境部的监管，但除了为了应付定期的营业执照检查所做的更新，其强制排放标准、污染标准、职业健康和安全标准都非常模糊和松散。

为了更好地说明这些问题，我们可以假设马尼拉市政府已经从能源部获得许可，可以私有化电力供应和在反垄断管制下私有化分配网络。BPC 首家尝试了全新的现代化的电力供应分配网络，并且其他的发电厂将会被出售给私人组织从而成为 MPP，如果 BPC 的试点被证明是成功的。同时，用户补贴仍然被保留，电力仍然以很低的受 MEDB 管理的价格被送达千家万户。补贴成本将由马尼拉市政府的预算支付，该预算主要由菲律宾中央政府的税收收入提供和保证。所以，GCC 积极地参与 BPC 的试点——

⊖ 这是对模型的松散描述，其已经在英国、澳大利亚的一些州、欧洲的一些国家、美国的一些州、印度的一些邦（仍在进步）、中国等，促进了私有化的电力供应。

新建设一个 MPP，向买家出售电力（MEDB 是买家，买家垄断）。这可能需要一个多边的联合的融资安排或担保（参见 4.5 节）。在图 4-5 中，我们总结出了这个虚构的监管结构。

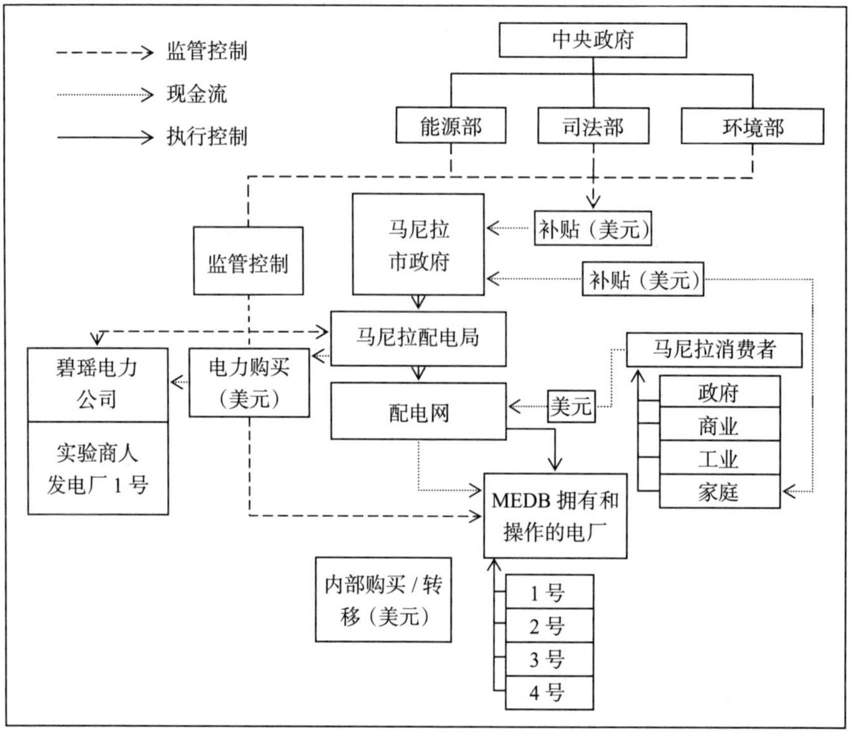

图 4-5　假想的 BPC 的监管结构

这需要从不同的视角详细描述 BPC 的需求风险。首先，我们要牢记，在科学上，尚未开发出高效的大容量的电力存储和超长距离传输系统。此外，用于克服电厂的位置特异性和不可逆性的燃料电池技术是一项潜在的技术，仍处于起步阶段。然而，大宗能源商品，如石油和天然气，是在有组织的交易所进行交易（尤其是芝加哥期货交易所、芝加哥商品交易所和伦敦金属交易所）的，电力和电能衍生品是在用户和供应商之间进行买卖的，这和在有组织的交易所或场外市场进行交易的大宗商品不一样。因此，这即表明，如果没有在合理范围内对一家电厂的产出产生巨大的需求，那么，发展电厂的商业理由就非常弱，很可能不会得到潜在的项目融资贷款的支持。同时，在目前的技术和有效的成本下，持续的大规模的发电必不可少，所以，如果没有众多的买家愿意购买持续的产出，最好不要建设发电厂项目。记住，燃煤发电厂是一个高度特定的资产，它不能变成一个高端的购物中心、汽车组装厂或通宵艺术画廊，因此，必须有一个电力买家，其能够承诺持续地购买电力或长期地从 BPC 分批购买电能。这意味着至少得有足够长的时间以分期摊销设施开发的成本，并且获得 GCC 要求的加权平均资金成本（weighted average cost of capital，WACC）。WACC 是在投资决策时做出的，当然会超过项目资金出借方所设定的项目条款。

类似于煤炭供应，如果可以订立长期的购买设施输出容量的合同，约定价格或价格时间表，即签订承购协议，那么，需求风险可以被控制。但是，与采购源的多样化不一样，BPC 的输出不能在市场上出售，不能通过分散化进行风险管理。且只有一个买家，即 MEDB，由马尼拉大都市区的电力行业监管机构设定。但是，类似于输入供应链中的风险，BPC 在与 MEDB 处理关系时会有残留的风险。作为提供项目负债的前提，BPC 的项目资金借出方可能会坚持要求 MEDB 签订所谓的承担或支付合同：MEDB 必须同意支付 BPC 生产的电力，即使 MEDB 自身没有使用。请记住，在受到管制的市场上，MEDB 是唯一的买家，然而，它能够以补贴价格出售电力，并且从马尼拉市政府收回成本。马尼拉市政府与中央政府共享税收收入，用以建立补贴 MEDB 的基金。如果没有 MEDB 承担这些事项，或者没有第三方对 MEDB 的表现进行担保（如城市、州或中央政府），那么，BPC 首先可能不会吸引到项目贷款，并且因此没有意愿建设发电厂项目。其次，可以预料到，签订合同之后会产生承包合同违约的后果（例如，支付违约），这是合乎逻辑的。我们以后将会对这一部分进行深入讨论。比这更为严重的后果是，我们在讨论前有一个货币不匹配的问题：BPC 将会获得一种货币收入，但是，它要用美元支付至少一种输入，如煤炭，因此 BPC 将要面对汇率风险。我们在表 4-3 中总结了一些要点。

表 4-3　需求和承购风险

需求和承购风险	风险管理机制
需求风险：数量	长期购买协议（承购协议）
	投入或支付安置
	多边第三方担保
	客户和买家多样化

（续）

需求和承购风险	风险管理机制
需求风险：价格	固定价格或协议价格公式
	多边第三方担保
外汇风险：国际销售输出	对冲中期销售风险，远期销售合约，货币互换
	对冲短期销售风险，货币期货，货币期权
	在相同的货币管辖内销售多样化
利率风险	使用利率互换、远期互换和互换期权对冲中期风险
	使用期货和期权对冲短期利率风险
当地的政治环境	公司治理的最佳实践
	建设–经营–转让（BOT）模式
	政府和当地利益集团参股
	多边联合融资协议
监管机构和竞争者	最高政府的表达协议
	接受当地的管辖是承认当地社区的标志
	国际争端仲裁者
法律制度、司法审查和执行	接受当地的管辖是承认当地社区的标志
	国际争端仲裁者

其他商业风险

对供给和需求风险、风险管理选择的分析说明了商业化的项目融资模式的性质。在第 1 章中，我们已经引入并特别介绍了项目融资交易的目的是隔离、管理供应链和承购风险，这样做是为了在项目开始运营后尽早、尽可能稳定地获得项目收益。在第 3 章中，我们指出了稳定的现金流作为一家项目公司吸引项目贷款的主要因素的重要性。稳定的现金流和有效的风险管理对于项目盈利至关重要，对于项目资金借出方具有很强的吸引力。从表面上看，似乎 BPC 的净收入风险是完全通过供给和需求协议进行管理，但是，我们当然明白并非所有的风险都获得了保险。除了供应、需求和价格风险，进一步的风险产生在 BPC 与当地社区、监管机构、贷款金融家、雇用劳动者、竞争者（如果有）等处理关系时。BPC 主要是通过董事会与之进行相互交流。我们将简要地说明风险是如何产生的，但是，在这里，我们的分析是粗略的。如同对于已经被证明的供应和承购风险的分析，操作环境的风险管理在很大程度上取决于已经被分析过的项目的性质。因为很多企业的融资项目是大型的不可逆的固定资本投资，所以，很多的操作风险与项目融资企业的地理位置联系紧密，这一点愈来愈清晰。固定的位置也会大大地影响到对随后的系统进行分析，即制度环境，因此，这就要求任何一家拟议项目融资的企业在其所处位置识别行业关系、当地社区等风险，将操作环境大量地细化。我们精挑细选了一些操作环境风险进行讨论，如图 4-6 所示。

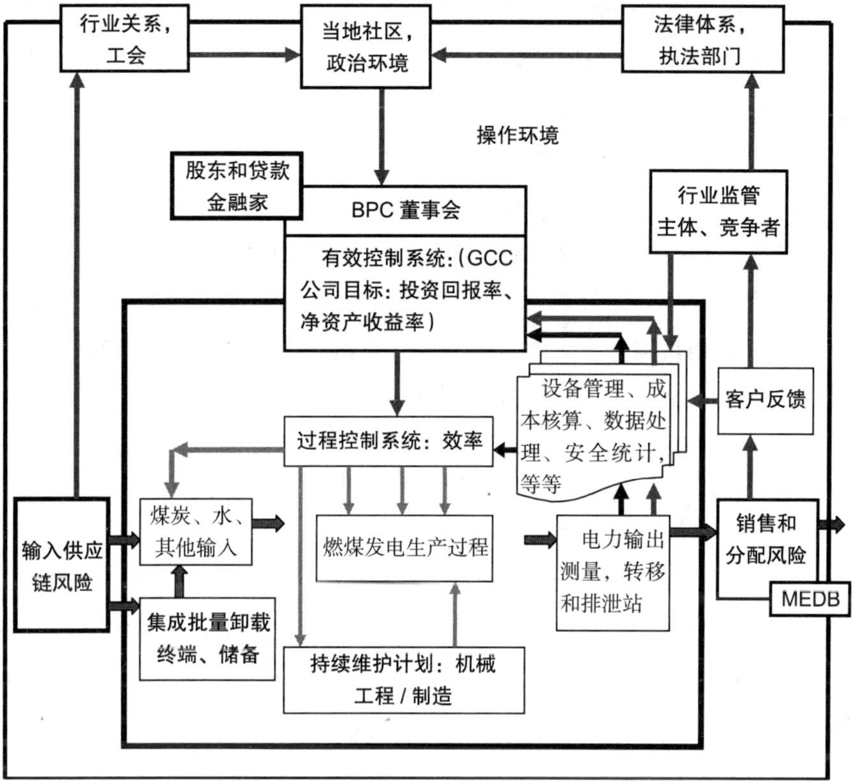

图 4-6　BPC 的燃煤电力项目：操作环境

为了方便，我们从图 4-6 左边的劳动力输入开始。当然，我们已经确定了 BPC 是一家高度资本密集型企业。在重要的设施管理中，包括维护和过程支持，例如会计、管理、数据处理等，BPC 雇用了技术高度熟练的技术人员。我们再次说明，BPC 的管理团队来自于 GCC 的经验丰富的工厂执行经理储备池，管理着工厂的核心过程。此外，BPC 是一个自动化的处理过程，可以将煤炭从库存连续地装载到供应运输机械，生产电力，输入 MEDB 电网。总之，BPC 或许可能直接雇用 100 名以内的员工，他们技术熟练、收入丰厚，对于处理中断过程绝对最小化至关重要。总的来说，BPC 与目前的过程操作人员之间不太可能存在严重到足以损害 BPC 财务的劳资风险，但是，这当然没有考虑政治维度——BPC 是位于国外的不可移动的实体资产，其主体在国外，因此，BPC 是一个明显的政治行动目标，如果 GCC 和 BPC 忽略了这一点，那将是愚蠢的。首先，这种风险看起来似乎可以被管理，如果能够在政治上处理好与菲律宾工会运动的关系的话，即提供给当地被雇用者以最佳的国际劳动力实践的运动，这样做不能允许发生错误，否则，其他的实践将会导致劳资关系问题。尽管这样，如果中央政府不进行压制，国际劳工运动可能也会影响到菲律宾的工会运动，所以，BPC 仍然面临残存的劳资关系风险，世界各地皆如此。

虽然，我们可以区分当地的政治环境与行业关系，但是很明显，这二者并非完全分离。尽管如此，很有可能会有反对 BPC 的政治派别，其反对理由可能是真实的或虚假的。当地的政治利益团体会发现 BPC 是有利可图的项目，GCC 和 BPC 也许不得不与当地的社区进行交流，明确表达可信的承诺。BPC 以 BOT 方式开发电力项目，特许期是 30 年，扮演了资产的临时保管者的角色。最终，这项资产是当地社区的财产，同时，技术性技能转让安排协议可能会使当地社区的技术池受益。但是，肯定会有充满说服力的争议，认为目前的安置是自私的和剥削性的。似乎缺乏证据向当地的社区足以证明 BPC 是一家良好的公司，所有的政治风险不能被简单地管理。考虑到当地社区的政治，我们首先会观察到操作环境之外的潜在的风险乃是政治进程。在表 4-2 中，我们总结了一些要点。我们在 4.5 节中将会继续讨论制度环境。

现在，我们从如图 4-6 中所示的 BPC 的操作环境的右边的销售和分布开始讨论。我们已经简要地分析了价格和承购风险，不仅如此，还须继续研究。然而，我们确实不得不返回到 BPC 生产电力并出售给 MEDB 的机制。我们概述了三个部分：一个是电力供应和分配部门，它从一个完全的控制供应和分配系统的公共部门转化成一个私有化的竞争性的电力供应商；一个是监管垄断网络；最后是消费者对供应商的选择。我们所描述的系统只是通过允许 BPC 作为第一个 MPP 将电力出售给其他的由 MEDB 系统控制的州，从而对发展一个私有化的系统进行了第一次实验。如上文假定，BPC 与 MEDB 签订了长期的承购协议，但是，这样做可能会受到目前的监管发展政策的惩罚或支持，BPC 也非常关注监管的稳定性，例如，在签订长期的价格承购协议以处理销售数量和价格风险时，监管机构也会负责定期更新营业执照、职业卫生和安全问题、排放标准和检查等诸如此类的操作问题。以 BOT 方式签订的 30 年期的特许协议将包含关于数量和价格变化的处置，如果特许协议包含了一个承购协议，那么，它也会覆盖一系列监管、财政、劳动力和治理问题，涉及风险的全部主题。我们在第 1 章和第 3 章已经介绍了特许经营的性质。

如果满足了一系列监管要求，达成协议，那么，对由于监管框架变化而产生的弊端的合理提议将会重新进行商讨。这样做在预料之中。但是，监管机构是典型的公共机构，也受政治影响。哪儿的监管不稳定，哪儿的监管者可能会投机性地损害 BPC 的利益。(回忆第 2 章中，我们关于基础转变的讨论。) BPC 必须相当地确保 MEDB 不会使用另一个 MPP（或许在开发完 BPC 后，以更低的生产成本部署更先进的技术）来维护其买家的独家垄断地位，迫使 BPC 接受以更低的收费向 MEDB 的网络供应电力。同样，其他的监管问题，例如排放和安全标准或临时的许可证的续签，都可能由监管权利而达成。这将是非常愚蠢的，例如，如果 GCC 预期 BPC 的未来地位不受环境监管，不发生任何变化，那么可以证明燃煤电厂的运转特别低效，同时它也成为一个糟糕的温室气体排放工厂。激进的国际监管行动不是超越可能性的强制改造或者早早关闭工厂，这都是明确的风险。(与工厂停产相关的风险在 4.1 节中已经略微提及。) 监管的可预见性仍然是操作风险，无处不在。但是，当社会发生重大的变化时，监管仍然受到很大的政治操纵。因为我们在以上的情景下都假设 BPC 处于主导地位，所以其面临的监管风险微乎其微。

当处于监管下或面临由监管机构可能引入操作环境中的风险时，我们必须记住，所有的合同，无论对供给方还是对需求方，无论其协议精神如何，都依赖于签订方的执行力与项目公司提供服务的潜在的资金借出方建立的信誉。因此，我们必须同时考虑特定监管机制的可预见性和项目管辖中的法律体系和执法能力。我们可以通过协商更换司法管辖区减少法律风险，例如，英国伦敦或者中国香港，建立使所有的缔约方都可以接受的争端解决机制，但是，这可能预示着与此同时要由某一个政府主导达成可信的承诺协议。这些承诺仍然对不稳定的地方政治做出了妥协，并且可能从表面上看起来在政治上不可接受，但风险可能通过在离岸司法管辖区设置的争端解决机制获得缓解。一些国家，包括菲律宾和巴基斯坦，已经试图克服监管和法律执行问题，它们创建了一个完全独立的法律和监管环境，特别鼓励外国投资者开发类似于虚拟的 BPC 概念的项目融资企业。这已经获得了显著的成功，我们在表 4-2 中总结了一些要点。我们可以从图 4-6 中看到，不仅监管和法律体系，而且法律执行，都包含来源于项目所在地的制度环境残留的风险。PPP 的董事会为这些操作风险建立了界面，但是，在施工开始前，必须识别、分析和解决这些风险的要求变得愈发明确。

从以上的分析中，我们似乎将很多的注意力集中于供应链和承购风险的细节。这些细节似乎确实比来源于行业关系、监管机构、法律体系和法律执行的操作风险更简单一些。这些细节也涉及重要的政治维度，它们决定了 BPC 的固定地理位置所处区域的不稳定性。尽管这都是操作风险，它们肯定不能够从运行 BPC 必需的制度环境中完全分离。我们在 4.5 节继续研究制度问题。

到这里，我们已经在很大程度上将 BPC 视为一家运营企业或一项公司业务，可以这么说，它也是一家单一资产项目公司。在它能够运营、产生收益、偿还债务、支付股东股息之前，它当然要被建造出来。这还会引发一系列的严重的风险，它们发生于目前为止已经分析过的任何一种风险之前。

4.4　建设阶段的风险

在本章中，我们假设 BPC 拥有一套完整的全面运作的发电设施。我们概述了内部环境和操作环境中的常见风险。实际上，我们在第 1 章中略微提及，但是，没有刻画出任何一个项目的生命周期阶段，现在，我们将要讨论该问题。我们已经反复提到一个项目在被委托建设之前并不是项目，并且从系统化的视角研究了先于操作风险产生，广泛存在于设计、计划、建设和委托中的风险。过分地强调建设阶段的整体风险是很困难的，一个在建项目的可行性，犹如一个紧密依赖于成本管理、时间和质量的商业生意。

本节并不旨在概述和解释起源于项目设施建设的风险管理。相反的，我们假设从事项目建设的公司非常善于管理物流、供应链、网站风险和施工过程中出现的其他风险。开始时，只有少数几家经验丰富的专业化的有成功记录的公司能够建设一项复杂的、耗费数十亿美元的、受质量、时间和成本严格约束的项目工厂，如柏克德、福陆、ABB 等公司。同时，鉴于许多企业项目被建设在偏远地区、分布于世界各地、经常产生严重的特定场地物理复杂性和风险，因此，往往是一组同类的公司在世界各地承建此类项目。通常，它们是整体设施设计、工程和建设公司（EDC），为满足客户项目公司的要求，完成项目设施的设计、运营和交付使用而进行竞争。它们是大型公司，拥有自己的权利、系统设计和集成专家，专注于交付地处偏远的、充满困难和危险的、大型的、复杂的项目。

因此，难怪这些 EDC 公司拥有财务资源、设计、工程和项目交付专业技术，也不可避免地成为重要的项目发起人，而不仅仅是承包商。因为设计和建设模型是典型的项目公司设施交付的模式，所以，我们将集中注意力于这个方法，从而说明建设阶段的风险和风险管理。这样做的原因是该模型将交付设施的责任和与设计、工程和建设有关的所有风险集中到一家机构——EDC 公司。这种形式的交付，如专栏 4-11 所示。

专栏 4-11　一个典型的设计和建设（DC）交易

设计和建设（design and construct，DC）交易（通常称为总承包合同）是指一系列完成建设合同的方法，这些合同要求承包商在特定的日期按照约定的成本、符合特定的质量和性能标准，完成项目交付。从一个小房子到一个大型的工程设施过程，都需要项目比例规划。简单地说，就是由一个主要的承包商进行设计、施工和建设一个整体设施。通常（但不限于）预先确定价格，它可能是一个固定的简单的项目或者一个主要计划的复杂公式。客户以这种方式购买在未来某一日期交付的整体设施，从技术上讲，客户在约定的日期接收设施，如同购买一个制成品。我们在第2章中对比已经进行了解释。主要的承包商可能是一个全方位服务DC承包商（例如，福陆公司），其直接雇用所有的资源来完成一个设施的设计和工程阶段，典型地，其直接雇用项目，和建设经理来管理一个设施的建设阶段。一个主要的承包商将管理设施的实体建设，而且将轮流雇用分承包商专家来完成所有的专业工作，例如，在发电厂完成蒸汽分配管网的制造和安装任务。然而，由于基础设施、工程过程和行业制造中的整体设施的规模和资本密集度，一个双方约定交付设施的合同不能轻松地应付大多数的建筑物流的复杂性，不管设施是大或小。一般来讲，在执行常见的事务时，分承包商涉及大量的激励冲突，包括主承包商与客户、重要的承包商与主承包商、主承包商与分承包商、不同的分承包商之间。许多已经建立的事业和财富来源于解决所有各方在事务治理中产生的争议。

现代的项目融资技术愈来愈要求通过订立所有主要的相互联系的和不可逆转的合约制度化地防范激励冲突，于是，不作为的成本或低业绩暴露于项目中，不再由单一的投资者、赞助商或承包商承担。因此，赞助商不再通过合同的或法律的手段向业绩低劣的承包商寻求补偿，取而代之，赞助商通过联系紧密的合同受益于对承包方的激励。主承包商与分承包商之间的纠纷往往非常严重，可以使项目过程瘫痪。我们遵循第2章中提出的交易成本框架，将会更关注（重要的）DC承包商和其客户之间的激励冲突。同时，我们也遵循日常事务治理安排。以下是冲突对项目公司的影响。首先，我们知道如果没有完整的设施，我们不能运营项目公司。这将项目公司置于不能按照计划进行交易的风险中，因此，有可能失去商业机会，造成在特许协议、输入、承购协议和其他为了获得建设和项目贷款而先签订的操作协议上的违约。这样做可能会产生直接的或间接的财务后果。项目公司通常借助于四种机制管理与延迟完工紧密联系的财务风险。

1. 重要的承包商通常必须首先具有资格，信誉良好，绩效记录优秀，充分资本化，资源丰富，足以完成项目。

2. 重要的承包商必须提供第三方完工担保（业绩担保或一些其他形式的财务保证）。

3. 延迟交付将几乎总是会导致升级的经济处罚。

4. 重要的客户－承包商激励必须与承包商在项目工程中完成大型的股权投资的要求保持一致。[⊖]

在任何一个建设贷款部分可用之前，必须建立股本要求，同时，在禁售锁定期内，股东通常会要求重要的承包商几年中不可以处置项目中的股份，直到处理完特定项目中的障碍。此外，股东经常会要求重要的承包商安排备用贷款或股权注资，以确保赞助商的项目成本承诺保持不变，降低重要的承包商面临的延误和累计的利息成本风险。设施自身的质量和性能风险通常是由合同条款规定的，由此，重要的承包商可以在项目维护期间（一种称为维护周期的担保形式）纠正缺陷。这可以和赞助商持有的用于确保符合维护期要求的维护债权进行连接。维护债券通常由货币保留契约提供资金，契约规定重要的承包商在建设中保留到期支付周期的一部分，直到维护周期结束时才可以释放。一个简化的 DC 交易流程如图 1 所示。

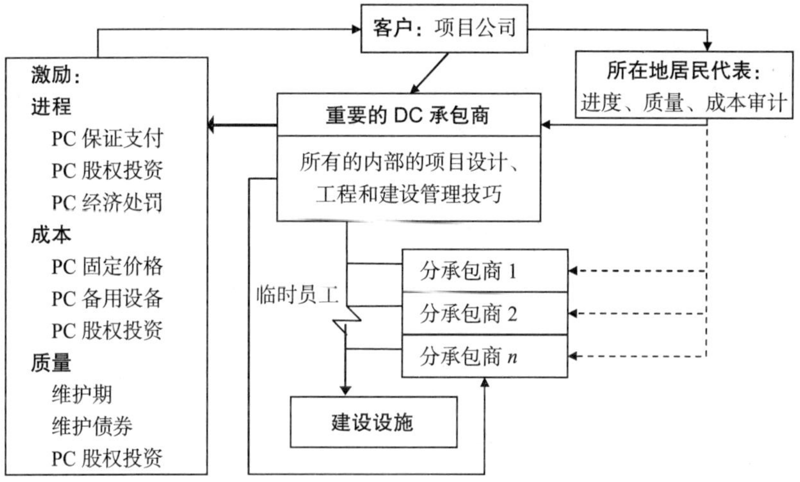

图 1　一个简单的设计和建设交易流程

注：上述的激励冲突存在于各种形式的建设合同中，DC 是唯一的一个在大型的整体设施采购中最常被使用的形式。这种合约的变化形式包括担保成本最大化合同、共享储蓄或其他的目标成本合同等。

⊖ 在第 8 章中，有一个涉及两个重要的承包商在项目公司中采用实质性的金融股权的案例研究，但是，在承包商成为外部有害事件的受害者后，这不足以激励其参与后续的关于项目未来的谈判。

为了考虑施工风险和风险管理措施，让我们回到 BPC。在建设阶段，为了弄清楚如何识别和管理风险，让我们假设已经形成了代表 BPC 的 GCC，其已经邀请了三家大型的 EDC 公司提供关于 BPC 电厂的设计、工程和建设，相关的煤炭码头，所有相关的基础设施的方案和预算。我们虚构了一家 EDC 公司，即巴加泰勒公司，是成功的投标商。[⊖]巴加泰勒是一家全球性的 EDC 公司，在非常大型的整体设施的设计和施工方面有 50 多年的经验，主要涉及电力生产、石油、天然气部门，能够按时交付整体设施，符合预算，质量上乘，有较好的规范记录。巴加泰勒本身也已经在发展中国家，包括菲律宾，发起了一些大型电力工厂项目。尽管如此，进一步需要详细说明的是，GCC 仍然认识到，直到一个受到委托的电力生产设施完工，BPC 项目公司才会出现。GCC 迄今所做的全部工作是获得了与巴加泰勒签订的合同，巴加泰勒会在将来的某个日期按照质量要求交付设施。在交易术语中，巴加泰勒的交付信誉明显是关键，同时，BPC 既参与了供应也参与了承购协议，这二者都依赖于巴加泰勒的表现。因此，可以得出可能的结论是，对 BPC 或 GCC 而言，设施交付仍然遗留了关键风险。我们在专栏 4-12 中对这些风险进行了总结。

专栏 4-12　风险和风险管理：项目施工和建设

设计、工程风险	拥有充分的人力和资本资源，信誉优良，经验丰富的重要承包商
	有意义的 PC 参股
实体建设风险	拥有充分的人力资源，信誉优良，经验丰富的承包商
	分离建设和可出售的贷款
未交付风险	PC 担保交付或保证
	PC 信用股权参与
	PC 备用建设贷款安置
延迟交付风险	PC 备用设施、备用股权
	PC 延迟交付惩罚
质量 / 性能风险	PC 质量担保
	项目公司所在地居民代表检查
	PC 维护期和维护债券

⊖ 这不是讨论问题的叙述材料，例如形成投标过程基础的证明文件，尽管在这一过程中存在严重的风险，我们已经假定这些风险由信用良好的 EDC 公司独家管理。

很明显，按时交付设备的风险不是 BPC 能够有效承受的风险，尤其是因为它没有控制项目的建设，尽管事实上它拥有自己的专家代表监控建设。一般来说，有几个机制允许 BPC 将自身与巴加泰勒的激励相匹配，我们提到两个直接的财务机制和一个来自巴加泰勒的具有确保交付作用的公司担保机制。让我们首先分析后一个机制：整体设施的交付风险的有效载体是巴加泰勒，成功的整体设施的交付当然是其专业特长和交易性的服务。因此，巴加泰勒依据合同交付设施具有重要意义，说明在交易中，通过结合巴加泰勒公司的所有部分能够以巴加泰勒向 BPC 提供担保的形式履行承诺。原则上，这旨在将 BPC 置于根本没有与巴加泰勒发生交易的境地，同时，这也在技术上将巴加泰勒置于对 BPC 有负债的地位，从而说明按约定交付项目是一项真实的负债。延迟交付很可能招致经济上的惩罚，但是，保证交付的是整个工厂，而不仅仅是延迟交付这么简单。BPC 以这种方式确保自身能够抵御延迟交付。（专栏 4-13 概括了这种情况下的典型的项目交付担保。）[一]

专栏 4-13　建设合同中的担保和保证的作用

如前所示，保险是一种合同（政策），即一个事件的主题（保险利益）致使另一方（被保险方）受到损害，一方（保险公司）同意补偿另一方（被保险方）。因此，风险通过支付保险费的形式从被保险方转移到保险公司。担保是履行义务的合同，如债务，由一方（担保人）向另一方（当事方）[二]做出承诺，如果第三方违约，其将履行义务。因而，在特定事件中，由担保责任方为违约方支付债务，这种担保合同非常类似于保险合同。然而，在保险和担保之间有很多的差异。保险不具有为第三方偿付债务的义务。保险和担保之间的三个主要的区别如下所示。

[一] 当然，如果 EDC 拥有财务资源去兑现承诺，那么，这样的担保是好的。但是，那些参与项目交付担保的比巴加泰勒地位更低的承包商也需要由第三方提供业绩担保或提供资金以保证在违约或破产导致合同终止的情况下完成合同。担保债券通常是由收费的银行或保险公司提供的，如果它们有记录可查。对保险方来说，这是保险精算，在 PF（project finance）领域更类似于事件保险。

[二] Guarantee 有两种意思。Guarantee 也可以指接受担保的人，即当事方，如债权人。

1. 保险有投机因素。保险方承担了保险费的风险。

2. 保险合同是由保险方和被保险方基于被保险方提交的信息签订合同，而担保合同可能是一个单边的合同，其形式是担保方以书面形式向与第三方处理问题的当事方做出担保承诺。

3. 在保险合同中，被保险方必须在保险的事件主题中具有保险利益。法院在确定一个合同是保险合同还是担保合同时，会遵循实质重于形式的原则（Denton's Estate，1904）。

在确保一个建筑承包商不会违约的情况下，合同保证债券广泛应用于建筑业，但是，由于保证债券广泛应用于商业业界的所有部门，一方可能会通过一般法律意义上的保证承担由其他方的债务或违约导致的负债。担保债券仅仅是一个合同，包含此类协议的条款和条件。在建筑合同中，担保债券不是用来保护一方、防范损失的，例如一个保险公司的政策，而是用来保证建设合同的履约。以下是保证债券的几种类型。

1. 投标保证金保证了持有人，例如债权人，承包商将会以投标保证金兑现承诺，并将遵守合同规定的所有的条款。如果承包商不能兑现其承诺，承包商和保证方有义务承担持有者所遭受的损害。损害通常表现为承包商的投标保证金和下一个更高的投标保证金之间的差异。

2. 债券业绩对持有者做出了保证，即承包商将完成合同规定的所有条款。如果承包商违约，持有者可以要求保证人履行合同。

3. 支付债券，这些债券保证了持有者受益，例如分承包商和供应商将会收到承包商的足额支付。持有者获得的收益来源于分承包商和供应商保证过的业绩。如果承包商违约，分承包商和供应商可能会承担承包商和保证方的责任。

这将我们带回到两个管理交付风险的金融机制中的第一个。它要求巴加泰勒在项目合资公司中是非普通股股权投资者。首先这是一个基本的要求和承诺的信号，如同第2章中解释过的机构处理交易成本的问题。回忆前几章，我们也解释过卓越的EDC公司经常会启动项目，而且它们是十分庞大的、自身拥有重要的财务资源的公司。然而，这些公司通常并不打算拥有项目资产（如GCC）的投资组合，尽管它们可能会开发风险项目，获得稳定的收益，然后将其作为资产的投资组合出售给其他公司，如 GCC 或一家具有产生资本盈利能力的投资基金。它们通常从设施维护和管理交付后的合同中获取显著的公司收益，它们的核心业务活动是设计、工程和项目交付，而不是投资组合。这意味着，如果巴加泰勒承认股权投资对 BPC 的发展做出了显著的贡献，那么，这将激励巴加泰勒增加对 BPC 的股权投资，风险变大，产生交付担保或有负债。对这种机制进一步的拓展研究视角是，它可能会加强实施对巴加泰勒足够长的交付后的股权锁定期，以此兑现交付设施的承诺，明确符合质量标准和操作规范。

第二个直接的财务机制具有强化交付担保和兑现巴加泰勒在风险项目中的股权投资承诺的功能。这个机制依赖于完成风险项目的整体预期的资本结构，通常是由高负债组成（见图 4-2）。必须牢记于心的是，银行和其他项目公司的债务金融家们向成功的项目公司出借资金是敏锐的和竞争激烈的，因此，它们也会受到项目交付失败的影响。进一步，考虑这样一个场景：假设巴加泰勒开始施工，来源于斐波那契商业银行（fibonacci commercial bank，FCB）的几部分贷款已经随施工进程支付给巴加泰勒，但是，最终，设施交付失败。典型的担保出现了，但是，担保的受益者是 BPC。然而，FCB 将以两种典型的方法管理风险敞口。首先，FCB 会要求担保方与其保持一致，因此，巴加泰勒在技术上对 FCB 承担义务，避免交付失败。其次，FCB 将通过贷款结构、有条件地提供项目资金、设定可用资金的时间序列，即贷款事项，进行风险管理。（我们在 4.6 节继续介绍出借项目资金和与其联系紧密的永久性项目负债。）专栏 4-12 中，总结了这些风险和风险管理机制的要点。

4.5　制度环境和风险

本节介绍了项目公司的体制脉络，事实上所有的商业活动都需要制度环境。我们在正常的运转良好的经济体中识别出重要的制度，并指出这些经济体为项目公司带来的相关风险，以及尤其在国际背景下的相关的项目企业的成功。我们强调了影响到项目企业的政府、法律、公司、政治和监管机构，并且考虑到由不稳定的或不完善的制度所产生的风险。

4.5.1 不可逆性，资产专用性和项目位置：制度环境风险

从风险和风险管理的角度看，制度在各个方面扮演了重要的角色。首先，正如上文和下文进行的讨论，制度框架为风险管理提供了重要的工具，尤其是合同条款工具、可使用的金融工具（例如各种形式的衍生品）、可使用的法律结构（例如公司和抵押，这两者都根植于制度环境）。其次，除了提供多种基础的风险管理工具和方法以外，制度框架也提出了新的风险。从根本上讲，我们可以把这些风险视为主要风险和间接风险。主要风险包含政治风险（包括国有化、扣押、拒绝支付和腐败）和法律风险，最关键的因素是立法的不利变化、司法执行中的没有任何根据的潜在的法律责任和不确定性。与此同时，取决于法律和制度框架的各种风险管理技术的应用也提出了相应的风险，即选定的机制可能会失败的风险。案例包括：合同已经被违反但由于选定的合同执行框架内的问题而不能执行，抵押的设备不可用，不同制度环境下的不可靠性，由于法律或制度的弱点（如资本市场的不发达、混乱的金融信息系统等）导致的融资技术的局限性。

4.5.2 制度环境中的项目公司

许多风险来自于项目自身所处的位置和制度环境。审视这些问题，首先一个基本区别在四个截然不同的制度环境间清晰可见：发达经济体、新兴市场、发展中经济体和转型经济体。然而，与此同时，在这些分类中，与实际情况中的位置到位置不同，它有一个高度的重叠。

从本质上讲，在发达经济体中能够发现发达的制度环境，例如北美、亚太（澳大利亚、新西兰、日本、中国香港和新加坡）和欧盟。在这种环境下，政治安排是稳定的，政府是相对可以预测的且受决策的约束，法律体系支持风险管理工具的重要组成部分，而且不引入大规模的具有不确定性的主要的或间接的法律风险，财政系统提供主要的金融工具和技术。一般来说，处于此类环境中的项目能够以相对直截了当的方式进行结构化，集中关注项目自身的财务基础。

新兴市场和发展中经济体几乎在所有的情况下缺乏这些复杂的和发达

的制度环境。与此同时，这些经济体提供了需求和适合大量项目的托管环境。一般来说，一个新兴的市场经济体可以分为一个融入国际金融和经济过程的系统，以及一个正常运转的制度框架。在这种环境下，政治安排和政府一般都实现了一定程度的稳定，但是，它不一定是永久的稳定，与人们在发达经济体中发现的制度环境不同。同时，法律和金融系统经常处于不完整的发展过程中。如上所述，其政治风险往往要比发达经济体高，例如其政治安排和政府可能会频繁变化。此外，因为法律和金融系统是不完整的，有可能在处理主要的、间接的法律风险和可用的、可靠的金融技术之间的关系时，存在显著的差距和不确定性。

发展中经济体通常是典型的贫穷国家或地区，其政治、经济、法律和金融安排不发达。在这些情况下，政治风险非常高，法律和金融系统要采用来自于更发达环境的方法，预防不确定性和克服障碍。

转型经济体是一个特例，根据发展水平，现在可能具有很多发达经济体（例如波兰）、新兴市场（例如中国）或发展中经济体（例如越南）的特点。同时，转型经济体的环境通常与其他的单独考虑的环境的优点完全不同。从本质上讲，转型经济体是基于中央计划经济、中央所有权和中央控制系统，在经济、金融和政治上进行转型的国家或地区。因此，不同于发达经济体、新兴市场和发展中经济体，转型经济体（至少在过渡过程的开始阶段，大多数情况可以追溯到20世纪80年代末）没有任何形式的以市场为导向的制度框架。就结果而言，发达环境下产生的方法可能无法简单、广泛地适用于各种不同程度的转型环境中。这通常涉及市场中扩张的法律和金融系统。

因此，一个项目所处的环境在确定风险管理的方法和结构时扮演了一个非常显著的角色。

1. 政治风险：发展、稳定和法制

在金融事务中最常见的风险形式是政治或主权风险。从本质上讲，这些风险都来自于政治环境和政府在管辖问题上行为。在极端情况下，这可能包括国内战争以及一般的经济和政治崩溃。（在发生失败事件后，全球气候变化会在许多发展中国家或地区日益引起关注，尤其是在非洲。）与

此同时，还可能包括不太严重的情况，例如政府的更迭、（这可能在很多环境下间隔固定的时间发生，但是，在其他的环境下也可能是无法预测的）法律的变化（例如，出现新的法律或条约）、经典的国有化考虑（政府没收或征用资产）。

首先，最有效的管理技术是简单地将项目置于稳定的政治环境中。然而，不幸的是，这并不总是可能的或总是可取的，因为额外的风险才可能给它们带来更高的收益率。与此同时，经常采用的方法是与主导项目的政府密切合作，以确保获得各种形式的对项目的未来的保障。在许多情况下，主导政府从一开始就直接参与了项目，这可能是一个重要的考虑因素。尽管如此，政治风险并没有完全通过与执政的政府建立紧密的关系获得改善，因为政府和政治事务也可能改变。尽管有一个一般性的原则，即继任的政府和政治事务应该继续履行前任政府和政权的承诺，但是，这可能不是政治上可接受的实际情况。与此同时，迫使政府履行承诺非常困难，尤其是在许多的制度环境不发达的新兴市场、发展中经济体和转型经济体。

因此，虽然主导政府的直接参与和承诺通常来说必不可少，但根据实际情况，这样做可能不会提供充分的管理以减少对政治风险的担忧。

其他的机制通常被认为包括其他的各方参与交易，例如国内的公司、国际机构和保险公司，它们能够在政府主导的政治和经济环境中拥有更大的议价能力。

关于国际机构，也许最适合的能够减轻对政治风险的担忧是多边发展机构，例如世界银行、亚洲开发银行、非洲开发银行、美洲发展银行和欧洲复兴开发银行。本质上，这些机构建立在国际条约的基础上，在新兴市场环境下或在发展中经济体和转型经济体各个方面的活动中独立操作。这种参与的优势来源于优先债权人地位的概念。从本质上讲，这些机构可能会在特定的国家面临经济或政治的压力环境下首先予以支付。对于特定的国家和特定的情况，进一步的贷款和援助往往是基于现有的可预测的支付义务。因此，参与一个或多个多边机构可以在项目出现问题的政治环境时具有缓解风险的重要功能。同时，这样的机构可以带来其他的好处，比如在私人部门实体不可用的情况下，解决某些具体的交易制度障碍。如果能够适用于任何一个特定的环境，那么，谨慎的选择是政治风险保险（Nevitt and Fabozzi，2000）。

2. 法律体系：发展、执法、法制、司法

正如我们提到的，主法律体系的发展水平对任何一个项目的风险和风险管理都会产生重要的影响。一般来说，项目融资交易是基于复杂的合同安排，用设计的矩阵识别和分配交易中的风险。在最简单的水平上，这样复杂的合同安排取决于执行的可能性，毕竟，如果有机构成的合同没有强制的执行力，那么，任何基于合同的风险管理结构可能完全失去关联（一个清晰的重要的法律风险的例证）。因此，在可能的范围内，建立在项目融资交易上的合同框架将以一个发达的法律系统为基础，其提供了可预测的合同执行力和纠纷解决程序。因此，许多位于发达国家外部的项目将会在某种程度上尽可能地寻求接受英国法或纽约法的管理，这两个司法管辖区能够熟练地处理国际商业事务和金融事务，它们的法院通常会聆听商业合同当事各方的声音，即使交易各方和司法管辖区之间的联系微弱。

不幸的是，从合同的风险管理框架的视角来看，某些政府不愿意接受自身的法律或某些外国的法律体系事务。此外，依据项目资产的实际的地理位置，实物资产很少可以与项目所在地的法律体系分离（尤其在财产、抵押和破产的环境中非常重要）。因此，在一个新兴市场、发展中经济体或转型经济体，将那些为避免主导的法律系统而进行法律安排的项目结构化，成功的可能性非常小。

与此同时，经常可能出现的情形是（依据事实），将一个项目融资交易尽可能地置于一个或多个发达的法律系统中进行结构化，从而减少不确定性和出现在主导的或其他的欠发达的法律体系中的障碍。在不能做到这一点的情况下，应对政治风险问题的机制变得愈发重要。此外，在某些情况下，在一个特定的司法管辖区内，为了确保一个特定的交易成功，（例如，可能需要制定公司法，一部能够处理抵押或破产的法律。）可能需要获得法律发展的实际支持。在这些情况下，多边发展机构的参与是特别有益的，因为这类实体机构会专业化地从事此类事务进程。

3. 金融部门：发展和稳定性

因为政治和法律的发展在风险管理和金融技术结构化过程中扮演着重要的角色，所以，其对金融部门的发展水平也产生重要的影响。相对于法律体系，金融发展为了强调项目的特定环境也可以分为多个系统。在最初的水平上，即使项目处于发达的环境中，在国际金融体系和（或者）国内金融体系中会经常产生金融事务，其频繁发生的原因是国际金融体系将在更大的范围内提供投资者和可使用的产品，即使是在最发达的国内金融体系也不可比。关于国际金融体系的角色问题将在以下小节中进行讨论。

相对于国内金融系统，首先，最重要的是要认识到，在世界各地，有各种各样的金融体系，每一种体系都会影响潜在的可用的金融安排。

一般来说，金融结构的主要模型包括：

（1）政府主导的金融系统（存在于大多数的从前的中央计划经济体和中华人民共和国的传统模式中，其局限性已经暴露，例如苏联的崩溃）；

（2）银行主导的金融体系（德国的传统模式，其局限性已经在 20 世纪 90 年代的德国经济停滞中暴露）；

（3）政府和银行混合主导的金融体系（日本、韩国和法国的传统模式，其局限性已经在亚洲金融危机中暴露）；

（4）家庭主导的系统（流行于亚洲和欧洲大陆的大部分地区）；

（5）有价证券主导的金融系统，所有权分散化（盎格鲁 – 美国或伯利和米恩斯模式，其已经随着安然公司的倒闭等一系列的公司治理丑闻而受到新的审查）。

除了基本的结构，基于金融系统的市场也通过不同层次的开发展现其特性（Arner，2007）。一个金融系统是基础的、可运行的、发展的或复杂的。一个基本的金融体系通常包括简单的货币、简单的支付、简单的银行和简单的保险活动。一个运转良好的金融系统，除了基础层次，即货币、支付、银行和国际银行、保险、简单的证券和简单的衍生品交易以外，还提供了融资功能。这样的一个系统还提供一个基本水平的风险管理。一个发达的金融体系通过市场定价提供有效的资源配置，以及各种各样的工具和风险管理。一个复杂的金融系统将提供一系列完整的和不断变化的产品和服务。许多国家拥有成熟的市场，主导一系列有组织的市场或大量的金融中介机构，但是，没有一个是这种完全彻底的形式，包括伦敦、纽约、东京或香港。

与经济发展并行的政治稳定和法律发展不同，金融结构和金融发展在发展水平上差异很大。然而，与此同时，尽管金融发展与经济发展往往是相关的，但金融结构和经济发展往往是不相关的，不同的国家在不同的时间点采用不同的模式。

基本的教训是，在一个给定的经济中，可用的金融技术将有所不同，这取决于金融结构和金融发展。我们不能断定（以证券为基础的发达的英美司法管辖区以外）金融技术（例如私募股权或衍生品）对于欠发达系统或其他的不同的结构化金融系统是必不可少的。

除了金融发展和金融结构，任何一个跨境项目融资交易几乎总会涉及货币问题。现在，大多数（重要的是，不是全部）货币在国际市场上进行交易，表现出不同程度的自由性和可用性。与此同时，发达国家项目之外，融资各方常常更喜欢由主要货币（大多数典型性的货币是美元或欧元）组成的现金流结构，并且大多数的国际大宗商品贸易都使用美元。尽管如此，建设费用（除了引进技术的主要项目以外）经常会使用当地的货币，操作阶段的收益和费用也可以或多或少地使用当地货币。因此，许多项目将需要转移和管理货币风险机制（如前所述）。尽管国际金融系统提供了丰富的工具和手段，但并不总是可用（例如，用中国的货币进行交易），成本不合理，缺少可靠性。

4. 与文化有关吗

除了政治、法律、金融结构与发展，许多问题与文化有关。虽然我们不会过多讨论该问题，但是，意识到以不同的方法处理这些不同的文化方式关系是非常重要的，这适用于大量的项目融资环境。

4.5.3 国际金融系统内的项目融资

如上所述，除了主要的金融系统之外，项目融资经常广泛地使用国际金融体系。一般来说，国际金融证券具有系统化的支持，其操作通常基于高度发达的英国法或纽约法的司法系统。虽然，在大多数情况下，交易不一定涉及直接的司法管辖区，金融中介机构至少在某种程度上将涉及上述司法管辖区中的一地或两地。一般来说，当国际金融系统提供更广泛的各种系列的工具、技术和机构投资者时（散户投资者往往只能通过求助于适当的国内金融系统和监管框架，例如，通常在美国和欧盟），使用国际金融系统也会带来某些额外的法律复杂性和不确定性，因为中介机构和投资者可能位于各种不同的司法管辖区。那么，除了广泛地讨论目前的环境之外，重要的是要认识到，即使在国际金融体系中，对于适当地选择适用的法律，尤其是选择交易中的各种各样的公司实体或注册地的司法管辖区，变得不仅重要而且复杂，还产生了特别重要的法律风险。

此外，值得一提的是，越来越多地参与国际金融市场的中介机构（尤其是银行）受到各种各样的国际监管标准的监管，这些标准对于构建财务安排、相关的激励框架和监管担忧具有重要意义。值得注意的是，巴塞尔银行监管委员会制定的国际标准和适用于不同类型资产的资本监管协议，尤其是 1988 年的巴塞尔资本协议及其修订的新巴塞尔协议，后者更是提供了详细的标准以应对特殊类型的贷款，例如项目融资，在许多情况下给国际金融市场带来了直接影响。

4.5.4　开发计划，多边参与和担保

我们在前文已经讲到特定背景下各种各样的多边机构的政治风险的用途问题。除了管理它们的政治和其他的制度性风险，多边机构也对许多项目融资交易有直接的兴趣。一般来说，诸如世界银行和亚洲开发银行等机构在它们的国家中的运行对经济发展形成支持，现在，它们主要聚焦于提高福利和减少贫困的资金交易。为了扮演好这个角色，多边机构非常活跃于全世界的新兴市场、发展中经济体和转型经济体中，提升、支持、构建融资项目，提高福利，减少贫困。因此，这些机构不仅在富于挑战的制度性环境中，而且在属于它们的职权范围内与政府合作推动项目上，具有丰富的经验。因此，总的来说，这些机构可能涉及项目融资交易的方方面面。

除了多边机构，也有一些双边机构，可能也参与项目融资交易并且扮演各种各样的角色，在分配和管理风险中发挥有益的作用。其中，最明显

的机构是欧洲投资银行（其运营方式在很大程度上与多边发展机构相同，但是，其重点是欧盟和它的前殖民地）和一系列的双边援助、促进投资和贸易的担保机构。其中，那些主要的发达国家（美国、德国、日本、英国、法国等）往往最频繁地参与项目融资交易。一般来说，双边援助机构（例如，美国国际开发署、德国技术合作公司）可能已经发展到研究项目可行性或提供各种融资技术专家的阶段（通常是通过公民或培训为关系密切的国家提供融资）。此外，投资促进机构可以向有关国家的公司提供各种各样的政治风险担保和交易保险。最后，各种各样的贸易担保机构（通常被称为进出口银行）为技术和资本货物从国内管辖区出口到其他的司法管辖区提供融资、担保和风险管理工具（例如保险）。

4.6　风险管理和项目出借方

4.2 ～ 4.5 节广泛地概述了围绕项目风险和其如何通过项目阶段展现其自身的情况。在第 4 章中，4.2 ～ 4.5 节用来介绍风险项目所有者，即股权所有者（包括股权投资启动者）的主要立场，这是因为，在正常的公司财务假定和大多数的法律框架下，我们知道，股权投资者在公司负债被清算后，对所有的资产拥有剩余索取权，因此，他们拥有公司的净资产并且是最终的风险承担者。随着对项目公司债权人的了解加深，通常，相对于全部项目资本投资的项目债务部分的比例是很高的，项目融资贷款理论上是无追索权的或只有有限的追索权的。正如之前的解释，这意味着项目出借方通常在资本投资规模上比股权投资者更为人们所知。这也意味着项目风险识别和管理对项目出借方是绝对至关重要的，重要到项目离不开发起者的程度。事实上，即使不是全部，大部分的项目公司风险管理措施很到位。4.2 ～ 4.5 节所描述的部分可能会构成潜在的出借方与项目发起者和股权投资者进行项目贷款的正式的先决条件。这样做，旨在为给定资本规模的项目出借方创造可以接受的信用风险。在项目融资术语中，如果项目的发起者不能够向潜在的项目出借方阐释说明可接受的项目风险管理措施正在落实到位，项目贷款人可能将不会去考虑银行信贷项目建议书。回想一下，我们已经指出，银行可以专业化地分析和承受信用风险，而不是股权或资本风险（尽管事实上在每一个贷款决定中仍然存在残留的商业风险）。

这些观察需要我们从项目贷款银行的视角对贷款特征做大量的总结性的观察。我们已经在本书的某些部分以某些形式处理了这个问题，相关部分参见第 1 章、第 2 章、第 3 章和第 5 章。本节旨在集中说明项目出借方的风险通常是如何被覆盖在贷款合同中的，包括贷款金额是如何被确定的，由此，项目公司的风险管理通常也可以被置于宽泛的文本中。我们是从在第 2 章中解释过的合同经济学的角度处理问题的。

4.6.1　项目阶段和贷款

在项目贷款阶段，显而易见，出借方赚取交易双方的费用和利息是可取的。这可能是一个公平的假设，可以使出借方更喜欢在项目建设阶段和操作阶段倾向于采取行动。正如我们已经指出的，与建设阶段相关的风险通常会导致建设阶段的债务融资和操作阶段相分离。它们可以被视为两个有效的独立的贷款交易，条件是第二个交易不会在成功地完成第一个交易前进行。

项目贷款分离成独立的建设阶段和操作阶段，可能会被描述成一个由金融中介机构在项目融资贷款时实行的基本的风险管理策略。这一事实可以通过出借方经常有条件地对长期项目贷款做出承诺进行证明。基于施工的条件和调试阶段的成功完成，建设贷款和固定贷款得以分离。虽然，这在很大程度上取决于当事方是谁，但是，风险管理的逻辑很简单，即在一个永久的项目贷款合同最终敲定前，建设贷款的责任必须被充分解决。这意味着，如果施工和调试阶段不成功，建设贷款将到期，并且将不会注入永久性贷款。建设贷款和永久性贷款形式上是分离的，连续的贷款（实践中表现为建设贷款）合同经常在施工和调试阶段成功完成后，转化为项目公司的永久性贷款。项目发起者没有基于施工和调试成功完成前提下的长期贷款融资承诺，将会面对极其严重的风险。[⊖]我们会在下文详细地评论建设贷款和项目贷款特殊转化机制的具体细节。

⊖　当然，它确实发生了。发生的风险是在项目完成的到期日，没有永久性贷款的到来，以兑现建设贷款的还款承诺。这解释了为什么永久性的项目融资也被称为支付融资。

4.6.2　永久性项目债务

我们再次假设：完成项目是分析的主题，并且出借方正在考虑永久性项目贷款。这当然意味着一笔提供给项目公司的长期贷款将能够影响项目的预计周期。对项目公司的贷款通常被归类为长期贷款，尽管项目融资在美国也能够通过债券、债券市场和私人配售提供资金。⊖在美国，项目债券也被一些地方政府用于基础设施项目融资（这些债券有时也被称为收入债券）。（见第 2 章，附录 1 关于长期债务工具的更多细节。）

项目公司的债务期限常常是依据无追索权的或有部分追索权的贷款来计算的，而不是依据债券。期限贷款通常由银行直接处理或安排，常常是辛迪加大型交易，以减少它们自身的针对单一债务人的风险敞口（第 2 章，附录 1 所示的辛迪加贷款讨论）。必须牢记，特定的设备项目（如发电厂的涡轮机）和一些其他资产（如土地）常常是通过与制造商、土地所有者或金融租赁公司进行融资租赁获得的。主要有两种类型的租赁，简要的解释在第 2 章专栏 2-2 中。对我们来说，金融租赁的资本化价值可能会被视为有特定目的的替代性债务合同，从而形成项目公司债务的一部分，与此同时，经营租赁合同的租金支付（如土地或经济长期发展所需的工业资产）可能只被视为利息支付。通过债券融资的期限贷款有一个主要的优势，即相对较快的速度，同时也产生了相对复杂的条款。向项目公司提供可用的期限贷款通常发生在工程建设和调试刚刚成功完成后，然后，依据预先确定的时间表，在受到项目公司预期寿命影响的时期内，进行分期支付。除了同属于一个项目公司外，它与一个公司期限贷款类似。然而，它并不经常的向项目公司的各部门释放永久性的债务融资。银行可能从项目操作阶段的一开始就遥遥领先，因此，在再融资或支付时，依然是杰出的建设出借方。银行在项目融资贷款中绝不是唯一的投资者，保险公司的贷款可以被视为项目融资，其他的投资者也可以参与有吸引力的投资。

对出借方而言，最基本的风险是信用风险。信用风险评估是由项目出

⊖ 私人配售指的是不能在有组织的交易所上市的证券。在美国，它已经具有证券法律下的特殊意义，与美国证券交易委员会的某些信息批露豁免权有关联。因为披露的信息更少，所以，它比公共事务需要办理更多的手续，安排私人配售的成本通常比安排公共事务更低，但是可能由于缺乏流动性而需要更高的收益率。

借方制定的主要的风险管理机制。专业化的信用风险分析被视为商业银行最基本的技能（Greenbaum and Thakor，1995），这要感谢银行的各种不同类型的灵活的贷款（如贸易融资、消费贷款、短期借贷业务等）每一种贷款类别都有其自身特有的风险特征和信用风险分析框架，由此，银行进行项目贷款。本质上，项目贷款是特殊的针对特别业务（项目业务）类型的特殊期限贷款。业务期限贷款当然涉及许多方面，包括工业经济、公司可用的财务资源、质量管理、收入组成和稳定性、可用的抵押资产、金融资源约束、来自其他的贷款债务的约束条款等。通常来说，债券评级机构也会对同样的变量进行分析。我们无意处理信用风险分析的全部现象，相反，我们做出假设：银行高度信赖项目的推动者和投资者，以项目的可行性和盈利性满足自身所需的可信度，并且已经分析过了上文提及的问题，做了尽职调查。

在本节中，我们进一步提到了两个关于项目贷款信用风险分析的重要概念，即利率和信用评级。这两个观察在考虑永久性项目贷款的利率水平和项目期限贷款或债券时是非常重要的。由合同确立的利率对借款者和贷款者都很重要。回忆一下，当考虑一个项目公司的债务能力（参见3.2节）时，一家项目公司的贷款的现值是与利率逆相关的（尽管不是线性）。对借款人而言，这具有直接的重要性，因为贷款利率越低，贷款数量越多。项目公司可以确定获得相同的一组项目的现金流，但是，这也会降低它的暂时的利息费用，直接影响它的自由现金流和操作利润。对所有的贷款而言，信用风险较低的项目将预期通过较低的交易费用和较低的辛迪加项目公司的贷款利率来反映较低的贷款成本，通常还可以通过降低贷款的基准利率（伦敦银行同业拆放利率、香港银行同业拆借利率或者其他基准利率）来反映。对项目出借方来说，在这种情况下存在道德风险。因为受益于较低利率的严谨执行的项目明显会激励发起者，给出借方带来风险，即项目发起者可能会为了表明项目风险已经减少而歪曲项目细节。因此，项目贷款机构的尽职调查程序包括广泛的内部模拟、项目假设和可行性压力测试以克服信用风险。这显然是一个信息不对称问题，再次表明了与已经做出可信承诺表示的声誉良好的对手方打交道的重要性，例如，通过简单的股权参与。第二个观察是，公司债权融资和大量的期限贷款（无论是否以项目融资为目的）主要的差异是，历史上在债券交易中对借款人来说利息成本通常是固定的，然而，现代的项目贷款的利率通常是变化的或浮动的。与此同时，现代的衍生品市场已经将这种区别变得无关紧要，尤其是利息和货币互换，在第 2 章附录 1 和专栏 4-3 中已经进行了解释。如果没有管理，固定利率债券的利率风险在于出借方，浮动利率债务的风险则在于借款方。

在考虑典型的项目贷款条件之前，我们也可以适当地简要地讨论信用评级机构和它们的项目评级活动。传统上，信用评级机构依据它们的评级框架在资本市场上独立地分析和评估公司债券的风险，集中于公开交易的债券。公平而论，独立的债券评级问题对于债券发行市场和交易性至关重要。这在债券市场随处可见，主要是因为，很多金融机构受到监管（或者它们可以投资的数量受到限制），不允许出于构建投资组合的目的投资于未被评级的债券。最有影响力的国际信用评级机构是标准普尔、惠誉和穆迪。标准普尔率先在美国展开项目风险评级业务，之后扩展至全世界。现在，大约有 1990 个评级机构在该领域扩大运营活动。项目风险评级在发展中国家对于项目发起者日益变得愈发重要，因为，它加强了发展中国家的资本市场债务项目与国际债权人的联系，但是，值得一提的是，项目评级活动在系统性财政不稳定期间（例如，1997 ~ 1998 年亚洲金融危机期间）遭受重大挫折。

我们可以得出结论：典型的项目公司的期限贷款合同是借助于行为重复假设为所有的交易（包括书面的交易证据，即书面合同）奠定了基础，如第 2 章所论。这些假设当然是指有限的理性、不完美的合同和交易对手方机会主义。我们将使用这些概念考虑典型的向项目公司提供长期贷款的条件，因为，它将使我们能够专注于标准条款的逻辑和国际贷款合同的条件，因此，可以显著地简化其内涵。回顾前文，我们专注于可以影响特定复杂交易的形式的经济逻辑，并且使用了调查、筛选、联系、监管规定和第 2 章中介绍的交易治理框架以描述一个典型的期限贷款，而不是一个通常集中于党派、契约（经济的、积极的或消极的等）、违约和补救措施的法律结构。显然，寻找和筛选出借方的交易对手方至此已经完成，即在“承包”阶段，缔约双方的细节，根据合同约定双方的地位和能力，等等，都将会成为合同的组成部分，不会再次提及。因此，我们专注于作为贷款交易正式代表的合同，合同是典型的连接纽带、整体的监管规定和交易治理安排。因为我们已经在本章前几节介绍了大多数的相关注意事项，所以，我们在表 4-4 中只总结了典型的期限贷款合同的条件、形式和性质。请牢记，我们不仅关心契约精神，而且关心重要的细节。良好的法律文件的起草也是关键。我们认为，交易对手机会主义是任何契约精神的敌人，鉴于其不可避免的不完全性。契约精神列于我们关注的"交易成本逻辑"栏目下。

表 4-4 项目期限贷款交易模式的总结（Nevitt and Fabozzi，2000）

交易活动	典型的合同条件	交易成本逻辑
寻找和筛选	参与方的描述、定义和管辖权 关键结果的搜索和筛选过程明确显示其是尽职调查案的一部分。这包括了所有相关的借款人的信息披露，诸如公司、子公司、合伙人、住所、法律地位和履约能力、资产所有权的法律地位、遵守法律和监管要求（如审批、税收和执照）、借款者的经济情况和未决诉讼情况 借款人将保证表示披露信息的准确性	从所有这些声明和保证中总结出的逻辑是简单的。如果在交易的任何一个相关的方面做出虚假陈述（可以影响债务人还款能力的事实材料），依据合同，其结果可能是释放了出借方的某些特定义务，例如，进一步贷款。信用协议将包括对这些方面进行的重要测试
合同	信用交易的详细描述：性质、类型和目的 商业交易条款：承诺数额、可用性、提取全部或部分贷款的先决条件 还款条款，优惠时期，与加速还款有关的规定，基准利率，信用和计算基础，允许的支付变化，优惠时间的还款拖延，任何一种提前还款和惩罚 贷款的资历和从属关系，会计合规，信息披露和报告，符合监管和法律要求（如公司治理、权限、许可和税收），维护项目公司财产和资产的协议 对资产和业务销售管理活动的限制，业务变化的目的，项目公司的销售、收购、合并和兼并，重要的股东交易 限制进一步的借贷和抵押准许 限制转让或财产、厂房、设备、租赁资产的转让 收入和保险转让，债券或保证性质（与项目输出质量和建设性能相关）	交易描述。交易对手方指定协议的细节 在接收项目贷款协议时，项目公司对管理的判断力考虑不周，例如过度使用现金流，仅依据合同的规定进行管理

（续）

交易活动	典型的合同条件	交易成本逻辑
结合	执行正式的指控，并且在必要时通过财产、工厂、设备和租赁为贷款的安全创立非正式的财产留置权 贷款绩效担保的处理和签署，如果银行对项目发起者具有优先的追索权 输入和承购风险管理交易的处理和签署。可能包括供应协议（如支付、价格协议、数量协议、与第三方相关的供给或需求担保），需求协议（如支付、数量协议、第三方担保、基础设施建设方法），租赁 设施维护管理合同的处理和签署，其他的供应服务或与项目公司操作有关的长期合同，如操作管理合同	当交易扩展时，为了使债券的交易对手方履行合同承诺，监控其持续的业绩。除了支付违约和建立在担保债务基础上的其他的交叉违约，在很大程度上，允许和保障银行控制也是一种措施
监测和一般事务治理	交易监控协议，通常可用的权利，允许会计核查，其他的管理信息披露，其他的关于维护监管要求的信息，包括批准、执照、税收和服务费用 定期的财务报告，包括遵守金融合约的管理声明，如杠杆，利息范围，营运资金要求和流动性要求 其他的财务报告，如财务比率，检查工厂的安排，设备，维护计划，进度和合同，管理违约和补救措施的行政安排 在发生违约或外部事件的情形下（如不可抗力事件），交易可以加速、终止甚至限制	监测和报告借款人为了确保合同绩效而采取的行动 观察或监测原则上的必要性。业绩可以确保交易符合意图地执行，作为允许产生纠正措施的控制机制 连续违约可能是恶化双方的由交易合约规定的利益的信号。合同的补救措施已被指定，包括完整的制度执行机制 交易治理可能包括允许的变化规则和在不可预见的环境中做决策的规则

4.6.3　建设贷款

我们多次解释过，任何一个项目最危险的时期是建设阶段，只是因为可能出现种种错误，以及项目在成功完成建设之前无从谈起。项目在计划、设计和工程阶段的风险可以被管理，常常是选择有经验的推动者和设施设计者、选择行之有效的技术和足够的投资以揭示特定的权利和设施的实体风险，选择适当的担保。大多数的商业银行设有项目融资部，聘请技术专家（包括工程和建设顾问、成本顾问、法律顾问等），有足够的能力对项目启动者提出的谅解备忘录进行独立审计，包括进一步识别项目建设执行阶段可以预见的困难。

无论如何，建设阶段仍然是项目生命周期中一个非常危险的时期。对于出借方，由项目贷款导致的没有将建设和操作阶段分离的情形是非常罕见的，无论启动者和建设公司的声誉有多么好，无论它们的交易记录有多么好。同样的，如果建设贷款不是有条件地建立在承包商（其自身或第三方）的业绩担保或正式保证的基础之上，加上某种形式的保留账户或维护债券，也会是非常罕见的。这依然不是对项目启动者和出借方的必要的巨大的安慰。在完成某个地处偏远、技术复杂的设施项目的一半时，要求更换业绩低劣的主要的承包商，这在延误、成本超支、时间管理和可能产生严重后果的政治关系上是一个程度巨大的灾难。然而，在建设阶段期间发生的问题可以通过承包商的声誉进行管理。在建设阶段，某些导致主要的承包商被解雇的事件是非常严重的，以至于实际中的唯一的风险管理选择是绝对的预防。这就是声誉高度良好的公司对于施工和建设阶段来说至关重要的主要原因。但是，与此同时，出借方已经知道建设阶段的风险，返回到建设阶段后，出借方的要求预期会更高。

在第 3 章中我们了解到，本质上，一个建设公司在签订交付项目合同时类似于高倍杠杆下注。在项目启动阶段，它使用公司财务资源进行投资。随着项目的逐渐开展，它借助于项目临时支付收据进行杠杆投资。建设公司取得金融项目的成功总是取决于其自身的流出（项目成本）与流入（临时进度支付）——项目期间，它的金融操作管理越好，它在项目开始阶段的公司财务资源的投资收益越高（见第 3 章）。但是，现金流操作管理不能主导设施建设的必要性，并且通常是激励冲突的源头，这些冲突通常发生在项目公司关心的进展和项目管理者试图管理建设现金流以优化回报之间。

鉴于这种简化，我们能够描述一系列在项目公司建设贷款中典型的关键的概念。通常，项目公司获得贷款，并且依次使用贷款聘请一个设计和建设公司来完成设计、工程和建设阶段（其中可能包括调试部分，但经常是分开确认设施的质量和性能）。我们已经解释过，建设公司往往非常热衷于成为项目启动者，因而，项目公司的股权投资者也经常如此。在很多情况下，项目推广是它们的业务模式的一部分，以此确保获得建设合同，也可以展开建设完工后的设施管理业务活动。建设贷款的利率反映了建设阶段较高的风险。然而，还款协议是不标准的，伴有建设贷款的实例通常依赖于到期完工原则、经常性的累积利息、业绩显著的资产负债表，因为这样可以加快项目进程。㊀

因此，对于我们来说，简化的建设贷款是公司多种金融品种的期限贷款，用于项目公司向项目设施实体建设提供资金，用于偿还出借方贷款——基于令人满意的项目设施的完工，在后续的操作阶段之前，无须考虑项目操作是否成功。典型的建设贷款领先于项目公司部分，基于建设过程而向建设公司支付。因此，项目公司技术上随项目工作进程支付给建设公司，项目公司在这方面有效地充当了流动机制。它收到银行提供的期限贷款，然后将建设贷款分批支付给建设公司（见第 3 章），这为出借方提供了某些监测临时进程的能力，为项目公司保留了资金以确保质量。

建设项目贷款部分支付也具有激励建设公司和项目公司的作用。假设建设公司是项目公司的股东，它会基于项目公司对股权投资承诺的贡献（在本例中，包括建设公司），发放第一批建设贷款，以此表示对建设项目和成功操作的承诺，这进一步解释了为什么项目发起者的股权承诺必须说明项目信用承诺。作为借出方使用的进一步的风险管理机制，项目公司可能会被要求保证偿还贷款（通常由其母公司担保，或者第三方），与此同时，建设公司也会被要求提供债券担保或保证。这两种或有负债将只能安排在令人满意的完工和设施调整上（通常这部分依然存在于完工后的维护期）。当然，操作阶段的意图是获得一个单独的永久性期限贷款。随着成功的建设和调试，一旦接受了项目条件进行操作，那么项目公司将会偿还建设贷款，通常使用一个新的期限贷款，即永久性项目贷款。因而，建设贷款将转换为项目公司的项目操作阶段的项目期限贷款。

我们将对遇到过的典型的建设合同贷款进行总结，再次重复行为背后的交易假设，即有限理性、不完美的合同和交易对手机会主义。像以前一样，我们将使用这些概念考虑典型的项目公司建设贷款和发起者的情

㊀ 在大多数的司法管辖区，为了平衡资产负债表，建设贷款利息被视为设施资本成本的一部分。

况，而不是采用法律合同的方法。与分析期限贷款的方法类似，我们使用搜寻、筛选、合同、结合、监测规定和已经在第 2 章中介绍过的交易治理框架，来描述建设贷款。因此，我们集中关注合同，因为它是建设贷款事务、典型绑定、整体监测制度和交易治理协议安排的正式代表。因为我们之前已经介绍过了大多数的相关注意事项，所以，我们在表 4-5 中只给出了典型的建设贷款条件的总结形式（第 2 章，附录 1 包含了关于项目长期债务的更多的细节解释）。请再次牢记，我们关注契约精神，与此同时，细节也是很重要的，良好的法律文件的起草也是至关重要的。我们认为，鉴于其不可避免的不完全性，机会主义是任何契约精神的敌人。

表 4-5　典型的建设贷款条款总结（Nevitt and Fabozzi，2000）

交易活动	典型的合同条件	交易成本逻辑
寻找和筛选	第一个要求是对当事方、项目管理的定义、管辖、费用等的详细描述。关键结果的寻找和筛选过程将在合同中明确地显示，本质上是尽职调查证据的一部分。假设借款人是项目公司，这将包括所有的保证和与借款人相关的信息披露，例如公司和控股股东、住所、法律地位和合同效力、法律和监管要求的遵守（如税收、执照等）、借款人的财务状况、有无违法行为，等等。同样的，出借方也会说明其交易地位和意图，及其良好表现，等等	这些当事双方的保证和声明的逻辑总结是很简单的。如果在交易的任何一个相关的方面做出虚假陈述（可以影响建设公司信用的事实材料），有罪的一方可能会很容易地被识别，从而根据法律或交易治理规则采取行动
合同	实际的交易自身的详细描述是：交易是什么（由出借方借给贷款人的贷款），项目公司业务的性质是什么（项目公司），贷款的意图是什么（项目设施的建设融资） 这将进一步包括财务融资的细节：总体数量、批量部分、相关的数量、支付任何部分的先决条件 进一步的细节包括利率、偿还本金和利息、适用的基准利率、提前还款和处罚（如果有）、优惠期（如果有） 贷款资历 / 从属协议，其他出借方的权利，会计维护，其他的项目成本审计 / 信息披露，对所有的监管和法律要求的遵守（例如公司治理、执照、税收） 关于项目公司销售管理活动的限制、并购、合并、兼并、建设完成前的股东交易优先权	这描述了交易与交易对手方达成的相关细节。其与交易各方都有关联。在交易所向项目公司提供建设贷款时，项目公司的管理层通过建设贷款部分的应用放弃了自由裁量权，并且同意根据规定的报告和审计安排管理建设项目。这是为了确保贷款严格地应用于项目设施的建设

（续）

交易活动	典型的合同条件	交易成本逻辑
结合	建设合同协议和各类固定资产（土地，租赁等），建设合同 处理和转让出借方贷款担保 建设公司分配业绩担保和（或）完工债券 / 担保 / 银行维护债券 进一步的借款约束（或特定类型的借款，如其他的短期建设贷款） 处理和转让火灾、财产、伤亡、监管保险，债券表现或保证（与完工和（或）建设表现相关）	这些条件的意图都是为了将对手方与其承诺进行绑定。教程的目的在于说明违反约定条件的一方将要承担金融后果。如果项目公司在建设期间失败，出借方可能会接管项目建设。同样的，如果建设公司执行不力，出借方可能会强迫替换该公司
监测和一般事务治理	交易监控安排：通常可用的权力和允许建设场所核查 施工进展的报告要求：成本、质量和时间 支付安排，建设贷款进展的会计和审计 会计核查和关于项目贷款部分支付的信息审计 维护监管要求、执照、税收、服务费用等的相关信息 交易可能会终止受损的情形，例如：缺乏进展、金融危机、不可抗力	这种分类有两个意图。一个是报告那些借款方在合同约定下不得不在项目建设期确保业绩所采取的行动。观察或监测建设进展主要的必要性是，不仅要根据预算确保项目及时保证质量的交付，而且要发挥审计建设资金使用的功能。在连续违约事件发生时，它当然可以作为显示与完成设施建设相关的利益方恶化的信号。合同的补救方案是特定的，包括了全部制度执行机制 交易治理可能进一步包括遵守修改协议的规则，在不可预见的环境中对影响项目建设的情形做出决策的规则

关键概念

下面的概念是极其重要的，需要牢记，随后的章节中会使用到这些关键词汇。

construction loans 建设贷款

put-or-pay agreements 担保

over-the-counter transactions 场外交易

take-or-pay agreements 套期保值

permanent project company debt 项目公司永久性债务

commissioning risks 保险
construction phase risks 投入支付协议
irreversibility risks 不可逆风险
credit ratings 照付不议协议
legal system risks 法律体系风险
demand risks 调试风险
options 期权
design and construct transaction 建设阶段风险
performance guarantees and sureties 履约担保和保证
design and engineering risks 信用评级
political risks 政治风险
distribution risks 需求风险
risk and uncertainty 风险和不确定性
diversification 设计和建设交易
risk identification, risk analysis, risk assessment 风险识别、风险分析、风险评估
economic development initiatives and project finance 设计和工程风险
risk transfer 风险转移
exchange-traded contracts 分配风险
risk management process 风险管理过程
financial system risks 多样化
risk phases 风险阶段
forward contracts 经济发展计划和项目融资
supply chain risks 供应链风险
guarantees 交易所交易合约
sureties 保证人担保
hedging 金融系统风险
swaps 掉期交易
insurance 远期合约
technology and technological risks 技术和技术风险

第5章

不断演变：从私人融资（PF）到私人融资发起（PFI），公私合作关系及其超越

5.1 引言

随着时间的推移，在第 1 章至第 4 章中所讨论的内容阐明了项目融资的发展。私人部门在项目融资中所发挥的核心作用使得这些私人的融资项目作为衍生的模型而被开发出来，无论是在联合王国作为私人融资发起（PFI），还是在联合王国或别的地方作为公私合作关系（PPP）。尽管公私合作关系是一个包含了许多用于为提供服务的合作伙伴关系选择的一个通俗的术语，但是私人融资发起只与英国相关。其他的与公司伙伴关系项目有关的国家还包括澳大利亚、加拿大、智利、捷克共和国、芬兰、德国、希腊、匈牙利、爱尔兰、意大利、日本、韩国、荷兰、葡萄牙、西班牙、新加坡以及美国。伦敦国际金融服务局（一个在国际金融服务基础上促进英国发展的私人部门）报告称全球有多达 70 个国家目前正在采取措施去发展它们自己的公私合作关系项目。随着公私合作关系项目的进一步扩张，它在欧洲联盟的提议之下在欧洲被广为期待，并且世界银行和亚洲开发银行也都通过各种举措支持公私合作关系。因为它是有据可查的，所以在这 1 章中我们将在很大程度上关注于公私合作关系或者私人融资发起。

在私人融资发起交易中，一个私营部门提供商通常是负责公共服务所提供的设计、建设、融资以及运营资产。从公共部门的角度来说，私人融资发起的中心目标是去创建一个产生和优化资金价值的结构。总之，解决方案就是消耗最少的资源以达到预期的服务结果。资金价值的前提是建立私营部门的创新和管理技能，以及两方之间对于在服务提供中所预计的整个生命资产的最佳风险分配。然而在金融方面，资金价值表示这可能代表其他形式的成本或利益，如社会、环境、卫生、安全等。相对价值是通过比较这些服务提供选择以及对于这些形式的商务案例分析来确定的。当这些好处与政府的运营预算较低的需求以及可能的财政减少相关联时，对于私人融资发起的案例就会加强。2003 年，英国财政部的研究表示，更好的资金价值出现在私人融资发起项目与传统采购的 5% ～ 40%。应该指出的是，公私合作关系的大多数争议取决于接受私营部门的这些效率，尽管实际上并没有太多的经验证据来支持它。客观来说，效率的确是由竞争所引起的，因此它所增加的参与结果往往会提高。这种可以竞争的元素是承诺和公私合作关系成功的一个重要组成部分，当面对新的供应商以及它们所带来的多样性的元素时，这些好处就会进一步增强。因此，人们也许可以从在私营部门中竞争是如何被引入的以及从私人和公共部门之间的关系来看待公私合作关系。

从概念的角度来看，私人融资发起标志着从需要建立或获得购买服务资产的采购方面的变化。因此，这些资产通常获得完全的建设或者设计兼建设，合同在一夜之间甚至更短的时间之内，通过其他的伴随的融资安排和资产的长时期的经营和或者设施管理而改变了。其他的金融成分尤其永远地改变了这一项目的方式以及需要评估那些处于危险之中的私募基金风险的复杂程度。随着时间的推移，最明显的就是这种转变已经强调了概念的变化，在这一概念中，资产被用来安置服务提供商，而那些服务提供商本身也成为人们关注的焦点。资产采购选择的全套范围如图 5-1 所示。

尽管私人融资发起在采购中被轻视，但这也是所面临的挑战，是今天的国家资助或者投资在新的基础设施的发展重点，或者是资助、投资整修来满足人口的趋势，并且关闭实际上所出现的资金缺口，这一资金缺口为了应对这一需求已经出现了。这一资金缺口可以被大家所看到，特别是伦敦地铁经历了几十年的投资不足。伦敦地铁的公私合作关系在第 9 章会被提到。

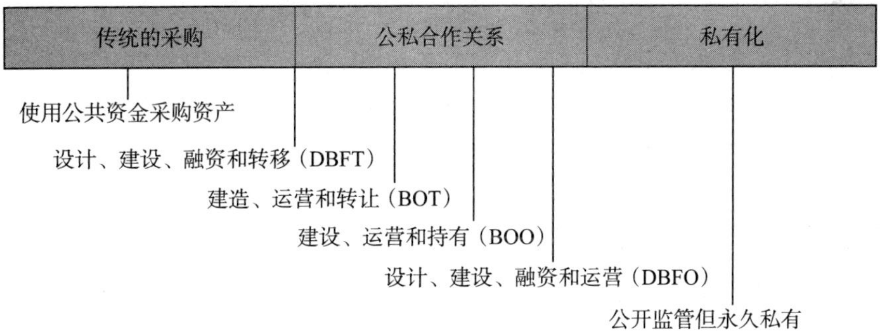

图 5-1　全方位的资产采购选择

资料来源：KPMG，KLegal.

今天的政府所重视的不仅仅在于什么可以更好地促进成功的采购，而且在于如何更好地实现公共利益。因此，未来其发展不得不加强像效率、访问以及高质量服务这样的公共目标。当基础设施被税收收入所资助，以及应该反映纳税人有权让他们的项目能够按时并在预算上有着适当的保障措施中交付时，资金价值和私人融资发起已经在许多国家中成为采购的新基石，就像上面所提到的它们现在正在追随着公私合作关系项目。

与资金价值密切相关的是对于公共部门在控制以及所拥有的通过私人融资发起所传递的资产中的适当的作用。因此，私人融资发起合同在公共部门和私人部门之间所划定界限的最前沿。在那个交叉口，鉴于公共资金处于风险之中，招标过程必须严格遵守公平、透明以及有效原则。因此明确的准则以及充分的公开披露已经成了涉及这一过程的核心原则。在实践中，这意味着政府应该从它们的私人融资发起和公私合作关系项目中尽可能地揭露它们所能够揭露的实际成本以及可能的收益，以确保它们项目的长期公共支持。最后，由于这些项目要花费如此长的时间，它已被证明，政府必须有真正的责任才能够成功。缺乏责任制一直是传统采购中的一个显著性的弱点，尤其当这些资产在一段时间内所提供的服务或者费用的增加或者减损高于预期的时候。因此，导致准确和完整预测的强有力责任制是在判断私人融资发起项目框架中的一个非常重要的因素，这在下面谈及教训时会被提到。

在独立采取行动时，私人提供的融资项目中的公私分离对参与者目标的分歧点产生影响。因此，对于政府来说，它们会相对于私营部门的合作伙伴更多地强调政治或者是公众舆论。相反，私营部门的合作伙伴通常会专注于财务回报，保持或增加其在市场上的竞争地位，并实现企业目标。因此，在私人提供的融资项目方面，当两边参与者走到一起的时候，一个真正的伙伴关系在涉及这种分裂的时候必须结合。这些参与者对类似问题的妥协为之后的成功奠定了好的基础。

现在，关于私人融资发起发展的简要回顾得以概述。

5.2 私人融资发起（PFL）的起源

20 世纪 80 年代，在英国是一个越来越多的私营部门不断涌现的时代。这正好与一个全新的兴趣相符，这种全新的兴趣是关于在越来越多的国家中私有化和项目融资以及建设经营转让的早期的成功。再加上其他的趋势，例如外包，使得公众习惯了看到私营部门的一些陌生的角色。在这些事态发展的背景之下，英国财政部门成立了一个由威廉·赖里爵士所领导的委员会，通过这个去考虑并报告在私营部门工作的私人融资的作用。1981 年发布了这一报告之后，这种所谓的赖里规则建立在了私营部门的资金可以由政府使用的基础之上。总之，该规则指出，想要获得批准，私人资助的项目必须对政府所资助的替代品进行测试，并且证明是更具有成本的效益，而且，除了特殊情况外，私人资助的项目将会导致公共开支的削减。

在实践中，这种赖里规则主要起到相反的作用，而不是提高民营金融在公共部门项目的作用。其显示的双重要求不仅在于私人融资比公共资金更具有成本效益，而且还在于取代了它，意味着很少的项目可以具备资格。有资格的包括：1985 年的不涉及公共部门融资的通道，1987 年的伊丽莎白二世桥或者达特福德大桥，以及 1990 年的塞文二桥。随着这些项目主要集中在交通运输行业，日益明显的是，更多的项目被要求在其他领域去扩大私人融资的作用。

变化发生在 1992 年。正是在这个时候，保守党政府正式推出了私人融资发起。私人融资发起的设计涉及了私营部门的融资和基础设施的管理以及其他的项目，而这一点也通常是由公共部门所提供的。尽管主要与道路、桥梁、铁路和公用事业，或者也许可称为硬基础设施这些方面相联系，但是过去的十年左右，也与学校、监狱和医院或者是有时被称为软基础结构这些方面相联系。根据当时的财政大臣诺曼·拉蒙特在 1992 年所说的，私人融资发起将会在公共部门“允许投资项目的私人融资”。私人融资发起的支持者会认为，私营部门也会带来更大程度的创新性和商业头脑，大于本来只在公共部门提供的情况。在 1992 年和 1997 年工党政府上台期间，英国政府对于私人融资发起的政策是由在财政部门的私人金融委员会所塑造的。私人金融委员会是由公有和私营部门的代表所构成的，他们能够动员新方向的支持。与在较早的赖里规则之下以前的政策相比，这种新的发展方向不再要求私营部门的项目去与政府所资助的方案相比较。除了这个关键的变化，私营部门参与的其他方向和形式出现了。很明显，私营部门鼓励引导合资企业与公共部门以及利用更大范围的租赁使用。为了换取一种更大的私营部门的作用，政府寻求了对这些项目的真正的风险转移以及能够被长期理解的资金价值的表现。

私人融资小组的成立恰逢美国财政部报告的发布，题目为“打破新的突破——迈向公有和私营部门之间的一种新的伙伴关系”，它概述了这种向公私合作关系的前进。尽管这种变化并不是根本的，它却强调了这一事实，那就是向前进步的私人融资发起只不过是一个更通用类型的公私合作伙伴关系的一种形式。作为一种鼓励政府部门去推进公私合作关系的一种手段，财政部门在 1994 年宣布，它将不会批准那些资本项目，除非有关部门把私人融资发起作为一种选择。这个表现为普遍的测试这一要求，意味着竞价是建立在私人融资发起的选择急剧增加这一基础之上的。结果是一个设计项目喷涌而出，它只针对那些在私人融资项目中被认为不产生效益的项目。然而，也许可以由私营部门视为成功的并不是可以压倒一切的。数量之多以及所提议的这些项目的新颖性挑战了私营部门，以至于难去评估哪些项目可能会随着时间的推移证明是最有吸引力的。这一挑战，加上日益增加的投标成本，最终导致政府结束了对任何形式的通用测试的需要。取而代之的是对假设估计项目的一种测试形式（公共部门比较器），但是强制性功能却消失了。这一转变的时机也恰逢一个工党政府的选举，以及政策的本意表示要重新选举。

新政府要求马尔科姆·贝茨爵士重新审视私人融资项目和其根本的假设。作为在私人融资小组中有良好地位的成员，马尔科姆先生，总结了贝茨审查。重要的是，贝茨审查批准了私人融资发起，之后继续设置了 29 项建议，以振兴全过程。该审查的主要建议有效地分为四类：体制结构、改进过程、所得到的教训，以及投标费用。

建议是以新成立的财政小组代替私人财物小组，并且在政府部门集中整体的政策作用。工作组的全职范围，还包括帮助确定支持重大项目，能够提供批准的早期邮票。通过确定这些项目，然后继续去勾勒出它们早期的关键的成功因素，工作组可以充当一种最佳实践的来源以及它们的开展催化剂。这些关键因素的某些方面包括了经济承受能力、资金价值、风险分配、资源需求以及融资的可能性。对该项目融资的专业人士来说，这些因素都是很熟悉的。由于政府部门在其采购作用中不习惯这样的特殊性，它们是具有挑战性的。在工作中故意去使一些部门利益的过程标准化，于是工作组就开始发表许多关于这一主题的东西。其出版物的范围从通用的指导和政策报告到技术笔记和案例研究。出版物的价值被一次又一次地证明为项目的数量，或者是随着它们的项目融资的增加，被证明为交易流量。这些出版物的效果还为其他目的服务。最开始，它们提供服务，为的是更好地促进以及更加普遍地理解这些项目的风险以及它们的最佳分配。它们还启用了更加一致的方法定价类似的项目，并且随着时间的推移减少了一些涉及投标和谈判方面的交易成本。最后，出版物故意制定了一些标准，这些标准最终会被其他国家为追求它们自己的公私合作关系项目所拾起。也许正是这最后一个功能，实际上给这些国家继续推进它们自己的公私合作关系项目带来了巨大的影响。

概述私人融资发起和公私合作关系体现出了在政治派别的大面积的看法。虽然这可能已经成为保守党的理念，但是一些政策所显现出来的利益却可以使得共和党采取并扩大它。毫无疑问，政策成功的关键一步是需要投资于英国的基础设施。这项投资体现在新的或者翻新的医院、道路以及学校中，并且触及一个更加广泛的行业范围。这次所显示出来的进步再次吸引到了欧洲以及其他地方的兴趣。

5.3　私人融资发起的类型

虽然一些共识存在于三种以上的分类中，包括更加独立的项目、合资或者公私合作以及服务销售项目，但是却没有一致的分类机制去分类那些比如什么可以构成一种公私合作关系，或者如何去分类私人融资发起项目。尽管这种分类也许被认为是很有用的，但是也应该牢记的是，实际的项目协议结构可能会涉及更大范围的形式或者是商业机构包括：优惠、特许经营、租赁、所有权、许可证、租金或者权利。商业机构的最终选择取决于目标项目、主要的组织结构、发起人的喜好和商业目标，以及将要被提供的服务和资源可用度。

5.3.1　经济上的独立项目

经济上的独立项目是那些完全抵消项目成本具有未来收入流的项目，因此克服了任何资金价值测试的需要。这些收入流通常来自于公共参与的最终用户，它们被限制去覆盖那些主办方或者是发起者的特殊能力的仅有的风险。由此可见，公共部门将保留对这种类型项目的极其少的风险。一般来说，发起人或者是赞助商将会去设计、私人融资、建设、运营以及维护资产，通常来说是通过一个或多个特殊目的或项目载体，或处于其后。通过很特别地将这些载体以更加广泛的专业知识纳入这些作用，也许可以为联盟所借鉴，确保一些由特殊目的或项目载体所承担的义务的成熟市场现在已经被开发了。

5.3.2　合资企业或者公私合营

这种类型的私人融资发起涉及了来自公有部门和私营部门的贡献。通过结合参与者各自的技巧，我们就可以实现一种更加理想的解决方案，这种解决方案从纯粹的公有或者私人的角度来看可能都不是具有吸引力的。在合资企业的情况下，控股权通常都是由私营部门所掌控的。私营部门合作伙伴的选择通常都是具有竞争性的。合资企业的建立通常是为了利用公共部门资产的商业潜力。关于公私合作关系，欧洲委员会最近已经把它们作为转移到投资项目的私营部门，这从传统意义上来讲是由公共部门所施行或者投资的。在合资企业双方和公私合作关系之间的协议是在贡献和局限两个方面所定义的，并且在双方之间有着明确的风险和回报解析。同样也有一些有意义的和一些重点方面放在服务提供上。公共部门从同意股权或参与贷款到资产转让方面可能有着很大的不同。融资是与未来的收入流所相匹配的，例如，通过赠款、补贴、资产转让、贷款或者其他方式，任何资金的缺口都是可以弥补的。合同授予通常遵循一种正式的资金价值测试的具有竞争力的过程。今天，各种各样的设施能够被允许使用这些私人融资发起的类型，包括医疗保健、住宿、电信、学校、照明、防火、防御工事、警察、休闲以及废物管理。

5.3.3 服务销售

私人融资发起的服务销售形式可以再次采用各种各样的形式，这也许可能导致将资本资产的供给作为或者不作为一个重要的组成部分。是否提供资本资产对于提供服务是次要的，是否提供一个个人的实验室服务，可能都是离散的。私人融资发起提供者的收入流也许可以直接或间接地从像公有的税收和支出上所产生出来。在合资企业或公私合作关系的情况下，特殊目的或项目载体可以被形成去提供这些服务。相同情况下，再一次地在合资企业或者是公私合作关系以及那些可能被委托的设施的范围内，这些出售的服务可能会涉及很多的尽管往往是些相同的例子，而不是经常提供可以是显著特点的资本资产。出于完整性，特许经营和外包也可能被提及，还有租赁，因为所有这些模式都是在公私合作关系中偶尔被提及的，即使它们也许没有严格的资格条件。例如在美国，由于它们的税收结构，租赁一直是一个相对较受欢迎的做法。

5.4 私人融资发起的特征

虽然有一系列可以用来提供一种公私合作关系的契约结构，但是对于新型的或者改进的资本资产的伙伴关系的最普遍的形式通常涉及设计 – 建立－金融－经营方案。这种设计－建立－金融－经营方案的支持者指出，通过结合所有的这些特征的责任，这些所提高的效率证明它们在公私合作关系的使用。在这样的方案下，公共部门使这些服务的种类多样化了，它希望被提供，并且之后私营部门在提供它们的时候可以执行其作用。与公共部门在传统的采购中拥有资产相反，在公私合作关系中，公共部门现在支付它们的所有权或者将所有权归属于私人部门上。一般来说，将会有一个相当长的合同或者是特许期的安排，通常来讲大约是 25 年。核心资产的使用有着四个相互关联的特点：真正的风险转移；输出指标的使用；资产的全寿命性能；与性能相关的支付能力。这些特点都可以简要地被轮流看待。

5.4.1　风险转移

风险管理在今天是相当好理解的。这个问题在前面的章节中已经介绍过了，尽管私人融资发起交易的重要性需要在这里进一步的总结。在通常情况下，这些风险现在被分配给能够最好地管理它们的双方。在私人融资发起中，这意味着从涉及上述的设计、建筑、资产的融资和运营的公有部门到私营部门真正的风险转移。在业务或设施管理方面，真正的风险转移可能会在同一方和同一方向延伸，作为占用、数量或者使用的水平。在很大程度上来讲，这里的风险转移反映出了公有部门控制使用的程度。从私营部门的角度来看，反过来，为了换取接受商定的风险，它们按照健全的风险管理做法而定价和管理。需要指出的是，寻求风险转移的目的是优化，而不是完全地考虑到在每种情况下风险转移的优化点被传递的时候，资金价值本身被预期普遍下降。从公共部门的角度来看，它所寻求的资金价值是客观的，并且真实的风险转移是其必然结果。

5.4.2　输出信息

在私人融资发起合同中，那些明确可以定义的以及可以测量的输出信息将用于设置预计由私营部门运营商所提供的服务输出。这些信息也许会在营业时间、适应度、清洁度这几个方面被制定，另外不会过度地限制私营部门经营者在提供服务创新上的自由裁量权。正是由于输出信息的使用，为私营部门在设计、建设、提供服务或资产问题的使用上的创新创造了真正的机会。

5.4.3 资产的整体寿命表现

私人融资发起合同通常会要求经营者去承担整个合同或者是特许期的每个资产性能的责任。用这种方式就可以假定，操作人员将会赚取其最佳的利益，从而产生出来一些效率和潜在的更大的财物回报。整个生命的核心性的表现方面往往遵循着长期性质的合同，这经常涉及超过 20 年、25 年、30 年甚至更长时间的时间框架。

5.4.4 绩效支付

在一个私人融资发起合同下的一个运营商的支付，通常包括规定成分或单一成分，抑或索价，以及作为衡量一系列基准标准的表现成分。这些标准来自输出的信息以及标准概述。最终的支付机制非常符合合同和绩效监控机制以及输出规格要求。它应该为那些现实的、苛刻的但可以实现的性能标准指定总体的框架。为了实现投标人和最终服务供应商的最大的努力，一小部分的单一成分通常来说是很危险的，并且可能会在得不到满足的时候增加处罚投标。在这方面，恰恰激励和抑制作用之间的平衡在于这种支付机制应该如何理想的结构化。在传统的公共部门采购和私人融资发起采购之间的一个简要的比较在下面的表 5-1 中会有所阐述。着眼于这两种形式的采购对比。

表 5-1 传统的公共部门采购与私人融资发起采购之间的简要对比

项目阶段	传统的公共部门采购	私人融资发起采购
设计	获得详细设计	指定服务的独家设计
规范	邀请招标定价	私营部门支付和管理建设
建设	建设方	完工后的支付服务
操作	运营	监控服务性能

5.5 采购过程的原则

基于私人融资发起以及公私合作关系项目是一种涉及私人融资项目采购的越来越多的实践和经验。在英国，横跨过的各种不同的国家的数百个私人融资发起项目的集中性的经验，以及数千个公私合作关系项目加强了国家所行进过程的重要性。在通常情况下，这一过程被分解为一系列的步骤，能够用来反映时间框架经常需要花费 18 ～ 24 个月的个人项目的特点。这些步骤可以在一些先例中被看到，这可以在发达的经济体中有所体现，像英国政府商务办公室，在澳大利亚维多利亚的合作伙伴，甚至是世界银行的公私基础设施咨询机构。在一个理想世界中，这些可以获得的先例将被用于开发能够充分反映出主要参与者的目的和目标的一种独特的采购过程。在利用这些和其他先例的情况下，典型的私人融资发起或者是公私合作关系过程或序列将会设计这些或与之非常相似的步骤。

5.5.1　建立这种必要性

任何项目的第一步是去明确地建立一个特定的服务、资产以及在政策或战略层面提高的这些需要。这可能会从项目审查或是其他的方式所遵循。通常情况下，这将会是公共部门整体计划（企业或者资产管理）和在部门或地区的政策，以及每个人绩效考核的一种延伸。也许，当地或者国家的标准对所涉及的调查、研究或报告起到作用。一系列的因素将会推动这种需求评估，这将包括计划提交、技术、环境、经济和社会特征的人口统计和预期的变化。这种评估的需求应该是包括维护成本和资金选择的中长期要求。如果一个基础设施的需求已经确定和优先考虑了这些需求评估，那么规划过程将会走向一个商业案例的选择和发展的评价。值得注意的是，虽然这个过程通常是由公共部门所驱动的，但是偶尔，这些预计一个特定需求的主动的建议被开发并且提交给公共部门。有时候，不同的司法管辖区很明确地处理这些问题。

5.5.2　评估选择

必须明确的是，继续向前推进项目是最好的选择，而且当然更倾向于什么都不做。每一个选择的技术输入都应该进行比较和对比，而且每一个选择或方案的成本参与和资源都开始着手了。其他选择也许包括了做那些导致全部更换的最小的生命周期的投资，还有股票的完全替代。比较那些在第 1 章中的系统的设计目标，每一个评估都是由十分清楚地理解该项目的目的是实现什么所支撑的。要特别强调这些输出以及每个人如何使得这些服务目标实现。在某种程度上，提供评估的现有的服务将会系统性和批判性地被考虑。

5.5.3 发展纲要商业案例

纲要商业案例对这一过程是极为重要的，其目的是去证明或反驳这种情况，即项目目标和投资标准在财政、技术、法律和商业领域被支持。这种纲要商业案例也许可以建立任何非正式的利益表达，这可能已经被追捧，或者甚至一些软市场的测试也可以支持它。一些国家也鼓励主动提供一些项目的建议。最终，这一过程是唯一可行的，在这一过程中，有潜在的服务供应商，它们不仅有能力也有兴趣去参与该项目。鉴于任何相关的预算限制，这种私营的融资项目对于资金是可以支付得起的。这种负担能力通常是通过比较参考项目而被证明的，最著名的又被称作公共部门比较器。

如果公共部门比较器被采用的话，它就会针对那些出价可能与资金价值相比较的作为基准的解决方案。在实践中，充分评估的公共部门比较器是否被释放到投标人那里因国家而异。虽然公共部门比较器在不同的时期已经被赞同和批评了，那就是许多人仍然支持这一概念，那就是假设成本项目可以充当一种有用的功能。公共部门比较器的使用一直存在争议的这些原因也许会归因于各种各样的因素，这包括了有时候它们似乎已经被更多地使用，这就好像当其准确度并没有真正允许的时候，它们就是一个合格的或者是不合格的项目测试。此外，在准备公共部门比较器的时候，所需要的复杂的财务模型以及不确定预测的依赖决定了它们也应该被谨慎地使用。包括了净现值成本、风险调整、税率的调整、甚至是偏乐观的支付能力的公共部门比较器的建设会计工具也许可以全部被使用，以及考虑到它们的发展。在纲要商业案例中的其他输出也许包括了一种资金价值效益计算、初步输出规格、支付机制、绩效标准、参考项目协议以及参考项目的风险登记。总体评价将会延伸到财物以及非财务（通常是指社会）的指标。特别是财务模型已经得到了充分的开发、测试以及承受各种不同的方案。纲要商业案例将会突出这些项目是否是可以负担得起以及有利可图的，或者是否能够以合理的条件去提高项目融资。通过密切配合的支付能力和银行可贴现性，应该奠定一个有效的伙伴关系的基础。最后，纲要商业案例可能会建议一种优先采购路线和项目管理策略以及项目的总体影响。

5.5.4　成立项目团队

一旦纲要商业案例被证实的话，正式的采购过程也许会开始。该项目将会在一个项目团队的主持下进行。尽管术语有点不同，但是这个团队将由那些最终负责选择要应用于项目的商业机构的公共部门的部分当事人所领导。这种当事人的对立面或者反面将会是赞助商和发起人，这种当事人也许可以作为提供服务用户的主要代表，具有一般用户或利益相关者的正式协商机制可能会被落实到位。当事人也许会任命一个项目总监或者经理，他可以负责其余成员的选择、任何流程审计、开发项目组以及涉及评估投标的任何其他的外部顾问。除了当事人和项目总监也许可以发挥主要的技术角色的作用，他们也经常担任该项目的当地公共部门的捍卫者。这些在公共部门和私营部门的捍卫者的重要性不能被高估。在某种程度上，这反映出了市场的资源竞争。作为平等参与者的其他事情将会倾向于那些国家，在那些国家中明确的政治支持会存在，而且公平的、透明的投标程序也会到位。理想的情况是，公共部门的捍卫者越高级，那么该计划就越可能成功。回到该项目组，其他的成员也许包括项目经理、财物，技术和法律专家、保险公司、管理人员以及所呼吁的其他专家。

5.5.5　宣传

大多数的国家将要确立起当地或国际性的义务和责任，以促进公共部门合同的竞争。最好的例子是通过欧洲共同体条约在欧洲共同体官方杂志所出版合同的通知，而强加给欧洲联盟的成员。欧洲联盟和其他的国家也可能同样会根据世界贸易组织委员会做广告。至于项目的性质以及是否涉及私人融资或者其他方面的一些细节也许会被要求。通知要求的目的是确保供应商不受国籍的歧视，也确保提供供应、工程或服务的竞争加强。这些宣传也许会设置奖项的总体标准，包括具有各自权重的融资、技术和商业这几个方面。表达了对这一项目有兴趣的参与者可能会提供更加详细的信息备忘录，这将会产生开发原始纲要商业案例的许多细节。在全球范围内对于公私合作关系项目的宣传可能经常在报纸上看到，例如《经济学人》。

5.5.6　确定选择策略

一旦这些宣传使项目团队运行起来，那么其将会开发选择策略的最终观点。这里面一个重要的方面就是是否要选择一个首选投标人。在这一过程中，重要的是，首选的投标人经常会被缩小到那些通过名单预先具有的资格之后才会被选举。应注意的是，投标人也许会作为联盟或合资企业单独前来。

5.5.7　资格预审

如果该项目是具有吸引力的，那么就可以预期将会出现一长串潜在的投标人。这种资格预审的过程旨在缩短这种情况，那就是通过突出那些最具有资格的以及最能胜任参与的人而列出。资格预审问卷在这一方面是相当具有标准的。他们也会给项目团队一些在市场中的利益的指示水平、投标人的一般的财物和技术能力、它们潜在的弱点，甚至是一些可能出现的问题。资格预审过程将会导致短期的上市，但是也会作为理由更改采购的原始方法。之后，它可能有助于合同的开发和利润最合格的参与者。来自于资格预审问卷评估的一份报告设置了正式的结果以及结论，这份报告经常用来支持所做决定的推理。

5.5.8　短期上市

资格预审练习的目的是去开发一大长串的投标人，这些投标人通常来说是能够胜任的。相反，短期上市是针对从那些长长的名单中所确定的，这也许是三个或四个投标人，它们也许已经对手头上的项目有着特殊的能力。因此，短期上市可能会超越一般的能力，概述了这些投标人是如何使用它们来实行该项目本身。这将扩展到它们愿意承担的风险、融资。这种短期上市运动也许会重叠那些有时候被称作邀请提交的提纲建议的东西。如果额外的信息需要被寻求的话，那么邀请提交的提纲建议就会被采取。

再一次的，其目的是从投标人那里征求它们将如何解决概述在任何信息备忘录上的具体的工程问题，像关于质量、成本估算或者其他方面。正式的面试以及演讲也许会形成该过程的一部分。

5.5.9　修改项目

在收到与短期上市的投标人的任何正式谈判的邀请之前，对于项目团队来说，重新审视他们原有的项目计划以及假设是非常寻常的。这就使得项目团队有机会得到投标过程迄今为止已经提供给它们的反馈。有关该项目的任何方面，这些变化可能会从纲要商业案例的翻新到输出规格和参考项目而被呼吁。这一输出规格对这一过程是很重要的，因为它的形成是以当事人在投标人那里陈述什么是被期待的和全面的输出条件，再加上所要达到的相关的标准为基础的。

5.5.10　谈判邀请

邀请洽谈阶段被设计的目的是去改善将被实施的合同以及控制结构，投标人将在它们中提交他们详细的设计、技术、金融、法律和一般响应。它使得对投标人在这些细节上的进一步评价变得很正式，并经常建立信息备忘录。如果正式文件的任何部分还没有被发表，那么它们将会在这一阶段产生。从技术的角度来看，这将包括输出规格、性能标准以及输入规格。财务文件将包括支付机制和形式响应。法律文件将会建立在项目协议的基础之上。所发布的附加信息可能包括该项目团队将如何处理邀请洽谈、时限、格式、标准以及不同的投标。在某种程度之下，澄清文件，研讨会或演示也许也被包含其中。从该项目团队的角度来看，这些非常详细的规定将属于所有类别的正式的评估。

5.5.11　正式的洽谈

在这一阶段期间，当事人和项目团队与每一个短期上市的投标人进行正式的平行谈判，它们都澄清了每个建议的细节，也确保了输出要求正在被满足。进一步洽谈的目的是去减少那些商业条款，在这些商业条款中，该项目会被授予以及实行，从而寻求去确保最有效的条款。谈判就会很广泛并且包含了项目协议所提议的草案，这些将会通过竞争过程而增强。在正式的谈判结束的时候，每一个短期上市的投标人也许会被要求提交一份最佳的和最终的报价。这通常将会相当紧密地遵循原有的谈判邀请，但也将变得更加狭窄。这种谈判过程的范围将包括双方的某种条款和状况，这可以允许它们专注于分歧的其他领域。

5.5.12 最终的谈判

在遵循与短期上市的投标人的正式的洽谈中，一种选择是由一个优先的投标人或者有时候由两个优先的投标人所组成的，其中一个人在预备中等待，第二个优先或预备的投标人将会明白，它们的地位是次要的，但是可能仍然被要求实行最佳和最终的报价，万一第一个优先投标人和当事人不能够达成最终的协议的话。在这个阶段，双方共同努力不仅仅是要达成合同的最终裁决，而且要达到最终条件的改进。在这一方面，双方已经继续实行的纲要商业案例也许会作为一个完整的商业案例被实行。该项目团队也许会与其他的专家或者团体工作，他们都是该项目的后援。早些时候，与谈判有关的详细的设计、技术、财政、法律和一般的响应终止在各方面是必需的。正是在这个阶段，优秀的项目也将得到解决。这些项目的范围可能从保险到相关的物业销售、法定批准甚至任何受影响员工的就业问题。双方将继续广泛尽职调查的这一过程，因为它们每一方都准备合同。尽职调查本身是一种试验，验证基本假设的过程。

5.5.13 财务收尾和合同奖

最终的谈判结果在很理想的情况下导致了双方在所有相关的条款和财务收尾以及合同授予之间的协议。当当事人、发起人或首选投标人签署这份项目协议的时候，财务收尾就出现了。因此，当事人就承诺会不可逆转地投入到该项目中。在许多情况下，购买方都是政府。然后该项目协议形成了，其前提是财务能够在预测的收入流的基础上被担保。通过达到财务收尾，双方同意该项目协议可以变得无条件，并且所有优秀的先决条件都已经被满足了。

5.5.14　承包经营

虽然，严格说来，在采购过程中并没有一个步骤，但是值得注意的是，该目标是在项目协议或特许经营权的生命期间的合同操作。为此，合同以及控制结构将不得不变得既精确又足够强大，以至于可以很理想地履行当事人的意图。预计将有一天，日常操作会继续沿着所设想的进程前进，以及各方整体公平和真正的商业意图。在某种程度上，这些意图不会被充分地履行，而合同机制通常会使得这些迅速而有效的制裁或惩罚可以被实施，还可以使得双方之间更加正式的纠纷无效以及解决机制被激活。

5.6　合同和控制结构

一份私人融资发起的合同和控制结构建立了当事人、发起人或赞助商之间的法律及业务的关系。尽管每种类型的项目都将会表现出个人的特征，但是典型的主要的文档或者组件的通用列表可能会出于完整性而被实施：

- 项目协议和附加条款
- 支付机制
- 商业机制
- 输出规格
- 性能标准
- 贷款人的直接协议
- 服务提供的直接协议
- 托管账户

这些文件可能被添加到了赞助商以及其他涉及该项目的交付或支持之间的一个进一步的一系列的法律和业务关系中：

- 建设和承包协议
- 建筑和工程设计协议
- 承购协议
- 供应协议

- 操作、维修或设施管理协议
- 担保、保证和债券
- 债权人的相互协议
- 股东协议
- 备用信贷
- 公司文件

从合同以及所提到的关系的范围，可以很清楚地看出来，复杂性是公私合作关系和私人融资发起的核心特征。

5.7 特殊目的或项目载体与融资

特殊目的或项目载体是一家独立的公司，它尤其是为了在手头上所提交项目的唯一目的而建立的。特殊目的或项目载体可以由投标人的个别团体、赞助商或发起人所组成，为的是开展项目协议条款以及所有被支持的担保协议。特殊目的或项目载体允许创建一个独立的法律实体，这可以根据相关的项目文档单独的操作。特殊目的或项目载体作为融资工具具有特别重要的作用，这实际上对于贷方如何协调项目的资金贡献是非常重要的。特殊目的或项目载体经常考虑在理想中的无追索权的融资，尽管这在实践中经常限制了资源融资，但是也有完全的资源的可能性。这里所指的资源是那些支持特殊目的或项目载体的人的资金或资产，尤其是赞助商或者是发起人。因此，在无追索权融资的情况下，贷款人只能看到特殊目的或项目载体以及再次偿还的未来的收入流。一个有限的资源融资会假定这样一种情况，就是贷款人会在一定程度上获得超越它们在特殊目的或项目载体中所持有的发起人的资金或者资产。这种限定的资源融资往往是间接的。顾名思义，完全的追索权将考虑不限制地获得发起人的资金和资产。例如，当完全的追索权被考虑的时候，一些对于特殊目的或项目载体所形成的基本原理就被撤回了，容易引起注意的是，这就等同于传统的企业与项目融资。然而，虽然公私合作关系交易方面确实是类似于项目融资类型的安排，但是它们可能在被设想和安排的时候并没有考虑项目融资安排的一个关键方面，即高资产的特殊性。

随着大部分项目融资交易的出现，特殊目的或项目载体的使用目的是成为那些在载体后面的资产负债表。那些站在其后面的东西要么是私营部门，要么是公共部门的实体，或者两者都有。如果公共部门涉及其中的话，那么它就可以当作一种股权。再次，以这种方式，资产负债表外业务方面可能要么与公共部门，要么与私营部门有关。通过能够资助的项目表外业务，巨大的风险被从主要的参与者那里转移了。在某种程度上，公共部门已经对该项目做出了贡献，因而获得对该项目未来收入的一部分，它甚至可能会寻求证券索赔或者出售其未来的收入或参与权。对于正式的会计处理以及资产负债表是否有关，这将会出现所涉及的风险的具体比例以及相关的会计规则。从广泛的以及历史的角度来看，对于私营部门的参与者及公共部门而言，这种非资产负债表的处理充当了一个重要的理论基础。对于公共部门来说，后果是它可以将这些在私人融资发起下的款项作为收益性的支出，而不是私人融资发起合同生命的资本支出。对于会计处理的私营部门的标准经常是这样的，那就是特殊目的和项目载体的账户与任何控制实体相合并。最后，可以假定，特殊目的和项目载体将会通过减少项目的投标费用而工作。

5.8　私人融资发起 / 公私合作关系和理性的私有化

私人融资发起和公私合作关系需要从外包和私有化上有所区别。私有化指的是对于提供特殊服务完全负责的那些情况，这是由私营部门所考虑或假定的。传统的例子可以在交通、电信、能源和水资源这些部门被发现，尽管私人进展已经在所有的这些领域实施。在电力方面主要关系到悉尼（第 6 章）和香港隧道（第 7 章）项目以及大博（第 8 章），紧接而来的案例研究会注重交通运输方面。在大多数情况下，这些部门一直倾向于详细的监管制度，往往采用回报监管率或价格监管作为控制价格的手段。承包或外包指的是这样一种情况，即私营部门承担日常服务的责任。公私合作关系并没有私有化，尽管它们确实提供了能够被称作私有化好处的东西。虽然 20 世纪 80 年代是与私有化增加有关的 10 年，但是这种趋势在 20 世纪 90 年代开始消退了，造成这种情况的原因是不被赞成的。同时，在20世纪90年代期间，随着私有化的替代，在基础设施项目中的私人投资增加了。这方面的证据在发达国家和发展中国家都可以看出来。关于后者的最好的证据来自世界银行在基础设施数据库的私人参与。这一证据表明，在20世纪90年代期间，基础设施的私人活动每年都在增加，除了1998年和1999年，而且大多数的发展中国家都将私人投资引进基础设施。这种在基础设施私人投资中所增加的东西也与在一些发达国家公私合作关系的出现相结合。自2000年以来，以及最近这几年，中亚和欧洲的国家已经经历了在国内基础设施项目中的国际运营商和投资者利益方面的大幅度下降，而且可以认为，目前出现的公私合作关系正在抵消这种下降，是国内基础设施兴趣重燃的最重要的途径之一。公私合作关系模型所涉及的全部参与者，通常都在20世纪80年代和20世纪90年代期间参与过过去的项目。

购买资产或服务的各种模式之间的主要区别在下面如表5-2所示。

表5-2 购买资产或服务的各种各样模式之间的主要区别

类型	提供的服务	提供的资产	服务的定义
传统	公有	公有	公有
外包	私有	公有	公有
私人融资发起 / 公私合作关系	私有	私有	公有
私有化	私有	私有	私有

公私合作关系以两种主要的方式与私有化产生区别。首先，公私合作关系往往游离于正式的监管制度以外，而支配合同双方的关系。输出规范提供给服务供应者主要的控制手段，而非监管机构。其次，公私合作关系并不涉及相关资产所有权的永久改变。操作控制和所有权以公私合作关系特许权或合同的关闭或终止恢复到公共部门。因此，控制的性质、其时间质量以及其延续将公私合作关系和私有化区分开来。

5.9 风险管理

近年以来，风险管理已经受到越来越多的重视。对于各种规模项目的更多结构化方法的需求已经被偶尔的昂贵和高度的宣传失败所强调。在许多司法管辖区的建设部门的有些变化的记录已经进一步使更好的项目计划与风险管理势在必行了。虽然风险和不确定性是所有项目的一个固有的部分，但是很明显，管理的成功与传统的连接参数（时间、成本和质量）高度相关。2003 年，英国财政部的研究表明，私人融资发起导致了比以传统方式获得的项目更好的项目交付，并且在这一方面，私人融资发起项目表明，88% 正在按时或者更早地被交付，而且还伴随着更一致的服务质量。商业压力以及今天日益增多的竞争环境也在要求，这些企业需要发展它们承担风险以及创新的能力，同时，也要按时按照预算提供项目并且满足日常的操作要求。公共部门似乎意识到了这些压力，并且通过私人融资发起过程利用它们。以一种有弹性的以及可靠的方式所响应的变化确保了所提供的服务，而且所持续的改进正在任何环境中具有挑战性，更别提与私人融资发起和公私合作关系项目所运行的 20 年和 25 年的时间框架了。结果，正是在这种设置中，一些最具创新性的应用和风险管理的方法正在被开发。

风险管理的关键阶段

有各种各样的风险管理模式。这些模式显示，风险管理涉及一系列由个人或企业所采取的行动，它们试图改变它们所面临的风险，就像在第 4 章中所介绍的那样。这是一个系统确认、分析以及响应（或者确认、评估以及减轻）风险或风险事件的正规有序的过程，这些引起了通过项目的生命周期，所有的这些都是为了实现最优或最可接受的风险消除或控制程度。尽管关键阶段可能被概述了，但是最有效的风险管理却作为一个无缝的迭代过程被实行。这些阶段可能被描述为以下情况。

1. 风险识别

在风险识别中，短期和长期的风险都是可以通过所提供的可靠和全面的信息被辨别出来的。虽然私人融资发起和公私合作关系项目各方都将在风险辨识方面有所分享，但是在某种程度上，毫无疑问的是，更大的负担取决于私人部门而且反映这些项目的所完成的风险矩阵。随着私人融资项目的经验已经被获得，对于这些风险的识别更好的理解以及分配的更加均匀的方法已经产生了。因此，在许多司法管辖区，现在一致的同意是各方将实行专门的风险管理。有一些归因于私人融资发起和公私合作关系所带来的更为明确的风险管理。在这种更深的理解一直在发展的程度上，它给各方留下的是让它们投入更多的时间在这些风险上，这在谈判中也许证实了更多的问题。这也似乎说明了这样一个问题，就是双方风险的较为系统的识别使得它们的价格更加接近，因此就出现了价格竞争的不足。私营部门服务提供商偶尔的失败本身就表明了一个证据，那就是真正的风险转移正在发生。虽然它不是公共部门本身的政策去预期或期望项目的失败，但是仍然可以预料到，在考虑到公共部门期望风险转移确实是真实的，毫无疑问它能够并且未来将会发生。

关于私人融资发起和公私合作关系项目的风险识别技术大致可以分为三类，尽管很多技术跨越这样的界限：

- 感应：例如，故障模式和效果、危害性分析
- 演绎：例如，故障树
- 直观：例如，头脑风暴

其他的手段包括利用德尔菲技术、清单、深入的实地考察、利用过去的经验、调研、访谈、问卷调查、专家意见以及也许最常见的风险注册。风险注册可以是记录一个项目或资产上的每一个风险的文档或数据库，而且可能类似于或以相同的方式作为一个预备软件的清单被使用。针对风险，具体数据的身份和与之相关的活动，其优先级和可能的价值都被记录了下来。这种可能的价值经常是基于定性和定量性的分析而被开发，它们就如下面所概述的预测了其变化的影响。

在这些有关的项目中，各种尝试分类不同的风险类别可能涉及或包括以下的内容：

- 建设
- 金融
- 性能
- 需求
- 剩余的价值风险

无论是私人融资发起项目还是公私合作关系项目，这类风险都会呈现出来。

2. 风险评估

这些风险从它们目前的状态和潜在的不利的影响方面被评估和记录。随着这些风险被识别，以及风险管理过程通过一定的方法的使用而展开，它们的评估变得越来越重要。理所当然的是，几乎任何风险可能会或者可能不会出现任何所给定的项目。如果有人可以接受这个，在第一个实例中可以看出，应对这些风险的具体化在很大程度上成为一个可能性的问题。也将看出，这些可能性是能够被估计的。然而，风险评估只是完成了一半，因为充分体会到风险转化为现实需要了解其影响和作用。影响也可能会被估计，这是可以看出来的。正是这种可能性和影响的结合，对于风险管理的风险评估阶段是非常重要的。准确地预测这些风险的两个特征使得这些参与者决定它们最合适的行动过程。

风险评估可能是定性的，也可能是定量的。在定性的风险评估中，可能性和影响都被主观地评估，然而在定量的风险评估中，可能性和影响都会被客观地评估。这两个立场之间可能被称为半定量的风险评估，在这里面可能性被主观地评估，但是影响被客观地评估。对于定量性的风险评估的两个最普遍使用的工具是在计算机模拟程序中所进行的敏感性分析和概率分析。在这些中的选择很大程度上取决于数据的可用性。因此，当存在不定性的时候，一种定性的风险评估通常会被使用，在缺乏数据的情况下，这种主观性就盛行起来了。在这些情况下，一些不完整的数据存在其中，然后半定量的风险评估可能会被使用。最后，在这些情况中，充分的数据是可以获得的，一种全面的定量的风险评估将是首选。

并没有求助个人组织将如何评估个人风险的影响，或者甚至它们是否寻求去针对每一个或唯一的主要的风险，但是可以看出的是，通常这些影响都被转化为财务条款。这样的话，这些组织最终可能会承担它们的商业条款。

作为风险评估的一个脚注，可以发现，它是一个非常不同的企业文化。语言的变幻莫测和与法律解释相关的不确定性使这一过程复杂起来，尽管这些趋势朝着更简单以及更标准化的模板。

3. 风险响应

项目人员有能力和所支持的工具，包括管理风险的持续的应急计划。回应、解决或缓解这些风险的想法本质上是寻找解决方案来对付它们。因此，考虑到潜在的可能性和风险事件发生的影响之间的选择，或者简单的避免甚至将它转移到另一方面，从而员工能够选择最佳的选择。而且，在接下来的第 4 章中，风险响应基本上涉及四个策略：

- 消除或回避
- 减少或缓和
- 转移
- 缓解

风险消除或规避风险可能从不投标项目到花费巨资去终止它的范围内波动。风险减少或风险减轻可能也涉及采取额外的步骤或预防措施，以减少风险发生的可能性，如果会发生的话，就会减少其影响或幅度。风险的转移可能是最常见的，因为合同结构是用来传递风险给项目的其他方，或者甚至给保险公司。风险的最佳时机从私人融资发起项目的公共部门转移到私营部门，虽然已经经受不同的观点和实践。风险保持可能被设想为一个政党所带来的风险。在私人融资发起项目中，公共部门可能对于只保留一种狭隘的风险而起作用，而且所有其他的风险都将被转移到私营部门（见图 5-2）。这些风险应该被分配给最能够管理它们的团队。

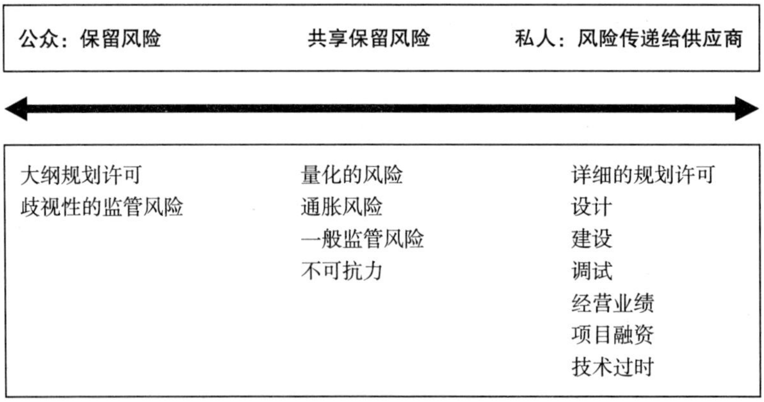

图 5-2　有效的风险管理

资料来源：普华永道。

风险定价是其转移的核心。这起源于这样一个事实，就是政府不得不能够把它们自己提供服务的成本和从私营部门那里购买的服务相比较。它再次说明，政府部门寻求减轻自己的那些风险，以便私营部门能够更好地处理。在解决这一复杂任务时，对于双方来说，要区分工程项目的特殊风险和市场风险是非常重要的。前者反映出了对项目本身的不同的结果，后者则反映出了影响所有项目的潜在的经济发展。市场风险并不是多种多样的，因而定价必须要适当地被实施。公共部门和私营部门将对于市场的定价风险采取不同的方法。因此，政府部门倾向于采用像社会时间偏好率的无风险利润去折现未来的现金流入，而与此相反，私营部门将会按照资本原则加以权衡的平均成本来选择适用于评估未来收入流的折现率（见图 5-2）。

从一个项目的角度来看，各种各样的合同及其他的手段被采用去减轻这些风险，包括了这些使用：担保，投标、性能、审判和履约保证，保险和信用证。对于可用于减轻一定的金融市场风险的手段和工具来说，相关的汇率、利润率和价格的剧烈波动，金融衍生品被大量地借鉴。简要地回顾一下所使用的衍生工具的主要类型，包括远期、期货、期权和掉期（专栏 4-3、4-4 和 4-8）。远期需要义务去以指定的期货价格在约定的日期购买或者出售资产。互换进而使团队获得固定的价格，即使其现货价格的变化已经发生了。其固有的灵活性似乎允许持有人同时购买和出售多种货币的现金流，这产生了各种各样潜在的资产的不同的利润率。期货被标准化了。期权为它们的持有人提供行动的自由，要么去行动，要么不与资产有关联，因而避免了与它们相关的不利的价格变化。

4. 风险回顾与报告

定期进行检查，以确保风险评估仍然是最新的和比较可靠的。这个过程本质上从风险管理刚开始的三个阶段所遵循。对于项目生命周期的仔细审查、记录以及报告的这些风险带来了在随后的项目中的风险管理的更好的信息。

5.10 私人融资发起和公司伙伴关系的经济风险

个人经济项目具有排他性，因为这将两项充满风险的企图联系了起来：施工与项目融资。尽管这两个领域一直有一定程度的重叠，但将两者融合后出现的私人融资发起，已经成了更庞大的一种事物。私人融资发起和公私合作关系项目中大部分的案例都建立在有限或没有资源的基础上。例如，在电力领域典型的项目融资交易，受限于项目的收入流或现金流。私人融资发起已经成为应用于提供服务的基础设施的一系列资产的模板。这些基础设施如医院、学校、监狱和其他。鉴于这类项目相关的信贷风险很低，资金由公共部门的人提供的收入流或最终的服务购买者提供，投资者可以投入更多的时间在其他有主要风险的地方，如性能、施工以及能否按时完工的危机等。金融家会在画出全面的风险识别的方法和工具大纲的基础上进行分析。然而，投资者关键的风险评估工具是基于从工作基础案例的灵敏度分析开发而来的财务模型。用数学方法衡量和表达识别风险的影响和项目现金流以及回报流的投资影响有关。在各种情况下投资者能够达成关系到它们的利润率和资产负债率的决定，它们就将批准项目。这是一个精心策划的过程，再次带来风险和个人投资项的循环。

历史上资金项目募集的主要形式是高级银行债务，而随着时间的推移，资本的形式已经多样化，如从银行部门到公共机构投资者和资本市场。今天，私人资助的项目债务有广阔的资本和权益混合的资金来源。尽管资金的各种形式和文件会有所不同，所有的参与者都会获得回报。贷款方主要是尽可能多地降低风险，寻求契约链中最有筹措资金能力的一方。同时金融家将寻求限制风险，观察风险在特殊目的或项目载体中是否通过帽子或通过其他机制。各种形式的资本的定价将密切反映它们之间的关系，这不仅包括它们的盈利能力和流动性，也包括将承担的风险。因此可以说，单个项目的不同的风险概况以及参与者本身的规定证明，广泛的资金来源可能产生最好的条件和结果。

5.11 私人融资发起和公私合作关系的挑战和应对

对私人融资发起和公私合作关系的兴趣增长也使大家关注其中的各种

挑战。虽然不同国家的经验使私人资助项目的性质和结构不同，但它们有着足够多的相似之处，应该认真对待这些挑战并提出计划。

5.11.1　经济上的花费

经济上的花费一直是一个有争议的话题。从一个角度看，私营部门参与私人基金资助项目在商业条款方面可以增加融资。因此在某种程度上，公共部门与私营部门竞争比较有优势，因为前者相对资金成本较少。在许多司法管辖区之间成本优势的变化在 1% ～ 3%。尽管这被视为一种挑战，并且私人部门往往勉强承认它，然而，它的策略是通过展示其他方面的现金价格寻求竞争和抵消这些更高的成本。这些方面可能包括充分地评估风险转移，它在传统采购中可能作为项目中的非花费剩余风险而持续存在。一个更为激进的观点认为，在其他条件相同的情况下，公共部门不应该有金融与财务的成本优势。这种观点认为，资本成本应该是只依靠融资的项目特点而不是模式。尽管资金来源可能会影响项目风险。从整个税基来看，政府可以分散它们的风险，在私营部门中它们有优势。然而，考虑到私营部门可以在整个金融市场分散其风险。这样看起来它应该有优势。由于这并不反映当前的实践情况，所以必须寻求一些其他的解释。额外的私人部门的融资成本一个可能的解释为借款人违约的风险增加。鉴于公共部门可能会通过税收手段抵消这种风险增加，它受益于一个相对的整体低利率。低利率可能反映在提及的 1% ～ 3% 的成本优势，之后讨论这一问题时将有可能继续使用这个优势的说法。

5.11.2　资产负债表外融资隐藏了长期、开放式的公共部门债务

公共部门可能认为私人资助项目的负债在资产负债表外，这个规则不断地被继续提炼直到今天，而这个特性不再作为项目的基本原理。随着占资产负债表外的项目越来越少，这个挑战的范围也减少了。不过，应该得到回应的是，许多司法权已经转到它们项目中统一支付的长期负债的让步协议中。通过这种回应，可以认为公共部门的负债比按年度预算的更加清楚明确，包括融资成本和操作的真正的生涯资产变得更加透明。这样说，

现在还没有单一或定义全面的财务会计和报告标准公私合伙制。这意味着将继续变化，直到有一个得到公认，公认公共部门何时或者是否应该对债务资产负债表负责。这样的标准将在过程中提高透明度，也应该能够提高效率。与此同时，随着实践和经验的增长，审查的增加，特别是通过评级机构，由公共部门滥用公私合伙制的风险在这方面正在减少。

5.11.3　公共部门工作人员受损于福利减少

实践和公众辩论的共同挑战关注于公共部门的员工的条款和条件。他们可能会被转移到与私人运营商员工一起工作的地步。有时，这偶尔会导致双重效益模型。然而，尽管这可能发生，如果公共部门希望的话，这是一个可以解决的问题。通过特许协议的条款或立法背景，正如英国已经完成事业、就业法规保护的转移。公共部门的一个合适的回应是要求私营部门有更好的条款和条件，通过提高生产力、创新等。实际上相同的情况可以适用于任何可能产生的不利结果的私人资助的项目，对于这个问题，公共部门坚持认为，它们是抵消了好处。目前的经验证实，这是可以做到的。

5.11.4　公共部门灵活性的丧失

有人认为在未来30年的时间内要致力于基金服务交付，公共部门需要放弃灵活性来完成项目规划和交付。虽然这涉及的时间框架是事实，但公共部门承诺终生维护资产（无论采购时的形式）是一个错误的前提。私人融资发起和公私合作关系首次揭示了这些成本。私人资助的项目也扣除了年度预算过程中发生的对资金讨价还价和争夺资金的成本部分。这可能意味着维护资产所需的投资，要在预期标准之内，而不是被交易掉，例如在公共部门预算的准备阶段的投资。

5.11.5　招标成本

项目招标成本高于一直使用传统采购的成本。这在一定程度上反映了私营部门顾问在过程中的巨大的作用，但在某种程度上也反映了这些成本正在被充分解释与说明。可以看到长期和更严格的私人资金采购过程，包括上面概述的整体商业案例，同传统的采购和强制竞争招标的对比。根据个体司法管辖区的参与，许多案例在显示成本的下降。这是通过随着经验的增加、模板和标准形式的发展、风险分配这些事物被更透彻的理解，项目也在被捆绑在一起而实现的。

5.12　所受到的教训

从私人融资发起和公私合作关系项目中所得到的教训正在慢慢地开始显现。来自各个国家的对于部分的缓慢速度的经验有所不同。另外，由于在词汇方面的变化，讨论部分很复杂。值得注意的是，一些群体错误地没有区分公私合作关系和私有化。其他人认为，公私合作关系不会超过具有更大利润的传统采购。除了国家和部门的各种不同的经验，这种混淆影响并限制教训的做法得到充分理解。然而，对于这些警告，一些观察仍然可以进行。能够表明的是，私人提供的资金项目并不是对于公共部门和私营部门的灵丹妙药。总之，从这些项目应该如何被结构化的方面来看，尽管没有神奇的子弹，但是一些最好的做法正在出现，而且在以上已经被概述了，特别是专注于采购过程的原则。我们还注意到，当在基础设施中的私人投资作为一个整体正在发展中国家下降的时候，这种私人提供的资金项目在这个时候正在增加。该项目以相当大的弹性继续进行，来揭示它们如何以适当的条件被调整。考虑到各个部门模型的适当性，当私营部门是第一步从最终的用户那里消除的时候，私人融资发起和公私合作关系似乎产生了更好的结果。因此，力量更多的来自于交付和支持所提供服务的基础设施的维修保养，而不是可以被称为核心的政府服务本身的交付。对于这一点，可能有两种可能的解释。首先，不管定位私营部门供应商是怎么样的，都不太可能支持传统的公共部门。其次，私营部门往往是更好地提供某些服务，也就是做到从公众那里消除的一步，因为这些服务本身可能是天生的不可收缩的，如国防和外交。因此，这并不是核心的公共部门服务所提供的角色，可以最好地适合私人融资发起或公私合作关系模式，而非核心公共部门的角色。

根据一些部分的成功，政府的作用也正在变得越来越清晰。因此，公私合作关系项目的成功发起通常需要强有力的政治以及偶尔的立法的支持。政治承诺在政治层面上是至关重要的，为了确保市场参与者会挺身而出并且投资于它们自己的能力和项目本身。政治承诺的缺席造成了政治风险，这就影响了在潜在项目中的市场利润。立法支持随着所涉及的不同的国家而变化，但是至少应该澄清的是，司法管辖区的存在是为了采取前面的方案和项目。许多国家，例如英国、意大利和西班牙，都不得不修改它们的法律框架，以确保它们有必要的司法管辖权。巴西已经通过引入立法解决了这一问题，这将会在政府的各个阶层治理公私合作关系的所有形式。可以看出，立法和制度框架的工作越强，公私合作关系项目就越可能成功。与这些支柱相关联，政府应该划定明确的沟通、责任和账户的界限去限制腐败的可能性。很重要的是，这是招标程序和合同管理的一致的方法。也许次要的是政府优先考虑这些项目的能力，并且确保项目在未来可预见的能力。这又增强了市场利益，并且刺激了投资。也许有时候，所低估的私人提供的资金项目的成功是国家整体的宏观经济环境。在经济不稳定的程度上，公私合作关系的前景是更好的。

随着合同或标准模板的开发其中，在市场和投标中更大的信心在发展。前进中的中等数量的项目也在顾问和参与者当中建立了信心和经验，这也能够有助于成功。支持这些项目也是最好地实现超出项目合同、控制和监控机制的正在进行的公共通信、社区和利益相关方。这些机制理想地假设了一个基本的法律框架，这就承认和保护了特许权协议以及解决争端。

公私合作关系的一个非常重要的组成部分涉及专业知识，或者需要进行开发、评估和对项目给予优先权的全面的技能，以及涉及执行公共部门的计划。涉及发展公私合作关系项目的政府已经经常地投入巨资在提升公共部门的技巧上，以应对所提出的挑战。正式的培训、人员交流、外包及其他手段都有助于公共部门技能的提高，并且再次地有助于计划的成功。在英国，特别是各种各样的组织中，都已经专门从事于填补这样的一个角色。两个可能提到的是英国合作伙伴和公私合作关系项目。英国合作伙伴所服务的不仅是促进公私合作关系项目，而且还提供对于这些项目的专业法律、财政和技术上的建议。公私合作关系项目在联系到项目的时候承担着更加有限的作用，而且代表着当地的（或市）权利。

对于私人的融资项目是成功的，还有另一个方面，没有上面的一些被要求的观察那么明显。正如公共部门和私营部门参与者的不同目标被概述一样，参与者也基本上被呼吁采取几乎违背自然的行动。因此，与正常情况相比，私人部门参与者可能要为公共部门的目标承担更大的责任，否则公共部门就不得不沿着这些熟悉的方法管理私营服务提供商。因而各方似乎都要改变角色。

最后，尽管这个模型在相当有限的时间里已经在发展，而且很少有项目依次地完成全部课程，但是所积累的经验表明的不仅仅是模式的适当性因横跨司法管辖区而不同，而且也取决于在个人的管辖范围内所参与的部门。此外，国家和部门内的意见对于极化的私人提供的资金项目有时候取决于正在被展示的成功或者是失败的程度。这可能具有增强性的效果，这之后要么倾向于增加，要么倾向于减少更多的项目在这些国家或部门的未来前进的可能性。

关键概念

下面的概念被认为足够重要去记忆，在随后的章节中会使用这些主要词汇。

BaFO 最佳及最终报价

Bates Review 贝茨审查

BOT 建造运营和转让

design build finance operate 设计、建设、融资和运营

due diligence 尽职调查

treasury Taskforce 财政部特别工作组

ISOP 国际标准化组织

ITN 英国独立电视台

outline business case 商业案例概述

output specification 输出规范

PQQ 资格预审问卷

principal 本金

private finance initiative 私人融资发起

private finance panel 私人融资小组

privately financed project 私人融资项目

public private partnership 公私合作关系

public sector comparator 公共部门比较

ryrie rules 赖里规则

sponsor or promoter 赞助或启动

value for money (VfM) 货币价值（VfM）

第6章

基础设施项目融资中的相关需求：悉尼跨城隧道

悉尼跨城隧道是一个很好的基础设施融资项目的例子，所有的迹象显示，它是一个公司部门合作成功的典范，具有有效的风险分布、健全的金融合作伙伴和项目发起人，例如长江实业基础设施公司和比尔芬格·博格 BOT 股份有限公司（Bilfinger Berger BOT GmbH），后者得到了由德意志银行领导的一些顶级国际银行的支持。此外，澳大利亚的新南威尔士州（NSW）提供了一个与世界上其他发达地区同样稳定的制度和法律环境，尽管澳大利亚各州的政治偶尔会产生引人注目的纳粹主义。在叙述的案例中没有列明的是项目公司在叙述案例结束时进入清算。到底是哪里出了错呢？

6.1 基础设施融资：悉尼跨城隧道⊖

2000 年 9 月，长江基础设施（CKI）控股有限公司的董事们对于在澳

⊖ 玛丽胡在作者的督导下为课堂讨论准备了这个案例。这个案例的意图不是为了显示处理决定或业务流程的有效性或无效性。尽管已经小心翼翼地准备了历史的和基本的案例背景，但是，这里的投资决策是典型的虚构。这个案例中讨论的机会不代表真实的特定的公司机会。Ref.07/324C，Copyright©2007，香港大学。香港大学的亚洲案例研究中心已经授权使用该材料（http://www.acrc.org.hk）。

大利亚获得一个前所未有的投资交通运输的机会而感到兴奋。CKI 意图成为一个国际基础设施企业，渴望将其足迹踏出中国内地和香港。CKI 集团发现，澳大利亚稳定监管环境和良好的经济前景为基础设施投资提供了一个很好的环境。在 1999 年，CKI 首次涉足澳大利亚的能源资产，收购了澳大利亚最大的天然气 Envestra 公司 19.97% 的股权。Envestra 被证明是一项主要的资产并且为 CKI 提供了稳健的财务回报。

在 2000 年，新南威尔士州的道路和交通管理局（RTA）邀请悉尼跨城隧道项目（CCT）投标方，CKI 意图在澳大利亚竞争进一步的交通项目投资的机会（见表 6-1，事件年表）。CKI 对收费的交通投资项目特别有兴趣，因为这些项目往往受到有限特许期限的约束，具有很低的政治和监管风险。通常，这些投资的本质决定了由资产产生的服务竞争也是有限的，这意味着投资于这些项目可能会给集团带来稳定的和可以预测的回报。尽管交通投资能够产生明显的建设和赞助风险，CKI 相信，可以管理这些风险，并且能够通过仔细的规划和与相关的政府当局进行沟通，从而减少风险。如果 CKI 顺利完成对 CCT 项目的投标，这将会是不小的成功，因为该集团现有的交通资产都位于大中华区。鉴于 CKI 的全球化战略，它岂可错过如此好的项目？

表 6-1 跨城隧道年表

日期	事件
1998 年 10 月 22 日	首相（卡尔先生）和道路部长（斯库利先生）发表了一篇 16 页的声明，评论了最初的概念（“短隧道”），其标题是“跨城隧道：改善城市的心脏。收费标准是 2 澳元”
1999 年 4 月	悉尼城市委员会发布了跨城隧道的替代方案。这个隧道比 1998 年提出的“改善城市的心脏”隧道长度扩展到国王十字隧道的东端，包括了狭窄的威廉姆街
2000 年 9 月 15 日	RTA 邀请了对跨城隧道项目有兴趣的私人部门进行注册登记，包括融资、设计、建设、运营和维护各方
2000 年 10 月 23 日	对建设和运营隧道有兴趣的各方进行登记注册的截止日期
2001 年 2 月	道路部长（斯库利先生）宣布，三个财团入围并准备提交详细的议案：跨城高速公路（CCM）、E-TUBE 和悉尼城市隧道公司
2001 年 10 月	三个财团提交了实施项目的详细提案，有评估小组进行审查
2002 年 2 月	内阁预算委员会批准 CCM 成为首选，同时，CCM 的“隧道长 80”方案成为首选议案

（续）

日期	事件
2002 年 2 月 27 日	道路部长（斯库利先生）宣布支持 CCM 成为首选。CCM 公司的投标申请书为了适应活动做出改变。道路部长认为，这可能会提供更多的福利，减少建设对社区相关方面的影响。作为修改提案的结果，一些额外的环境会受到影响。补充的环境影响报告已经准备好了
2002 年 3 月 14 日	财务主管（伊根先生）发给道路部长（斯库利先生）一封信，信中说："项目的主要目标是其发展，对政府而言没有净成本。""此时此刻，项目是否可以产生'对政府没有净成本'的结果是不确定的。""如果项目没有政府的贡献就不能进行，那么，任何一种这样的贡献都需要在 RTA 的现有的远期资本项目之外被建立起来。"
2002 年 12 月 16 日	财务主管（伊根先生）批准依据"公共部门（财务安排）法案 1987"签署项目
2002 年 12 月 18 日	CCM 财团与 RTA 签订合约，涉及金融建设运营和 CCT 的维护。并设定了不同的收费，每辆轿车收费 2.5 澳元，每辆重型车辆收费 5 澳元
2003 年 1 月 28 日	造价 6.8 亿澳元的跨城隧道的主要工作开始启动
2004 年 12 月 21 日	财务主管（伊根先生）根据"公共部门（财务安排）法案 1987"第 20 节批准 RTA 和 CCM 进入跨城隧道项目第一修正案。此事已经考虑到"如果 RTA 提出要求，需要考虑 CCM 建立和开始特定变化的协议。CCM 可能会依据第一修正案设定的条款向司机们增加基本的收费'
2004 年 12 月 23 日	RTA 和 CCM 根据第一修正案启动 3500 万澳元的额外工作以通过较高的基本的收费（收费增加 0.15 澳元）进行支付
2005 年 8 月 28 日	跨城隧道开始建设
2005 年 11 月	跨城隧道的总结公之于众
2035 年 12 月 19 日	跨城隧道归于公众所有

资料来源：Parliament of New South Wales (February 2006) *Joint Select Committee on the Cross City Tunnel, First Report*.

6.2　CCT 项目的历史

6.2.1　背景

在悉尼大多数的大城市中，道路交通拥堵一直是一个重要的问题。在 1998 年，新南威尔士州的交通部长发表题为"2010 交通行动"的宣言，旨在扩大道路基础设施，以此提高悉尼中心区的交通流量。紧随宣言的是一个由 RTA 在 1998 年准备好的公众咨询报告。该报告提议建设一个穿越悉尼中心商业区（CBD）的东西向道路隧道。CCT 项目的主要目标是缓解悉尼中心区的交通拥挤，提高公共交通的可靠性，提供一个安全的环境，改善汽车、自行车和行人的设施。通过道路表面的东西联运移动，重新分配公共交通和行人使用的道路空间，CCT 有望为悉尼社会提供大量的益处，包括（RTA，2003）：

（1）减少交通拥堵，司机可以沿旧的线路绕过 18 个东行的和 16 个西行的交通红绿灯。

（2）减少旅行时间，估计在高峰时期节省 20 多分钟。

（3）通过引入公交优先措施，提高公交服务的可靠性。

（4）提高行人和车辆的流动性。

（5）以更好的城市设计和更宽广的行人道，清除交通错乱，提供更安全的和更舒适的环境。

（6）更好的空气质量，降低交通噪音水平。

在 2000 年 8 月，RTA 进行了大规模的环境调查和咨询，发布了环境影响报告，涉及潜在的环境影响的细节。考虑了来自社区的反映后，RTA 对原来的设计概念做了一些修正。在 2001 年 10 月，这些修改获得了计划部长的批准。

根据建设计划，CCT 项目由两个阶段组成。一个阶段包括两个东西方向隧道，在悉尼中心商务区和达令赫斯特 / 乌鲁姆鲁之间跨越 2.1 千米。隧道将在东部的达令港口和国王十字隧道间运行。该阶段的工作还涉及建设连接约翰 · 杨 · 科雷森特爵士街的隧道、卡希尔高速公路和东部的分支（见图 6-1 ～图 6-4）。该阶段的工作设想于 2004 年或 2005 年完工（Parliament of New South Wales，2006）。

大部分的隧道将使用驱动隧道方法挖掘，这是一种久经考验和广泛使用的建设技术。这涉及能够在地下岩体中切开通道的隧道机器。剩下的隧道的建设将使用随挖随填的方法。岩石被挖掘后，用混凝土梁或木板覆盖，形成隧道（CrossCity Motorway Pty Ltd，2006）。设想中没有特别的建设风险，尽管从选址、物流和项目计划视角看，它完全可以被理解为一个复杂的高风险的项目。

随着隧道的开工，第二阶段的地表工作会利用交通拥堵减少的机会开始进行。这将会改善道路的表面，包括新的公共汽车、自行车道和其他的行人设施的改善。表 6-2 给出了 CCT 不同的建议。

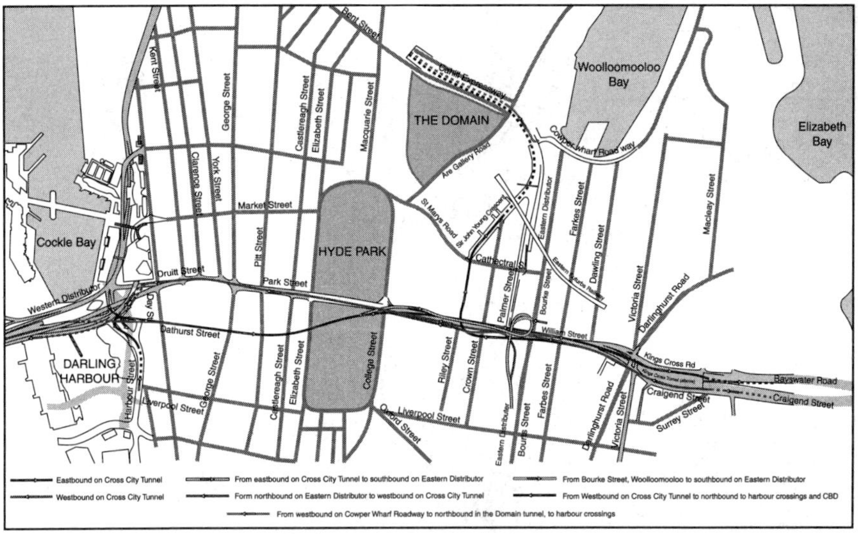

图 6-1　CCT 水平线路

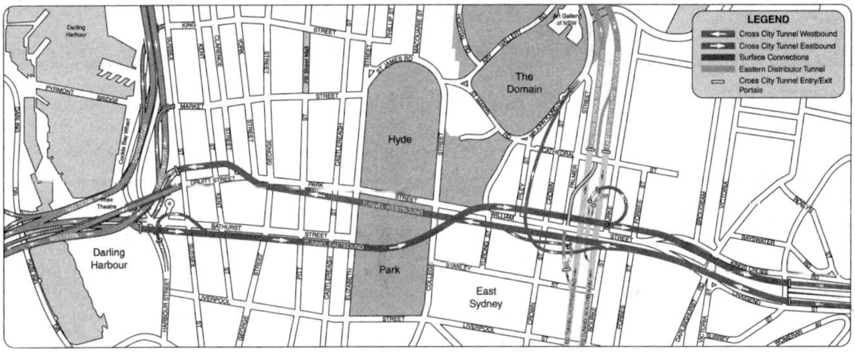

图 6-2　CCT 线路图

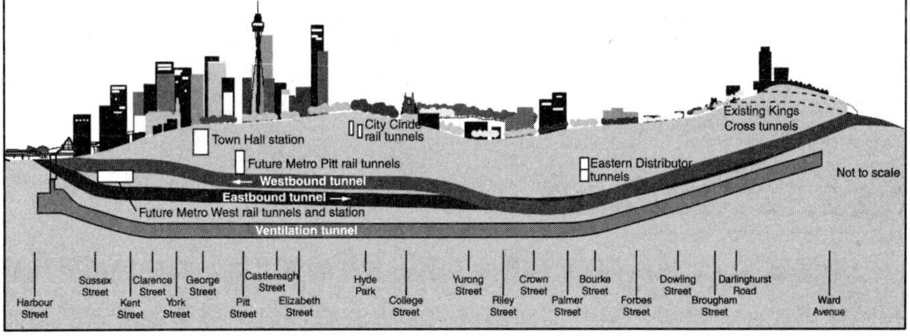

图 6-3　主要隧道的垂直对齐显示

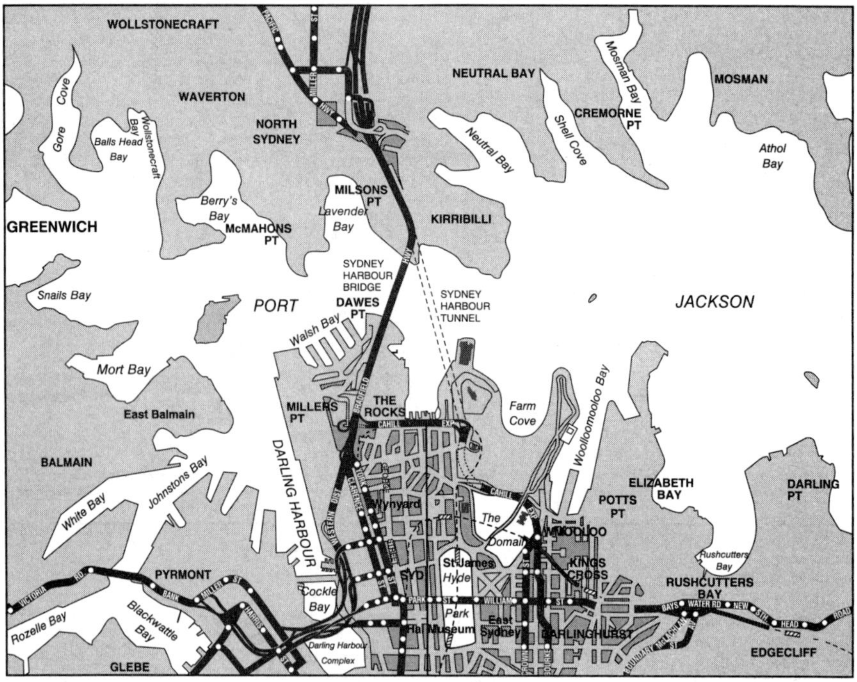

图 6-4　悉尼中心商务区

表 6-2　CCT 隧道模式

模式	细节
短隧道	1.2 千米隧道，悉尼博物馆附近的威廉街。交通流量接近 40 000 辆车。双向收费 2 澳元。成本估计为 2.73 亿澳元。发表在：Transforming the Heart of the City（1998）
长隧道	隧道接近 2 千米，连接向东的国王十字隧道和向西的西部分支。双向收费 2.5 澳元。第一个描述见 Cross City Tunnel Environmental Impact Statement（2000）
长 80 隧道	隧道接近 2.1 千米，连接向东的国王十字隧道和向西的西部分支。双向不同收费 2.5 澳元和 5 澳元（随后增加到 2.65 澳元和 5.3 澳元）。第一个描述见 Supplementary Environmental Impact Statement（2002）

资料来源：Parliament of New South Wales (February 2006) *Joint Select Committee on the Cross City Tunnel, First Report.*

6.2.2　公共或私人融资

新南威尔士州政府为 CCT 项目考虑了多种融资方案，其中包括公共基金的使用或政府借款。另外，新南威尔士州政府会限制公共资本承诺和通过公私合作伙伴关系（PPP）协议进行项目融资（见图 6-5）。私人项目融资

（PFP）是特殊形式的 PPP，它不仅包括私人部门融资还包括控制所有权。因此，PFP 与基础设施服务外包或设计采购和政府建设服务不同。在 PFP 协议下，将会创造出基础设施特许协议，凭借私人部门提供的资金在指定的合同期（特许期）内，进行融资、建设、运营和维护资产。通常，这些特许协议是全部的投资运营监管框架的组成部分。当合同到期时，资产的运营和维护将恢复为公共（政府）所有权。当建设和运营风险通过使用 PFP 协议转移给私人部门时，市场风险仍然由政府通过适当的补偿协议分担。这基本上遵循了项目融资模式，即在特许期满后，资产返还给新南威尔士政府。

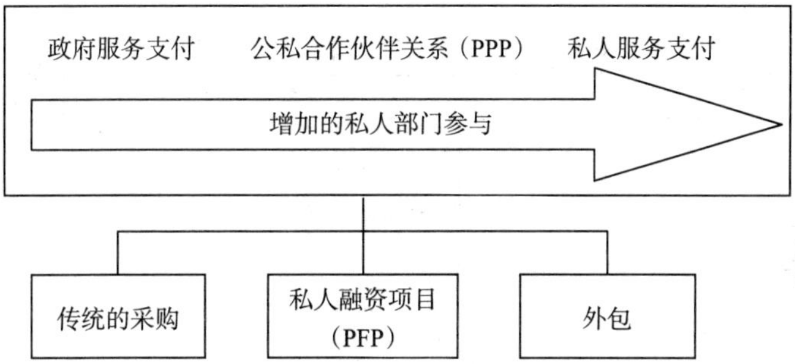

图 6-5 私人项目融资与公私合作伙伴的关系

资料来源：New South Wales Government (November 2001) *Working with Government Guidelines for Privately Financed Projects.*

尽管新南威尔士州的很多基础设施项目是通过公共基金或其他形式的 PPP 进行融资的，新南威尔士州政府认为 PFP 是 CCT 项目融资的最合适的方法。这主要是因为新南威尔士州政府当时正在寻求削减债务的策略，因此，至少对于项目的意图而言，加强了自身的预算约束（Parliament of New South Wales，2006）。如果项目通过使用公共基金或政府借款进行融资，隧道建设会因为公共基金需求竞争而延迟。另外，通过 PFP 进行项目融资可以完全避免公共债务和先期交付的结果。RTA 的 CCT 项目的总成本期望是 9800 万澳元（Lee，2006）。这一数额显示了项目的准备成本，用于公用网络和其他与项目有关的附属工作，因此，可以被视为正常的用于改进基础设施的支出。此外，在招标过程中允许出现非标准提案，政府可能会从私人部门引入创新方法，并且设法收回项目费用。政府的最终目标是将其财政风险最小化，免费交付项目。

6.3 长江基础设施控股有限公司（CKI）

CKI在1996年位列香港证券交易所主板，是中国内地和香港基础设施行业领先的公司之一。该集团在能源基础设施、交通基础设施和其他相关的基础设施业务进行分散化投资组合（见表6-3，CKI项目资产列表）。在1997年，CKI有意控股并收购了香港电力控股有限公司，它是香港唯一的一家向香港岛和南丫岛居民提供服务的电力公司。收购大大地提高了CKI的经常性收入，加强了其资本基础。CKI和香港电力在ETSA公用事业和Powercor的投资使集团扩大了在澳大利亚的电力分布。

表6-3 CKI在2000年的主要项目

项目	业务	CKI控股比例（%）
能源		
香港电力，中国香港	生产并向香港岛、鸭洲岛和南丫岛分配电力的独家权利	38.87
Envestra有限公司，澳大利亚新南威尔士州	南澳大利亚、昆士兰、澳大利亚北部、维多利亚和新南威尔士的天然气分布	19.97
ETSA公用事业，澳大利亚，南澳大利亚州	在南澳大利亚州运营电力分配网络200年的权利	50（其余的50%由香港电力持有）
Powercor澳大利亚有限公司，澳大利亚维多利亚州	运营在维多利亚州覆盖150 000平方千米的电力分配网络和在澳大利亚某些特定区域零售运营的权利	50（其余的50%由香港电力持有）
抚顺热电厂，中国辽宁	运作	合营企业，60权益
南海电厂一期，中国广东	运作	合营企业，30权益
沁阳电厂，中国河南	运作	合营企业，49权益
汕头潮阳电厂，中国广东	运作	合营企业，60权益
汕头澄海电厂，中国广东	运作	合营企业，60权益
汕头鮀浦电厂，中国广东	运作	合营企业，60权益
四平热电厂，中国吉林	运作	合营企业，45权益
珠海电厂，中国广东	运作	合营企业，45权益
交通		
东部港口跨越铁路隧道，中国香港	铁路特许期为1986～2008年	50
长沙伍家岭和五一路桥，中国武汉	运作	合营企业，44.2权益
广州东环南环西环路，中国广东	运作	合营企业，44.4权益
江门潮连桥，中国广东	运作	合营企业，50权益
江门剑河高速公路，中国广东	运作	合营企业，50权益

（续）

项目	业务	CKI 控股比例（%）
江门浆纱高速公路，中国广东	运作	合营企业，50 权益
南海路网，中国广东	运作	合营企业，49 ～ 64.4 权益
国道 107（驻马店部分），中国河南	运作	合营企业，66 权益
番禺北斗桥，中国广东	运作	合营企业，40 权益
汕头湾桥，中国广东	运作	合营企业，30 权益
深汕高速公路（东部部分），中国广东	运作	合营企业，33.5 权益
沈阳长青桥，中国辽宁	运作	合营企业，30 权益
沈阳大八路和西南高架部分，中国辽宁	运作	合营企业，30 权益
沈阳工农桥，中国辽宁	运作	合营企业，30 权益
沈阳沈苏高速公路，中国辽宁	运作	合营企业，30 权益
唐山唐乐路，中国河北	运作	合营企业，51 权益
增城立新路，中国广东	运作	合营企业，51 权益
基础设施材料基础设施业务		
安德森沥青，中国香港安德森亚洲	香港最大的沥青生产商之一	
亚洲石材，中国香港安德森亚洲	香港的四家合同采石场之一	
Bonntile，中国香港安德森亚洲	外墙喷涂系统专家	
预拌混凝土，中国香港安德森亚洲	香港最大的混凝土生产商之一	
绿色岛水泥，中国香港	香港唯一的综合水泥生产商	
汕头水泥粉磨厂，中国广东	运作	100
云浮水泥厂，中国广东	运作	合营企业，67 权益
锡基霍尔石灰石采石场，菲律宾	运作	合营企业，40 权益
保利福（Polyphalt）公司，加拿大	开发和商业化聚合物改进沥青技术、产品和服务。该公司使用塑料和橡胶，包括回收材料，生产混合沥青	63.7
斯图亚特能源系统公司，加拿大	开发和提供氢生产，通过其专有的水和电解技术供应系统	12.9
沈阳液化石油气商务，中国辽宁	液化石油气加油站和车辆转换设备	合营企业，51 权益
岳阳水厂，中国湖南	运营	合营企业，49 权益
e-Smart 公司，中国香港	在亚洲太平洋地区应用基于微处理器非接触式的“Eyecon”智能卡技术专利	50

资料来源：Cheung Kong Infrastructure Holdings Limited (2000) Annual Report.

CKI的财务状况很强，基础设施项目质量的声誉很好，在2000年[⊖]它的营业额是33.45亿港元，净利润是32.28亿港元，包括相关的股票（见图6-6）。年内，能源部门是最大的利润贡献者，为CKI贡献了78%的利润。在中国内地和香港的投资总计为集团贡献了全部利润的86%，与此同时，在澳大利亚、加拿大和其他国家的投资总计占全部利润的14%。在2000年，CKI在三个主要的基础设施领域积极地寻求投资机会（摩根史丹利，2004）：

- 避开电力生产地理位置风险。在一个安全的电力购买协议结构下，根据合同生产电力
- 几乎垄断了交通运输业务，包括收费公路、桥梁、隧道、机场和可能的海洋运输设施
- 监管垄断网络业务，包括电力电线、天然气和水管

在2000年9月中旬，RTA邀请投标商参与悉尼CCT的建设、融资和30年期的运营。这个项目为CKI在交通基础设施项目投资中实现其全球抱负提供了前所未有的机遇。为了回应RTA的注册邀请，CKI与其主要的合作伙伴比尔芬格·博格股份有限公司（AG）决定在2000年10月竞标该项目。比尔芬格·博格是世界上领先的建设公司之一，位于德国的曼海姆，在全球运营土木工程和房地产，积极参与私人融资BOT项目。它获得了来自少数养老金信托投资者的股权支持，形成了跨城高速公路财团（cross city motorway，CCM）并且取得了一家主要的德国银行，即德意志银行AG的提供资金的承诺。比尔芬格·博格AG及其全资所有的澳大利亚子公司鲍尔德斯顿·霍尼布鲁克（Baulderstone Hornibrook）控股有限公司也扮演了投标赞助商的角色。鲍尔德斯顿·霍尼布鲁克在澳大利亚有大量的基础设施项目，包括M5东部高速公路、悉尼的澳新军团桥、墨尔本的西部环城项目和珀斯的格雷厄姆农民高速公路（RTA，2003）。

⊖ 长江基础设施控股有限公司全年汇总利润表，截至2000年12月31日。

营业额（百万港元）	
集团营业额	2567
共同控制实体的营业额	778
	3345
集团营业额	2567
其他收入	1373
运营成本	（2819）
财务成本	（621）
营业利润	**500**
相关权益	2413
共同控制实体的权益	588
税前利润	**3501**
纳税	（288）
税后利润	**3213**
少数股权	15
股东可分配利润	**3228**
红利	（1353）
年利润留存	**1875**
每股收益	1.43 港元

图 6-6　CKI 合并利润表（截至 2000 年 12 月 31 日）

资料来源：Cheung Kong Infrastructure Holdings Limited (2000) Annual Report.

6.4　招标过程

2001 年 2 月，RTA 从入围竞争 CCT 项目的八家财团中选出三家。CCM 财团是最后报价的三家入围财团之一。另外两家入围的财团是 E-Tube 财团（由雷顿承包商企业有限公司和麦格理银行赞助）和悉尼城市隧道公司［由特兰斯菲尔德（Transfield）控股企业有限公司和多元结构企业有限公司赞助］。这三家选定的财团必须在 2001 年 10 月 24 日或之前提交它们的详细的实施建议。建议将由来自 RTA 的一个评估小组进行审查，它会根据不同的预先确定的标准选出项目首选公司。该小组将针对公共部门比较（a public sector comparator，PSC）模型进行一项价值评估。PSC 是一个假设的模型，用于研究项目交付的风险成本经过调整的政府融资方法。小组还将评估投标方提出的基于各种非价格确定标准的意见书，其包括（RTA，2003）：

- 项目结构，参与方与组织方
- 设计和建设
- 最初的交通管理和安全计划
- 最初的项目质量保证计划，项目管理，环境管理，设计、建设、运营和维护，社区参与，事件响应，职业健康，安全复原管理和项目培训
- 操作与维护

准备提案

CCM 财团必须提交详细的提案，展示其如何计划完成 CCT 的设计、建设和运营。根据来自 RTA 的投标文件，业务费用涉及那些可用于进一步勘探的潜在区域，如果那里潜在的超额收益在特许期超过成本。所有的入围财团能够向 RTA 提出一项业务费用，其目的是有助于 RTA 确定与项目相关的成本。

CCM 财团知道，RTA 可能更喜欢与项目交付目标“政府零成本”相一致的提案（Parliament of New South Wales，2006）。鉴于 RTA 的政策，CCM 财团感到一个合理的有效的业务费用支付是与政府已经设定的目标相互一致的。通过提出一个能够集中于投标业务费用的提案，CCM 财团相信它的提案能够比传统的政府交付方法更物有所值。

由于没有强制性要求提供一个符合所有的由 RTA 设定的条件的提案，所以，这给 CCM 财团带来了一个机会，使其可以引入关键的变化从最初的项目计划获得最大的回报，并且收回由业务费用产生的成本。对于环境和交通原因，CCM 财团认为隧道的长度能够增加 300 米，同时，东端的深度可以增加 30 米。这种变化能够使隧道的日承载量额外增加 17 000 辆（Tunnels and Tunneling International，2003）。然而，额外的工作要求由 CCM 财团提出的“长 80 隧道”方案能够增加 1.357 亿美元的建设成本。因此，总的项目建设成本将会变为 6.8 亿澳元。

6.5 项目评估

CCT 项目的评估主要取决于特许期内由交通流量和通行费收取产生的收入。CCT 由两个主要的隧道组成。两个隧道都将有两个车道，同时，其他的入口和出口是单行道。两个隧道将实现电子化收费。CCT 的用户必须购买电子通行证或持有收费账户和一个有效的电子标签。CCM 财团认为有必要应用差别定价方案。在这个方案下，收取的费用将取决于车辆的大小和经过的路线。诸如摩托车、厢式轿车、旅行车、出租车和车辆牵引拖车等乘用车被列为 2 类。[⊖]重型车辆被列为 4 类。[⊜]CCM 财团认为最初的除了公共汽车之外的车辆收费（见表 6-4）可以设置如下（RTA，2003）：

- 使用主要的隧道从情人港来去的车辆，包括进出东部分支的车辆，2 类乘客车辆收 2.5 澳元，4 类重型车辆收 5 澳元（1999 年 3 月的价格，包括销售税）
- 在瑞西卡特（Rushcutters）湾进入西向隧道，然后使用莱利街隧道出口进入约翰 · 杨 · 科瑞斯特爵士街的车辆，2 类乘客车辆收 1.1 澳元，4 类重型车辆收 2.2 澳元（1999 年 3 月的价格，包括销售税）

表 6-4　收费提案　（单位：澳元）

	东向隧道	西向隧道	约翰 · 杨 · 科瑞斯特爵士街出口
	从情人港到东部分支出口或瑞西卡特湾	瑞西卡特湾到情人港	从东部
2 类	2.5	2.5	1.1
4 类	5	5	2.2

注：所有的收费都包括销售税。

资料来源：RTA (June 2003) Cross City Tunnel Summary of Contracts.

巴士提供的公共交通服务并不需要支付过路费，但是，更高的收费适用于没有电子收费转发器的车辆。CCM 建议对于偶然使用任何隧道的车辆按收费标准的上限收取 5 ～ 8 澳元的初始行政管理费用。此外，对于从西向隧道退出进入海港和巴瑟斯特街的车辆收取更高的费用，帮助减少西

⊖ 2 类：高度小于或等于 2.8 米，长度小于或等于 12.5 米。

⊜ 4 类：高度大于 2.8 米，长度大于 12.5 米。

区中心商务区的拥堵。额外的收入可能被用于公共交通、行人、骑自行车者、空气质量和其他的便利设施的改进。

CCM财团认为当务之急的是确保增加未来的酌情收费的权力。因此，它提出了一个收费升级方案，收费可能随通货膨胀增加，或随最小季度的利率增加，相当于每年增加4%，直到2012年6月；然后，每年增加3%，直到2018年（RTA，2003）。从2018年中期，最大的增加将与通货膨胀一致。

根据海德咨询提供的建议，CCM财团准备对CCT进行交通估计。根据预测，到2006年，CCT每日承载车辆超过90 000辆；到2016年，每日承载超过100 000辆（RTA，2002）。通过延长隧道，财团基于交通预测可能每年会获得额外收入1098万澳元（Tunnels and Tunneling International, 2003）。图6-7显示了CCT的交通预测。表6-5总结了CCT项目可能的经济表现结果。

	东向	西向	约翰·杨·科瑞斯特爵士街
承载能力	60 000	60 000	50 000

截止日期	每年平均每日交通流量（AADT）			合计
	东向	西向	约翰·杨·科瑞斯特爵士街	
2004年12月31日	30 041	36 626	22 433	89 100
2006年12月31日	30 713	37 597	22 796	91 106
2011年12月31日	32 433	40 137	23 695	96 265
2016年12月31日	34 250	42 848	24 629	101 727
2021年12月31日	35 507	44 409	25 315	105 231
2026年12月31日	36 811	46 027	26 021	108 859

截止日期	半年增长率（%）			平均
	东向	西向	约翰·杨·科瑞斯特爵士街	
2004年12月31日	0.56	0.66	0.40	0.56
2006年12月31日	0.56	0.68	0.39	0.55
2011年12月31日	0.56	0.67	0.39	0.41
2016年12月31日	0.37	0.36	0.28	0.34
2021年12月31日	0.37	0.36	0.28	0.34
2026年12月31日	0.39	0.39	0.39	N.A.（不适用）

图6-7　交通预测

截止日期	年增长率（%）			平均
	东向	西向	约翰·杨·科瑞斯特爵士街	
2004 年 12 月 31 日	1.11	1.32	0.81	1.12
2006 年 12 月 31 日	1.10	1.32	0.78	1.11
2011 年 12 月 31 日	1.10	0.92	0.63	0.82
2016 年 12 月 31 日	0.72	0.72	0.55	0.68
2021 年 12 月 31 日	0.72	0.72	0.55	0.68
2026 年 12 月 31 日	0.72	0.72	0.55	0.68

图 6-7 （续）

资料来源：Cross City Tunnel Parliamentary Notice，http://www.lee.greens.org.au/campaigns/crosscity.htm.

表 6-5　RTA 对跨城隧道经纪业绩可能性的估计

折现率（%）	初始经常性的资金成本和维护成本的现值（百万澳元）	道路使用者的现值和行人的收益（百万澳元）	净现值（百万澳元）	收益：成本比率		净现值 / 资金成本
				收益 O&M D&C	收益 D&C +O&M	
4	693	2 754	2 061	5.0	4.2	4.0
7	576	1 689	1 114	3.4	3.0	2.4
10	495	1 102	607	2.4	2.3	1.4
包括初始经常性的资金成本、运营和维护成本、道路使用者收益（节省的车辆运行成本，节省的旅行时间和事故成本）和行人收益，但是不包括环境外部性。						

资料来源：RTA (June 2003) Cross City Tunnel Summary of Contracts.

根据与新南威尔士签订的土地租赁协议，中标胜出的财团要支付第一个 12 个月的租赁金，租赁期间每连续 6 个月和租赁期的最终阶段，如下（RTA，2003）：

- 加上 1 澳元
- 实际总收入的 35%，少于任何数量的销售税或其他的税收或政府收费，除了所得税（使用隧道或租赁土地的任何非收费业务），例如，隧道的使用或电信基础设施用地
- 如果实际收费和相关时期的行政收费收入（小于任何数量的销售税或其他的税收或政府收费）比由私人部门参与者基于项目金融模型的预测值高 10%，那么，额外收益的份额逐渐增加（见表 6-6）

表 6-6 RTA 预期外的高额收入份额

实际收入、预期收入的比例（%）	RTA 的实际收入份额部分（由受托人支付的土地租赁租金部分）(%)
小于 110	0
110 ～ 120	10
120 ～ 130	20
130 ～ 140	30
140 ～ 150	40
大于 150	50
通常，在 6 个月内，从收费到管理费用，包括额外的对偶然的没有电子收费车辆转发器的隧道使用者的收费。	

资料来源：RTA (June 2003) Cross City Tunnel Summary of Contracts.

CCM 财团认为，收费升级方案可以帮助恢复业务费。因此，为了换取 RTA 的允许其进行项目的权力，CCM 财团提出了向 RTA 支付总数为 1.001 亿澳元加上销售税的方案。[⊖]根据招标文件，费用必须超过与项目相关的成本。RTA 可以使用这些费用满足与交付项目相关的辅助成本，包括受到隧道影响的公用网络工作和收回项目准备成本的成本。

6.6 评估项目风险

CCM 财团知道，如果赢得了投标，巨大的风险将从政府转移给财团。财团已经可以识别各种与项目相关的风险，其中包括（RTA，2003）：

- 与融资、设计、建设、运营、维护相关的风险和项目修理成本
- 隧道可能无法实现预期的交通流量或项目收益的风险
- 司机从隧道受益的价值高估风险
- 隧道没有足够的能力承载预估的交通流量的风险
- 资产使用的预测过高的风险。标准普尔使用交通模型对 104 项国际收费公路桥梁和隧道进行了研究，结果显示：平均而言，对于收费公路、桥梁和隧道的交通预测通常在第一年高估 20% ～ 30%（Lee，

⊖ 业务收费数额通过 CCM 和 RTA 间的合同谈判确定。最初的数额随 RTA 财团的“非标准长 80 隧道”方案改变。由于不同的部长批准不同的计划和后来要求更严格的空气质量标准（为通风目的建设第三个隧道，预估成本为 3700 万美元）需要进行社区咨询，CCM 减少了它们向 RTA 提出的支付 9680 万澳元的数量。

2006）

- 所得税风险
- 它们的工作或操作和维护活动可能有被其他政府和地方政府机关的法院或法庭的合法行为中断的风险

为了将赞助的风险降到最低，CCM 财团提出一些修改道路网络或引入交通稳定化的措施。其中一个主要的变化涉及取消从约翰·杨·科瑞斯特爵士街到库珀·沃尔福路的海港隧道入口。然而，这种变化会限制道路用户的选择，并可能会影响社区居民。CCM 的财团也会因此要求政府支付赔偿金，如果悉尼公共交通系统对穿越收费公路隧道的交通流量产生任何影响的话，影响包括阻塞车道或其他直接阻碍流入隧道的交通（Scott and Allen，2005）。补偿可以通过财团每年的预期盈利进行计算，直到 2035 年，每年金额可能高达 1 亿澳元。

减少了额外成本的风险可能的原因是 RTA 直接工作范围的变化，CCM 财团可能会要求 RTA 根据发生的合理变化补偿其成本，包括那些与承包商们的管理费用、利润、任何延迟成本或股份持有成本。如果 RTA 缩减工作的范围和随后的操作、保养和维修义务，CCM 财团将节省对 RTA 的直接支付成本的 75%。

6.7　资本结构

6.7.1　股权投资者

CCM 财团有一个复杂的特殊目的载体结构，涉及由股权投资者所建立的信托公司和公司载体。一个新的公司，被称为“跨城高速公路指定 2 号企业有限公司”（受托人），作为服务于跨城高速公路财产信托的受托人，成立于 2001 年 10 月。财产信托由“跨城高速公路指定 1 号企业有限公司”持有，其有能力作为跨城高速公路控股信托的受托人，其他的单位信托成立于 2001 年 10 月。反过来，所有的受托人和控股信托的股份由“跨城高速公路控股企业有限公司（CCM 控股）”拥有和控制。这由以下的股权投资者拥有（见图 6-8）（RTA，2003）：

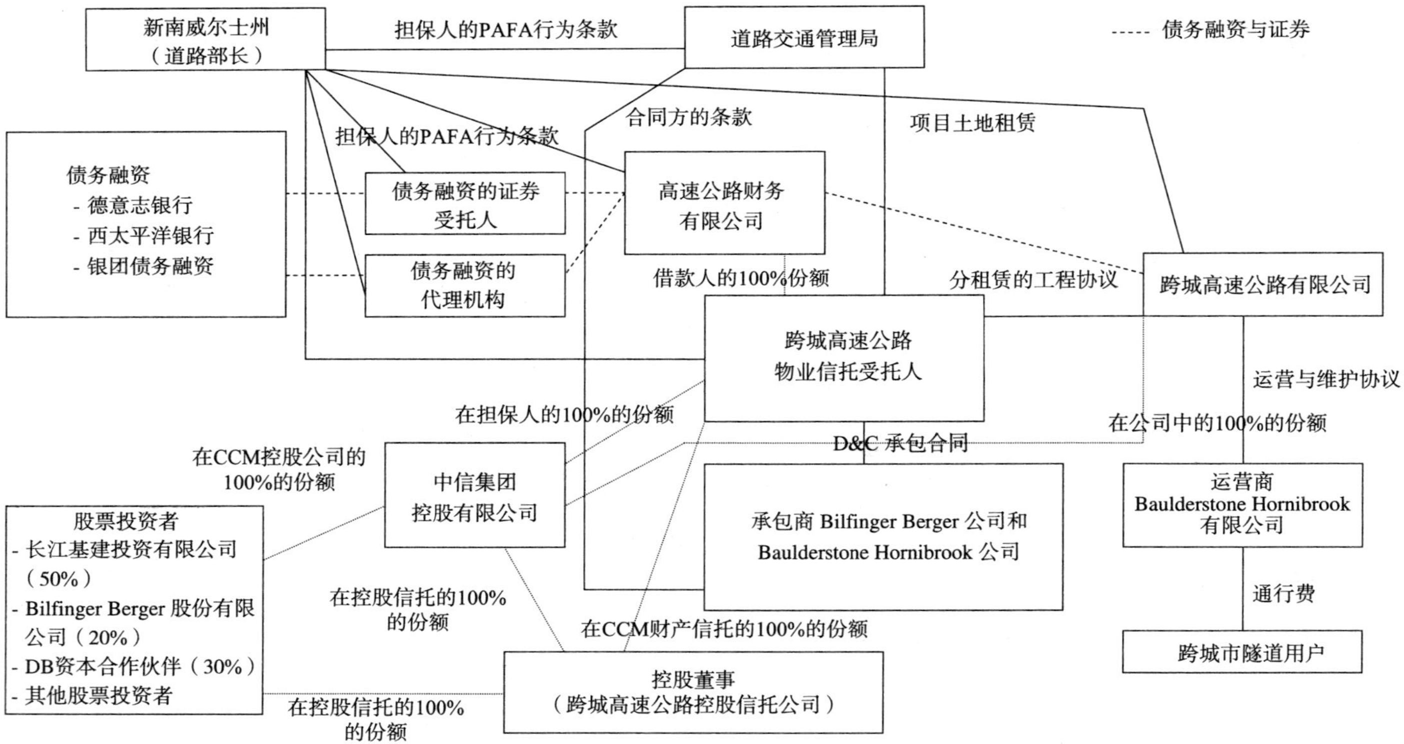

图 6-8　CCT 合同结构概述

资料来源：RTA（2003 年 6 月）跨城隧道合同概述。

- CKI 城市隧道投资（马来西亚）有限公司，CKI 的全资子公司（50%）
- 比尔芬格·博格 BOT 公司，比尔芬格·博格 AG 的全资子公司（20%）
- DB 资本合伙公司，德意志银行资产管理的私人股权部门（30%）。其作为大量的澳大利亚养老基金的代表进行项目投资，包括澳大利亚发展基金（CrossCity Motorway Media Release，2002）
- 跨城高速公路控股信托的所有单位是由具有同等地位的同一类股权投资者拥有

CCM 控股设立了一个全资子公司，称为跨城高速公路企业有限公司。如果该财团赢得了竞标，受托人和公司将进入 RTA 的跨城隧道项目。

6.7.2　承包商

项目的承包商将是鲍尔德斯顿·霍尼布鲁克和比尔芬格·博格跨城隧道合资企业，一个由比尔芬格·博格 AG 和鲍尔德斯顿·霍尼布鲁克企业有限公司建立的合伙公司（RTA，2003）。

6.7.3　运营商

隧道的操作、维修、保养和表面工程将由鲍尔德斯顿·霍尼布鲁克企业有限公司承担，直到回归为公共所有。

6.7.4　借款人

跨城高速公路融资企业有限公司将作为借款人借款，它由财产信托的受托人全资所有。借款人将使用合同与项目的债务金融家进行交易。

6.7.5　融资策略

CCT 项目所需的总资本约为 6.8 亿澳元。财团估计，这个项目将融入 5.8 亿澳元的债务，并且需要平衡股权。根据提出的债务融资计划，一半的初始债务融资将由德意志银行和西太平洋银行公司提供。如果项目顺利展开，进一步参与的辛迪加财团将希望减少它们的承诺。CKI 借助于它的股权承诺获得了进一步的融资，由中国建设银行安排的 42 个月的股本过渡性贷款。

6.8 完成交易

2001 年 10 月下旬，三个入围的财团向 RTA 提交它们的方案。CCM 财团是唯一的业务费用出价支持者。其他两个投标财团没有对预先支付的业务费用出价。在评估过程中，RTA 依赖于由马森 · 威尔逊 · 特尼交通咨询有限公司准备的交通流量估计，以此与 PSC 的提议进行比较。顾问的预测表明，CCM 财团提出的“长隧道”方案中的隧道交通流量在 2006 年每天约为 86 300 辆，在 2016 年每天约为 101 700 辆。这样的预测数据低于 CCM 财团准备的估计量。表 6-7 ～表 6-9 显示了目前的项目融资状况和 CCT 对 2003 ～ 2008 年期间的设想。

2002 年 2 月，RTA 的评估和审查小组得出结论，CCM 财团提交方案的性价比高于 PSC 和其他两个支持方提交的方案。2002 年 2 月 27 日，公路部长正式宣布，CCM 财团成为首选竞标方。CCM 财团的方案是一个非标准的提议，能够综合隧道的最初的各种各样的概念变化。由于提议的改变，一些额外的环境影响会发生，必须准备环境影响补充报告。项目主合同于 2002 年 12 月 18 日完成。

CCT 项目是 CKI 的第一个在中国内地和香港以外的交通运输项目。根据计划，隧道项目的组成部分包括由 CCM 财团承担的运营维护和修理，直到 2035 年 12 月 18 日或完工后 30 年又两个月回归公有制，如果它们被推迟完工（RTA，2003）的话。分析师预期，CKI 在这一绿色领域的项目投资的股票的内部收益率（internal rate of return，IRR）将在 15% 左右。足量的现金和合理的低杠杆，CKI 在这一项目上本身有必要的项目融资资源。这是因为，预计在 2006 年，CCT 对 CKI 的年度贡献最低将为 2800 万港元。

表 6-7 预计合并资产负债表（2003～2008 年）（单位：百万澳元）

六个月结束期	2003/6/30	2003/12/31	2004/6/30	2004/12/31	2005/6/30	2005/12/31	2006/6/30	2006/12/31	2007/6/30	2007/12/31	2008/6/30	2008/12/31
编号	1	2	3	4	5	6	7	8	9	10	11	12
资产												
流动资产	—	—	—	—	—	—	—	—	—	—	—	—
现金存款	—	—	—	—	—	—	12 528	—	—	—	—	—
证券账户中的现金余额	—	—	—	—	—	68	319	245	196	163	160	166
应收账款	—	—	—	—	—	—	25 169	25 169	—	—	—	—
储备账户增加的现金余额	—	—	—	—	—	—	—	—	—	—	—	—
主要维护储备账户现金余额	—	—	—	—	—	—	—	—	—	—	—	—
锁定账户现金余额	—	—	—	—	—	—	—	—	—	—	—	—
控股账户现金余额	—	—	—	—	—	—	—	—	—	—	—	—
债务减少账户的现金	—	—	—	—	—	—	—	—	—	—	—	—
税收提前还款	—	—	—	—	—	—	—	—	—	—	—	—
流动资产总额	—	—	—	—	—	68	38 016	25 413	196	163	160	166
非流动资产												
未来收入收益	1 338	2 869	7 602	12 623	18 895	33 902	36 260	37 829	39 373	40 965	41 903	42 842
固定资产账面价值	243 166	362 627	493 665	653 250	738 500	758 583	785 022	763 212	740 370	717 527	696 805	676 050
RTA 支付 / 投标过程补贴	95 392	93 925	92 457	90 989	89 522	88 054	85 587	85 119	83 652	82 184	80 716	79 249
非流动资产总额	339 896	459 421	593 724	756 862	846 917	880 539	906 869	886 160	863 395	840 676	819 424	798 141
总资产	339 896	459 421	593 724	756 862	846 917	880 607	944 885	911 574	863 591	840 839	819 584	798 308
负债												
流动负债												
应付账款	—	—	—	—	—	380	1 269	1 105	926	939	907	904
备付所得税	—	—	—	—	—	—	—	—	—	—	—	—
流动负债总额	—	—	—	—	—	380	1 269	1 105	926	939	907	904

（续）

六个月结束期	2003/6/30	2003/12/31	2004/6/30	2004/12/31	2005/6/30	2005/12/31	2006/6/30	2006/12/31	2007/6/30	2007/12/31	2008/6/30	2008/12/31
编号	1	2	3	4	5	6	7	8	9	10	11	12
非流动负债												
递延所得税负债	（110）	（282）	（519）	（849）	（1 261）	4 983	6 163	5 887	5 611	5 334	5 058	4 782
优先级债务	176 235	291 608	439 782	608 229	704 139	756 191	579 992	580 000	565 016	565 016	565 016	565 016
营运资本	—	—	—	—	—	—	—	—	—	—	—	—
股东贷款	—	—	—	—	—	—	—	—	—	—	—	—
RTA 资本化支付	—	—	—	—	—	—	—	—	—	—	—	—
非流动负债总额	176 125	291 326	439 263	607 380	702 878	761 174	586 155	585 887	570 628	570 350	570 074	569 797
负债总额	176 125	291 326	439 263	607 380	702 878	761 554	587 424	586 992	571 554	571 289	570 981	570 701
净资产	163 771	168 095	154 461	149 482	144 039	119 053	357 461	324 582	292 037	269 550	248 603	227 607
股东权益												
普通原始股权	163 790	158 756	153 721	148 686	143 651	138 617	211 207	210 860	210 472	210 068	210 068	201 895
普通留存股权	—	—	—	—	—	—	—	—	—	—	—	—
平均收入	—	—	—	—	—	—	72 613	72 613	72 613	72 613	72 613	72 613
债券	—	—	—	—	—	—	90 000	68 015	44 017	28 474	9 989	—
普通股权益总额	163 790	158 756	153 721	148 686	143 651	138 617	373 820	351 488	327 102	311 154	292 670	274 508
留存收益												
留存收益（期初余额）	—	（20）	339	740	796	388	（19 564）	（14 358）	（26 906）	（35 064）	（41 604）	（44 066）
税后净利润	（20）	359	401	56	（408）	（19 952）	5 205	（12 548）	（8 158）	（6 540）	（2 042）	（104）
股息 / 股权分配	—	—	—	—	—	—	—	—	—	—	420	2 732
留存收益（期末余额）	（20）	339	740	796	388	（19 564）	（14 358）	（26 906）	（35 064）	（41 604）	（44 066）	（46 901）
股东权益总额	163 771	159 095	154 461	149 482	144 040	119 053	359 461	324 582	292 037	269 550	248 604	227 606
负债和股东权益总额	339 896	450 421	593 724	756 862	846 917	880 607	946 885	911 574	863 591	840 839	819 585	798 308

资料来源：Cross City Tunnel Parliamentary Notice, http://www.lee.greens.org.au/campaigns/crosscity.htm.

表 6-8　预计合并利润表（2003 ～ 2008 年）　（单位：百万澳元）

六个月结束期	2003/6/30	2003/12/31	2004/6/30	2004/12/31	2005/6/30	2005/12/31	2006/6/30	2006/12/31	2007/6/30	2007/12/31	2008/6/30	2008/12/31
编号	1	2	3	4	5	6	7	8	9	10	11	12
收益												
收费收益												
东向收益	—	—	—	—	—	2 956	19 106	20 603	21 327	21 924	22 239	22 835
西向收益	—	—	—	—	—	3 007	19 246	20 656	21 700	22 638	23 301	24 278
约翰克雷斯特爵士街：收益	—	—	—	—	—	1 048	6 656	6 788	7 009	7 207	7 314	7 607
总收益	**—**	**—**	**—**	**—**	**—**	**7 011**	**45 008**	**48 046**	**50 036**	**51 770**	**52 854**	**54 720**
敏感性收益	—	—	—	—	—	—	—	—	—	—	—	—
其他运营收益	—	—	—	—	—	—	—	—	—	—	—	—
运营收益总额	—	—	—	—	—	**7 011**	**45 008**	**48 046**	**50 036**	**51 770**	**52 854**	**54 720**
运营和维护费用、可变运营费用												
东向运营费用	—	—	—	—	—	94	689	815	842	846	815	795
西向运营费用	—	—	—	—	—	95	692	813	853	870	851	844
约翰克雷斯特爵士街运营费用	—	—	—	—	—	66	481	563	588	597	582	574
普通用户可变管理费用	—	—	—	—	—	895	3 290	1 778	930	571	556	570
可变运营费用总额	**—**	**—**	**—**	**—**	**—**	**1 150**	**5 152**	**3 970**	**3 213**	**2 884**	**2 804**	**2 784**
固定运营费用												
CCM 成本	—	—	—	—	—	1 498	4 576	3 547	2 811	2 927	2 721	2 695
财务和行政	—	—	—	—	—	762	2 059	2 123	1 576	1 847	1 642	1 653
收取税款	—	—	—	—	—	39	120	123	124	126	128	130
运营和日常维护	—	—	—	—	—	835	2 550	2 596	2 588	2 632	2 677	2 720

（续）

六个月结束期	2003/6/30	2003/12/31	2004/6/30	2004/12/31	2005/6/30	2005/12/31	2006/6/30	2006/12/31	2007/6/30	2007/12/31	2008/6/30	2008/12/31
编号	1	2	3	4	5	6	7	8	9	10	11	12
其他	—	—	—	—	—	—	—	—	—	—	—	—
意外开支	—	—	—	—	—	82	236	242	214	230	222	225
运营商保证金	—	—	—	—	—	258	745	762	675	725	700	709
代理费	—	—	—	—	—	—	—	29	29	29	125	66
安全受托人费用	—	—	—	—	—	—	—	17	17	18	18	18
C 部分 LC 设施债券	—	—	—	—	—	—	—	35	38	6	—	—
运营和维护费用总额	—	—	—	—	—	4 624	15 437	13 444	11 285	11 424	11 037	11 001
折旧摊销前利润	—	—	—	—	—	2 387	29 571	34 602	38 750	40 346	41 817	43 719
折旧 / 摊销	1 468	1 468	1 468	1 468	1 468	23 722	23 727	24 314	24 314	24 314	22 227	22 227
息税前利润	（1 468）	（1 468）	（1 468）	（1 468）	（1 468）	（21 335）	5 844	10 288	14 436	16 032	19 590	21 492
修理和维护费用	—	—	—	—	—	—	—	—	—	—	—	—
所得税费用 / 运营收益	—	—	—	—	—	（1 258）	6 895	8 430	9 674	10 144	11 238	11 792
银行基本调整	—	—	—	—	—	—	—	—	—	—	—	—
净营业利润减税收调整	（1 468）	（1 468）	（1 468）	（1 468）	（1 468）	（20 077）	（1 052）	1 858	4 761	5 888	8 351	9 700
注销的资产损失	—	—	—	—	—	—	—	—	—	—	—	—
RTA 分布	—	—	—	—	—	—	—	—	—	—	—	—
净利息费用												
利息收入												
其他利息收入	—	—	—	—	—	—	—	613	884	297	194	230
利息收入总额	—	—	—	—	—	—	—	613	884	297	194	230

利息费用												
利息费用（优先债务）	—	877	2 101	3 828	5 624	7 380	1 817	21 825	21 831	21 267	19 572	19 572
利息费用（平均收入）	—	—	—	—	—	—	—	3 451	3 451	3 453	3 451	3 451
利息费用（股东贷款）	—	—	—	—	—	—	—	—	—	—	—	—
利息费用（债券）	—	—	—	—	—	—	—	—	—	—	—	—
线路费用	—	—	—	—	—	—	—	17	17	18	18	18
再融资费用	—	—	—	—	—	—	—	—	—	—	—	—
利息费用总额	—	877	2 101	3 828	5 624	7 380	1 817	25 293	25 299	24 738	23 041	23 041
净利息费用总额	—	877	2 101	3 828	5 624	7 380	1 817	24 680	24 415	24 441	22 847	22 811
净利息费用税	1 448	2 704	3 969	5 351	6 684	7 504	8 074	10 275	11 495	12 012	12 453	13 007
税后净利润	（20）	359	401	55	（408）	（19 952）	5 205	（12 548）	（8 158）	（6 540）	（2 042）	（104）
税后异常项目	—	—	—	—	—	—	—	—	—	—	—	—
异常项目和税后净利润	（20）	359	401	55	（408）	（19 952）	5 205	（12 548）	（8 158）	（6 540）	（2 042）	（104）
留存收益（期初余额）	—	（20）	339	740	795	388	（19 564）	（14 358）	（26 906）	（35 064）	（41 604）	（44 066）
税后净利润	（20）	359	401	55	（408）	（19 952）	5 205	（12 548）	（8 158）	（6 540）	（2 042）	（104）
股息 / 分配	—	—	—	—	—	—	—	—	—	—	420	2 732
留存收益（期末余额）	（20）	339	740	795	388	（19 564）	（14 358）	（26 906）	（35 064）	（41 604）	（44 066）	（46 901）

资料来源：Cross City Tunnel Parliamentary Notice, http://www.lee.greens.org.au/campaigns/crosscity.htm (accessed 7 October 2006).

表 6-9　财务预测的假设

	基于假设的金融模型		
	数值		描述
假设			
1. 交通参数			
1.1 分析日期	2002 年 12 月 18 日		当前模型运行日期
1.2 资金到位	2002 年 12 月 19 日		所有满足 CPs 的贷款文件
1.3 特许期	33		资金到位后的年度
1.4 财务结束年度	6 月 30 日		跨城高速公路特别目的载体的财务结束年度
1.5 模拟实体	Op 公司和信托		实体建模
1.6 借贷实体	信托		提高债务的实体
2. 经济假设			
总体 CPI 假设			
去年 ABS 公布的 CPI	138.5		CPI 指数，最后一次 ABS 公布的数据
最后一次公布 CPI 的日期	2002 年 9 月 30 日		最后一次 ABS 公布数据的日期
项目基期的 CPI	121.3		项目基期的 CPI 指数
项目基期	1998 年 9 月 30 日		特定项目的基期
长期国民 CPI 预测	2.50%		长期国民 CPI 预测（假定一个有效的利率）
运营和管理升级	CPI（%）	AWE（%）	
建设	16	84	按照运营管理合同
2006 年 12 月 31 日	27	73	按照运营管理合同
2007 年 12 月 31 日	41	59	按照运营管理合同
2008 年 12 月 31 日	47	53	按照运营管理合同
2009 年 12 月 31 日	50	50	按照运营管理合同
之后	50	50	按照运营管理合同
替代支出升级			
平均周收入、趋势、人口、总收益（新南威尔士）		50	稳态比例
所有的服务机制（悉尼）		50	稳态比例
混合费率		2.45	基于上述比例和利率的计算
维修和翻新支出升级		33	稳态比例
平均周收入、趋势、人口、总收益（新南威尔士）		67	稳态比例
所有的服务机制（悉尼）		1.92	基于上述比例和利率的计算
混合费率			
后台管理费用升级		79	稳态比例
平均周收入、趋势、人口、总收益（新南威尔士）		7.50	稳态比例
所有的服务机制（悉尼）		13.50	稳态比例
混合费率		3.57	基于上述比例和利率的计算

（续）

	基于假设的金融模型	
	数值	描述
3. 利息率假设		
建设期间的掉期利率	5.32	适用于掉期部分的月利率、建设期间使用的基准利率
用于完工后的第一次对冲掉期利率	5.99	适用于掉期部分的半年利率、第一次对冲期间使用的基准利率
第一次对冲（月）	42	完工后第一次对冲（月）
目前的掉期利率（5 年期掉期利率）	5.29	目前的对冲的半年利率
7 年期掉期利率（RPU）	5.51	RPU 的假定情况
建设期间的浮动利率	5.03	适用于建设期间的非掉期利息率、3 年期的月利率
建设完成后的浮动利率	5.08	适用于建设完成后的非掉期利息率、3 年期的半年利率
对冲		
（%）建设期间的对冲	95	对冲概要
（%）第一次对冲	75	对冲概要
（%）目前的基本对冲	50	对冲概要
掉期成本（再融资前）		
流动性	0.05	再融资前的信用风险掉期成本溢价
基准	0.05	再融资前的信用风险掉期成本溢价
信用	0.12	再融资前的信用风险掉期成本溢价
掉期成本（再融资后）		
流动性	0.05	再融资后的流动性风险掉期成本溢价
基准	0.04	再融资后的基准风险掉期成本溢价
信用	0.09	再融资后的信用风险掉期成本溢价
30 天 BBSW	4.87	30 天存款利率
4. 建设参数		
第一阶段建设		
第一阶段建设开始	2003 年 1 月	建设期的第一个月
第一阶段建设时期	34	建设期的第一阶段
第一阶段完成	2005 年 10 月 31 日	第一阶段完成日期
第一阶段开发和建设合同（信托，包括意外事项）	453 830	第一阶段建设的开发和建设价格分配（建设）
第一阶段开发和建设合同（OP 公司，包括意外事项）	119 771	第一阶段建设的开发和建设价格分配（工厂和设备）
第二阶段建设		
第二阶段建设开始	2005 年 11 月 1 日	第二阶段完成的第一个月
第二阶段建设时期	8	第二阶段完成（月）

（续）

	基于假设的金融模型	
	数值	描述
第二阶段完成	2005 年 11 月 30 日	第二阶段完成日期
第二阶段开发和建设合同（信托，包括意外事项）	34 511	第二阶段建设的开发和建设价格分配（建设）
第二阶段开发和建设合同（OP 公司，包括意外事项）	0	第二阶段建设的开发和建设价格分配（工厂和设备）
总的建设期	42	从融资结束到完工
第一阶段建设成本，包括意外事项	573 601	上述成本的总结
第二阶段建设成本，包括意外事项	34 511	上述成本的总结
总的建设成本，包括意外事项	608 112	上述成本的总结
建设应急允许	17 000	股权贡献者的应急允许
建设应急提取	4 000	建设应急设定的提取数量，根据开发和建设合同按比例提取
开发和建设合同销售税	10%	按开发和建设合同支付销售税。支付滞后 90 天，在随后恢复过来
牌照的购置成本	0	由开发和建设承包商提供调试，随后通过后台提供
SETA 股权贡献	1 200	对 SETA 一次性的股本的贡献，2005 年 6 月 30 日的贡献
5. 收费假定		
参照第一阶段的理论影响因素	138.89	根据每个项目公式确定的理论上的第一次运行期收费升级金额
从第一阶段完成开始的免费使用期（月）	1	法律免费使用（月）
差别收费	是	
收费		
乘客		
东向	2.5	基本收费项目，包括销售税
西向	2.5	基本收费项目，包括销售税
约翰·杨·科瑞斯特爵士街	1.1	基本收费项目，包括销售税
商业		
东向	5	基本收费项目，包括销售税
西向	5	基本收费项目，包括销售税
约翰·杨·科瑞斯特爵士街	2.2	基本收费项目，包括销售税
违反者罚款费用收取		
第一次	10	违反者罚款费用（除了收费），第一次通知
第二次	20	违反者罚款费用（除了收费），第一次通知
第三次（警察给出违法通知）	115	违反者罚款费用（除了收费），警察给出违法通知

（续）

	基于假设的金融模型	
	数值	描述
CCM 收到的违规者罚款费用		
第一次	5	CCM 的美元收据（除了收费），第一次通知
第二次	5	CCM 的美元收据（除了收费），第二次通知
第三次	5	CCM 的美元收据（除了收费），警察给出违法通知
6. 运营和维护成本		
可变运营费用	0.12	
2005 年 12 月 31 日	0.12	每个牌照的可变收费成本
2006 年 6 月 30 日	0.12	
2006 年 12 月 31 日	0.12	
2007 年 6 月 30 日	0.11	
2007 年 12 月 31 日	0.11	
2008 年 6 月 30 日	0.1	
2008 年 12 月 31 日	0.1	
2009 年 6 月 30 日	0.1	
2009 年 12 月 31 日	0.1	
2010 年 6 月 30 日	0.1	
2010 年 12 月 31 日	0.1	
2011 年 6 月 30 日	25 500	
预付保费		预付保险溢价
7. 营运资本的天数		
应收账款		
第一次处罚	60	第一次处罚的假定天数
第二次处罚	90	第二次处罚的假定天数
第三次处罚	120	第三次处罚的假定天数
应付账款		
操作和维护费用	30	支付应付账款的假定天数
8. 关键财务比率		
最低 CLCR 33 年期	2.1	特许期覆盖比率
一期最低高级 ICR	1.4	一期最低 ICR 的债务规模
二期最低高级 ICR	1.5	二期最低 ICR 的债务规模
三期最低高级 ICR	1.6	三期最低 ICR 的债务规模
最低总 ICR 的 RPU 规模试验	1.45	最小总 ICR 的 RPU 规模
RPU 规模的最低目标日期	2007 年 12 月 31 日	总的 ICR 的 RPU 规模（年，第三个比率日期）
第一个比率日期	2005 年 12 月 31 日	第一阶段完工后的 12 个月中第一个 6 月或 12 月

（续）

	基于假设的金融模型	
	数值	描述
9. 高级银行债务的假设		
A 部分（股权桥）	253 238	设施规模顶峰
设施规模		有担保的高级银行债务或由股权和股权再融资提供的 LC
设施类型		注入完成后，提取优先 B 部分(项目设施)
期限（月）	42	建设周期
可用设施	2003 年 1 月 1 日	完工时主要的未偿贷款数量
期末一次性还清的贷款	100%	
信用保证金		
建设		完成之前收取的保证金
运营		完成之后收取的保证金（这部分不适用）
建设期间的资金利息		撤出 A 部分设施直到达到 A 部分设施的限制，然后，撤出 B 部分项目设施
前期费用	3.40%	安排 / 承销费用，期末财务付款
年利保证金的承诺费（%）	40%	优先完成的设施使用支付费用余额
LCs 成本（%）		股权信用证提供商的费用支付，如果适用
设施经费		当建设账户时减少到零时开始
B 部分项目设施		
设备使用	580 000	设施规模顶峰
设施类型	期末一次性还清的贷款	高级银行项目设施
期限（年）	7	融资结束后的期限
利息期（年）	7	融资结束后的利息年数
施工期间的保证金		
如果评级为 BBB	1.50%	通过银行票据 / 互换收取保证金，优先于完工，如果项目评级为 BBB
如果评级为 BBB	1.50%	通过银行票据 / 互换收取保证金，优先于完工，如果项目评级为 BBB-
如果未分级	1.50%	通过银行票据 / 互换收取保证金，优先于完工，如果项目未评级
运营期间的保证金		
如果评级为 BBB	1%	完工后通过银行票据 / 互换收取保证金，如果项目评级为 BBB
如果评级为 BBB	1.25%	完工后通过银行票据 / 互换收取保证金，如果项目评级为 BBB-
假定保证金		完工后通过银行票据 / 互换收取保证金，如果项目未评级

（续）

	基于假设的金融模型	
	数值	描述
2006 年 6 月 30 日	1.60%	保证金和保证金适用的时期
2007 年 6 月 30 日	1.60%	保证金和保证金适用的时期
2008 年 6 月 30 日	1%	保证金和保证金适用的时期
直到第一个再融资	1%	保证金和保证金适用的时期
第一个再融资后的保证金	1%	保证金用于优先债务，第一再融资后
承诺费用	40%	承诺费付款余额（保证金，%）
前期费用	2%	财务支付期末的安排 / 承销费用
假设评级	BBB	假定在第 3 年评级为 BBB，第一阶段完成
再融资批数	4	按上述条款，该设施的滚动次数
再融资前期支付费用	1%	支付再融资的前期费用
再融资债务期数	5	
摊销概要	出口信贷公司	每个时期的主要基准摊销
摊销期数	11	最后再融资后的设施摊销期数
C 部分 – 债券设施 – 备用设施		
C 部分 – 债券设施数量	25 000	C 部分 – 施工期间的债券设施数量
C 部分 – 债券设施数量 – 运营的前 13 个月	5 000	C 部分 –13 个月的债券设施数量，第二阶段完成后
信用证的费用	1.50%	信用证费用支付，C 部分 – 债券设施
10. RPU		
数量	72 613	设施规模
承销费用	3%	在财务期末，由股票承销商安排 / 承销股权承销费用以外的费用支付
基准利率优惠	5.50%	7 年期互换利率
设施期限	永久	RPU 特定项目
期末一次性还清的贷款	是	RPU 偿付假设
保证金（建设）	n.a.	建设期间的保证金
保证金（运营）	4%	运营期间的保证金
再融资费用	1%	再融资费用
税率	30%	CCM 的公司税率

资料来源：Cross City Tunnel Parliamentary Notice，http://www.lee.greens.org.au/campaigns/crosscity.htm，2006 年 10 月 7 日通过。

项目股权来自 CKI（50%）、德意志银行资本合伙公司（30%）和比尔芬格·博格 BOT 公司（20%）。CCM 财团成功完成了 5.8 亿澳元银团项目贷款交易和最初由 16 家其他银行加入的两个授权银团。贷款的细节如下：

- 借款人：跨城高速公路融资企业有限公司
- 担保人：跨城高速公路企业有限公司
- 贷款的类型：期限贷款
- 数额：5.8 亿澳元
- 生命周期：7 年
- 利率：基准 BBSY，3.5 年建设期，加 150 个基点；完成建设后，160 个基点；如果借款人没有获得信用评级，170 个基点；此后，如果获得 BBB+ 或更高的信用评级，90 个基点；如果信用评级是 BBB，100 个基点；如果信用评级是 BBB－ 或更低[⊖]，125 个基点
- 承诺费：适用保证金的 40%
- 还款：期末一次性还清
- 估计前端费：1%

（International Financing Review，2003）

6.9 项目成果

2005 年 8 月 28 日 CCT 正式通车，这离它开始施工不到两年七个月。通车后，由于其较低的交通流量，CCT 通常被描述为“鬼隧道”。CCM 在 2006 年 2 月发布的统计数据表明，每天大约有 30 000 辆车使用隧道，远低于预计的每天 90 000 辆车。许多道路使用者认为短程 2.1 千米的收费过高，他们宁愿使用一个免费的替代公共道路，尽管这可能需要更长的时间到达目的地。尽管许多道路使用者想要避开隧道，许多交通减速措施（如许多观察人士和媒体评论员建议仅仅运行漏斗交通隧道）被引入。然而，这没有缓解拥堵。这些变化实际上增加了交通拥堵，导致了大量的中断。例如，威廉街的车道减少了；城市交叉路口的指示灯变化异常。道路使用者也抱怨指示牌误导指示的隧道是唯一的到达一定目的地的路线，事实上它替代了可用的公共道路。

巨大的前期考虑要求新南威尔士州政府实现其“政府无须花费资金”

⊖ 1 个基点（bp）= 0.01%；BBSY 是银行互换收益票据，一个常见的澳元基准国内货币市场存款利率。

的目标，也引发了公众的愤怒。社区似乎有这样的考虑，政府允许运营商设定不断膨胀的收费，虽然它可能保证给运营商带来足够的流量，但是通过对隧道实行交通稳静化措施也可以达到同样的目的。一些分析人士也怀疑 CCM 财团的交通预测，这表明 CCM 使用的预测方法是基于向股权投资者承诺的内部收益率。换句话说，交通预测和财务收费可能是由逆向工程提供所需的收费收入，CCM 未能正确地考虑土地利用和交通互动的因素。为了增加赞助和获得公众的接受，CCM 推出了从 2005 年 10 月 24 日到 2005 年 11 月下旬的免费期，也宣布冻结一项收费，给普通用户增加了为期一年的免费期。然而，在悉尼运营该项目的前半年中，CCT 大约三分之一的操作吞吐量远不及预期，谣传其财政已经崩溃。这也是一场公关灾难，吸引了媒体和政治的关注，遭到一般用户的强烈反对。为了回应公众，2005 年 10 月，政府向公众公布了一些合同条款。几天后，RTA 的负责人由于未披露修改合同相继辞职。

2006 年 2 月，有媒体猜测，悉尼 CCT 是由新南威尔士州政府出售和收购的。谣言开始传播并且持续到 2006 年底。尽管官方否认 CCT 是待售的，新南威尔士州不是一个潜在的买家。谣传的价格超过 10 亿澳元。然而，尽管政府和 CCM 都否认，新南威尔士州公路部长伊瑞克 · 瑞占德说："任何潜在的买家最好考虑通过隧道的旅行成本。"虽然新南威尔士州反对派发言人安德鲁 · 斯通内尔说："纳税人将损失最多，如果政府被迫赔偿隧道运营商的话（Hassett，2006）。"很明显，除了财政问题，CCT 开始涉及明显的政治利益，有可能会严重羞辱新南威尔士州政府。

底线令人不快。CCT 项目的低劣运营表现，似乎是不可避免的，CKI 和 CCM 的其他合作伙伴可能不得不承担接下来的财政季度减值损失。进一步而言，悉尼 CCT 投资将迅速转变为 CKI 的负债，其前景不能使这个过去在澳大利亚一直非常成功的公司获得慰藉。与此同时，CCT 项目仍然具有相对的重要性。

第7章

金融结构和基础设施项目融资：香港西区海底隧道

香港西区海底隧道（WHC）是另一个不负众望的基础设施项目融资模型。在20世纪90年代中期，为了支持规模庞大的（非常成功的）新香港国际机场（香港赤腊角机场）的建设，WHC作为道路基础设施的一部分，获得开发。该项目在开发的第一个十年停滞不前，损失累累，实际上，它在2005～2006年间才开始盈利。这个项目与英吉利海峡隧道项目有很多相似之处，涉及全球的金融家。WHC将营业利润纳入管理，因此至少可以覆盖成本，但是，这也显示出不可逆性在固定基础设施投资中的重要性。当做错事情时，人们不能将一个道路隧道转变成一个购物商场。这是资产专用性的本质。该项目还是一个良好的评估项目公司债务能力的案例。

7.1 香港西区海底隧道再融资[⊖]

2006年11月的一个下午，保罗·克莱因告诉索菲·程："西区海底

⊖ 玛丽·胡在作者的监督下为班级讨论准备了这个案例。这个案例的意图不是为了显示处理决定或业务流程的有效性或无效性。尽管已经小心翼翼地为这个案例准备了基本的历史背景，这里的投资决策是典型的虚构故事。在这种情况下讨论的机会不能代表实际的特定的公司的机会。Ref.07331C，Copyright © 2007香港大学。使用该材料已经得到香港大学的亚洲案例研究中心的许可，http://www.acrc.org.hk。

隧道的投资者面对着它们在隧道工程中的利益被剥离的压力，准备到中国以外的经济增长国家寻找新的投资机会。提出收购隧道的方案已经成熟。”

保罗·克莱因是总部设在德国斯图加特的 GW 能源和基础设施控股有限公司的副总裁。他和来自中国香港银行有限公司的投资顾问们正在讨论购买香港西区海底隧道有限公司。GW 集团 2005 年的营业额是 980 亿欧元，资产是 2920 亿欧元，主要在德国、东欧和澳大利亚开发和运营了 700 多千米的收费公路、桥梁和隧道。其能源部门还建立了令人印象深刻的能源资产投资组合，包括在欧洲和澳大利亚的水和电力供应业务。2006 年中期，GW 集团宣布将在亚洲太平洋地区实施一项大胆的多元化运输项目。GW 已经建立了几个项目团队，评估该地区的市场机会，向董事会推荐行动方案。保罗·克莱因已经被分配到其中一个团队，负责在中国的收费公路和隧道投资工作。与管理层的期望相反，保罗的团队没有提出具体的收购未开发地区的基础设施项目的方案，相反，团队建议购买已经运营近十年的香港西区海底隧道项目。距召开董事会只有几个星期，保罗·克莱因来到香港与苏菲会谈，敲定全面收购 WHC 的方案。保罗希望香港银行作为一个独立的顾问可以给他一个客观的谨慎的关于 WHC 的投资估值计划，并且能够在该项目获得董事会的批准后，提供项目所需的长期的债务融资。

7.2　西区海底隧道的历史

7.2.1　对第三个海底隧道的需求

香港的维多利亚港被认为是世界上最深的和最繁忙的港口，但是，它没有桥梁，直到 1997 年 WHC 承建的从水下穿越维多利亚港的隧道完工，它才拥有了三条隧道（见图 7-1、图 7-2）。隧道连接了香港岛上的西营盘和九龙填海区，引导交通到通向位于赤腊角的香港国际机场的高速公路。不同于其他的独立的基础设施项目，WHC 旨在成为在 20 世纪 90 年代由香港政府组织的机场核心项目的一部分。该项目包括建设新的赤腊角机场，在 1998 年 7 月以取代启德国际机场。支持基础设施的发展还包括连接新机场的道路工程、桥梁和隧道。新机场的核心项目的成本是 1602 亿港元，是已建成的最昂贵的机场项目之一。

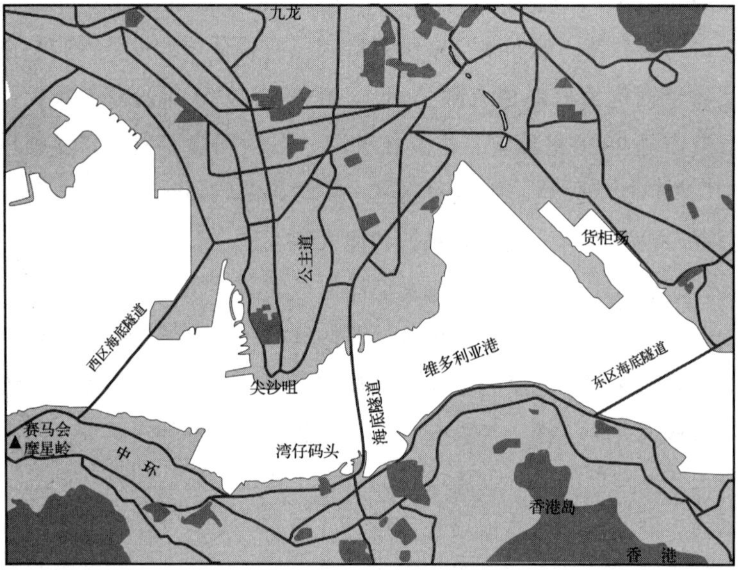

图 7-1　香港地图（海底隧道）

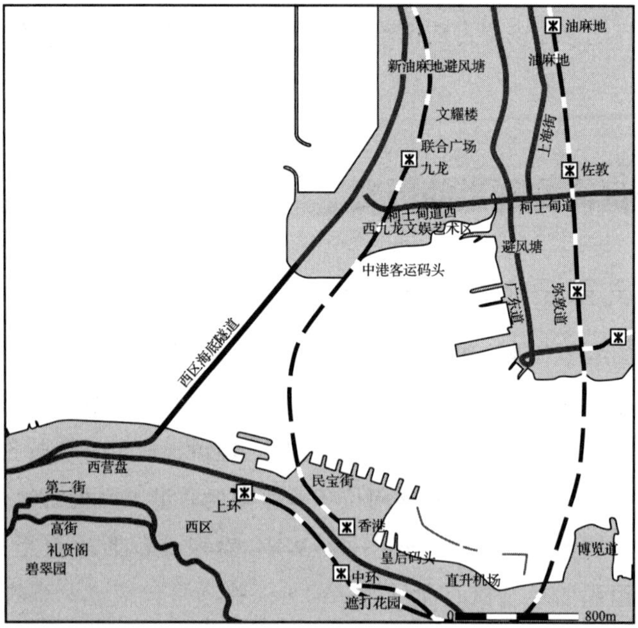

图 7-2　香港地图：西区海底隧道周边地区

除了形成连接赤腊角机场的关键战略网络的一部分，建设 WHC 的目标之一是缓解海底隧道和东部港口间的交通拥堵，它们分别从 1972 年和 1989 年开始运营。香港海底隧道因其中心位置始终是香港最繁忙的隧道。它连接了接近香港岛的铜锣湾和九龙红磡的主要商业区，截至 2005 年 3 月，其日均交通流量是 121 700 辆。与香港海底隧道相比，东区海底隧道的位置更不便利。它连接了香港岛的鲗鱼涌湾和九龙的茶果岭，截至 2005 年 3 月，其日均交通流量是 73 500 辆。表 7-1 总结了三个维多利亚海底隧道的运营事实。

表 7-1　维多利亚海底隧道概述

隧道	开工时间	长度（千米）	特许经营结束时间	所有者 / 运营者	费用（港元）出租车 / 轿车 / 面包车 / 公交车 / 卡车	日常车辆（截至 2005 年 3 月）	每天的荷载量
香港海底隧道	1972 年	1.86	无数据	香港政府 / 香港隧道和高速公路管理公司	10/20/10/15/30	121 700	78 500
东区海底隧道	1989 年	1.86	2016 年	新香港隧道公司	25/25/38/75/38～75	73 500	78 500
西区海底隧道	1997 年	2	2023 年	西区海港隧道公司	35/40/50/100/55～110	39 200	118 000

7.2.2　西区海底隧道的结构

WHC 的长度约为两千米，是香港最长的海底隧道。它在每个方向上有三个交通车道，每天的通行量约为 118 000 辆，是香港海底隧道或东区海底隧道处理能力的 1.5 倍（见图 7-3）。WHC 的余力旨在支持香港日益增长的海底隧道交通水平。WHC 是由西区海底隧道公司以 30 年期 BOT（build-operate-transfer）模式建造的。西区海底隧道公司是由中国国际信托投资公司香港控股有限公司（中信香港）、中信泰富（中信太平洋）、克里控股（Kerry）、香港海底隧道公司、中国招商局控股在 1992 年建立的一个特殊项目载体。西区海底隧道有限公司 50% 的股份由艾德伍德（Adwood）公司持有。艾德伍德公司是由中信香港、中信泰富和克里控股为投资控股而建立的一个特殊项目载体（见图 7-4）。根据综合管理协议，香港海底隧道公司不仅是股权股东而且是 WHC 项目长期的特许的总经理。通过组合投资于 WHC，拥有西区海底隧道公司 70.8% 的权益，中信泰富成为香港海底隧道最大的投资者。

BOT 特许经营	
特许经营者	西区海底隧道有限公司
特许经营期	30 年，包括建设期
建设期	1993 年 8 月至 1997 年 4 月（45 个月）
建设成本	57 亿港元
项目总成本	70 亿港元
工程承包商	Nishimatsu Kumagai 联合企业
隧道	
交通车道数量	隧道单侧 3 个车道，双向 6 个车道
速度限制	每小时 80 千米（双向单侧行驶为每小时 50 千米）
隧道结构设计使用时间	120 年

图 7-3　西区海底隧道的关键方面

资料来源：Western Harbour Tunnel Company Limited (2006), WHC Project Facts and Figures.

包含 WHC 项目 BOT 协议的西区海底隧道条例在 1993 年颁布，香港政府和西区海底隧道公司签订了项目协议。西区海底隧道公司被授予权力进行设计、建设、运营和维护隧道，特许期是从建设开始的 30 年，即从 1993 年至 2023 年 8 月。在特许期结束后，西区海底隧道公司不得不将隧道无偿地移交给香港政府。香港政府确保建设土地的使用权，并且承担工程交付延迟的赔偿责任。协议规定，西区海底隧道有限公司必须从建设开始的 48 个月内完成工程，维持债务权益比率不超过 69:31；自运营之日开始，保持所有权结构在第一个五年之内完好无损（Lang，1998）。

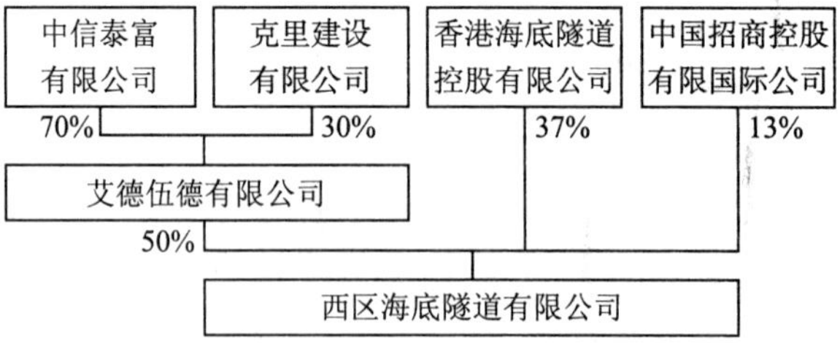

图 7-4　西区海底隧道有限公司的股份结构

资料来源：Western Harbour Tunnel Company Limited (2006), Company Profile.

WHC 的设计和建设由西松建设（Nishimatsu）和熊谷组（Kumagai Gumi）承包商财团负责，它们将收到西区海底隧道有限公司支付的 56.64 亿港元的协议报酬。除了对沉管隧道的建设，合同还包括交通流量的交换发展、通风竖井建设或建筑物、隧道入口部分、一栋行政综合建筑和具有 20 个收费站的收费广场。WHC 的建设开始于 1993 年 9 月，结束于 1997 年 4 月，比预定计划提前了四个月完工。该项目的总成本估计为 7.534 万亿港元。西区海底隧道有限公司的股东同意以普通股资本和（或）次级债务支付任何超支成本。

WHC 项目的资金来自于股东股本（32%）和有限资源辛迪加项目贷款（68%）。汇丰银行是私人部门财团融资的顾问和处置者。辛迪加贷款被用于各种各样的支出，包括合同价格、运营成本和营运资本。A 级银行贷款用于支付融资项目成本，B 级包含互换的银行贷款用于对冲利息率为 50% 的设备贷款，从 1997 年开始操作，持续期为五年。其他的次 A 级银行贷款必须在操作开始之前优先筹划。从达成协议开始的 15 年内，全部设施要达到成熟可用的程度。只能预先偿付次 A 级银行贷款。全部或部分地取消 A 级银行贷款是可以的，但是，取消 B 级银行贷款只能依据 A 级银行贷款的还款或取消情况确定（Lang，1998）。利息将会比香港银行同业拆借利率（Hibor）高 1% ～ 1.5%。表 7-2 总结了每个部分的银行贷款的情况。图 7-5 给出了西区海底隧道公司 1997 年开始运营时的资产负债表。

表 7-2　西区海底隧道公司的债务融资

项目	目的（投资支持）
A 级	
次 A 级	部分的设计、施工、试运行和融资成本
	设备的收购和融资成本
次 B 级	直到 1998 年 6 月 30 日：不能由收费收入支持的运营成本
	此后，包括第三方贷款再融资的一般营运资金
次 C 级	直到 1998 年 6 月 30 日，支持以港元计价的由出口信贷机构、供应商和其他的第三方出借者产生的负债
	此后，支持其他的以港元计价的第三方贷款
B 级	使用利率互换

资料来源：Lang, L., (1998) *Project Finance in Asia*, Elsevier: Amsterdam, p. 262.

	百万港元	
合同总成本	6 004	
意外开支	328	
运营前成本	73	
建设期利息	1 007	
费用和佣金	122	
项目成本预算	**7 534**	
股东权益		
艾德伍德	1 216	
香港海底隧道公司	900	
中国招商控股	316	
总股本融资	**2 432**	**融资总额的 32%**
银团贷款（来自 A 级）		Hibor+ 保证金
A 级		相当于 52 亿港元
次 A 级（分期偿还贷款）		相当于 31.9 亿港元
次 B 级（循环信用额度）		相当于 20.1 亿港元
次 C 级（循环信用证和发行担保机构）		相当于 20.1 亿港元
B 级		相当于 26 亿港元
债务融资总额	**5 102**	**融资总额的 68%**
权益和债务总额	**7 534**	

资料来源：Lang, L., (1998) *Project Finance in Asia*, Elsevier: Amsterdam, p.262.

图 7-5　西区海底隧道公司开始运营时的资产负债表

7.2.3　收费调整机制

西区海底隧道条例包含一个创新的 WHC 运营的收费调整机制。该机制是一个利润控制系统，设计目标是产生足够的现金流用于及时的债务还款、为股东提供合理但不过度的回报、通过向社会提供尽可能优质的服务获得稳定的收费。从政府的角度看，该机制提供了一个价格监管上限或控制计划，运营它可以更加灵活的保护公众利益。从投资者的角度来看，该机制能更好地控制成本通货膨胀或赞助的下降，从而减少收入流和回报的不确定性。

收费调整机制涉及六个在特定日期预期收费增加计划，额外的收费增加和一个稳定的收费基金（见图 7-6）。西区海底隧道有限公司在任何一年在该项目上的净收益大于估计的净收益的上限，但是，不会超过估计的净收益的最大值，公司不得不向基金支付超出估计的净收益上限部分的 50%。在某些情况下，公司的净收益会大于估计的净收益的最大值，公司不得不向基金支付超出估计的净收益的最大值的部分、估计的净收益的上限和估计的净收益的最大值之间的差值的 50%（Lang，1998；Western Harbour Crossing Ordinance）。当公司净收益少于估计的净收益的上限时，公司可以适当地增加收费（Western Harbour Crossing Ordinance）。

公司预期的能够增加收费影响的日期	
1	2001 年 1 月 1 日
2	2005 年 1 月 1 日
3	2009 年 1 月 1 日
4	2013 年 1 月 1 日
5	2017 年 1 月 1 日
6	2021 年 1 月 1 日

资料来源：Western Harbour Crossing Ordinance, Schedule 4.

图 7-6　收费调整安排日程

基于上述机制，公司必须将每年超出净收益的部分注入收费稳定基金。净收益中，扣除了利息和运营成本。根据派生现金流和资金数量，提高收费的时间可以推迟或提前于预定的时间表。根据条例和项目协议，设定了 WHC 的通行收费是 30 港元。从 2001 年 1 月开始，每特定的四年将增加预期的收费。每次增加的收费限制在 10 ～ 15 港元，直到 2010 年；2010 年后的收费，待定。

收费调整机制通过时间和增加收费级别使纠纷问题最小化。不同于基于认可的固定资产回报率而设计的控制系统方案，收费调整机制基于基础的净收益而运行，其优势在于可以消除隧道公司将其资产过度资本化的倾向。然而，收费调整机制向隧道公司提供了很少的减少成本和进行革新的激励。

7.2.4　历史财务业绩

自 1997 年开始操作，WHC 始终开工不足，其交通吞吐量严重低于预期。截至 2006 年 7 月 31 日，WHC 的每日总交通吞吐量是 42 995（西区海底隧道有限公司，2006），不到其设计的日吞吐量 118 000 的一半。为了提高隧道的使用效率，西区海底隧道公司引入了大量的推广方案，例如：午夜空出租车优惠、物业运货车辆优惠、美妙假期和其他的推广方案。该公司还探索出其他的产生额外的费收费收益方法，例如：户外广告和提供电信网络通信服务。公司在 2002 年的再融资，已经将贷款期从 2007 年延长到 2011 年。为了使由利率波动造成的利息费用波动最小化，公司使用了利率互换协议。上述措施加强了公司的财务状况。截至 2006 年 7 月 31 日，西区海底隧道公司的税后利润记录是 2.99 亿港元，与前一年的数据相比，增长了 19%（见表 7-3 ～表 7-7、图 7-7 和图 7-8，公司历史财务报表，西区海底隧道有限公司，2006）。WHC 的市场份额从 2004 年 5 月的 17% 增长到 2005 年 6 月的 19%。尽管财务业绩逐步改善，该公司仍然无法满足西区海底隧道条例规定的最低的净收益的目标（见表 7-8 和表 7-9）。2006 年 7 月，公司的内部收益率是 −32.48%（见表 7-10，Western Harbour Tunnel Company Limited，2006）。

因为净收益低于估计的法定的最小值，所以，西区海底隧道公司有权依据收费调整机制提高收费。该公司已经多次发布公告，上调收费，并且每次都主动地提供优惠以降低实际收费（见表 7-11）。

7.2.5 竞争格局

很明显，WHC 没有能够满足政府实现海底隧道交通顺畅的目标。WHC 的容量小，有时使用过度，有时使用不足。WHC 使用不足的主要原因是，它收取的费用最高，与其竞争对手相比，它并不是驾驶员的最佳选择。由于历史原因，WHC 不能在同一水平上展开竞争，因为在不同的时间，由不同的运营商总共建设了三条隧道，运营商可以根据不同的成本和交通预测设定收费标准（Lau，2001）。作为最古老的和最大量被使用的隧道，海底隧道可以收取最低的费用，因为，其所有权已经被政府收回并且可以享受其他的私有化的隧道不能拥有的收费价格特权。因为其运营开始于 1972 年，所以，海底隧道的收费与通货膨胀不同步（Wilson，2004）。然而，WHC 的收费处于较高的水平，因为其造价更昂贵，并且私人投资者必须获得一个依据与政府达成的条款规定的公平的回报。

表 7-3　西区海底隧道（WHC）的日交通流量

年（统计于每年 7 月）	2006	2005	2004	2003	2002	2001	2000	1999*	1998*	1997*
摩托车	412	385	470	461	520	566	655	445	375	300
私家车	22 522	21 232	21 986	21 808	23 778	24 377	25 343	25 858	20 626	15 860
出租车	8 522	7 044	6 007	4 679	4 824	5 107	4 685	—	—	—
PC 小计	**31 456**	**28 661**	**28 463**	**26 948**	**29 122**	**30 050**	**30 683**	**26 303**	**21 001**	**16 160**
轻型货物车辆	3 886	3 434	3 500	3 499	3 889	3 954	4 245	5 117	2 914	2 209
中型货物车辆	740	658	633	641	728	749	781	870	453	314
重型货物车辆	96	77	46	64	81	85	71	123	21	20
GV 小计	**4 722**	**4 169**	**4 179**	**4 204**	**4 698**	**4 788**	**5 097**	**6 110**	**3 388**	**2 543**
公共小型巴士	2 414	2 414	2 460	2 477	2 291	2 208	2 061	1 357	554	162
单层巴士	1 221	1 128	1 069	943	962	933	913	821	309	131
双层巴士	3 182	3 168	3 127	3 048	3 063	3 009	3 001	3 034	1 980	1 223
巴士小计	**6 817**	**6 710**	**6 656**	**6 468**	**6 316**	**6 150**	**5 975**	**5 212**	**2 843**	**1 516**
合计	**42 995**	**39 540**	**39 298**	**37 620**	**40 136**	**40 988**	**41 755**	**37 625**	**27 232**	**20 219**

注：带 * 的年份出租车组包含在私家车组内。

WHC 混合交通

年	2006	2005	2004	2003	2002	2001	2000	1999	1998	1997
PC	73.2%	72.5%	72.4%	71.6%	72.6%	73.3%	73.5%	69.9%	77.1%	79.9%
GV	11.0%	10.5%	10.6%	11.2%	11.7%	11.7%	12.2%	16.2%	12.4%	12.6%
巴士	15.8%	17.0%	17.0%	17.2%	15.7%	15.0%	14.3%	13.9%	10.5%	7.5%
合计	**100%**	**100%**	**100%**	**100%**	**100%**	**100%**	**100%**	**100%**	**100%**	**100%**

资料来源：Western Harbour Tunnel Company Limited (2006) Annual Report.

表 7-4　海底隧道总交通流量和西区海底隧道公司市场份额（统计于每年 7 月）

年	2006	2005	2004	2003	2002	2001	2000	1999*	1998*	1997*
摩托车	7 976	8 398	8 433	8 102	7 886	7 260	6 847	6 798	6 630	6 521
私家车	99 797	105 019	108 760	109 387	113 063	113 536	115 656	152 193	158 284	157 324
出租车	51 110	49 868	48 411	44 188	46 041	47 290	40 978	—	—	—
PC 小计	**158 883**	**163 285**	**165 604**	**161 677**	**166 990**	**168 086**	**163 481**	**158 991**	**164 914**	**163 845**
轻型货物车辆	35 941	36 259	36 058	35 425	36 382	36 543	36 728	35 702	36 405	38 061
中型货物车辆	6 912	6 904	6 829	6 908	7 036	7 060	7 486	7 787	7 593	7 675
重型货物车辆	1 099	1 236	1 207	1 512	1 559	1 525	1 565	1 430	1 203	1 132
GV 小计	**43 952**	**44 399**	**44 094**	**43 845**	**44 977**	**45 128**	**45 779**	**44 919**	**45 201**	**46 868**
公共小型巴士	6 806	6 786	6 652	6 294	6 216	6 088	5 721	4 639	3 803	3 495
单层巴士	5 849	5 564	5 221	4 353	4 711	4 450	4 418	4 119	4 066	4 279
双层巴士	11 465	11 679	11 869	11 793	11 922	11 746	11 563	10 979	9 043	7 964
巴士小计	**24 120**	**24 029**	**23 742**	**22 440**	**22 849**	**22 284**	**21 702**	**19 737**	**16 912**	**15 738**
总计	**226 955**	**231 713**	**233 440**	**227 962**	**234 816**	**235 498**	**230 962**	**223 647**	**227 027**	**226 451**
注：带 * 的年份出租车组包含在私家车组内。										
WHC 混合交通										
PC	19.8%	17.6%	17.2%	16.7%	17.4%	17.9%	18.7%	16.5%	12.7%	9.9%
GV	10.7%	9.4%	9.5%	9.6%	10.5%	10.6%	11.1%	13.6%	7.5%	5.4%
巴士	28.3%	27.9%	28.0%	28.8%	27.6%	27.6%	27.6%	26.4%	16.8%	9.6%
总计	**18.9%**	**17.1%**	**16.8%**	**16.5%**	**17.1%**	**17.4%**	**18.1%**	**16.8%**	**12.0%**	**8.9%**

资料来源：Western Harbour Tunnel Company Limited (2006) Annual Report.

表 7-5　全年利润账户（统计于每年的 7 月 31 日）　（单位：港元）

年	2006	2005	2004	2003	2002	2001	2000	1999	1998	1997
营业额	766 524	704 709	636 266	600 830	642 932	621 372	555 611	477 104	327 450	55 960
运营和管理费用①	（261 845）	（255 918）	（257 277）	（246 671）	（226 516）	（215 329）	（202 808）	（186 015）	（191 676）	（49 540）
营业利润	504 679	448 791	378 989	354 159	416 416	406 043	352 803	291 089	135 774	6 510
财务成本	（113 712）	（114 704）	（124 980）	（165 513）	（245 280）	（355 802）	（408 347）	（449 831）	（441 070）	（91 149）
银行贷款利息	（28 426）	（29 251）	（30 238）	（29 744）	（25 963）	（23 513）	（22 150）	（20 041）	（119 624）	（44 950）
股东贷款利息	（142 138）	（143 955）	（155 218）	（195 257）	（271 243）	（379 315）	（430 497）	（469 872）	（560 694）	（136 099）
税前利润 / 亏损	362 541	304 836	223 771	158 902	145 173	26 728	（77 694）	（178 783）	（424 920）	（129 589）
递延所得税规定	（63 458）	（53 625）	（39 833）	（5 484）	—	—	—	—	—	—
税后利润 / 亏损	299 083	251 211	183 938	153 418	145 173	26 728	（77 694）	（178 783）	（424 920）	（129 589）
累计亏损期初余额	37 952	（213 259）	（397 197）	（639 085）	（784 258）	（810 986）	（733 292）	（554 509）	（129 589）	—
以前年度调整递延税收	—	—	—	8 8470	—	—	—	—	—	—
累计留存利润 / 亏损期末余额	337 035	37 952	（213 259）	（397 197）	（639 085）	（784 258）	（810 986）	（733 292）	（554 509）	（129 589）
员工成本	48 288	46 411	46 538	46 590	46 845	46 336	46 221	44 361	48 228	14 116
维护成本	8 598	8 513	10 319	9 862	6 254	7 590	6 067	4 783	3 386	1 177
公用事业费用	6 767	6 582	6 673	6 795	6 676	6 679	6 475	7 017	8 341	2 339
费用	26 450	24 318	23 082	22 839	21 247	19 340	13 912	6 096	7 260	1 660
保险	19 236	18 390	17 565	15 835	6 981	3 714	3 441	3 276	3 925	871
公关和推广，专业费用，行政费用等	7 143	7 744	6 524	7 708	8 711	8 242	10 737	12 034	19 317	4 991
折旧	145 363	143 960	146 576	137 042	129 802	123 428	115 955	108 448	101 219	24 296
	261 845	255 918	257 277	246 671	226 516	215 329	202 808	186 015	191 676	49 450

①操作故障和管理费用。

资料来源：Western Harbour Tunnel Company Limited (2006) Annual Report.

表 7-6 资产负债表（统计于每年的 7 月 31 日）

（单位：港元）

年	2006	2005	2004	2003	2002	2001	2000	1999	1998	1997
非流动资产										
固定资产	5 606 227	5 750 394	5 935 070	6 080 760	6 217 272	6 345 746	6 468 422	6 583 475	6 690 707	6 789 066
递延税资产	—	—	43 153	82 986	—	—	—	—	—	—
衍生金融工具	21 386	—	—	—	—	—	—	—	—	—
	5 627 613	5 750 394	5 978 223	6 163 746	6 217 272	6 345 746	6 468 422	6 583 475	6 690 707	6 789 066
流动资产										
库存	1 519	1 296	1 291	1 306	1 255	1 225	1 296	1 345	1 376	965
应收账款和预付账款	39 071	36 909	32 234	31 316	27 805	10 167	12 225	6 331	5 152	9 398
衍生金融工具	12	—	—	—	—	—	—	—	—	—
现金和银行存款	6 378	7 433	7 287	4 266	4 654	3 279	5 441	4 982	11 926	12 029
	46 980	45 638	40 812	36 888	33 714	14 671	18 962	12 658	18 454	22 392
流动负债										
应付账款和应付利息	86 521	105 300	149 379	144 318	124 240	121 807	111 015	110 220	151 506	167 507
长期银行贷款	263 110	234 566	210 907	185 907	578 000	514 000	351 000	209 000	143 000	51 000
衍生金融工具	1 319	—	—	—	—	—	—	—	—	—
	350 950	339 866	360 286	330 225	702 240	635 807	462 015	319 220	294 506	218 507
净流动负债	（303 970）	（294 228）	（319 474）	（293 337）	（668 526）	（621 136）	（443 053）	（306 562）	（276 052）	（196 115）
净资产	5 323 643	5 456 166	5 658 749	5 870 409	5 548 746	5 724 610	6 025 369	6 276 913	6 414 655	6 592 951
股本										
积累留存利润 / 亏损期初余额	400 000	400 000	400 000	400 000	400 000	400 000	400 000	400 000	400 000	400 000
以前年度调整递延税收	37 952	（213 259）	（397 197）	（639 085）	（784 258）	（810 986）	（733 292）	（554 509）	（129 589）	—

恢复后的积累留存利润 / 亏损	—	—	—	88 470	—	—	—	—	—	—
税后利润 / 亏损	37 952	（213 259）	（397 197）	（639 085）	（784 258）	（810 986）	（733 292）	（554 509）	（129 589）	—
积累留存利润 / 亏损期末余额	299 083	251 211	183 938	153 418	145 173	26 728	（77 694）	（178 783）	（424 920）	（129 589）
	337 035	37 952	（213 259）	（397 197）	（639 085）	（784 258）	（810 986）	（733 292）	（554 509）	（129 589）
套期保值储备	16 565	—	—	—	—	—	—	—	—	—
股东权益 / 资本亏损	753 600	437 952	186 741	2 803	（239 085）	（384 258）	（410 986）	（333 292）	（154 509）	270 411
股东贷款	2 863 490	2 945 064	3 045 813	3 015 575	2 795 831	2 519 868	2 336 355	2 142 205	1 984 164	1 864 540
股东资金	3 617 090	3 383 016	3 232 554	3 018 378	2 556 746	2 135 610	1 925 369	1 808 913	1 829 655	2 134 951
长期银行贷款	1 629 109	2 062 678	2 426 195	2 852 031	2 992 000	3 589 000	4 100 000	4 468 000	4 585 000	4 458 000
递延税收负债	77 444	10 472	—	—	—	—	—	—	—	—
	5 323 643	5 456 166	5 658 749	5 870 409	5 548 746	5 724 610	6 025 369	6 276 913	6 414 655	6 592 951
长期银行贷款										
有担保的银行贷款	1 639 610	2 081 390	2 449 000	2 879 000	2 992 000	3 589 000	4 100 000	4 468 000	4 585 000	4 458 000
减：未摊销的递延费用	（10510）	（18 712）	（22 805）	（26 969）	—	—	—	—	—	—
	1 629 109	2 062 678	2 426 195	2 852 031	2 992 000	3 589 000	4 100 000	4 468 000	4 585 000	4 458 000
长期银行贷款										
有担保的银行贷款	268 856	238 659	215 000	190 000	578 000	514 000	351 000	209 000	143 000	51 000
减：未摊销的递延费用	（5 746）	（4 093）	（4 093）	（4 093）	—	—	—	—	—	—
	263 110	234 566	210 907	185 907	578 000	514 000	351 000	209 000	143 000	51 000
递延支出总额	（16 247）	（22 805）	（26 898）	（31 062）	—	—	—	—	—	—

资料来源：Western Harbour Tunnel Company Limited (2006) Annual Report.

表 7-7　截至每年 7 月 31 日的现金流量表

（单位：港元）

年	2006	2005	2004	2003	2002	2001	2000	1999	1998	1997
来自于经营活动的净现金盈余 / 赤字	523 083	476 388	409 876	346 650	286 047	146 925	56 175	（90 112）	（150 384）	（11 099）
来自于投资活动的现金流										
隧道成本净收入 / 支付和固定资产	（2 555）	（2 291）	（1 855）	（1 172）	（1 672）	38 913	（1 716）	（3 832）	（68 719）	（1 502 928）
递延费用	—	—	—	（34 866）	—	—	—	—	—	—
用于投资活动的净现金	**（2 555）**	**（2 291）**	**（1 855）**	**（36 038）**	**（1 672）**	**38 913**	**（1 716）**	**（3 832）**	**（68 719）**	**（1 502 928）**
来自于融资活动的现金流										
来自于股东净贷款 / 还款	（110 000）	（130 000）	—	190 000	250 000	160 000	172 000	138 000	—	—
新增的有担保的银行贷款	—	—	—	3 350 000	—	—	—	—	—	—
新的有担保的银行贷款还款	（411 583）	（343 951）	（405 000）	（3 851 000）	（533 000）	（348 000）	（226 000）	（51 000）	219 000	1 522 900
融资净现金流入 / 流出	**（521 583）**	**（473 951）**	**（405 000）**	**（311 000）**	**（283 000）**	**（188 000）**	**（54 000）**	**87 000**	**219 000**	**1 522 900**
净增加 / 减少的现金和银行存款余额	（1 055）	146	3 021	（388）	1 375	（2 162）	459	（6 944）	（103）	8 873
年初的现金和银行存款	7 433	7 287	4 266	4 654	3 279	5 441	4 982	11 926	12 029	3 156
年末的现金和银行存款	**6 378**	**7 433**	**7 287**	**4 266**	**4 654**	**3 279**	**5 441**	**4 982**	**11 926**	**12 029**

现金流（从 2006 年 7 月 31 日开始建设）	
流入	
股东基金	3 110 000
银行贷款	4 776 500
收入	5 388 758
	13 275 258
流出	
资本支出	6 730 771
营业费用（不含折旧）	917 416
银行贷款融资	2 510 388
偿还银行贷款	2 868 034
偿还股东贷款	240 000
营运资产	2 271
	13 268 880
净现金余额	6 378

资料来源：Western Harbour Tunnel Company Limited (2006) Annual Report.

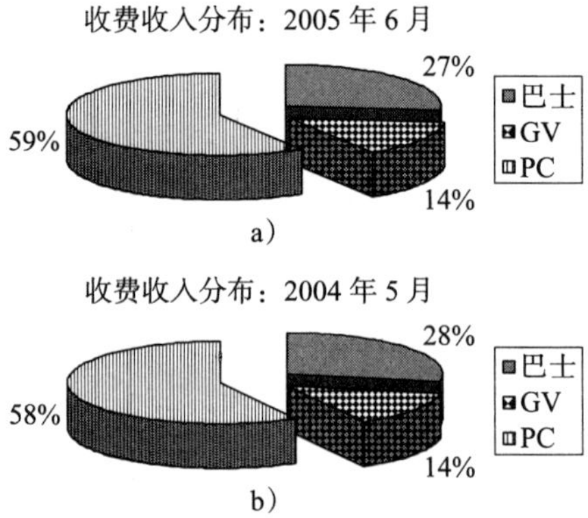

图 7-7　收费收入分布

注：巴士是指公共和私人双层巴士、单层巴士和轻型客车。

GV 是指运货车辆。

PC 是指私家车、出租车和摩托车。

资料来源：Western Harbour Tunnel Company Limited (2006) Annual Report

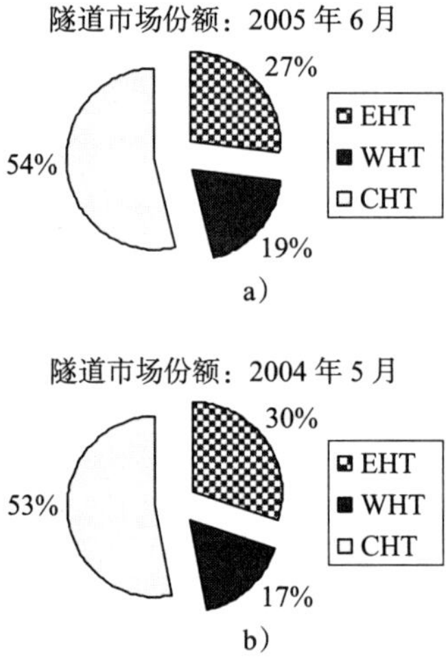

图 7-8　隧道市场份额

注：WHT 是指西区海底隧道。

EHT 是指东区海底隧道。

CHT 是指香港海底隧道。

资料来源：Western Harbour Tunnel Company Limited (2006) Annual Report.

表 7-8　年净收益　　（单位：百万港元）

结束年月	2006 年 7 月	2005 年 7 月	2004 年 7 月	2003 年 7 月	2002 年 7 月	2001 年 7 月	2000 年 7 月	1999 年 7 月	1998 年 7 月	累积
条例中的最低净收入	1 455	1 190	880	794	713	506	253	201	154	6 146
年度净收入 / 赤字	567	492	400	325	299	172	59	（52）	（208）	2 054
缺口	**888**	**698**	**480**	**469**	**414**	**334**	**194**	**253**	**362**	**4 092**

资料来源：Western Harbour Tunnel Company Limited (2006) Annual Report。

表 7-9　估计净收益，西区海底隧道条例（单位：百万港元）

截至每年 7 月 31 日	估计的净收益最小值	估计的净收益上限	估计的净收益最大值
1998	154	336	403
1999	201	399	471
2000	253	461	538
2001	506	768	865
2002	713	1 016	1 128
2003	794	1 106	1 221
2004	880	1 202	1 321
2005	1 190	1 570	1 711
2006	1 455	1 881	2 039
2007	1 549	1 983	2 143
2008	1 623	2 061	2 223
2009	1 876	2 369	2 551
2010	2 028	2 562	2 760
2011	1 892	2 405	2 594
2012	1 821	2 326	2 513
2013	2 212	2 815	3 038
2014	2 573	3 267	3 524
2015	2 733	3 474	3 749
2016	2 891	3 682	3 974
2017	3 507	4 449	4 797
2018	4 018	5 090	5 486
2019	4 220	5 355	5 775
2020	4 422	5 621	6 064
2021	5 192	6 583	7 098
2022	5 747	7 285	7 855
2023	5 726	7 286	7 864

资料来源：Western Harbour Crossing Ordinance, Schedule 5。

表 7-10 西区海底隧道的内部收益率（截至 2006 年 7 月）

期	截至年月	股东投资 / 回报	折现系数 (B)①	1994 年现金流量的净现值乘以折现系数
		内部收益率 =–32.48%（A）	—	A×B
0	1994 年 7 月	（555 000）	1.0 000	（555 000）
1	1995 年 7 月	（515 200）	1.4 810	（762 989）
2	1996 年 7 月	（537 500）	2.1 932	（1 178 863）
3	1997 年 7 月	（592 300）	3.2 481	（1 923 841）
4	1998 年 7 月	—	4.8 103	—
5	1999 年 7 月	（138 000）	7.1 238	（983 086）
6	2000 年 7 月	（172 000）	10.5 501	（1 814 610）
7	2001 年 7 月	（160 000）	15.6 242	（2 499 869）
8	2002 年 7 月	（250 000）	23.1 387	（5 784 685）
9	2003 年 7 月	（190 000）	34.2 675	（6 510 821）
10	2004 年 7 月	—	50.7 487	—
11	2005 年 7 月	130 000	75.1 566	9 770 358
12	2006 年 7 月	110 000	111.3 037	12 243 406
合计		（2 870 000）		0

①折现系数期 0=1，折现系数期 n=1/（1+ 内部收益率）^n。

资料来源：Western Harbour Tunnel Company Limited (2006) Annual Report。

表 7-11 西区海底隧道公司收费水平 （单位：港元）

年月	有效收费公告 2006 年 7 月 31 日	实际收费①（自 2004 年 7 月 4 日）	实际收费①（2003 年 2 月 16 日至 2004 年 7 月 3 日）	实际收费①（2000 年 12 月 3 日至 2003 年 2 月 15 日）	实际收费①（1997 年 5 月 1 日至 2000 年 12 月 2 日）
摩托车	40	22	20	20	15
私家车	80	40	37	35	30
出租车	80	35	35	35	30
轻型货物车辆	120	55	50	50	45
中型货物车辆	165	80	70	70	65
重型货物车辆	245	110	100	100	95
小型巴士	90	50	47	45	40
单层巴士	90	70	60	50	40
双层巴士	130	100	85	70	55
其他车辆（仅指 GV）	80	30	30	30	30

①具体推广前实际的收费水平。

资料来源：Western Harbour Tunnel Company Limited (2006) Annual Report and Western Harbour Crossing Toll Schedule.

三条海底隧道收费间的巨大差距在更大程度上解释了相对的 WHC 和东区海底隧道较低的交通流量。许多司机受益于由香港海底隧道公司人为设定的低收费，不愿意转向使用其他的隧道。当 WHC 或东区海底隧道公司增加收费时，香港海底隧道公司的交通流量、收入和市场份额就会因为交通分散化而显著增加。除了高收费，来自于湾仔（或香港东区）的司机被阻止使用 WHC，因为通过中心区到隧道的瓶颈需要更多的时间。但是，依据政府的规划，到 2011 年，随着湾仔中心支路完工，中心区的拥堵问题有望得到解决。其他的交通改善计划，包括沙田和长沙湾之间的路线 8 项目，恢复吴淞街和帕克思街的交通方向，有望使 WHC 长期受益。

周期性的经济因素和政府政策降低了 WHC 现在的交通流量。1997 ～ 1998 年的亚洲金融危机是香港经济长期低迷的触发器，房地产行业尤为严重。九龙西部的填海区的住宅开发受到政府限制而被推迟，其最初的开发混合因素中包含着对 WHC 通车创造需求的希冀，与此同时，香港汽车保有量的增长显著地低于 20 世纪 90 年代早期的预测（见表 7-12）。九龙西部的填海区原计划发展为一个包括艺术、文化、娱乐的住宅区，已被推迟，其多次被引述，以此说明 WHC 的低于预期的交通流量的原因。九龙西区的文化项目，在 1998 年宣布。2003 年，其成为邀请提案。2006 年，其被政府搁置，等待经过严肃的公开辩论后的复审。根据最初的提议，项目由大量的艺术和文化设施组成，包括三个歌剧院、四个博物馆、一个艺术展览中心、一个演出表演场所和一个水上圆形剧场（Hong Kong SAR Government Press Release，2006）。截至 2006 年年底，政府仍然在衡量公众关于如何充分利用土地和推进项目前的融资选择的观点。

7.3　项目评估

与保罗 · 克莱因会见后，索菲 · 程和她的助理艾迪 · 李共同工作，为 WHC 估值。索菲必须准备好在两周内解释 WHC 的风险的经济可行性，并且回答保罗提出的关于实施融资的问题。为了获得一个关于 WHC 未来前景的完整的理解，艾迪研究了文章中关于 WHC 和它的竞争对手的最新调查消息。他读了下面的关于收费不平衡的文章：

表 7-12 车辆注册（1995 ～ 2005 年）

车辆注册		1995		1996		1997		1998		1999		2000		2001		2002		2003		2004		2005	
		年终																					
A 类机动车辆																							
电动自行车		29 073		30 164		31 212		32 004		33 079		34 085		36 191		38 678		41 128		43 619		45 941	
电动三轮车		23		2		—		—		—		—		—		—		—		1		2	
私家车		318 233		325 131		348 450		359 694		365 533		374 013		381 757		384 864		382 880		385 028		388 311	
香港和九龙出租车		15 321		15 249		15 249		15 250		15 250		15 250		15 250		15 250		15 250		15 250		15 250	
自备出租车		2 829		2 837		2 837		2 838		2 838		2 838		2 838		2 838		2 838		2 838		2 838	
大屿山出租车		40		40		50		50		50		50		50		50		50		50		50	
公共巴士																							
CMB	单层	31	881	29	855	29	823	—	—	—	—	—	—	—	—	—	—	—	—	—	—	—	—
	双层	850		826		794		—		—		—		—		—		—		—		—	
NWFB	单层	—	—	—	—	—	—	62	841	96	946	95	891	66	780	66	835	46	775	36	731	36	706
	双层	—		—		—		779		850		796		714		769		729		695		670	
KMB	单层	308	3 506	285	3 594	278	3 839	275	3 990	265	4 078	250	4 251	249	4 386	243	4 438	237	4 295	175	4 150	156	4 029
	双层	3 198		3 309		3 561		3 715		3 813		4 001		4 137		4 195		4 058		3 975		3 873	
NLB	单层	74	79	74	78	80	80	87	87	86	86	89	89	75	75	78	78	80	80	86	86	86	86
	双层	5		4		—		—		—		—		—		—		—		—		—	
城市巴士 1	单层	22	368	32	451	57	590	137	756	103	794	103	794	95	794	95	793	87	779	81	764	82	759
	双层	346		419		533		619		691		691		699		698		692		683		677	
龙运巴士	单层	—	—	—	—	—	22	3	163	10	160	10	160	10	160	9	145	9	145	9	145	9	148
	双层	—		—		22		160		150		150		150		136		136		136		139	
城市巴士 2	单层	—	—	—	—	—	—	20	181	25	166	25	167	22	164	22	164	22	164	22	164	12	160
	双层	—		—		—		161		141		142		142		142		142		142		148	
KCRC	单层	—	—	—	—	14	84	21	93	20	59	20	81	24	85	24	91	24	91	24	91	26	107
	双层	—		—		70		72		39		61		61		67		67		67		81	
其他	单层	4 487	4 765	5 037	5 287	5 369	5 546	5 597	5 775	5 691	5 884	5 875	6 065	6 188	6 368	6 555	6 728	6 936	7 115	6 987	7 121	6 932	7 059
	双层	278		250		177		178		193		190		180		173		179		134		127	

私人巴士	333	383	423	437	447	451	485	489	490	492	493
公共轻型巴士	4 350	4 348	4 350	4 350	4 350	4 350	4 350	4 350	4 350	4 350	4 350
私人轻型巴士	2 585	2 481	2 392	2 297	2 228	2 158	2 098	2 042	1 979	1 935	1 897
轻型货物车辆	96 070	92 900	91 823	89 608	86 735	83 771	80 889	78 332	75 987	75 200	75 522
中型货物车辆	38 415	39 375	40 492	40 442	40 776	41 817	42 036	42 319	42 059	42 504	42 794
重型货物车辆	1 831	2 144	2 546	2 735	2 863	3 068	3 308	3 485	3 541	3 585	3 500
特殊用途车辆	311	345	406	457	503	550	617	759	851	942	1 095
政府车辆											
电动车	1 322	1 207	1 308	1 238	1 264	1 201	1 240	1 243	1 204	1 152	1 194
其他	5 961	6 075	6 381	6 125	6 104	6 041	5 887	5 580	5 450	5 346	5 200
合计（电动车辆）	526 296	532 946	558 903	569 411	574 193	582 141	589 808	593 551	591 501	595 544	601 491
B 类非机动车辆											
拖车	24 937	26 024	27 388	26 479	24 474	23 761	23 205	23 220	22 566	21 930	21 171
人力车	—	—	—	—	—	—	—	—	—	—	—

资料来源：Transport Department, Annual Transport Digest (2006).

WHC 不得不成为收费不平衡的牺牲者。这个问题似乎将在短期内拖累 WHC，因为没有任何适当的机制能够消除收费水平的差异，即使将三个海底隧道在交通流量方面的差异排除在外。

艾迪也对香港的经济环境进行了研究。在 2006 年第三季度，香港的 GDP 比 2005 年增长了 6.8%，强于第二季度（Hong Kong Census and Statistics Department，2006a）。这标志着连续 12 个季度显著高于自 2003 年中期开始的增长趋势线（Hong Kong SAR Government，2006）。在 2006 年前三个季度强劲的 GDP 增长背景下，香港政府已经修订了 2006 年的 GDP 预测增长率，从整体 4% ～ 5% 调整为 6.5%。2006 年 10 月，总体价格指数比前一年增长了 2%，略低于 2006 年 9 月的 2.1% 的增长率（Hong Kong Census and Statistics Department，2006b），如表 7-13 ～表 7-15 所示：香港经济与货币统计。香港在 2006 年 7 月的利润税率是 17.5%。

表 7-13 香港的 GDP

年	季	GDP			
		以现在的市场价格计算		以恒定市场价格（2000）计算	
		港元	同比变化（%）	港元	同比变化（%）
1990		598 950	11.7	845 515	4.0
1991		690 324	15.3	893 625	5.7
1992		805 082	16.6	951 270	6.5
1993		927 996	15.3	1 011 492	6.3
1994		1 047 470	12.9	1 068 193	5.6
1995		1 115 739	6.5	1 110 086	3.9
1996		1 229 481	10.2	1 156 923	4.2
1997		1 365 024	11.0	1 314 789	5.1
1998		1 292 764	−5.3	1 149 662	−5.5
1999		1 266 702	−2.0	1 195 624	4.0
2000		1 314 789	3.8	1 314 789	10.0
2001		1 298 813	−1.2	1 323 167	0.6
2002		1 276 757	−1.7	1 347 495	1.8
2003		1 233 983	−3.4	1 390 610	3.2
2004*		1 291 568	4.7	1 510 182	8.6
2005*		1 382 052	7.0	1 619 984	7.3
2006*	Q1	346 710	7.9	407 793	8.0
	Q2	349 330	5.4	409 078	5.5

（续）

年	季	GDP			
		以现在的市场价格计算		以恒定市场价格（2000）计算	
		港元	同比变化（%）	港元	同比变化（%）
	Q3	379 349	6.6	447 784	6.8

注：主题修改为新的可用的信息。

资料来源：Hong Kong Census and Statistics Department (2006), "Gross Domestic Product".

表 7-14　香港的消费价格指数（CPI）

年	月	综合消费价格指数		消费价格指数	
		指数	同比变化（%）	指数	同比变化（%）
1990		63.8	+10.2	63.5	+9.8
1991		71.0	+11.6	70.8	+12.0
1992		77.8	+9.6	77.4	+9.4
1993		84.6	+8.8	84.0	+8.5
1994		92.1	+8.8	90.8	+8.1
1995		100.4	+9.1	98.7	+8.7
1996		106.7	+6.3	104.6	+6.0
1997		113.0	+5.8	110.6	+5.7
1998		116.2	+2.8	113.5	+2.6
1999		111.6	−4.0	109.8	−3.3
2000		107.4	−3.8	106.6	−3.0
2001		105.7	−1.6	104.8	−1.7
2002		102.4	−3.0	101.4	−3.2
2003		99.8	−2.6	99.3	−2.1
2004		99.4	−0.4	99.3	0.0
2005		100.3	+1.0	100.3	+1.1
2006	1	101.3	+1.9	101.1	+1.6
	2	101.1	+1.2	101.1	+1.1
	3	101.5	+1.6	101.4	+1.4
	4	102.0	+1.9	101.7	+1.7
	5	102.1	+2.1	101.8	+1.8
	6	102.4	+2.2	102.3	+1.9
	7	102.7	+2.3	102.4	+2.0
	8	102.7	+2.5	102.5	+2.3
	9	102.8	+2.1	102.5	+1.9
	10	102.9	+2.0	102.5	+1.7

资料来源：Hong Kong Census and Statistics Department (2006), Consumer Price Index.

表 7-15 香港银行同业拆放利率

年	月	1 个月（%）	12 个月（%）
2004	12	0.22	0.84
2005	1	0.50	1.34
	2	1.63	2.28
	3	2.47	3.09
	4	1.84	2.38
	5	3.41	3.34
	6	3.34	3.38
	7	3.34	3.63
	8	3.56	4.00
	9	4.09	4.22
	10	4.16	4.53
	11	4.00	4.47
	12	4.06	4.38
2006	1	3.66	4.19
	2	4.03	4.38
	3	4.13	4.63
	4	4.56	4.63
	5	4.44	4.69
	6	4.12	4.88
	7	3.83	4.63
	8	4.04	4.38
	9	4.17	4.20
	10	3.84	4.13

资料来源：Hong Kong Monetary Authority (2006),“Hong Kong Interbank Offered Rates”.

为了完成评估报告，苏菲和艾迪必须完成下面的工作：

（1）构建 WHC 的风险的金融模型，使用多种描述方法估计持续发生的风险值；

（2）估计 WHC 的债务能力，为潜在的购买者推荐贷款结构；

（3）评论 WHC 作为投资组合的性质和有利条件。

索菲知道，一项完全运营中的基础设施项目的估值与一个新项目存在很大差异。她对 WHC 产生的相关的沉没成本能够严重削弱 WHC 项目对 GW 集团的吸引力感到忧虑。

第8章

制度性风险和基础设施项目融资：大博电力项目

这一章节的案例研究可能仅仅只是关于一个项目的100个可能的叙述之一，这一项目体现出复杂和争议是如何卷入商业项目的融资和发展中的。前安然公司、大博电力公司，或者是参与这个项目不同阶段的国际和印度的金融中介机构的任何有着洞察力和经历的人，对于这个计划的优点以及命运现在几乎可以持有一种清晰的观点。处于当代印度政治层中的观察者和参与者也许会很容易持有其他观点，去增强那些强大的外国商业和财政利益中的角色，这些角色在印度国内经济中是非常重要的一部分，而且这些角色本身在一开始就处于很重大的改革时期。大博电力项目就是代表受害者和侵略者的，涉及它的创建与消亡的那些人中没有一个人是完全对结果满意的。

尽管它们都是不尽相同的，但是很多叙述却可以很轻易地保持精确。真理是属于个人的，像这种既复杂又旷日持久的案件的全部事实没有人会知道。所以，在准备这一章的时候，我们把大博视为阐明项目融资某些方面的一种手段，这对于这一问题的处理是最重要的。这就意味着，该研究会详细论述制度性的问题，这在第2章已呈现给大家，并且在第4章也已讨论了该风险的重要相关因素的方法。通过以上所述，对于无追索权融资的起伏的一切可能，都被完全或部分地预期在该项目的融资结构中，或者未能得到充分的改善。大博可能已经被错误的设想、分析和结构化了，或者已经成为一种外国风格的标配了，它允许印度民族主义激烈地辩论以能够实实在在地处于商业环境中，但这似乎给了项目赞助商和它们的金融家巨大的教训。

8.1 大博电力项目⊖

1992 年，印度公共部门当局与休斯敦安然公司签订协议，在马哈拉施特拉邦构建一个燃气发电厂，大博。这是世界上最大的独立发电项目，也是印度最大的单一的外国投资项目。

8.1.1 印度

自从 1947 年从英国获取独立以来，印度的经济可以使用面向社会主义发展国家政策，重视中央规划以及私营部门错综复杂的监管。在斯瓦德希的圣雄甘地的影响下，或者是来自于国外自力更生的影响，历届国会党，在它们追踪对于甘地独立运动的根本原因的过程中，既限制了外国投资，也实施了高进口关税贸易壁垒，以便保护国内产业。

到了 20 世纪 90 年代初期，印度面临着严重的对外支付危机和联邦预算赤字。同时，随着苏联的解体，印度也正在失去它的战略盟友和经济合作伙伴。面对一种未知的冷战后的权力平衡，印度开始寻找新的国际伙伴，并且第一次考虑允许外国商业利益参与国内经济的主要领域。因此，1991 年，在印度总理纳拉辛哈·拉奥的领导下，由国会党领导的国民政府开始了一项自由化的计划，提出了两个主要的政策变化：放松管制的工业许可和开放对外投资经济。

⊖ 格雷斯·鲁在作者的监督下，为课堂讨论准备了这一案例。这个案例的意图并不是展示对于决定或者业务流程的有效或者无效的处理。这个案例的历史和基本背景在准备时是十分小心的。参考，07/335@2007 年，由香港大学亚洲案例研究中心提供（http://www.acrc.org.hk）。本出版物没有任何部分是可以以任何形式或者通过任何手段复制或者传播的［电子、机械、影印、录制或者其他方面（包括互联网）］，这些都未经香港大学的许可。

8.1.2　印度电力部门

1991 年 10 月，印度政府不限制外国所有权，为私人投资者开启了能源部门去建造和运营发电厂（Edwards and Shukla，1995）。随着人口的稳步增长，大规模的城市迁移和聚集，工业化高于趋势增长的开始阶段，这些强有力的因素对印度经济的发展至关重要。国家电力需求正在以每年近 8% 的速度增长，到 2005 年将增长到将近 140 000 兆瓦，但是总体安装容量在 20 世纪 90 年代初期只有大约 80 000 兆瓦（Hill，2005）。

这种发电系统既效率低下，又无法满足这种规模的需求。发电厂大多数是由在东部的比哈尔邦开采的煤矿所供应燃料的，并且是通过老化和低效率的铁路网络被运输到其他国家的，这是一个涉及重大失窃的过程。20 世纪 90 年代中期平均的电厂负荷因素，在生产中所使用的设备容量为 57%，低于峰值负荷需求的 20% ～ 30%（Nicholson，1995）。除此之外，高达 20% 的电力在传播的时候由于低压配电网络维修不善以及投资不足而传播不出去。电力盗窃是很普遍的，许多消费者非法挖掘供他们自己使用的网格，或者是为了避免付钱去用电量表装置连线。在新德里，多达 25% 的电力连接估计在这个时候都是违法的（Choukroun，2002）。

这种电力部门运作了一种两级系统，联邦政府和各州之间共同分担这份责任，所有的这一切都维持着国家电力委员会，涉及发电、输电和配电。虽然一些中央政府公共事业也产生了电力，输电以及配电功能在很大程度上都留给了国家电力委员会。20 世纪 90 年代中期，大约 70% 的国家电力都是由国家电力委员会所发电和配电的（Hill，2005）。随着印度对电力短缺的苦苦挣扎，国家电力委员会倾向于补贴农业文化消费者的关税，以至工业消费者为了降低电费而去贿赂国家官员。由于着损失累计高达每年 2 亿美元，所以国家电力委员会投资于新增效益的能力是十分有限的。

考虑到电力部门对于印度经济发展的重要性，政府决定快速追踪八个项目以吸引这一领域的外资，从而作为经济自由化的更为广泛计划的一个部分。这些项目都是通过单独谈判而不是公共招标发起的，并且这些项目也得到了中央政府一定的支持，包括某些保障（Paterson，2006）。大博发电厂的第一阶段就是像这样的第一个被推出的项目，它被广泛地视为旗舰计划，并标志着印度国内能源部门对外国利益的开放。在当时的教唆下，大博成了世界上最大的独立发电项目，它是印度上最大的外资来源投资项目。

8.1.3 安然公司

安然公司于 1985 年作为一家管道分销公司在美国得克萨斯州建立，它向电力公司和其他商业企业输送天然气。随着美国电力市场的具有里程碑意义的放松管制，安然公司扩大了其活动，包括电力交易，从不同国家之间批发和零售价格的差异获得了大量的利润。安然公司不仅开始设计复杂的供应合同，试图去保护其消费者免于遭受一定的风险，例如：在利润方面的变化，或者是没有能力支付，或者同时进入了一个远远高于它的供应合同的许多像这样的合同，这样的合同就是需要进行风险管理的目的。本公司由联邦证券交易委员会授权去采纳与证券或商品交易商有关的会计实务，并标明产品的上市公司资产负债表中的资产和其他应收款的部分，无论其流动性或实现的可能性如何。其结果可以称之为最神秘的收益。

这种激进的企业方针进一步显现在税收和收入方面的弄虚作假，以支持集团的股价。这变得越来越复杂，特别是涉及一系列交易来掩盖整体资金的债务，还有给股东和金融分析师呈现了一个不太高的金融杠杆外观。对于安然公司的报告以及真实业绩的疑虑，从华尔街的传言变成了 2001 年的广泛的关注，并于 2001 年年底，安然公司公然承认有着超过四年前 5 亿 8600 万美元夸大的集团盈利，并且隐瞒了负债约 30 亿美元。随之破产的损失突如其来：2001 年 11 月，安然公司的债务被降低到垃圾债券状态，公司在几周之内申请了破产。随后，安然公司在全球解雇了大约 21 000 名员工。

20 世纪 90 年代初期，安然公司开始了拓展下游活动，例如：作为天然气的买家去开发发电项目（Allison，2001）。安然公司还试图进入新私有化非美国市场（Fidler，2002）。子公司，安然国际，在发展中被要求运行发电项目的任务而在 1990 年建立。安然公司董事长肯尼迪 · 莱的门生丽贝卡 · 马克，被任命为公司首席执行官。马克是公认的野心勃勃、极具影响力的人物，并且成为安然公司更高层的人物之一（Anderson，2001）。

马克看出了安然公司可以成为印度液化天然气的最大的经销商，到了 2010 年需要高达 200 亿美元的资本投资。在这种情况下，安然公司将会建立两个液化天然气接收站和电气化装置，第一个就是在马哈拉施特拉邦的大博的设立。

因此，安然公司在 1992 年与印度当局公开讨论由大博电力公司所兴建、拥有以及运营的大博电力工厂。大博电力公司是一家完全由外国利益所拥有的印度私人化公司。安然公司与通用电气公司以及柏克德企业公司都持有该公司 80% 的股份。柏克德企业公司每个人都持有 10% 的权益。通用电气公司将为大博供应燃气轮机，柏克德企业公司则作为交钥匙工程的采购和施工收缩器，它们与印度有着良好的双重税收协定，这就会帮助业主在产生额外分配项目的过程中减少预扣税（Allison，2001）。另一个安然子公司被作为为再气化工厂服务的交钥匙总承包商。

8.2　大博电力项目的发展

大博工厂从一开始就备受争议。继对外国直接投资开放电力部门之后，印度官员于 1992 年 5 月访问美国以寻求该领域的投资和技术资源。包括丽贝卡 · 马克在内的代表团会见了安然公司的官员，并且表示了他们对于调试一家私营电厂的兴趣。紧接着，对于代表团的归来，电力秘书告知了国有电力供应商，也就是马哈拉施特拉国家电力委员会，告知它们安然公司为了拟议发电项目将于同年 6 月访问这个地方，去视察沿州的沿海地区的潜在的地点。

马哈拉施特拉邦是印度最繁荣、发展最好的州之一。孟买州政府（以前被称为孟买邦）是印度主要的金融和商业中心。当安然公司和通用电气公司的高管们抵达印度时，他们首先在德里会见中央政府官员，然后前往孟买去视察地点以及会见国家代表。不久之后，在 1992 年 6 月 20 日这天，安然公司和马哈拉施特拉邦州政府签署了一份谅解备忘录，在大博也就是孟买以南 180 千米处开发了一个 2000 兆瓦的天然气发电厂。超过 3.1 亿美元项目的原则协议被拟定得异常迅速（Callari，2002）。无论是从事独立的技术援助、进行该项目和主要合同的财务评估的中央政府还是州政府，它们都不能够得出没有任何形式的竞争性招标的结论（Allison，2001）。

一个州政府委员会在 1995 年审查了这一项目，并做出了如下的评论：

> 只不过不到三天的时间里，一个谅解备忘录在安然公司和马哈拉施特拉邦电力委员会之间签署，在当时大约涉及超过 10 000 亿卢比（2.5 亿美元）的价值项目，还有一些完全进口的燃料以及大量的进口设备，其中，我们不可否认，政府部门没有一个人具备这种专业知识或者是经验。事实上，该文件《关于大博项目》甚至没有展现出安然公司是什么：它的历史、业务或者成。它看起来更像是一种在获得了充足和可靠的信息后的与一方在持久安排上所进行的深思熟虑的决定。无论是安然公司的资产负债表和年度账目，还是任何有关其活动、经营领域、其一公司等的信息，在当时及之后都不是由政府所获得的。（Report of the Maharashtra State Cabinet，1995）

8.2.1 项目结构

在签署谅解备忘录之后的两个月，安然公司向印度外国投资促进委员会提交了详细的实施问题建议（Allison，2001），并指出把该项目拆分成两个不同的阶段。马哈拉施特拉邦电力委员会早先就提出，该项目应该以这样的方式被划分，但是安然公司不同意，理由是这将造成不利于大博在生产中的经济规模。马哈拉施特拉邦电力委员会的动机目前还不清楚，但是作为大博的唯一的电力买家将该项目划分为两个阶段，很可能对于董事会来说更容易去处理该项目的财务结果，这在任何意义上对于马哈拉施特拉邦电力委员会在容量、产量和成本方面正在慢慢转变。

这一项目的第一阶段涉及了一个 695 兆瓦的天然气发电站的建设，将会运营进口馏分油。这一阶段计划于 1997 年 12 月开始生产。第二阶段将会把该工厂的容量扩展到 2015 兆瓦，还会涉及一个 1320 兆瓦的燃气电厂、一个再气化设施、一个液化天然气运输船加上包括燃油码头、航道以及防波堤在内的相应的港口设施这些建设（Project Finance，2000）。第二阶段原定于在 2001 年年底运行，在第二阶段完成之后，整个工厂将会转换为使用液化天然气作为燃料。

随着第二阶段的完成，大博将会继续使用来源于卡塔尔的液化天然气，安然公司在这方面有着广泛的兴趣，包括一项价值 4 亿美元的新天然气田的发展（Brauchli，1995），以及其他的管道施工。大博的总成本将会超过 2.8 亿美元。相比较那些只在高峰时期发电的调峰站，该项目作为一个持续发电的燃气基荷发电机站而被设计。在为期 20 年的合同中，马哈拉施特拉邦电力委员会将购买电力工厂负荷系数为 90% 的最低数量的电力。该项目的债务权益比率的目的是不超过 70:30。第一阶段的资本成本为 9.2 亿美元（Sant *et al.*，1995），第二阶段的资本成本约为 1.9 亿美元。

8.2.2 反对意见

安然公司和中央政府都在为大博寻求来自世界银行的融资。这是一种战略性的决策，世界银行不仅仅以优惠条件为许多像这样的电力项目提供货款，而且用这样的方式筹集资金将代表了对该项目的认可，这就会使得商业资金更容易获得。然而，世界银行的分析表明了，该项目将会为马哈拉施特拉邦以极高的成本产生过多的电。新的不必要的容量将会迫使马哈拉施特拉邦电力委员会用多达 5 倍以上成本的资源去替代更加便宜的燃煤发电输出，因为即使工厂的输出是多余的，马哈拉施特拉邦电力委员会签订了合同从大博那里购买最低数量的电力（Allison，2001）。因为印度的区域电网之间的传输网络容量是有限的，而且大多数的国家电力委员会均财政状况不佳，所以出售电力给其他国家几乎是不可行的。

世界银行还指出，大博工厂被计划作为一个基荷发电站，当马哈拉施特拉邦在高峰时期面临电力短缺的时候，另外，天然液化气的使用是不可的，在考虑到国内煤炭相当低的成本时。世界银行总结道，该项目不符合最低成本的测试，缺乏一种全面的理由，而且马哈拉施特拉邦和安然公司之间签署的谅解备忘录对安然公司是极其有利的。1993 年 4 月，世界银行拒绝了马哈拉施特拉邦政府的贷款申请，理由是该项目“在经济上是不可行的”。

印度联邦政府监管电力部门，也就是中央电力管理局，独立研究了这个项目，并且发现有利于安然公司的是“整个谅解备忘录是片面的”。中央电力管理局尤其指出了以下几个方面（Allison，2001）：

- 没有印度法律所规定的被要求的关于项目成本的具体的细节
- 大博产生的电力的价格太高
- 谅解备忘录未能指明这个签署的 20 年的合同什么时候将会开始，关于电力供应或者支付什么时候将开始也缺乏详细的说明
- 收支结构不符合 1992 年由中央政府出台的指南
- 没有规定审计该项目，是为了确保电的价格与它的成本相当
- 马哈拉施特拉邦电力委员会保证了最低的燃料购买，但是燃料供应商并不一定会提供一个最低数量的燃料
- 马哈拉施特拉邦电力委员会还没有证实，燃料的价格是否符合经济

8.2.3　交易完成

中央电力管理局扣留了这个项目的许可证，其理由是关税过于高了。尽管如此，马哈拉施特拉邦政府督促中央政府给这一项目留有许可证，中央政府屈服了，尽管中央电力管理局被法律授权扣留这类项目的许可证（Dutta，2002）。1993 年 12 月，马哈拉施特拉邦与大博电力公司签署了一个 20 年的电力购买协议，在这一项目上做了标记（Allison，2001）。为了可以让大博继续进行下去，安然公司需要确保 150 联邦以及各州的批准，解决许多法律问题，并在原则上处理复杂的联邦税和州税（Hill，2005）。安然公司，在其积极的游说努力下，以其罕见的速度克服了臭名昭著的保守的印度官僚机构。

8.3　电力购买协议

马哈拉施特拉邦电力委员会与安然公司之间签署的电力购买协议是一个需要付费的合同，在这个合同中，马哈拉施特拉邦电力委员会承诺去购买经过商议的电力容量，并不去注意它的能源使用量。马哈拉施特拉邦电力委员会将会从大博购买 20 年的电力，不论需求或者是可以获得更加便宜的燃料来源。尽管大多数国家的电力项目的用电关税随着时间的推移在不断地增加或减少，但是对于大博的关税，所有人都是期望它可以稳步增

长的（Sant，1995）。

由马哈拉施特拉邦电力委员会购买的每度电包含了容量费用和能源费用。容量费用涵盖了投资到该项目的资金回收，随着马哈拉施特拉邦电力委员会承载着所有货币币种的风险，这种容量费用主要以美元计算。这种容量费用将会被全部应用，不管什么时候都可以达到一个 90% 的工厂负荷系数。能源费用是建立在燃料消耗量、可变的操作和维护费用、燃料供应必须付的费用以及特殊的操作费用基础之上的一个可变的关税组成部分。大博电力的最终价格在很大程度上取决于美元 – 卢比汇率、石油价格水平以及工厂的实际负荷系数。

电力购买协议保证了大博电力公司 16% 的内部收益率，这是在考虑到外国投资者参与印度投资对这些风险的感知下的，低于许多分析师认为的可以被足够吸引的外国资本。尽管如此，行业观察家们计算出了大博电力公司的真实的税后内部收益率为 26% ～ 32% 之间，这相当于来自马哈拉施特拉邦电力委员会的 1590 万～ 2040 万美元之间的年度超额支付（Sant，1995）。

8.3.1　第一阶段的融资

这一项目第一阶段的融资被安排在了 1995 年 3 月（Euroweek，1995）。三家外资发起人共同促成了 2 亿 7600 万美元的股权投资。债务融资是由以下 4 个主要的部分组成的（International Financing Review，1995）：

- 由美国银行和荷兰银行所安排的通过 12 家银行银团贷款的 1.5 亿美元
- 由美国进出口银行所担保的在商业出口信贷贷款方面的大约 2.98 亿美元
- 由一家美国机构，也就是海外私人投资公司所提供的政治风险保险 1 亿美元的贷款
- 由一家国有部门贷方，也就是印度工业开发银行提供的 9800 万美元的长期贷款

信贷支持来自于信用证明的形式，从国家政府那里寻求担保，从中央政府那里获得反赔偿。信贷支持还来自某些马哈拉施特拉邦电力委员会所

支付的托管账户。中央政府为大博剩余的八个快速跟踪的能源项目提供担保，为的是能够吸引私人部门的参与。

8.3.2 修订后的协议

1995 年 3 月，在第一阶段的建设开始实施之前（Nainan，1995），一个新的民族主义印度人民党联盟和印度教民族主义湿婆军取代了之前一直负责参与大博合同的国会政府。印度人民党联盟和印度教民族主义湿婆军都参与了反大博平台的选举，这煽动着大众的广泛的认知，让大家普遍认为与外国人打交道很有可能对印度不利（Edwards and Shukla，1995）。

在美国国会由一名高级人员听证之前，对大博的对抗加重的声明了，那就是安然公司之前已经在印度教育方面花费了 2000 万美元，目的是为了展现私人电力项目的优越性，印度的许多人把这一大比钱称之为贿赂的钱。新马哈拉施特拉邦联合政府迅速成立了一个委员会，以审查由副首席部长和印度人民党主席彼纳斯·芒迪所领导的这一项目，他在竞选中曾经走访过大博并且承诺“将安然公司引领进阿拉伯海”（dutta，2002）。芒迪委员会研究了这一项目，并且总结出了如下结论：

- 没有理由不包括招标项目的竞争。这对于中央政府只单独与安然公司谈判是不恰当的行为
- 大博项目的资金成本是人工的
- 关税支付的外币面额将会导致对于消费者的极其不公正的高利润
- 由大博发电产生的高额的费用将会对马哈拉施特拉邦的经济发展产生不利的影响

尽管该报告的部分内容被泄露给了印度媒体，但是这一报告从来都没有公布于众。对此，安然公司的马克表示，该公司已经考虑到了印度海关将会受到进口设备关税的心血来潮，这暗示着安然公司确实捏造了成本（Hill，2005）。

在芒迪委员会的推荐下，1995 年 8 月，州政府宣布，取消大博项目。州首席部长马诺哈尔·乔希呼吁停止第一阶段的建设工作，直到大博合同能够被废除（Fernandes，1995）。乔希在州议会前说：“接受这项协议将表明绝对地缺乏自我尊重，这就等于背叛了人民的信任，所以这项协议违背

了马哈拉施特拉邦的利益”（Brauchli，1995）。尽管如此，乔希还暗示了，如果安然公司采取适当的措施的话，州政府将会开放再次谈判。

州政府宣布取消大博项目的这一决定促使安然公司发布了仲裁通知，并且要求 3 亿美元的赔偿，这 3 亿美元使得大博电力公司曾经拒绝投入这一项目。公司在印度有名的报纸上发布了广告，宣传了这一项目的收益（Hill，2005）。到了 1995 年 9 月，民意调查显示出，80% 的州民以及 60% 的国民都希望这一项目得以恢复。为了节省投资的希望，马克建议，跟乔希重新谈判、提出关税调整以考虑到大博特殊的基础设施和税收要求，还要考虑到近日在马哈拉施特拉邦所赞同的类似的私人电力项目之下的最优惠的价格（Nainan，1995）。

安然公司还建议将馏分燃料切换到石脑油或者来自于国内供应商的液化天然气，并提供了马哈拉施特拉邦电力委员会在大波电力公司的 30% 的份额。州政府开始与安然公司进行谈判，并于 1996 年 2 月，双方同意修改了大博协议。以下是一些新的条款（印度商业智能，1995）：

- 发电设备价格下降的一个新的旋涡设计将会减少 3 亿美元的资本成本，同时总容量将会从 2015 兆瓦增加到 2184 兆瓦
- 再气化工厂将会发展成一个单独的企业
- 该项目的第一阶段将会使用国内石脑油而不是馏分油
- 再气化工厂和燃料转变的分离将会减少 4 亿 5000 万美元的成本，并且通过削减关税固定成本的组成部分而降低了电力的单位率。这就会使大博电力的平均单位率[⊖]从第一阶段的 0.055 美元减少到了整个项目的 0.043 美元，这样就使得大博在印度的谈判或实施之下成为最便宜的大规模的电力项目
- 马哈拉施特拉邦电力委员会被给予了收购大博电力公司的 30% 份额的选择，这将会使这一项目的年度现金支出减少到 1.5 亿万～1.7 亿万美元（Inkpen，2002）
- 赞助商们将会售卖再气化的液化天然气给顾客，而不是给马哈拉施特拉邦电力委员会（Naik，2003）

⊖ 电力平均单位率指的是对于该项目的生命周期的电力单位率。

- 第一阶段和第二阶段将会同时被实施，去覆盖那四个月中所失去的建设时间（Economist Intelligence Unit，1995）

一个新的购电协议在1996年8月被签署，第一阶段的建设工作于年底恢复（Naik，2003）。修订后的协议由中央政府赋予了反担保，大博的第一阶段在1999年5月被公布到了网上（Sarkar and Sharma，2006）。在这个修订后的协议之下，大博电力公司对于整个项目的年回报率被预计在20%左右（Economist Intelligence Unit，1995）。

州政府试图取消大博是对于中央政府努力吸引外资的一个严重的挫折，尤其在印度能源部门中（Nicholson，1995）。大博的目的是作为一名开拓者以吸引外资，但是该州的行为对于某些外国投资者来说令人寒心，使他们对印度成为跨径投资风险有了较大的看法。对于许多观察家来说，州政府的决定是在1997年国家选举之前，由印度人民党所实行的政治伎俩去抹黑国大党中央政府（Fernandes，1995）。批评家表明，这一新的协议未能通过消除这一项目第二阶段的可选性来处理该项目根本的成本问题，而且恶化了马哈拉施特拉邦电力委员会的立场（Economist Intelligence Unit，1995）。

8.3.3 第二阶段的融资

超过40多个银行在财政方面都承诺了该项目的各个方面，但是在银行集团可以被构成资助第二阶段的外币债务需求之前需要12个月。第二阶段的融资于1999年5月完成，伴随着被描述在专家财政新闻里的贷款，这些贷款都是在最成功的国际项目融资当中的。第二阶段所预计的资金成本，包括再气化设施，只从原来的赞助商那里获得1.9亿美元以及1.414亿美元的贷款和4亿5200万美元的承诺。1.082美元是由外债所构成的，代表着最具规模的外国借款（Allison，2001）。这种债务方案是从许多资源中所获取的（International Financing Review，1999）。

- 由印度银行所提供的3亿3300万美元的当地货币贷款等同于充当编曲家的印度工业发展银行
- 4.97亿美元的银团贷款是由国内和关闭海滨银行所提供的
- 美国死刑信息中心提供了6000万美元的项目融资贷款

- 在 4.33 亿美元的出口信用贷款中，其中的 2.58 亿万美元由日本进出口银行所提供，由印度金融机构和商业银行所担保。剩下的 1.75 亿美元由商业银行所提供，提供来自于日本国际贸易和工业部的社会保障
- 另外的 9080 万美元的出口信用贷款是由比利时办公室图书馆所提供的 95% 的担保，以及长期的印度政策性银行等商业银行所提供的 5% 的担保

所得款项将用于对一个额外的 1320 兆瓦的发电厂的建设，也就是一种液化天然气设施和港口设施。安然公司到目前为止已经获得 20 年的合同，每年从阿曼液化天然气有限责任公司那里购买 160 吨的液化天然气，以及从阿布扎比那里购买 46 万吨的液化天然气（Project Fincnce，2000）。跟第一阶段不同的是，第二阶段的金融家们没有得到来自于中央政府的反赔款，而是收到了来自于州政府的支持。

8.3.4 戈德博尔委员会

在 1999 年马哈拉施特拉邦大选期间，现在把大博作为其对手象征的国大党，反对了该项目并且击败了执政联盟。新政府成立了一个委员会，以检讨该项目的第二阶段。很多人把此举看成是管理人民的一个策略。由戈德博尔所带领的委员会，在研究这个项目 2 个月之后，于 2002 年 4 月 12 日公布了其结果。该报道写道：

> 大博电力公司已经强调了签订这些合同的神圣性。然而，众所周知，许多商业合同都定期的再次谈判一些主要的变化。从某种意义上来说，经济现实在商业世界中占据科技合法性的主导地位。（Report of the Energy Review Committee，2001）

随着第二阶段已经承诺的 90% 的建设成本，大博的申办者都强烈反对该委员会的建议，但是由于缺乏一致性，该州与安然公司所签署的协议破裂了。

8.3.5 现金危机

大博工厂的第一阶段于 1999 年 5 月开始运作（The Economist，2001a），

并在一个月之内马哈拉施特拉邦电力委员会提出了对于每个月支付 2000 万美元账单能力的重视。尽管在印度国家电力委员会中，马哈拉施特拉邦电力委员会处于一种相对来说比较强的金融地位，但是它也在面临着共同的长期财政问题，部分原因是接收到了为马哈拉施特拉邦电力委员会所供给的唯一一部分电的贷款（Paterson，2006）。大部分供给的电是由于传输效率低下和偷窃而丢失了，然而马哈拉施特拉邦电力委员会也补贴了关税给该州最敏感的选民，特别是在农业部门（The Economist，1994）。第一阶段大博所消耗的石脑油，一个相对来说较贵的燃料油的衍生物，以及原油的价格在 2000 年已经在大幅度的上涨了。考虑到与马哈拉施特拉邦电力委员会必须要以美元计价的价格有关，这种情况就由于卢比的下跌大大地加剧了（Inkeper，2002）。尽管马哈拉施特拉邦电力委员会仅仅只是购买了大博输出的 33% ～ 60%，但是它必须支付承诺的 90% 的容量，把低使用率转换成一个更高的平均购买价格（Inkper，2002 ；Pesta，2000）。到了 2000 年年底，相较于大多数其他国家所支付的 0.034 美元，马哈拉施特拉邦电力委员会几乎好多次每度电都支付了超过 0.161 美元（Pesta，2000）。面对这些财务困难的情况，1996 年之后，马哈拉施特拉邦电力委员会收购了其在大博电力公司股权的一半，增加了安然公司在大博电力公司的股权至 65%。

随着其单一客户不能够支付电力，2001 年 2 月大博电力公司调用了中央政府反赔偿恢复那些自从 2000 年 11 月马哈拉施特拉邦电力委员会所欠下的 1700 万美元（New York Times，2005）。在同一个月，马哈拉施特拉邦电力委员会指责了大博电力公司虚报大博的技术能力，并且做了一个约 8600 万美元的赔偿要求。大博电力公司认为马哈拉施特拉邦电力委员会企图逃避合同付款是有争议的。当第二阶段在年底开始运作，并且天然气比石脑油更加便宜的同时，由大博所产生的电力也将变得更加便宜。这个时候，马哈拉施特拉邦电力委员会的整体成本也会增加，因为在所签署的 20 年的供应合同之下，马哈拉施特拉邦电力委员会必须要去购买液化天然气（The Economist，2001）。

如果马哈拉施特拉邦电力委员会不能够或者不愿意从大博那里支付或者掌权的话，那么大博电力公司的选择就会很少。尽管整个印度都电力短缺，但是跨州的销售受到了落后的基础设施的阻碍。希望出售该州之外的独立发电项目，需要所在国家的批准以及由消费国家监管部门所批准的关税（Joshi，2002）。1999 年以来，安然公司一直都设法但都没有成功地说服联邦以及马哈拉施特拉邦政府放宽这些规则，以便能够把这些独立的发电项目出售给多个州（Joshi，2002）。

外资债权银行现在也担心马哈拉施特拉邦电力委员会的支付问题，不只是因为中央政府的反赔偿仅仅部分适用于第二阶段，以及其建设资金已经在 2001 年 3 月停止实施，那时建设完成了大约 90%（Joshi，2002）。另外，印度债权人也减少了对大博电力公司的本币贷款的利润率，以帮助避免为了它们贷款的法定配置（Rao，2001）。4 月，大博电力公司在伦敦开始仲裁诉讼，并发送了政治不可抗力因素的通知（The Economist，2001b）。由于 4 个月的款项未支付，大博电力公司扬言要停止供电，即使马哈拉施特拉邦电力委员会之后支付了发票。

无论是一个州还是中央政府，都不会满足马哈拉施特拉邦电力委员会的货款，理由是票据处于纠纷之中（Paterson，2006）。大博电力公司企图通过项目托管账户收回货款，但是马哈拉施特拉邦电力委员会却寻求了禁令去阻止这种尝试（Naik，2003）。2001 年 5 月，大博电力公司停止了第一阶段的行动，寻求了国际仲裁并且向马哈拉施特拉邦电力委员会发布了初步的终止通知，这是终止供应合同的一种规定的过程，也引发了一个为期 6 个月的冷却期。马哈拉施特拉邦电力委员会对这一过程有争议，并且要求马哈拉施特拉邦电力监管委员会去裁决这一争议的解决程序，声称马哈拉施特拉邦电力监管委员会执行了准司法权去裁决一切州的权利纠纷。2001 年 5 月，马哈拉施特拉邦电力委员会撤销了电力购买协议，声称大博电力公司已经歪曲了电力工厂的爬坡能力[⊖]以及电力购买协议无效（Naik，2003）。第二阶段的建设在 6 月停止了。

8.3.6　索赔与理赔

2001 年 9 月，安然公司的董事长肯尼斯宣布，公司计划出售 4 ～ 5

⊖　对于工厂来说所采取的时间度量单位是从冷起动到完全的输出。

亿美元的资产（Mclean，2001），并在同一个月提出了以 2.3 亿美元出售 65% 的大博电力公司的股份给印度政府，其中 1.1 亿美元覆盖安然公司的投资，1.1 亿美元去获得海外债权人的债权。双方不同意这些条款，没有达成协议。之后安然公司调用了大博合同中的这些条款去向中央以及州政府索赔 5 亿美元，理由是马哈拉施特拉邦电力委员会已经违反了电力购买协议（Mclean，2001；Weil，2000）。到了 2001 年 10 月底，大博电力公司一直在准备发布最后的终止通知给马哈拉施特拉邦电力委员会（Nail，2003）。

然而在国内，安然公司的欺诈性财务和会计策略正处于被曝光之中，并且在 2001 年 12 月，安然公司寻求了破产保护（Mclean，2001；Weil，2000）。在印度的大博电力公司的债权人要求孟买法院使大博被迫破产，以防止它被纳入安然公司的破产程序之中。

大博之后闲置了好几年，作为赞助商，国内外金融债权人、国家和州政府防止了网络结算、赔偿和反索赔。2004 年 3 月，印度接手者控制了大博工厂（BBC，2002），并且在一个月之后，外资商业银行终止了电力购买协议。同时，贝克特尔公司和美国通用电气公司通过美国破产法院收购了安然公司在大博电力公司的 65% 的股份，大约 2300 万美元，并且发起了仲裁去挽回它们的损失。

8.4 结语

2004 年，印度国大党领导的联合进步联盟接管了中央政府，并开始着手清除来自于大博的外债，以及使该工厂重新运作。到了 2005 年 7 月，在与贝克特尔公司和美国通用电气公司清算之后，政府已经订立了由大博引起的仲裁和法律案件（Paterson，2006）。双方都试图尽量减少它们的损失，不像大博电力公司的金融债权人，它们能够在讨价还价中使用技术资源所提供的金融杠杆，没有这种金融杠杆，重新运作就难以实现（The Economist，2004）。

这 19 家逾期的海外银行以 20% 的折扣 2 亿 3000 万美元获得了结算（Sridhar，2005），然而海外私人投资公司获得了由国内银行包括印度工业开发银行、印度工业信贷投资银行、印度产业金融公司和卡纳拉银行，以及国内债券销售所资助的印度天然气和电力投资有限公司的 2 亿 2800 万美元的结算（Kapoor，2005）。这些与外国债务人有关的结算使得大博得以起死回生，并于 2006 年 4 月该工厂重新运行。

8.5　分析

大博破产的唯一受益人可能就是没有事先参与的双方，它们能够在项目或低于其成本或账面价值的资产中获得利益。一般来讲，该厂的技术复杂性是毋庸置疑的，而在写作的时候，这似乎是一个潜在的资源，但是如果没有进一步的资金和高能源价格，该工厂的未来和实用性就会存在经济上的不确定性。导致大博面临灾难的因素有很多，但是并不是它命运的所有方面都涉及项目或者其概念设计的本质。至于什么是错的或者什么也许可能发生，许多大博最有影响的支持者都不再质疑。但是这一简短的研究揭示出结构性项目的弱点，总是有可能被深刻条件下的变化所测试。这些当中有一些对于大博来说是真正外生的，但是它们却无人防守，而且更加糟糕的和应该去考虑的是，还有一些是大博以及它的赞助商带来的内生的事件，而且必须被视为可能在所有情况下已经损害了项目绩效。

我们在本章中没有对州或联邦的政治性过程进行评估。这种体制的问题是，安然公司和其他公司在这一方面确实有效地做到了一点，大博未能预见其政治变化以及当地或国家的水平，在其部分获得政府的批准的宣传工作中，安然公司以这样的恶名投资了这一项目，那就是当时的政治领导人不能够拒绝将这一项目作为其更加广泛的交易棋子。我们不在这里处理有关政治风险保险产品的商业事务，很可能在现实中这些商业事务已经部署了一些当事人来减轻特定的风险，但是从更广泛的意义上来说，该项目的结构使得它对于政治变化、紧张和争端的高度敏感。即使大博不能够从这些因素中分离出来，而且印度权力机关和赞助商之间所签署的某些制度元素的协议会得到一些保护，它还是会具有一些缺陷。这些将包括明确的对时间敏感的联邦和州商业赔款或者第三方的财务担保。

因此在项目结构中，政治变革被忽视了。大博输出的成本是比较高的，而该工厂有效地接触到了有着较差信誉的垄断买方。安然公司和其他的公司寻求或者得到了它们体制不足的支持，以应对它们暴露在马哈拉施特拉邦电力委员会的项目风险，似乎在早期就并没有做出真正的规定以保障将在任何别的地方被使用的大博输出。在适当的时候，所有的这些因素都逐渐地渗入这个项目之中，因为安然公司特有的财务利益是如此的根深蒂固，以至于公司协商变更项目的能力，尤其是指挥新的金融资源的能力，变得越来越弱了。安然国际想要在一个新的海外市场显示战利品、高配置以及高科技项目，去别的地方向未来的合作伙伴展示它的成功，这也许会受到阻碍，以至于在不能够完全改变与大博的策略以及在早期阶段放弃该项目。它也会被本集团节省资本和维持其报告的盈利业绩的需要所驱动，因此，安然公司的做法完全影响了大博。这就包括对盈余管理、资本保护、过度促销和高度可视性的关注。实际上，大博最大的争议并不是在敏感部门中外国商业利益的作用，而是大博发起人需要在项目运作中建立经济租金的结果，为了使自己的现金流数字令人满意，并且可以满足它们的更加广泛的目标。

在等级制度细节方面，也有可能出现这种情况，那就是在大博的加权持股使得安然公司享有更大的自由去控制项目的方向性，并且使得其他两个原来的股东，作为股东这一角色在这一项目的最终命运中没有相同的兴趣程度。所有的这一切都使得许多潜在的金融家有很好的理由去避免这一项目。

第9章

交易中的极端复杂性：伦敦地铁的公私合作伙伴关系[⊖]

这一章的研究对象被描述成英国历史上最复杂的合同之一，即签订于伦敦地铁有限公司（LUL）与两个基础设施公司 Tube Lines 和 Metronet 之间的公私合作伙伴关系（PPP），其内容是对伦敦地铁城市铁路系统进行整修、升级、维护和运营。由于交易的范围和为期 30 年的有效期限，这个 PPP 协议的签订以及相关政治领袖对公私合作伙伴关系和私人融资计划政策的承诺吸引了广大民众的注意力。

然而，随着这一交易进行到第五年，对于 LUL 和两个基础设施公司来说，事情好像有些脱离它们的掌控。LUL PPP 案例概述了 LUL 和 PPP 相关历史中的各项因素，并提出了一个假设性的情景分析：对于 LUL 基础设施公司之一，Metronet 铁路来说，向全球高效的城市铁路运营商之一——香港公共交通铁路公司（MTRC）提供股权是否明智？而对于 MTRC 来说，对这一提议进行认真考虑是明智的吗？

⊖ 见本章尾注。

9.1 公私合作伙伴关系：伦敦地铁[⊖]

在 2007 年，MTRC 的董事会考虑入股遭遇瓶颈的 Metronet 铁路，也就是两个被特地成立的私营部门工程协会中的一个，这两个协会与 LUL 签订为期 30 年的 PPP 协议来共同运营和维护伦敦地下铁路网络。LUL PPP 是英国公共部门中最大的和最复杂的私人融资协议之一。英国政府意欲通过 PPP 来提供充足、长期且稳定的投资，从而克服伦敦地铁系统数十年的资金不足问题，使地铁系统恢复到一个较好的状态并通过提升地铁系统的可靠性、人员容量和乘坐环境来造福广大使用者（Transport for London，2007）。

从 Metronet 买入大量的股份能够使 MTRC 在欧洲城市铁路系统的运营中占有一席之地。自 LUL 在合同中承诺对基础设施进行修复后，合同期限已过去 1/10，但维修进程仍然一直令人失望，而且公众的不满喧嚣尘上。距 2012 年伦敦奥运会举办还有五年时间，而 MTRC 的希望之门正在快速关闭。尽管知道这是一个不同寻常的决策，但是公司在这项投资上所争论的时间越长，那么若最终结果是选择投资，则其能用来准备的时间就越短。很明显，LUL PPP 的所有目标并不会在 2012 年全部完成，但若在奥运会举办之日对地铁系统预期的提升还未见端倪，那这对伦敦来讲将会是一个国家层面上的公共关系灾难。从另一方面来讲，如果 MTRC 以财团身份及时参与能够促成地铁系统的一个卓越提升，那么这将成为 MTRC 一个史无前例的受人瞩目的举动。

9.2 两个国家，两套系统

9.2.1 伦敦地铁

地铁是伦敦交通系统的核心。如果无法解决延续数年的地铁

⊖ 艾莉森·贝特在作者的监督下编撰这一案例以用作课堂讨论。这一案例是虚构的且其目的并非是展示对决策或企业流程的有效或无效处理。虽然在准备这一案例中的历史因素和基本背景时，笔者花费了极大的精力，但是这里的投资决策是虚构的且其唯一目的是用来引发辩论。在这一案例中所讨论的机会并非代表某一真实的具体的公司机会。07/334C，Copyright © 2007 香港大学。这一材料的使用已通过香港大学亚洲案例研究中心（http:www.acrc.org.hk）的批准。

> 投资不足问题，则对首都交通系统的实质性的、长期的提升都只是空谈。维护服务的不可靠所导致的后果非常明确，比如从未停止的电梯故障，以及一个与其应有的表现相差甚远的正在退化的系统所表现出的各种特征。
>
> 肯·利文斯通，伦敦市长（Greater London Authority，2001）

LUL 创立于 1985 年，其前身可追溯至 1863 年，伦敦地铁是世界上第一个开始运营的地铁系统。伦敦作为一个发达的国际大都市，地铁系统对其至关重要。这个城市的繁荣在很大层面上依赖于它的交通系统的质量，其使这个城市的经济效率和市民的生活质量达到了最大化。然而，地铁系统的老化和投资不足意味着其在 21 世纪无法再继续为它的使用者提供现代化和满意的服务。

在 20 世纪 90 年代，形势变得严峻，并且当时的公共舆论要求对伦敦地铁进行现代化改造和革新。地铁系统破旧、功能不良并缺乏管理，且常年资金不足。大部分地铁隧道的直径仅为 3.5 米，且没有用于紧急情况和维修状态下的备用旁路。工人们只能在地铁系统完全停止运营的情况下才能够开始维修工作，这意味着大部分的主要工作只能在周末实施。对于这样一个许多基础设施都超过 100 年的大型复杂的系统来说，对其投资的成本和困难不容小觑。在彻底的国有化之下，随着政党和其制定的优先权的不断变化，“地铁”收到了断断续续的来自政府的投资，但总的来说，很少得到对系统长期需求的承诺。因为 LUL 实际上是一个交通运营商而非建设与维护专家，因此之前资金都被拨给了运营工作，这导致了这一系统的衰退、糟糕的服务表现、高昂的运营费用和对提前替换系统的需求。勤俭节约的文化传统解释了为什么尽管投入大笔资金但还是徒劳无益。直到 1997 年后的两个十年，核心投资平均下来为每年 3.95 亿英镑。在 1997 ～ 2003 年 PPP 开始生效之间的这几年，投资水平达到了每年约 5.30 亿英镑，但是考虑到城市快速的经济发展和旅游业的快速成长，这些金额还是不够。过度拥挤成了一个严重的问题，一年的游客数量上升到了十亿左右，但依靠售票所得的收益只占 LUL 总收益的 71%，其依然只能依靠财政部的支持来达到收支平衡（Hutton，n.d.）。班次取消屡见不鲜，每 20 个高峰期就会有一个发生运行终止的情况。故障频发，系统修理非常耗时，车站受到忽视，维修严重不足，且开始进行的项目经常会延期或是超出预算。最后一个由政府主体投资的项目是 16 千米的朱比利线路的扩建，项目开始于 1999 年，在 LUL 的管理下，花费了九年的时间来实施（比预计的长一年半），超出预算 15 亿英镑，且其传信系统存在瑕疵，导致刚刚运营就需要维修（Saunders，2006）。

9.2.2 香港 MTRC

MTRC 运营是香港地区交通网络中的重要一环，香港地铁（MTR），在安全、可靠性、服务质量和效率方面都有着世界级的表现。列车准时、车次多且干净，车站明亮且配有广告展板和商业网点，并且其拥有一套有效、先进的八达通卡系统来使购票变得简单，且票价低得令人羡慕。自从第一班线路在 1979 年开通之后，MTRC 策划并完成了五条主要地铁线路工程的建设，每一条都按时完成并且未超出预算。该公司对基础设施和系统的更新与升级所做出的承诺确保了在客户服务和运营效率方面的持续提升。MTR 的服务承诺允诺列车整点率和列车服务供应率为 99.5%，并且每年该公司都会赶超前一年的服务目标。凭借超过 50% 的连续运营盈利率，资本投资得到了回报，MTR 是世界上少数几家能够盈利的地铁公司之一。截至 2007 年，其每天的载客量为 250 万人次（每年的载客量超过 8.7 亿人次），并且是世界上利用最广泛、高效的大型运输系统之一。线路总长度超过 91 千米，包括 121 千米的隧道（某些线路含有隧道）。在全部的 53 个车站之中，35 个为地下车站，深度为距离街道层 12 ～ 37 米。

MTRC，进入香港证券交易所的一个上市公司，尽管其 76% 的所有权归香港政府所有，其依然在十分成功的铁路 + 房地产开发模式下运作了很多年。使用从位于地铁站旁边和上方的商业和住宅房地产开发所获得的收益来为地铁线路的建设注入资金，MTRC 成功地建造了一个顶级地铁网络，获得了持续的收益，成功上市并因为其出色的表现在国际上获得了认可。2006 年 MTRC 获得了 95.41 亿港元的营业额和 52.01 亿港元（54.5%）

的营业利润，其财务状况非常乐观（MTR Corporation，2007）。[⊖]

国际上，MTRC 在商业上非常活跃，包括为中国内地主要城市的城市地铁公司提供设计、建设和运营服务，并通过其咨询部门，即 MTR 咨询服务（MTRCS），为中国内地、日本及其他亚洲国家及地区、澳大利亚、美国和几个欧洲国家提供咨询服务。其近期为欧洲和美国提供的咨询服务包含地铁工程设计和同行技术评审、运营系统建议、投标书编著协助、尽职调查协助、大量技术咨询和许多其他服务。然而，尽管 MTRC 在内地参与了众多的地铁网络建设，且其部门 MTRCS 在国际上完成了大量的技术咨询工作，但依然还未在欧洲的城市铁路运营中建立起自己的立足点。但是该公司的确对伦敦的情况有了一些经验，完成了签订 PPP 前伦敦地铁（LUL）的运营和维修咨询工作，为 Tube Lines 公司，也就是两个最终通过签订 PPP 对伦敦地铁朱比利线、北线和迪卡迪利线提供升级、维护和运营工作的私人部门基础设施公司（Infracos）之一，提供了系统审查咨询服务。然而，尽管做过一些尝试，并且调查评估了许多伦敦地铁有限公司与地铁站相关的房地产开发项目，但无论是 MTRC 还是其咨询部门都还未获得对一个完整的在中国以外的地铁线路提供设计、建设和运营服务的机会。

9.3　公私合作伙伴关系

9.3.1　英国（UK）的 PPP

在英国，私人部门参与公共基础设施和服务的提供基本有两种模式：PPP 和私人融资计划（PFI）。PPP 和 PFI 这两种形式都可以认为是在公共部门处于预算限制的情况下吸引私人部门参与进公共服务的投资与提供中的方法。这些协议采取多种方式的大范围的服务，从对商业委托管理公共资产的直销到对服务的简单外包都包含在其中。当没有 PPP/PFI 的标准模式时，人们认为被私有化的服务的清晰性和简明性（或者经济条款的具体性）是 PPP/PFI 交易中条款谈判和执行能否成功的关键。同样地，人们认

⊖ 其所列出的营业利润来自于地铁和相关业务，为折旧前利润且未包含房地产开发所获得的利润。

为，当寻找投资时，一个被清晰定义的、专用的现金流对吸引私人部门的投资来讲是必要的，尤其是在基础设施的提供中优先考虑项目衍生物融资模型的情况下，例如收费公路或隧道设施。

英国的公共服务长期存在投资资金不足的问题。公共部门获得的投资在 1991 ～ 1992 年和 1996 ～ 1997 年间以平均每年 15% 的速率下降，导致了实物资产的维修与维护工作发生大量的积压，以学校、国家公共服务建筑和交通部门基础设施最为严重（HM Treasury，2006）。在英国，使私人部门参与进公共服务中的趋势从 20 世纪 90 年代初起开始出现，政府描述其为实现投资资金的额外价值的一种方式，还视其为通过以长期为基础且在更加可预测层面上的更高水平的投资来翻新基础设施的一个必要的方式。

私人财团，通常涉及大型施工公司，通过签订合同来设计、建设，并且在某些情况下管理新的项目。合同期通常为 30 年，在这一期间内相关的建筑由政府当局进行租用。至 2000 年，与传统公共部门的采购选项（在具体的主要项目中雇用私人公司）相比，PPP 平均有效节约了 17% 的资金。至 2000 年，已通过 PPP 项目建立起 35 所医院，373 所学校在建设中，并且另外 281 所学校的建设项目也已获得批准。一项政府的十年公共交通计划承诺提供 1800 亿英镑的投资，其中来自私人部门的投资超过 500 亿英镑。PPP 正在推动投入到国家空中交通服务中的投资，海峡隧道连接铁路计划和现代有轨电车项目在英国如雨后春笋般出现。公共和私人部门之间的合作模式使得计划和项目得以持续进行，且政府声称若没有 PPP，这些计划就无法获得资金（Department for Transport，2001）。

9.3.2 支持和反对 LUL PPP 的政治舆论

对于为地铁进行融资的最佳方式主要有两种看法，并且是两个主要政党（保守党和工党）提出了完全不同的策略。在 1997 年的竞选宣言中，工党在以下措辞中概述了其所提出的策略：

> 保守党对伦敦地铁大规模私有化的计划并不是我们寻找的答案。对于纳税人和乘客来说这是一个差劲的交易。再次强调，这样会使得公共资产以被低估的价格廉价出售。更加急需的投资将

被延后。伦敦地铁的核心公共责任将遭受威胁。工党计划用一个新的公或私营合作模式来使地铁服务得到提升，保卫其对公共利益的承诺，并且保证纳税人和乘客所购买的服务一定物超所值。

在 1997 年下半年，鉴于新工党政府对 PPP 做出了总体承诺，并且鉴于政府相信私人部门和 LUL 本身相比能够更好地管理 LUL 的资产，英国政府开始认真地考虑伦敦地铁项目中能够使用 PPP 的业务范围。在之后的五年中，政府将伦敦地铁项目在未来 30 年的合同期内分为了四个部分，最终将伦敦地铁的基础设施建设与它的运营相互分开（见专栏 9-1，在其中，LUL 试图向消费者讲解 PPP 并得到他们的支持）。就职于 2000 年，伦敦的第一任市长，肯·利文斯通激烈地反对由中心政府所提出的 PPP 计划。尽管他一直提倡改善伦敦的公共交通系统，但是他对系统的分开表示反对，并且坚信应该保持管理结构一体化。他任命鲍勃·基利为伦敦交通局（TfL）局长，伦敦交通局是一个公共机构，其成员由市长任命。市长的目的是使他再现通过债券发行辅以车票售卖来为纽约城市地铁进行融资的成功经历。私人承包商依然能够进行承包，只是没有长达 30 年有效期限的合同。对于市长来说，阻碍 PPP 的进程是一件不可能做到的事情，因为在当时伦敦地铁仍然是完全国有化的；尽管如此，他和 TfL 一起对 LUL 提起了法律诉讼试图阻止其继续实施 PPP。中央政府（尤其是财政部长戈登·布朗）决定完成这一进程，并且，随着由 TfL 向 PPP 所提起的两个诉讼中的一个在 2001 年 7 月以失败告终，而另一个在 2002 年 7 月被撤销，PPP 终于得以顺利进行而不再被任何法律诉讼所阻碍。

专栏 9-1　LUL PPP

- 公共部门将继续对伦敦地铁拥有所有权和运营权。地铁线路图、交通卡和综合服务都将保留。私人部门公司将通过签订合同来实施对轨道、信号机、车站和其他基础设施的维护与升级工作。
- 各种服务将更加及时和频繁。例如，维多利亚线的人员容量将提升 20%。
- 故障和列车延误的情况将越来越少，且服务将更加可靠。PPP 将对技术进行升级，目前几乎所有的列车延误都是由设备故障所引起的。

公共部门在工作中将起到协调配合的作用，因此，举例来说，乘客不会遇到北线和维多利亚线同时因为升级而关闭的情况。

- 在各方履行 PPP 条款的整个过程中，地铁的每一辆列车都将被换新或重新整修。
- 在将来的七年半时间内，伦敦地铁的每一个站点都将被翻新并且变得现代化。在合同期的第一个五年内，255 个车站中的 52 个将接受完全现代化的翻修。客流量较大的车站例如莱斯特广场站和布里克斯顿站的人员拥挤问题也将得到解决。
- 作为一项长期计划，我们将会在众多主要的站点提供无障碍通道，包括轮椅通道。
- 地铁的安全性和安保措施将会得到提升。伦敦地铁将依然是世界上最安全的大型公共交通系统之一。独立的健康与安全局将继续确保伦敦地铁的安全性。更多的车站将安装安全摄像头。为了旅客的安全，列车的每一节车厢都将安装闭路电视监控系统。
- 车票价格依然将由市长所领导的民选大伦敦政府来决定，PPP 不会要求票价以高于通货膨胀的速率增长。
- 有关伦敦地铁的其他 PPP 已经在向北线供应新的列车，并且正在为贯穿整个地铁网络的新的售票、电力和通信系统注入资金。
- 所有的这些改进都在 PPP 中得到保证，以合同的形式确定，无法变更。

资料来源：Department for Transport (2001).

在经过多次争论之后，TfL 和政府最终达成协议，2003 年 7 月 15 日，LUL 的管辖权从政府移交到了 TfL，并且这是第一次 LUL 归伦敦市长和大伦敦政府管辖。在协议的条款中规定，由总经理蒂姆·欧·图尔进行领导的 TfL 的新管理层在对伦敦地铁进行管理的过程中，应将伦敦市民的利益放到第一位，并且其应负责 PPP 合同的协商工作，监管合同条款的实施，以确保由基础设施公司所负责的地铁提升工作能够被及时、高效地完成。预期在 15 年内，PPP 将带来 130 亿英镑的投资，其中 87 亿英镑将被花费在提升工作上，而 43 亿英镑将会被花费在维护工作上，这是一个与之前相比更高水平的持续投资。

9.3.3　LUL PPP 项目的结构体系

LUL PPP 合同签署的目的是为伦敦地铁提供一个结构体系，在保持来自于国有化的社会责任的同时，使其获得的投资在将来能够得到提高，提升所花费资金的价值（VfM），以及提升工作效率（见图 9-1）。

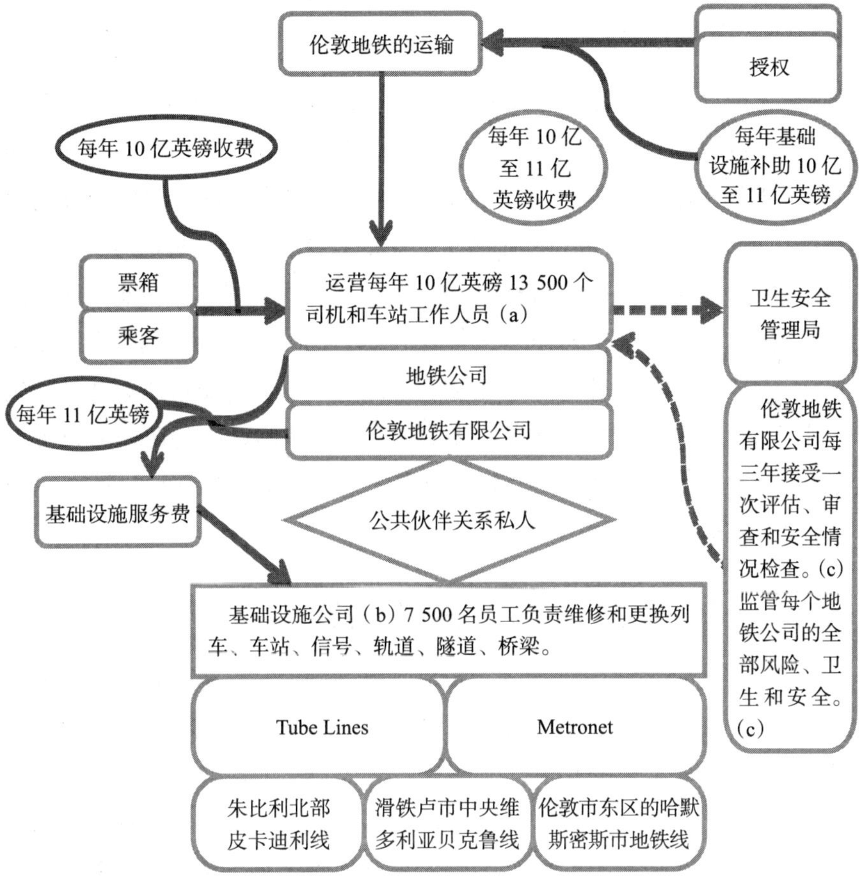

图 9-1　LUL PPP 的结构体系

注：1. 所有的金额都为 2004 年的年数据。

2. 其为公私合作伙伴关系总监，由 LUL 任命，且在三个基础设施公司董事会中都占有席位。

3. 在 PPP 协议的条款下，每个基础设施公司都被要求必须要保证安全性。

资料来源：国家审计署（2004 年 6 月 17 日）。

9.3.4 一个由公共部门运营的公司

1998 年的 3 月，中央政府宣布，其将通过保持 LUL 为一个面向公众的运营公司，使其负责列车和站点的运营，制定服务模式并确定票价，继续受管辖于公共部门，并将其焦点保持在公共服务上来达到最佳的政策目标。

9.3.5 三个私人部门基础设施公司

政策的第二部分是设立三个私人部门基础设施公司（Infracos)，使其负责但不拥有地铁网络某一具体部分的轨道、信号机、车站和全部车辆的相关工作。作为回报，LUL 将对其支付以年结算的基础设施服务费用（ISC)。某些责任的划分是基于轨道线路的自身特点，以明挖回填法施工的隧道中的地下线路由基础设施公司 SSL 负责，而那些在深邃道中运行的线路分别由基础设施公司 BCV 和基础设施公司 JNP 负责。基础设施公司 BCV 负责贝科鲁线、中央线、维多利亚线和滑铁卢及城市线。基础设施公司 JNP 负责朱比利线、北线和皮卡迪利线。基础设施公司 SSL 负责环线、区域线、大都会线、东伦敦线和汉默史密斯及城市线（见图 9-2，即可领略这一运营环境的复杂程度）。

9.3.6 将专长结合，将责任明确分割

在 LUL 负责列车运行、人员配置、车站的客户服务、费用收取和安全的同时，基础设施公司对 LUL 的资产负责，并负责在长期合同下维护、翻新并升级伦敦地铁的基础设施，但其本身对基础设施并不具有所有权。LUL 的 6000 名员工将被派往私人基础设施公司并会获取具体的任务和工作保护保险，而余下的不到 8000 名地铁员工作为列车和车站服务人员继续受雇于公共部门。投资者们被鼓励对这些私人公司的名额和它们的相关权利进行竞标。私人部门负责提供在相关地铁线路、轨道、列车、隧道、信号机和车站中维护和升级设施与服务所需要的基础资金。

伦敦地铁和三个基础设施公司之间的关系是基于地铁基础设施需求的产出规范，其能够准确地定义在各方达成一致的绩效评估方法下，有哪些工作需要由三个基础设施公司实施。三个基础设施公司将在提供依据关键

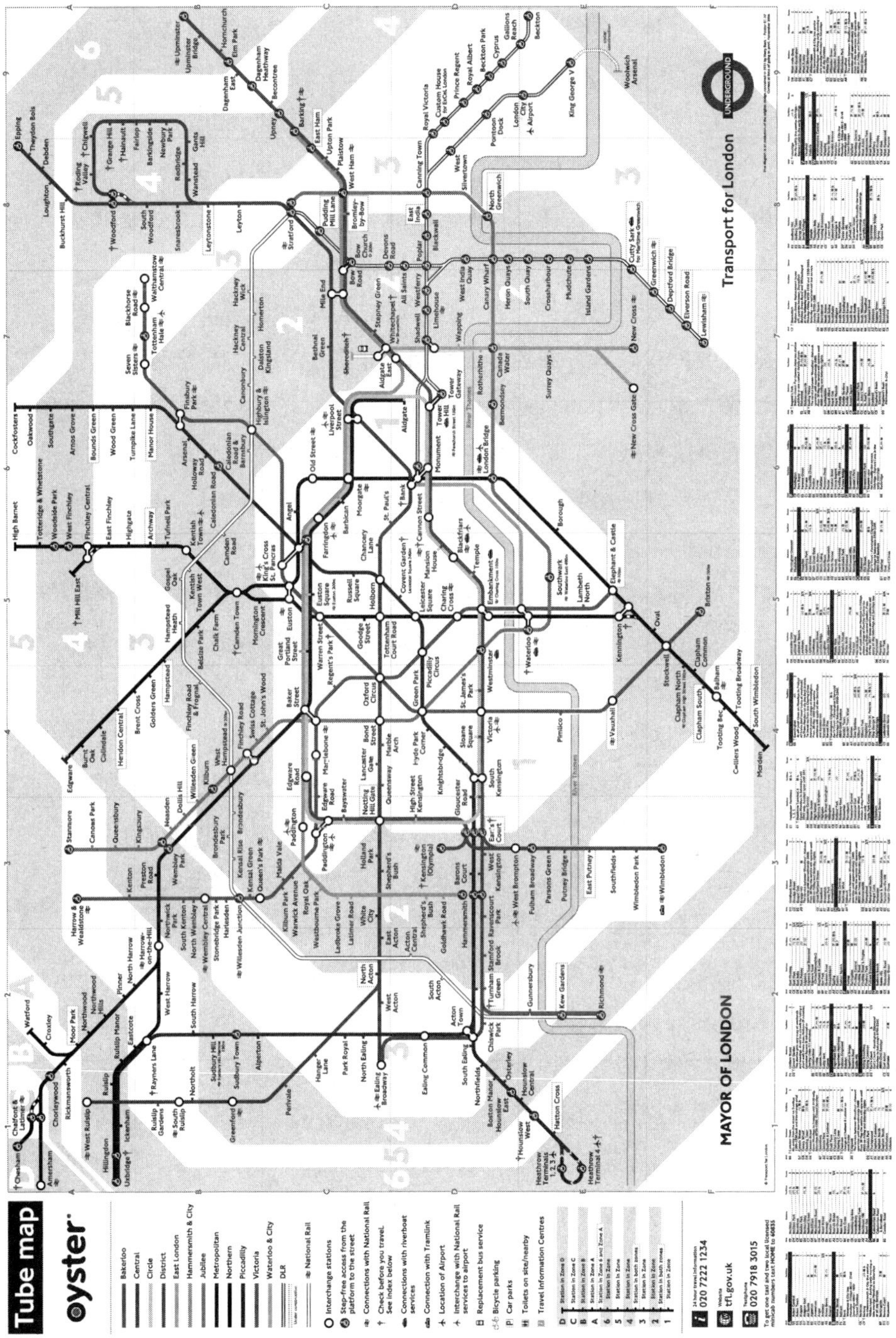

图 9-2　伦敦地铁地图

资料来源：Transport for London (2007).

绩效评估方法进行评估的规定产出后得到相关费用的支付。产出规范会决定哪些维护工作或其他工作需要实施，并且决定哪些投资项目将被实施。合同期限为 30 年，其目的是在高效、全寿命的基础上将精力集中在地铁资产的维护上。伦敦地铁，作为一个公共机构，使用社会费用效益分析作为决策制定的框架，而私人部门，恰恰相反，使用利益回报作为其决策制定的框架。因此这里认为以这种方式对三个基础设施公司进行支付是非常重要的，因为其能够使两条道路通向同一个目的地。

通过这一政策，政府意欲将公共部门对地铁网络的管理能力和私人部门在基础设施的维护和翻新方面的专长相结合，在十年内为伦敦地铁提供第一个由公私双方相互合作的长期投资计划。公众对伦敦地铁服务取得进步的希望能够由协议来保护，签订 PPP 协议的公司将凭借它们的工作成果来获得回报，表现良好则得到回报，表现差劲则受到惩罚。其目的是鼓励私人部门减小它们的风险，并通过更完善地进行计划以及引进更可靠的系统和更新型的技术来避免遭受惩罚。无疑，在世界上最古老的地铁系统的运营和翻修工作中引进举足轻重的由私人部门提供的管理和资金，是 PPP 发展进程中的一个里程碑。

为了安抚公众们对于将基础设施维护和运营相互分离是否会危及地铁的安全性这一问题的担忧，在 PPP 中详细地规定了贯穿整个地铁网络的由基础设施公司所负责的安全责任，承诺伦敦地铁将依然是全世界最安全的大型交通系统之一。为了能够从可获得的投资中获得最大化的经济效益，资产的管理方式得到了特别的关注。在整个资产生命周期的设计、建设、维护、翻新和替换中，性能和成本问题将得到特殊的关注。

在某种程度上，长期资产管理的实际现状能够解释在运营和基础设施间的分割。当私人部门引进由商业激励、革新、管理专长和更多其他因素所驱使的大量的规章制度、技能和专长时，公共部门可以将注意力集中在基于政府角色的活动上，例如为交通服务设定、监控并执行安全、质量和性能标准，保卫广大群众的利益并决定将要提供的服务的等级和质量。

9.3.7 财政激励

在为管理创造有利且连续的鼓励政策和利用商业机会这两方面，公共部门的能力有限，这在很大程度上归因于政策目标的多重性和业绩评估方法制定的困难性，公众意见则是另一个能够解释为什么公共部门趋向于规避风险的原因。相反，一旦有了商业激励，在翻新和维护 LUL 的资产上，私人部门更倾向于接受挑战并引进创新方法。激励措施通过合同谈判来确立，而在合同中，私人部门将承担与提供特定服务相关的财政风险，付款标准将严格按照合同中条款的要求进行，也就是根据验收结果进行酬劳支付。使基础设施公司自己的资金处于风险中，能够让它们做出有效的判断，探索如何工作效果最佳，从而避免因为在履行合同条款的过程中因为业绩不佳而遭到财务处罚。其目的就是为基础设施公司提供强有力的激励措施，使它们能够及时地完成投资项目且不超出预算，并且确保在全寿命周期内的资产能够得到妥善的维护。

9.3.8　风险转移

提供给基础设施公司商业激励的另一个原因是风险转移。LUL 期望通过与私人基础设施公司签订合同，能够使其更好地对风险进行管理，优于其独自管理风险。实际上，LUL 能够对项目产出要求进行规定，并且同时将在完成这些产出要求时所面临的风险和责任都丢给基础设施公司。这种风险转移能够激励基础设施公司提升它们的工作效率，因为现在它们将承担由于风险所造成的资金损失，例如由于无法及时交付工程、成本超支以及技术或资产管理失误而造成的损失。

私人部门将其自己的资金置于风险之中，并且基于由政府单方面进行评判的工作业绩而获得酬劳这一事实，对 PPP 工程来说是一个有力且高效的激励因素。当其与来自于竞标和创新的压力相结合时，PPP 就能够在业绩上超越根据自己制定且得到认可的参照标准，例如由公共部门参照值（PSC）确立的公共部门投资方案。

9.3.9　管理专长

鉴于许多私人公司的主流业务都会包括复杂的投资项目，因此政府想要引进私人部门的管理专长。普遍认为，私人公司在这方面更有经验且更能够吸引并保留住具有完成高效工作所必需的技能的员工，因此，它们的工作效率与公共部门相比更高。然而，最关键的是基础设施公司和伦敦地铁之间常规而有效的交流，其将广泛地涉及技术、商业和运营问题。为了促进相互间的交流，在 PPP 合同内建立了详细的计划来管理公共部门和私人部门之间的互动。

9.3.10 长期计划

过去，常年的关于资金问题的争论，使得伦敦地铁想要实施任何长期工作计划都面临着持续不断的不确定性。实际上，定期工作计划一直在频繁地变动，原因是其受到很多事情的影响，例如不同的社会效益标准、可用资金的变动、工程的重新评估、短期与长期计划的客户要求、对未来趋势的预测和冲突的政策目标。以工程交付的视角来看，因为优先权不断变化，这些因素都将导致不确定性。

签订 PPP 合同的目的是使 LUL PPP 能够为将要计划和实施的工作提供一个更加稳定的融资环境，从而通过更加容易预测的计划和维护工作的实施来获得高效性。PPP 将为伦敦地铁的供应链带来动力。

30 年的合同期限是为了给私人部门时间来制定投资决策，并在高效的全寿命的基础上对地铁资产进行维护和管理，而不受工程范围和优先权变动的影响。其还为私人部门提供了一个更佳的机会，使其在项目的全寿命周期上的投资的到回报。

9.3.11 竞标过程

基础设施公司业务的竞标过程被认为对 PPP 的成功与否至关重要。在竞标的过程中伦敦市需要有足够的信心，相信那些投标方中被委任的三个基础设施公司拥有完成这项工作所需要的技术和财政实力。竞标过程非常漫长，并且涉及了对投标者所提交的材料和它们的财务模型的全面评估。竞标过程开始于 1998 年末，和一个市场咨询活动一起展开，然后在 1999 年 6 月，LUL 邀请投标者参加竞标 PPP 合同的预先资格审查，取得预先资格的竞标者在第二年予以公布并且被邀请参加竞标，最佳和最终报价在 2000 年 11 月进行了提交。2001 年，LUL 公布了三家基础设施公司的中标者。在谈判阶段的早期，当时的很多人认为这些工作是没有必要的，因为当时还存在着大量的问题没有得到解决，包括竞标中的受限制性、突出的技术问题和项目范围变化的影响。德勤会计师事务所将其对于没有竞争压力的谈判将引发资金价值（VfM）的实质性恶化的担忧记录了下来（Deloitte & Touche，2001）。在对由 TfL 所提出的相似担忧的回复中，LUL 说到它们认为“考虑到对现存的开放性问题的谈判历史，它们认为保持竞争的开放将什么都无法得到；一个被看好的竞标者将为竞标结束提供动力。”

对三个同样被看好的中标者的任命在第二年被宣布，而它们的工作开始于 2003 年，比原先计划的推迟了两年，协议的各种细枝末节终于被全部商定，英国有史以来最复杂的商业合同诞生了（Hutton，2002）。

9.3.12　Tube Lines 公司

Tube Lines 也是一家资产管理公司，其收购了基础设施公司 JNP，是英国工程集团 Amey 公司和美国 Bechtel 公司的结合体。物流公司 Jarvis 原来是 Tube Lines 的成员公司，然而在面临破产时，其 33% 的股份在 2005 年被 Amey 公司买断，这使得 Amey 拥有了其 66% 的股份。Tube Lines 在设备供应上是独立的，并且可以在全世界购买设备，其放弃了在低于市场竞争环境下作为成员公司而获得合同的机会。Tube Lines 在项目中负责三条地铁线路范围内的超过 320km 的轨道、100 个车站、251 辆列车、2395 个跨线桥和设备、71 台电梯和 227 个扶梯。这些线路每天的载客量超过 150 万人次，是地铁系统中最繁忙和距地面最深的线路（Tube Lines，2004/5）。最初的债务融资包含 17.95 亿英镑的优先债务，其中的一部分是由 AAA 等级的单一险种保险公司 Ambac 所提供的财务担保“包裹”，其包含 3 亿英镑的欧洲投资银行贷款，12.3 亿英镑的商业银团贷款，和更小金额的备用和流动性资金。Tube Lines 在 2004 年 8 月成功地回到债务市场，发布了 15 亿英镑的长期资产担保债券来延长其整体债务期限，并在一定程度上在更加优惠的利息成本下为 2002 年的贷款进行了再融资（International Financing Review and Euroweek，passim）。

9.3.13　Metronet

Metronet，一个拥有五个平等合作伙伴——W.S. 阿特金斯（W S Atkins）、巴尔弗·贝蒂（Balfour Beatty）、庞巴迪运输公司（Bombadier Transportation）、希伯德（Seeboard ）和泰晤士水公司（Thames Water）的财团，收购了其他两个基础设施公司 BCV 和 SSL。与 Tube Lines 不同，Metronet 的股东构成了整个总承包商供应链，其中庞巴迪供应列车和信号机，Balfour Beatty 提供轨道工作和设施升级，而巴尔弗·贝蒂、阿特金斯、希伯德和泰晤士水公司建立了一个合资企业叫作 Trans4m，其提供基础设施维护服务（Briginshaw，2003）。Metronet 负责地铁的六条线路，在合同中其职责是在 2012 年前对 150 个车站进行现代化建设和翻新工作，并在 30 年的合同有效期内投入 170 亿英镑。在其维护和资产项目管理工作范围内，包含 750 千米的轨道、120 千米的深部地铁隧道、超过 2000 个连接点和交叉口的跨线桥，187 台扶梯、2 个人行道和 36 台电梯（Metronet Rail，2007）。26 亿英镑的最初债务融资被分给了 Metronet 的两个子公司，即 Metronet 铁路 BCV 控股有限公司和 Metronet 铁路 SSL 控股有限公司。13 亿英镑成功由两个 AAA 级的单一种保险公司打包提供。

总金额还包含对应的由银行贷款提供的 13 亿英镑，其中一部分由欧洲投资银行提供。与 Tube Lines 2002 年的融资不同，Metronet 的方案在一开始就包含大量的债券发布，而 Tube Line 的第一次债券发布是在两年后，也就是其项目已经被投资者广泛了解的时候，这使得借款方的利息成本被降低了（International Financing Review and Euroweek，passim）。

9.3.14 合同承诺和争议解决

伦敦地铁网络的规模和复杂程度以及对系统进行现代化改造所需的工作量，无疑会对谈判的时间长度和深度具有影响，最终在五年后成型的合同的确非常复杂，仅仅为了它们的起草，就在律师和咨询顾问方面花费了 4.55 亿英镑。那些为期 30 年、价值 160 亿英镑的对轨道、车站和隧道进行现代化改造的合同涉及了一个独特且极其复杂的绩效评估系统，其使用了数百个之前从未在交通运输界使用过的数学公式（Vulliamy and Clark，2005）。

这些合同都基于四个基本绩效指标：客户服务中断时间（服务的有效性和可靠性），行车时间（从 A 至 B 在理论上所需的时间），环境（清洁等级）和服务得分（服务表现，例如照明和供暖这类不会影响到列车运行的服务）（Saunders，2006）。在工程中私人部门将投资 25%，政府将补助 60%，而另外 15% 来自于售票所得的收益。从私人投资者的角度来看，这一交易的风险不大，并能够保证它们未来 30 年的工作，其只需每 7.5 年接受一次定期检查。预计这些交易能够确保在 30 年的合同期限的后 12 年中给予基础设施公司一个良好的回报，并且其 30 年的回报收益率为 18%，比任何其他 PFI 合同的收益率都要高（Vulliamy and Clark，2005）。鉴于基准业绩目标被设置为比现有水平低 5%，因此其有机会获得丰厚的利润（Hutton，n.d.）。

承担着为伦敦交付一个出色的地铁系统的任务，在 30 年 PPP 协议期限的第一个 7 年半中，Tube Lines 投入了超过 44 亿英镑来改进其所负责的线路，而 Metronet 则投入了大约 70 亿英镑。PPP 允许每 7 年半对 PPP 服务合同条款的履行进行审查，是因为合同各方认为使基础设施公司针对整个合同周期提交一个固定报价是不现实的，因为技术进步可能会影响项目计划，另一个原因就是 LUL 无法对其未来的服务要求进行预测。阶段性检查会审查，例如，产出要求、风险预测的变化、对新投资的需求以及支付给基础设施公司的基础设施服务费用的水平。鉴于工程的规模，阶段性检查应避开典型 PFI 协议的弊端，必须在固定及受约束的预算下严格地制订出计划，同时为了基础设施公司的利益也要具备一定的灵活性，在理论上如果其符合这些公司的利益，则它们可以将投资撤回。最终将支付给私人投资公司的金额还未确定，目前只对 30 年合同期限的前 7 年半的支付金额进行了确定。

根据由英国交通部在 2002 年 2 月对 LUL PPP 所进行的一次独立审查，安永会计师事务所发现“合同结构使得呈现一个对资金价值的无可争议的量化评估是无法做到的”，因为涉及在定期性检查下获得批准的大幅度调整。其发现风险转移是非常复杂的，并且其受到不同的责任分配和限制程序的约束，另外，私人部门和公共部门所预期的绩效水平是主观的。进一步地，其指出 LUL 在阶段性检查阶段可能会使用的商业调节手段将有可能被合同中有关长期关系的高昂费用所阻碍。

英国交通部大臣任命了一个独立仲裁方，其负责确保发生在各方间的任何财务纠纷都必须被快速且干净地解决掉。各方都希望仲裁方能够频繁地出现在工作中来提供临时指南，并解决那些在阶段性检查中可能出现的问题。仲裁方应该以其最佳的工作方式来促使伦敦地铁的维护和升级工作高效而经济地进行，且若其推卸自己的责任，忽视由各方向其提出的各种问题，则其将接受法院的司法审查。

9.3.15 PPP/PFI 性能开发

到 2007 年，政府对 PPP/PFI 的支持依然非常强劲，并利用 PPP 支付其在公共服务上的年花费的 10%，并且信心十足地期待在将来能够使用 PPPs 完成更多的公共部门项目（HM Treasury，2006）。虽然政府承认在招投标过程中 PFI 存在着缺点，但财政部坚持继续使用 PFI 来实现资金的价值（VfM），并鼓励项目组为了公共部门和私人部门的利益对招投标过程进行改进。随着政府对公共服务的投资增加，PFI 也增长迅速，截至 2006 年 3 月，涉及各个部门的超过 700 份的 PFI 交易融资到位，其总的资本价值达到了 460 亿英镑。一个成功的城市出口行业在 PPP 和 PFI 的支撑下出现了，私人部门在工程实施要求方面变得更加有经验，并且开始在海外提供咨询顾问服务。然而，公共部门的技术还在磨炼当中，英国国家审计署（NAO）2007 年发布的报告《改进 PFI 招投标过程》非常清晰地指出了由招投标阶段的缺陷而导致的弱点，其也是在 LUL PPP 的案例中备受指责的一部分。报告认为公共部门在交易谈判中的能力低于市场的正常水准，通常会导致高昂的成本并增加资金价值（VfM）贬值的风险，同时报告呼吁公共部门进行结构化训练，并在复杂的招标中对现有技能进行提升。一个新的被叫作竞争性对话的采办程序被引进以保证 PFI 交易的商业基础，并确保在被看好的竞标方被挑选出来之前，细节化设计的关键环节能够在所有竞标方中达成一致，这一程序的引进还能够在谈判阶段长时间地保持竞争力度。

漫长的谈判过程被认为是由私人部门对新型 PFI 项目的反馈不佳而导致的，这也是报告中所强调的另一项担忧，针对这一问题，其呼吁对招标工程的规模和已有标书的适用性进行审查，以确保竞标者的利益没有受到削弱，且竞争依然维持在较活跃的状态。

LUL PPP 在其合同的进程中已走过了十分之一，虽然不可否认，与前几个十年相比，更多的资金以更加深思熟虑且具有战略性的方式被投入到了伦敦地铁中，但基本问题是 LUL 是否应该由私人部门而不是公共部门进行投资仍然很具有争议性。LUL PPP 的批评者认为一个更加简单的公共部门解决方案，因为不需要承受为股东谋取利益的压力而更加有效，而之所以 PPPs 会成功，是因为工党政府选择拒绝对其多年前做出的决议进行让步，而不是接受 PFI 可能在某些项目中是正确的解决方法而在某些项目中则不是这一事实。关于交易中幕后政治活动的怀疑喧嚣尘上，因此批评者们认为 PPP 应该被停止。市长的伦敦计划预期伦敦的人口在 2016 年将达到 810 000 人，而其中的 500 000 人将处于工作年龄段。和这些反对的声音相比，现在最需要的是一个强有力的交通运输系统（见图 9-3）（Greater London Authority，2004）。

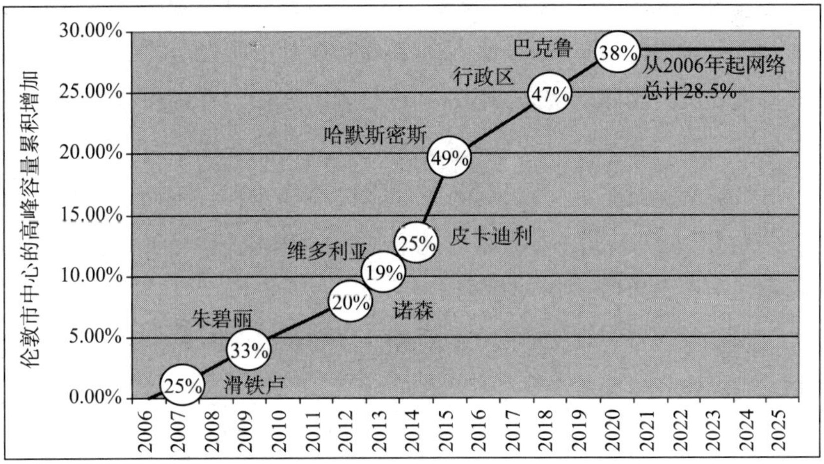

图 9-3　伦敦中心区 PPP 线路高峰期容量提升

注：圆圈显示的是与 2006 年每条单线峰值容量相比增加的百分比。

资料来源：Transport for London (November 2006).

9.3.16　在 PPP 合同下 LUL 的表现

这一合约从一开始就成为公共关注的焦点，基础设施公司的私人部门的管理能力受到了严峻的考验，尤其是在面对关于它们业绩能力的批评时的公关技巧。因为 LUL PPP 服务费用占伦敦地铁总体花费的 40%，因此公众的期盼非常之高，而当提升工作的成果出来后，它们并没有达到公众的预期目标。三年过去了，乘坐地铁的市民依然要在高峰时段承受严重的拥挤问题，而在夏天当高温来临时情况更加恶劣。虽然政府在 2005 年 6 月伦敦恐怖袭击发生后，因为其反应迅速而获得了称赞，然而经常性的服务中断、延迟，不间断的轨道、信号和车辆故障依然是老生常谈，而这些受人关注的故障频发现象并没有得到解决。

> 对于地铁乘坐者来说服务的有效性是最重要的。需要基础设施公司去做的就是应该比过去表现得更好一点来达到对服务有效性的最基本的要求。而在多数线路上连这么一点简单的要求它们也做不到。（House of Commons Transport Committee，2005）

绝大部分愤怒的公众和媒体将矛头指向了最大的基础设施公司，Metronet。

LUL 多次向基础设施公司表达了不满，表示对其管理缺乏信心。LUL 因为 Metronet BCV 和 Metronet SSL 在履行合约中所规定的伦敦地铁提升工作中重复的失误而多次向其发送纠正措施的通知，并且在 2005 年 5 月，在尽管其所有主要工作都没有跟上进度，但其依然获得了 500 万英镑的利润这一事实遭到披露后，Metronet 的总裁被革职了（见表 9-1，Metronet 的财务信息）。业绩如此差却获得如此丰厚的报酬激怒了大众，且大众直接将这一切归咎于政府，并认为政府为了签订这一合同而过分地讨好私人部门。位于伦敦的帝国理工学院的教授格莱斯特也是 TfL 董事会的一员，他表示基础设施公司：

> 之所以能够这样是因为政府太想要签订 PPP 合同，才使得它们能够为所欲为。你只有做好放弃谈判的心理准备才有可能谈判成功，但是他们的表现使基础设施公司看出他们绝对舍不得放弃谈判。（Vulliamy and Clark，2005）

指望政府的政策发生变化基本是没什么希望的，尤其是考虑到解除合同所需花费的高昂费用和周折，但是政府应该不会坐视不管的。

在对 PPP 条款履行情况的第三个年度审查中，LUL 在报告中提到，Metronet 在线路升级方面的表现正在进步，但是在车站计划上远远慢于日程安排。在报告中，Tube Lines 的表现更佳，在皮卡迪利线上的工作取得了成功。然而，在出了名的故障频发的北线（被乘客们称为令人痛苦的线路）上的表现与基准要求相比，依然极其糟糕（见图 9-4，各线路业绩比较）。

表 9-1　Metronet 的财务信息

截至 2005 年 3 月 31 日的法定账户（百万英镑）	Metronet BCV	Metronet SSL
公布的利润		
营业额	324	351
息税前利润	54	60
息税前利润 / 营业额（%）	17	17
年税后利润	14	20
从合同开始后的税后利润	30	39
净债务		
净债务 B/F	（97）	（35）
年变化	（140）	（160）
净债务 C/F	（237）	（195）
总奖金（每年 3 月 31 日，百万英镑）	**Metronet BCV**	**Metronet SSL**
2003	n/a	n/a
2004	（7.4）	1.8
2005	（3.7）	5.8
2006	1.8	（1.8）
合计	**（9.3）**	**5.8**
Infraco 预期转移支付	17.3	26.3
高于 / 低于 Infraco 预期	**（26.6）**	**（20.5）**
2006 年 3 月 31 日累计（百万英镑）	**Metronet BCV**	**Metronet SSL**
ISC 基线	998.8	1 042.6
能力	3.6	2.9
可用性	（8.2）	16.8
环境	1.9	（0.6）
服务站	（3.6）	（7.6）
特殊项目调整	（3.1）	（5.7）
奖金总额	**（9.3）**	**5.8**
使用	（2.6）	0.0
ISC 性能调整	**986.8**	**1 048.4**
2006 年 3 月 31 日累计资本投资	**Metronet BCV**	**Metronet SSL**
轨道基础设施	222.3	164.4
列车、仓库和信号	313.5	318.0
站台、电梯和自动扶梯	231.7	209.3
累计投资总额	767.5	691.7
Infraco 转移支付期望	796.1	712.9

（续）

2006 年 3 月 31 日累计资本投资	Metronet BCV		Metronet SSL	
高于 / 低于 Infraco 期望	（28.6）		（21.2）	
2006 年 3 月 31 日累计维修费用（百万英镑）	**Metronet BCV**		**Metronet SSL**	
轨道和基础设施	89.8		208.0	
有轨电车、车站和信号	238.4		223.4	
车站、电梯和自动扶梯	130.9		149.6	
总资产维护	**459.1**		**581.0**	
行政机关及一般经费	256.3		243.3	
合计	**715.4**		**824.3**	
2006 年 3 月 31 日累计维护支出（百万英镑）	**Metronet BCV**		**Metronet SSL**	
ISC	626	60%	710	59%
债务减少（净投资债券收益盈余）	369	35%	443	37%
股权支付和贷款	56	5%	51	4%
合计	**1 051**		**1 024**	

资料来源：Transport for London.

Tube Lines CEO 泰瑞 – 摩根承认这次的任务“比之前任何一次都要难得多”，花费的金额远远高于预期，而金钱的价值很难实现（Railway Gazette International，2006）。两家基础设施公司都选择为它们差劲的表现进行辩解，将原因归结于伦敦地铁多年的资金不足，尤其是它们在施工前对不宜勘探的基础设施情况的有限了解，在改进工作的缓慢进度中应付很大的责任（Saunders，2006）。

在 2006 年 11 月，仲裁方对两个基础设施公司中最大的一家，Metronet，所做出的独立报告中总结道“升级和翻新工作都不尽如人意”。Metronet，在 2003 ～ 2006 年间，没有有效且经济地按照良好的行业惯例来展开其工作，且报告中进一步详细地对其业绩与协议中的基准要求进行了对比评估，并引述了各种工作差劲的例子。公司的投标文件估算对地下线路站点现代化改造的费用为每个车站 200 万英镑，而实际上它们的平均花费为 750 万英镑。那些线路上的轨道翻新费用与投标估算相比翻了一倍。深部地下隧道升级估算费用为每千米 300 万英镑，而实际费用为每千米 570 万英镑。在签订协议时，规定基础设施公司将在激励政策下进行工作，若业绩不良则将面临罚款。

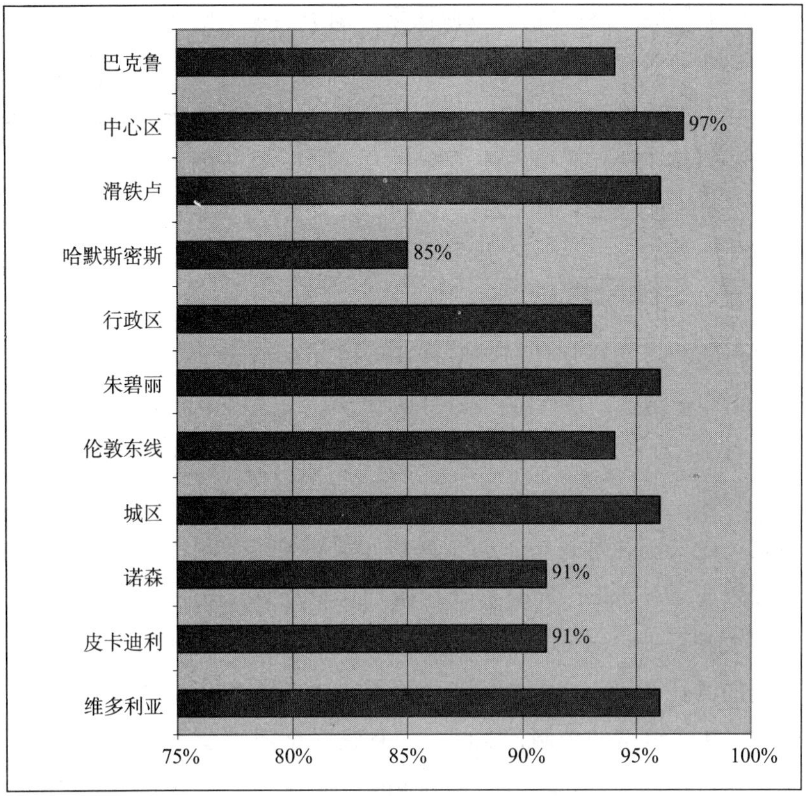

资料来源：Transport for London (2006), *London Travel Report* 2006.

图 9-4　伦敦地铁服务的可靠性，线路性能比较（2005 年 6 月）

仲裁方的报告指出 Metronet 在 2003 ～ 2006 年年间收到了 30 亿英镑的服务费用，因为业绩不良而支付的罚款金额与其相比不值一提（Travers，2006）。

仲裁方针对 Metronet 所做出的报告仅起到指导作用，而不会为公司招致任何财务处罚。应该采取必要行动并履行诺言的是财团的股东公司。作为回应，基础设施公司进行了辩解，认为报告的意思是其在大体上业绩“符合或优于基准要求”，并承诺和确保及时地采取改进措施，并在第一个合同期限 2010 年来临之前使其初见成效（BBC，2006）。

LUL 对于其需要对基础设施公司的表现进行监控表示无奈。合同中规定了一定程度的业绩监控，其要求上百名 LUL 员工每月对地铁运营的超过 2000 个方面进行评估，以便依据合同中的规定向基础设施公司支付或扣除与业绩相挂钩的奖金或罚金。这一规定影响到了 LUL 的员工和管理，且将人力从地铁的运营上转移到了监控上。“因为 PPP 的条款，大量时间和精力被花费在了单纯的巡视上。”蒂姆·欧·图尔说。他是伦敦地铁有限公司的总经理（Saunders，2006）。

9.3.17 权衡风险

Metronet 的董事会对 MTRC 向 Tube Lines 基础设施公司提供咨询服务的历史非常熟悉，并且对其在国际上的城市铁路顾问经验有所了解，同时其注意到了 MTRC 在中国内地和香港的地铁系统和线路上的良好业绩和出色表现，考虑将其 PPP 股份的 20% 卖给 MTRC，并已经对 MTRC 是否对这一投资感兴趣进行了初步评估。很明显，MTRC 世界闻名的铁路运营高效业绩对 Tube Lines 提升其在 LUL PPP 义务履行的表现上也许会有非常大的帮助。Metronet 的董事会坚信对于这样一个交易不会有来自监管当局的任何障碍，因为监管当局并不会因为一个二级交易而失去对 Metronet 和其承诺的控制，实际上，它正在试图为 Metronet 寻找额外的专业公司以帮助 Metronet 履行其在 PPP 中的义务并提升其两个基础设施公司的工作能力。这一选择被认为是必要的，一个原因是 2012 年的奥运会对伦敦来说极其重要，并且伦敦地铁在这一事件中扮演着极其重要的角色，另一个原因是 Metronet 正处于公众的压力之下，因为基础设施公司 BCV 和 SSL 的表现太过差劲。此外，Metronet 在它如何看待若 MTRC 获得了股份并将参与 PPP 项目这一事情上谨慎地保留意见。但是它明白若不给予 MTRC 一个合理的有意义的机会来参与项目的话，MTRC 是不太可能会对这一投资感兴趣的。

MTRC 本身在近些年来也经历了部分私有化的过程，它通过将公共部门和私人部门的各项优势进行结合，成功地避开了政府长期资金不足的问题，没有走伦敦地铁的老路。公司的经验在很大程度上来源于绿地项目和现有系统的改革，当然其规模无法和 LUL PPP 相比。然而公司能够成功地建设、运营和维护香港 MTR——一个据说是世界上使用最集中的地铁系统，且获得收益，这说明 MTRC 对于 Metronet 在 PPP 合同中所负责范围的工程来说是一个无价的资源。但是考虑到这些你能够想象到的最复杂的合同中的各项条款和规定，还有公共普遍反对的声音、专业和行业上的不足、政治争论、媒体监督以及对 LUL PPP 和基础设施公司一连串的独立而严格的审查，MTRC 对于其是否应该与 Metronet 的股东们进行谈判而犹豫不决也就可以理解了。在国际上完成独立的、定义相对明确的咨询任务是一回事，而运营一个它没有参与设计和建设的地铁系统则是另一回事，因为 MTRC 对地铁系统的车辆轨道以及它们的新老程度都不了解，对当地的政治情况也不熟悉。

对于 MTRC 的董事会来说，事情越来越明了，事实是 MTRC 必须明确对于其在 Metronet LUL PPP 上的潜在投资会产生影响的关键因素是什么。除了明确这些关键影响因素是什么，考虑到其必须快速决定是否与 Metronet 进行初期谈判，还需明确对这些关键影响因素有所了解从而制定决策又需花费多长时间？如何来评估它自己的提案？指定一个独立的顾问方来定义和分析这些因素是否可取？哪些因素需要提前分析？ MTRC 应如何聘请这样一个顾问方？

9.4　尾注

在与 TfL 之间长期的财务不确定性和争议问题未得到解决的情况下，Metronet BCV 和 Metronet SSL 于 2007 年 7 月 18 日签订了 PPP 管理协议。看起来管理员组［任命是由伦敦市长在 PPP 协议和《大伦敦政府法案》（1999 版）下批准的］在出售其公司和子公司前与 Metronet 的融资人进行一个短期调解，而 Tube Lines 没有受到这一发展的影响。进一步讲，尽管其负责的地铁线路在维护上也极其复杂，但是 Tube Lines 显然没有遇到 Metronet 的运营和现金流问题或是需要恢复性投资的问题。

Metronet 之所以沦落到近乎需要破产管理的地步，是因为法定的 PPP 仲裁方在收到 Metronet BCV 对于在 2007 年后将基础设施服务费用提高 5.51 亿英镑以用来完成 TfL 所要求的额外或改进工作的请求后，决定只批准这一款项的 21.9%。这一拨款无法满足 Metronet 继续进行工作所需的流动资金。在连续的几个月中，其工作表现以及与 TfL 之间的矛盾导致其在大部分财务协议上发生了契约和技术违约行为，这导致了公司无法获得其之前申请的银行贷款。因为借款方拒绝为其再拨款，Metronet 的两个公司都无法继续正常经营，因此它开始向其债权方寻求保护。

因为仲裁结果导致了 Metronet 的困局，又因为碰巧这时股东 Bombardier 取消了其全部的股本投资，因此 Metronet 困局的原因成为金融和专业媒体圈内被广泛讨论的话题，尤其是 Metronet 包裹式债务价值贬值的问题。一些人认为 Metronet 的长期表现因为其股东成为主要经营承包商而受到了阻碍，这一问题很有可能作为代理问题在未来的 PPP 协议中得到讨论。

在本书出版时，各融资方的观点是 Metronet 在项目中的股份将会被卖掉（International Financing Review，2007）。这对于金融市场来说并不突然，因为其在 2005 年就表示了对 Metronet 早期表现的担心（International Financing Review，2005），更不用说议会审查员了。

大多数观察者相信复杂的伦敦地铁 PPP 文件能够为金融投资者提供足够的舒适性，因为其在不确定事件上保证了高度的契约完备性。然而，在这一点上并未对融资的所有方面都进行测试。举例来说，在协议中拟定“ Spens”费用将由单一险种保险公司的贷款包裹完全覆盖时曾遭到质疑，且有人认为其有可能为投资者带来损失，并使其对系统事务完整性的信心受到打击。英国财政部将“ Spens”费用作为一项用于填补由固定利率的融资交易提前终止所引起的利差损失和再融资成本的款项。

这一章展示了截至 2007 年所反映出的问题。其目的是阐明在像伦敦地铁这样一个要求苛刻的项目中应用 PPP 时将面临的风险。尤其是，伦敦地铁系统的维护和更新具有与生俱来的复杂性，在开展 PPP 计划和管理其实施上需要最复杂的制度安排。PPP 和外部财务协议都被视作是明显的绩效契约。我们的研究不仅展现了协议各方和股东们对契约完备性的需求，还强调了从一开始就体现出的在管理方法和两个主要 PPP 运营方的表现中的不同。只有在将来，我们才能看清伦敦地铁 PPP 合同在对业绩和所需结果方面的规定的完善程度如何。

结构化与证券化系列丛书

本套丛书由机械工业出版社华章公司从美国大量相关书籍中精挑细选而来，部部都是经典之作，涵盖了金融市场结构化金融及资产证券化的所有领域，可谓美国资产证券化的真经。资产证券化发始于美国的金融产品创新，对全球的金融体系都产生了深远影响，读者可以从中吸取宝贵经验和实务操作方法，快速成就具有中国特色的资产证券化。

书名	书号	定价
资产证券化导论	978-7-111-46538-6	59
证券金融：融资融券与回购协议	978-7-111-47717-4	59
高收益产品大全	978-7-111-47816-4	59
REITs：房地产投资信托基金（原书第4版）	978-7-111-47866-9	59
抵押支持证券：房地产的货币化（原书第2版）	978-7-111-49212-2	59
债务担保证券(CDO)：结构与分析（原书第2版）	978-7-111-51746-7	69
结构化产品和相关信贷衍生品	978-7-111-53035-0	59 (暂定)
结构化金融手册	预计2016年出版	59 (暂定)
金融风险管理手册	预计2016年出版	59 (暂定)
全球资产证券化及CDOs	预计2016年出版	59 (暂定)